铁路劳动安全

中国国家铁路集团有限公司 劳动和卫生部
安全监督管理局 主编

中国铁道出版社有限公司
CHINA RAILWAY PUBLISHING HOUSE CO., LTD.
北 京

内 容 简 介

本教材以国家法律法规、铁路安全规定、专业规章制度为依据,涵盖《铁路劳动安全培训规范(2023)》中所规定的全部能力项内容,分为安全基础、常见事故预防、季节性劳动安全、专业劳动安全、事故处置、劳动防护用品与职业健康,共六篇二十九章。

本教材适用于铁路从业人员岗前劳动安全培训和年度劳动安全再培训,站段、车间、班组安全教育,同样适用于职业院校铁道类专业在校学生安全教育。

图书在版编目(CIP)数据

铁路劳动安全 / 中国国家铁路集团有限公司劳动和卫生部,中国国家铁路集团有限公司安全监督管理局主编. 北京 : 中国铁道出版社有限公司, 2024. 11(2025. 9 重印).
ISBN 978-7-113-31675-4

Ⅰ. U298

中国国家版本馆 CIP 数据核字第 2024UR2729 号

书　　名: **铁路劳动安全**
作　　者: 中国国家铁路集团有限公司劳动和卫生部
中国国家铁路集团有限公司安全监督管理局

策划编辑: 崔忠文
责任编辑: 秦绪涛　李纯一　聂宏伟　　**编辑部电话**: (010)51873024
封面设计: 高博越　　**插图绘制**: 郭瑾萱
责任校对: 安海燕
责任印制: 高春晓

出版发行: 中国铁道出版社有限公司(100054,北京市西城区右安门西街8号)
网　　址: https://www.tdpress.com
印　　刷: 北京联兴盛业印刷股份有限公司
版　　次: 2024年11月第1版　2025年9月第4次印刷
开　　本: 787 mm×1 092 mm 1/16　**印张**: 27.25　**字数**: 626千
书　　号: ISBN 978-7-113-31675-4
定　　价: 60.00元

编审人员

国铁集团：

王保国　林晓军　焦文根　万永红　孙新宇　郭小青　刘　宁　韩　钧
安　拓　张　亮　陈鑫栋　张志科　王文峰　邱升辉　熊　立　杨　帆
戴瑞亮　罗为东　胡　崇　罗国伟　马慧君　李文涛　闫永利　乔凯庆
卢　剑　袁少伟　史宪晟　许结龙

哈尔滨局集团公司：

肖洪涛　张　平　张淑伟　佟　辛　张　岩　王继革　贾雪峰　杜　鹏
闫春刚　吕曼钰

武汉局集团公司：

曾　斌　徐　艳　梁耀辉　赵　勇　庞燕苏　牛　仪　党　昭　方　华
冉文昌　张雄辉　吴　娟　单　林　朱　旋　殷　召　米成功　张　驰
邹　琦　胡荣伟　王廷瑞　付纯菲　郭金德　梁　燕　彭　博　王　羽
代俊涛

上海局集团公司：

刘　铁　吴建新　王　磊　叶　飞　黄宝瑛　桂九宏　阮芙蓉　张鑫楠
刘　仓　胡长青　顾　峰　吴胜利　孙大为　汪中飞　朱程丹　骆晓明
陈祥耕　杨　光　陈红卫　鲁熹禧　王　飞　徐　皓　杨永代

南昌局集团公司：

赵　晋　鄢爱新　许可斌　卢润初　彭　韬　张济银　薛红兵　陈　健
肖剑亮　聂　军　黄进发　李炳林　陈宣池　吴晓荣　黄存国　方善锋
郑　敏　漆云平　饶　强　谢　鹏　徐　扬　彭　纲　章其昌　胡善同
徐　勇　冯　金

铁路安全研究中心：

刘敬辉　李秋芬　韩佳英　张雨晨

铁科院集团公司：

邱永祥　刘松涛

沈阳局集团公司：

吴　凯　杨逢春　史　宁

北京局集团公司：

袁树军　马　利　连志刚　肖　骞　申文军　李秀颖　贾兆宾

太原局集团公司：

郑建国

呼和浩特局集团公司：

郑亚波

西安局集团公司：

刘佳臻　张发展

广州局集团公司：

彭志浩

兰州局集团公司：

杨　帆

北京铁路通信信号运维中心：

崔炳胜

首都医科大学附属北京朝阳医院：

安　芸

铁道出版社公司：

秦绪涛　崔忠文　刘　钢　薛丽娜　聂宏伟　李纯一

前言

安全是铁路的生命线，是铁路事业发展的基石。聚焦新时代新征程国家铁路使命任务，铁路企业坚持“人民至上、生命至上”的安全发展理念，把确保人的生命安全的责任和措施落实到铁路运输生产全过程各环节，以高水平安全保障能力推动实现铁路高质量发展。铁路从业人员是铁路事业发展的亲历者、参与者，更是保障铁路安全的践行者和贡献者，每一名铁路从业人员从入路的第一天起，就应该把“安全”印在脑中，刻在心上，贯穿于职业生涯。

劳动安全是铁路安全的重要组成部分，关系着每一名铁路从业人员的生命安全和身体健康，是铁路从业人员的安全“首课”和终身“必修课”。按照国家法律法规，组织开展劳动安全培训，确保从业人员具备必要的劳动安全知识，知悉安全生产权责、职业环境风险隐患和劳动安全控制措施，掌握本岗位安全操作技能，能够预防铁路常见事故、运输生产及季节性安全风险引起的人身伤害，有效实施应急救援和伤害救治，全面提升从业人员人身安全防护和应急处置能力，是铁路企业坚持“以人为本”，坚守本质安全防线，切实维护从业人员合法权益，保护从业人员生命健康的政治责任和使命担当。

为了进一步加强和规范铁路劳动安全培训工作，中国国家铁路集团有限公司劳动和卫生部、安全监督管理局于2023年组织编制了《铁路劳动安全培训规范(2023)》，在此基础上编纂了《铁路劳动安全》培训教材。教材分为安全基础、常见事故预防、季节性劳动安全、专业劳动安全、事故处置、劳动防护用品与职业健康，共六篇二十九章。第一篇安全基础，包括安全概述、国家法律法规、企业规章制度、安全权责、安全标志标识；第二篇常见事故预防，包括预防机车车辆伤害、预防触电伤害、预防高处坠落、预防机械起重伤害、预防物体打击、预防火灾、预防中毒和窒息、预防机动车辆伤害；第三篇季节性劳动安全，包括防暑降温、防寒过冬、防洪抢险；第四篇专业劳动安全，包括车务、客运、货运、机务、车辆、工务、电务、供电、房建劳动安全；第五篇事故处置，包括伤亡事故应急处置、伤员急救；第六篇劳动防护用品与职业健康，包括劳动防护用品配备与使用、职业健康。

本教材涵盖了《铁路劳动安全培训规范(2023)》中所规定的全部能力项内容,以国家法律法规、铁路安全规定、专业规章制度为依据,注重培养从业人员构建劳动安全系统性思维,培养专业、实用的劳动安全知识体系和安全防护能力,全面提升铁路企业人身安全保障水平。本教材在常见事故预防、季节性劳动安全、专业劳动安全及劳动防护用品与职业健康篇中列举了近年来铁路典型事故案例,在伤员急救和劳动防护用品配备与使用章中配备了教学视频,在书后汇总了相关法律法规和企业规章,便于读者深入学习和拓展阅读。本教材适用于铁路从业人员岗前劳动安全培训和年度劳动安全再培训,站段、车间、班组安全教育,同样适用于职业院校铁道类专业在校学生安全教育。

本教材由中国国家铁路集团有限公司劳动和卫生部、安全监督管理局主编。哈尔滨、武汉、上海、南昌局集团公司,铁路安全研究中心、铁科院集团公司相关人员参与编写。审定过程中,广泛征求了国铁集团各专业部门和相关铁路局集团公司专家的意见建议,在此一并表示感谢。

由于编者水平有限,书中难免有遗漏和错误之处,诚请读者批评指正。

编　者

2024 年 10 月

目录

第一篇

安全基础

第一章 安全概述

第一节 铁路运输安全的概念及组成

铁路作为国家战略性、先导性、基础性重大基础设施，是国民经济大动脉、重大民生工程和综合交通运输体系的骨干。铁路安全稳定事关人民群众生命财产安全，事关铁路事业持续健康发展，事关党和国家工作大局，也事关每一名铁路从业人员的切身利益。铁路从业人员从入路的那一天起，就必须把“安全”二字印在脑中、刻在心上，并贯穿于职业生涯的全过程。

一、铁路运输安全的概念

（一）安全相关概念及其关系

1. 安全相关概念

(1)安　全

安全是指在生产过程中，能将人员伤亡和财产损失控制在可接受水平的状态。安全观可以归纳为两种，即绝对安全观和相对安全观。

绝对安全观认为，安全是没有危险、不受威胁、不出事故，即消除能导致人员伤亡和财产损失的条件。无危则安，无损则全。这种安全观认为发生人员伤亡和财产损失的概率为零，它是安全的一种极为理想的状态。

与绝对安全观相对应的是人们现在普遍接受的相对安全观。相对安全观认为，安全并非绝对无事故，安全是相对的，是在具有一定危险条件下的不发生事故的状态。安全不是瞬间的结果，而是对系统在某一时期，某一生产过程状态的描述，是一个动态过程。

(2)危　险

作为安全的对立面，危险是指在生产过程中，人员受到伤害和财产遭受损失的可能性超出了可接受范围的一种状态。危险与安全一样，也是与生产过程共存的连续状态。危险包含了尚未被人们所认识的，以及虽为人们所认识却尚未被人们所控制的各种危害因素。

(3)危 险 源

危险源是指可能造成人员伤害、财产损失、作业环境破坏或其他损失的根源或状态。危险源包括可能导致伤害或危险状态的来源，或可能因暴露而导致伤害和健康损害的环境。

根据危险源在事故发生、发展中的作用，一般把危险源划分为两大类，即第一类危险源和第二类危险源。第一类危险源是指生产过程中存在的，可能发生意外释放的能量，包括生产过程中各种能量源、能量载体或危险物质。第二类危险源是指导致能量或危险物质的约束或限制措施破坏、失效的各种不安全因素。

(4)风　　险

风险是指某一特定危险情况发生的可能性与后果严重性的组合。风险强调的是损失的不确定性，包括发生影响因素的不确定、发生时间的不确定、导致后果的不确定等。

(5)隐　　患

隐患通常包括一切可能对人—机—环境系统带来损害的不安全因素。隐患可定义为在生产活动过程中，由于人们受到科学知识和技术力量的限制，或者由于认识上的局限，未能有效控制并可能引起事故的一种行为(一些行为)、一种状态(一些状态)。隐患是事故发生的必要条件，隐患一旦被识别、排查出来，就要予以整改消除。对于受客观条件所限不能立即消除的隐患，要采取措施降低其危险性或延缓危险增长的速度，降低其被触发的可能性。

(6)事　　故

事故是指人(个人或集体)在为实现某种意图进行的活动过程中，突然发生的、违反意志的、迫使活动暂时或永久停止的事件。

2. 安全相关概念间关系

危险源、风险、隐患均可能导致事故的发生，隐患是导致事故发生的直接原因，危险源、风险识别不到位、不全面则是事故发生的间接原因。

以高处平台堆放物料为例，对危险源、风险、隐患、事故之间的关系进行解释，如图 1-1-1 所示。

图 1-1-1　危险源、风险、隐患、事故之间的关系

(1)危险源是风险的载体

假设因生产需要，高处平台必须堆放物料，由于物料较高具有势能，所以属于危险源。正常情况下，虽然高处整齐堆放的物料具有一定的机械能量，但并未失控，则不会形成危害。

一旦物料堆放不整齐或受平台倾斜、振动等因素的影响，就会有坠落的可能性，坠落的物料有可能造成砸伤人的严重后果。因此，经研判分析，高处平台上堆放的物料存在可能因堆放不整齐、平台倾斜或振动等因素导致砸伤人的安全风险。但如果在物料堆放平台上加设防护栏杆和踢脚板，并加固平台，则物料坠落的可能性会大大降低，风险也就处于可控的程度。危险源与风险的关系如图 1-1-2 所示。

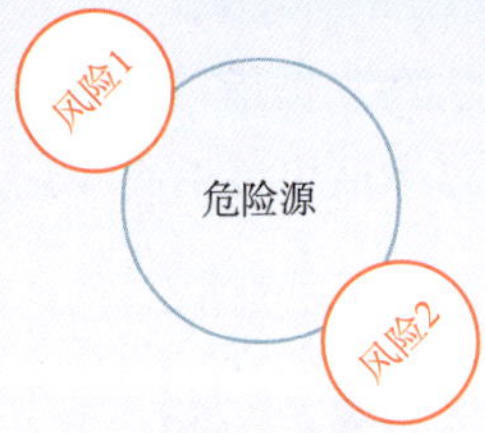

图 1-1-2 危险源与风险的关系

由此可见，有危险源就一定有风险，危险源是风险的载体。风险研判是对危险源在未造成任何损失情况下的主观评估，采用一定的措施，加强定期监控，可保证危险源处于安全可控的状态。

(2)隐患是第二类危险源

针对“高处堆放的物料”这一危险源，当存在物料不整齐的情况时，就形成了事故隐患，所以说隐患是第二类危险源。隐患大多是由于管理上的疏忽或者是人的违规操作造成的，这是一种不安全、有缺陷的状态，而这种状态通过人工干预是可以被消除的。危险源与隐患的关系如图 1-1-3 所示。

图 1-1-3 危险源与隐患的关系

(3)风险与隐患的区别

风险是在未导致人员伤亡、财产损失的情况下，人们对危险源可能造成的损失进行主观判断的结果。而隐患是将考虑事故发生的可能性转变成了现实存在。因此，风险是不能够被消除的，而隐患通过治理是可以被消除的。

(4)危险源、风险、隐患与事故的推演

危险源、隐患、事故呈单向线性关系，只要有效防范危险源带来的风险，及时消除隐患，就可以阻止事故的发生。因此，只有辨识出风险，才能分析风险、评价风险、控制风险，进而降低风险带来的影响。

如果管理者没有针对“高处堆放的物料”这一危险源进行风险研判分析，未能采取相应的风险管控措施，也未能采取相应的定期监控手段，导致安全风险问题一直失管失控，就会形成隐患。如果管理者又忽视了对该项事故隐患问题的排查和治理，就可能在特定的场合下发生物料坠落的安全事故。

危险源、风险、隐患与事故的关系如图 1-1-4 所示。

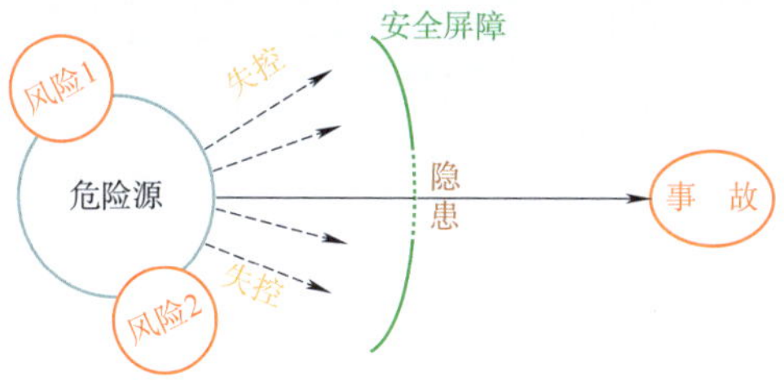

图 1-1-4 危险源、风险、隐患与事故的关系

（二）铁路运输安全相关概念

铁路运输安全是指在铁路运输过程中，维护铁路正常的运行秩序，保障旅客和铁路从业人员生命财产安全，保证运输设备和货物完整性的全部生产活动。铁路运输安全是运输生产系统运行秩序正常、旅客生命财产平安无险、运输设备和货物完好无损的综合表现，也是运输生产全过程中为达到上述目的而进行的全部生产活动协调作用的结果，保证铁路运输安全是铁路工作的重中之重。铁路运输安全的特征包括以下四个方面。

1. 铁路运输安全具有系统性

铁路运输系统规模宏大、层次众多、环节繁杂，涉及铁路线路（桥梁隧道）、牵引供电、机车车辆（动车组）、信号通信、运输调度、运输组织、设备设施养护维修、监测检测、环境监测等方面，涉及车务（调度）、客运、货运、机务、车辆、工务、电务、供电、房建等诸多专业，涉及中国国家铁路集团有限公司（简称国铁集团）、铁路局集团公司、站段、车间、班组等不同层级，涉及“人—机—管—环”等各个层面。铁路运输系统作为一个由复杂技术装备组成、在复杂网络和复杂环境中运行、完成具有复杂时空分布特征的位移服务的系统，广泛存在“人—机—管—环”因素的动态变化、时间与空间的改变、多因素在不同时空的交互作用，具有复杂系统的典型特性，可以认为铁路运输系统是一个开放的、复杂的、动态的、网络化的，以现代化高新技术为依托的系统。铁路运输系统的复杂性特征决定了铁路运输安全问题涉及面广、环节多、风险因素无时不在，而且具有连锁性和传导性。

2. 铁路运输安全具有复杂多变性

铁路运营过程中不断与外界进行着物质、能量交换，外部环境对铁路运输安全具有非常大的影响，如外部自然环境的强风、雨雪、地震、异物侵限等，都会对铁路运输造成严重影响。此外，外界的社会、经济、人文环境也与铁路运营安全息息相关。外部环境安全风险具有随机性和不确定性，导致铁路运输安全也具有复杂多变性。

3. 铁路运输安全具有严肃性

铁路有严格的规章制度，铁路运输必须坚持高度集中、统一领导的原则，下级必须绝对服从上级的调度指挥，必须逐级贯彻落实安全决策部署，以各层级的规范管理和各岗位职工的严格按标作业，确保客货列车按运行图安全、正点运行。在长期的实践中，铁路逐渐形成以“强基达标、从严务实、综合治理”为导向的安全文化品牌，是确保安全生产持续稳定的强有力思想保证和精神动力。

4. 铁路交通事故造成的社会影响难以估量

作为大众化的交通工具，一列普速旅客列车通常要运送近千名旅客，一列动车组列车也要运送数百名旅客。处于高速运动状态的列车，可供纠正和避免事故的时间很短，一旦发生列车冲突、脱轨、火灾、爆炸等事故，极易造成重大人员伤亡和财产损失，形成灾难性后果。而且，由于事故造成运输中断将波及整个路网，打乱运输秩序，继而影响社会生产和运输全局，极大地损害铁路的声誉和形象，其社会影响的严重性难以估量。

铁路运输安全工作只有过程，没有终点；安全目标只有追求，没有止境；安全成绩只有更好，没有最好。进入新发展阶段，贯彻新发展理念，服务新发展格局，铁路职工要更加坚定自觉地扛起安全这一重大政治责任和社会责任，要强化安全意识、责任意识，坚决把风险控制在隐患形成之前，把隐患消除在事故发生之前，决不能让故障上升为事故，更不能让事故演变成灾难。

二、铁路运输安全的组成

铁路运输安全包括行车安全、劳动安全、环境及路外安全、消防安全、综合治安及反恐防暴等方面的内容。铁路从业人员在作业过程中要强化“安全第一”的思想，严格遵守安全生产规章制度和相关作业标准，避免事故的发生。

1. 行车安全

铁路行车安全包括确保铁路机车车辆在运行过程中不发生相撞、冲突、脱轨、火灾、爆炸等影响铁路正常行车的事故，保障旅客及铁路从业人员生命财产安全，保证运输设备和货物完整性等全部生产活动。行车工作是铁路运输的主要工作，也是最容易产生不安全因素的工作环节，铁路运输中的大部分安全风险都体现在行车工作中。行车事故的种类和场景多种多样，但诱发行车事故的因素不外乎人的不安全行为、物的不安全状态、管理上的缺陷，以及周边环境和自然灾害的因素等。其中，人的不安全行为——因违章违纪引发的事故，在行车事故中占有很大比例，因此人的不安全行为是铁路长期加强管控的重点。

从职工自身来讲，防范本岗位发生行车事故，最主要的是消除自身存在的不安全行为，在思想上敬畏规章、敬畏职责；在业务上熟知本岗位应知应会知识，熟练掌握操作技能；在作业过程中严格执行作业纪律、劳动纪律和各项有关作业标准，让作业行为符合标准，让执行标准成为习惯。

2. 劳动安全

劳动安全是劳动者享有的在从业过程中人身安全获得保障、免受职业伤害的权利。铁路劳动安全是指保护铁路作业人员免遭人身伤害和职业病危害所采取的一系列技术、组织综合措施，旨在消除或控制危险、有害因素和事故隐患，使劳动环境、生产物质条件和工作秩序符合国家安全法规和标准要求，确保职工在生产经营活动过程中的人身安全与健康。

预防劳动安全事故、保障职业健康事关每名职工的生命权和家庭幸福，铁路职工应加强相关法律法规、规章制度的学习，强化“安全第一”的思想，把安全当成一种习惯，在实际作业中严格执行各项作业标准，严把安全关键，做到不伤害自己、不伤害他人、不被他人伤害、保护他人不受伤害，主动预防作业过程中人身伤亡事故的发生。

3. 环境及路外安全

环境及路外安全是铁路运输安全的重要组成部分。影响铁路安全的环境因素主要是铁路周边环境隐患未得到有效治理，导致异物上线侵限、轻飘物挂接触网、外来车辆撞击铁路线路桥梁、外来物击打列车等引发的事故。铁路沿线安全环境隐患、问题涉及面广、成因复杂，老问题、新情况层出不穷，治理工作涉及部门多、领域广，综合治理难度大。铁路交通事故中“相撞”类事故，一般是指铁路机车车辆在运行过程中与行人、机动车、非机动车、牲畜及其他障碍物相撞造成的事故，传统上称为“路外事故”。

确保铁路安全人人有责，所有铁路职工都应主动维护外部环境和路外安全。首先要做到自身不违法违规，不发生擅自打开铁路防护栅栏上道、抢越道口、在铁路线路边生火取暖等行为，同时要主动宣传铁路安全知识，依法依规制止危害铁路安全的各类行为，发现隐患问题要按规定及时上报，形成群防群治的工作态势，共同维护好铁路安全。

4. 消防安全

铁路车站、旅客列车是典型的人员密集场所；货运场站是物流的集散地，一些货场和专用线还办理危险品运输。由于铁路运输生产的需要，在一些单位建设有油库、乙炔和氧气瓶库等，这些都是铁路消防安全的重点部位。加强铁路站车等人员密集场所，以及货场、油库等消防重点单位和部位消防安全管理，组织消防安全检查和火灾隐患排查整治，对预防火灾事故，减少火灾危害，保障铁路运输安全和旅客生命财产安全具有重大意义。

铁路消防安全直接关系人民群众生命财产安全，维护铁路消防安全、保护消防设施、预防火灾、报告火警、扑救火灾是铁路运输企业和每一名铁路职工的责任和义务。除严格遵守和执行站车消防安全规定外，还必须依法落实铁路各单位内部消防安全管理规定，确保油库、宿舍、宾馆等消防重点部位的安全。

5. 综合治安及反恐防暴

随着铁路建设不断推进，客流量持续增长，客流量大、人员密集已经成为铁路运输的新常态。车站、列车也最容易成为恐怖活动袭击和破坏的重要目标之一，强化铁路安检查危、反恐防暴工作至关重要。铁路综合治安和反恐防暴涵盖铁路运输企业在车站、列车对旅客及其随身携带、托运的行李物品和铁路运输的货物进行危险物品检查的活动，以及对车站、列车、线路等重点场所和重要设备设施采取的一系列反恐防暴措施，是保障旅客和货物运输安全的第一道关口。

铁路职工应树立“全员防恐、人人有责”的工作思路，加强反恐防暴器材使用和反恐应急预案学习，开展全员实战演练，进一步增强防范意识和突发事件处置能力。同时，更要遵守安检查危的相关规定，自觉执行职工乘坐通勤车有关要求，绝不携带危害公共安全的危险品进站上车。

第二节　安全基本理论

“安全”是人类社会中的持久性命题，各行业领域兴盛进步的过程中大都经历过复杂多样的事故。为了持续性发展，人们不仅需要采取安全措施规避事故发生，也需要分析事故出现的原因、相互作用及其内在规律。学者们在各种事故发生的实践中不断总结经验，分析事故教训，探索事故发生的规律，研究如何消除和控制事故的影响因素，防止事故的发生和发展，保证生产系统处于安全稳定状态之中，相继提出了一系列防止事故发生的安全基本理论。

一、事故致因理论

事故致因理论是从大量典型事故本质原因的分析中所提炼出的事故机理和事故模型。这些机理和模型反映了事故发生的规律性，能够系统性地识别和分析事故背后的多重要素，从而为安全管理提供有效的预防措施，降低事故发生的概率。

1. 海因里希因果连锁理论

海因里希因果连锁理论阐明了导致伤亡事故的各种因素之间，以及这些因素与伤害之间的关系。该理论的核心思想是：伤亡事故的发生不是一个孤立的事件，而是一系列原因事件相继发生的结果，即伤害与各原因相互之间具有连锁关系。该理论认为事故连锁过程包括“遗传及社会环境”“人的缺点”“人的不安全行为或物的不安全状态”“事故”“伤害”五种影响因素。该理论运用多米诺骨牌具象地表达了这种事故因果连锁关系，在多米诺骨牌系列中，一块骨牌被碰倒，则将发生连锁反应，其余的几块骨牌相继被碰倒；如果移去中间的一块骨牌，则连锁被破坏，事故过程被中止，如图 1-1-5 所示。

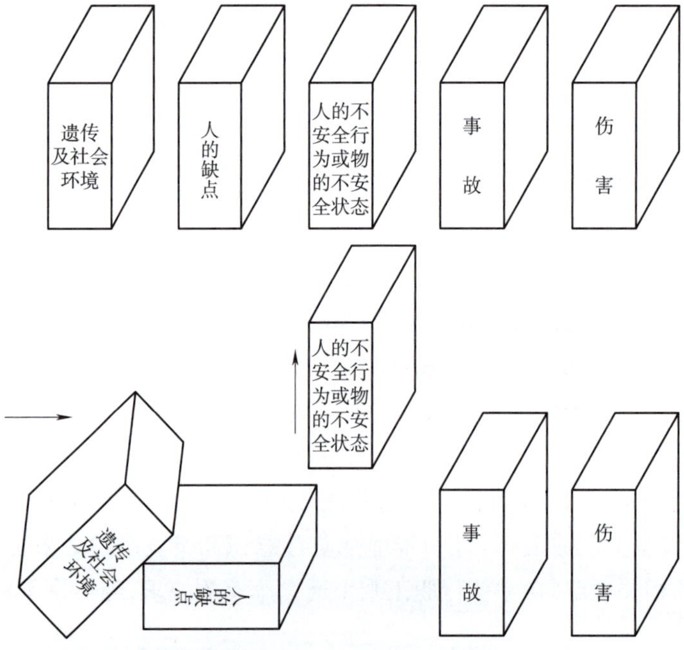

图 1-1-5　海因里希因果连锁理论

海因里希因果连锁理论积极的意义在于,如果移去因果连锁中的任一环节,则连锁被破坏,事故过程被中止。海因里希认为,企业安全工作的中心就是防止人的不安全行为,消除机械的或物质的不安全状态,中断事故连锁的进程,进而避免事故的发生。

2. 能量意外释放理论

能量意外释放理论揭示了事故发生的物理本质,认为人受伤害的原因只能是某种能量的转移。该理论将能量引起的伤害分为两类:第一类伤害是由施加了局部或全身性损伤阈值的能量引起的;第二类伤害是由影响了局部或全身性能量交换引起,如中毒、窒息和冻伤。

根据能量意外释放理论,预防伤害事故的最佳手段就是防止能量或危险物质的意外释放,防止人体与过量的能量或危险物质接触。在生产过程中通常采用屏蔽防护系统实现防止人员与能量接触的目的,如运用安全能源代替不安全能源、限制设备能量、防止能量蓄积、人员配备防护用品等。

3. 轨迹交叉理论

轨迹交叉理论认为,在事故发展进程中,人的因素的运动轨迹与物的因素的运动轨迹的交点就是事故发生的时间和空间,如图 1-1-6 所示。

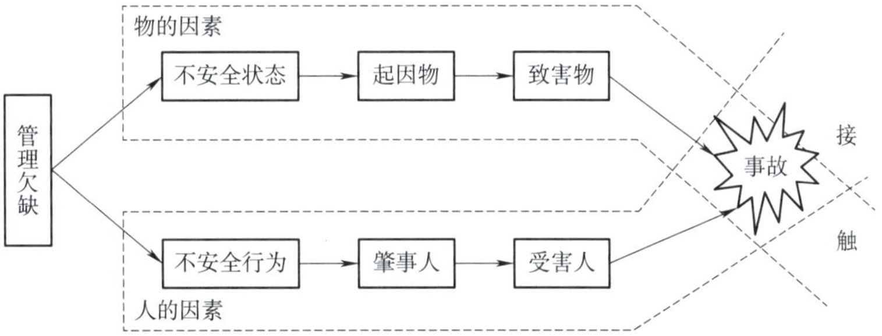

图 1-1-6 轨迹交叉理论事故致因链

轨迹交叉理论强调人的因素和物的因素在事故致因中占有同样重要的地位。按照该理论,通过避免人与物两种因素运动轨迹交叉,即避免人的不安全行为和物的不安全状态同时同地出现,可以有效预防事故的发生。

根据该理论,在生产工作中应基于以下原则进行事故防控:

(1)防止人、物运动轨迹的时空交叉。一种是防止空间交叉,例如防止能量逸散,隔离、屏蔽能量,改变能量释放途径等。另一种是防止时间交叉,例如危险设备的联锁装置,电气维修或电气作业中切断电源、挂牌、上锁、工作票制度的执行等措施。

(2)控制人的不安全行为。人的不安全行为在事故形成的过程中占有主导位置,而人的行为受多方面影响,如作业时间紧迫程度、作业条件的优劣、个人生理心理素质、安全文化素质、家庭社会影响因素等。可采取加强工种考核,加强安全教育和技术培训,科学化安全管理等手段,从生理、心理和操作管理上控制人的不安全行为的产生。

(3)控制物的不安全状态。控制物的不安全状态最根本的办法是创造本质安全条件,使系统在人发生失误的情况下,也不会发生事故。在条件不允许的情况下,应尽量消除不安全因素或采取防护措施,以削弱不安全状态的影响程度。

4. 瑞士奶酪模型

瑞士奶酪模型(又名"Reason 模型")认为,组织活动中发生的事故与组织环境影响、不安全的监督、不安全行为前兆、不安全行为四个层次的缺陷有关。某个层面的组织缺陷不一定导致事故,但当各个层次的组织缺陷在一个事故促发因子上同时或次第出现缺陷时,不安全事件就会贯穿多层次的阻断屏障而发生。事故贯穿连续的组织缺陷集的过程,可形象类比于事故穿过了空洞重叠的奶酪,如图 1-1-7 所示。

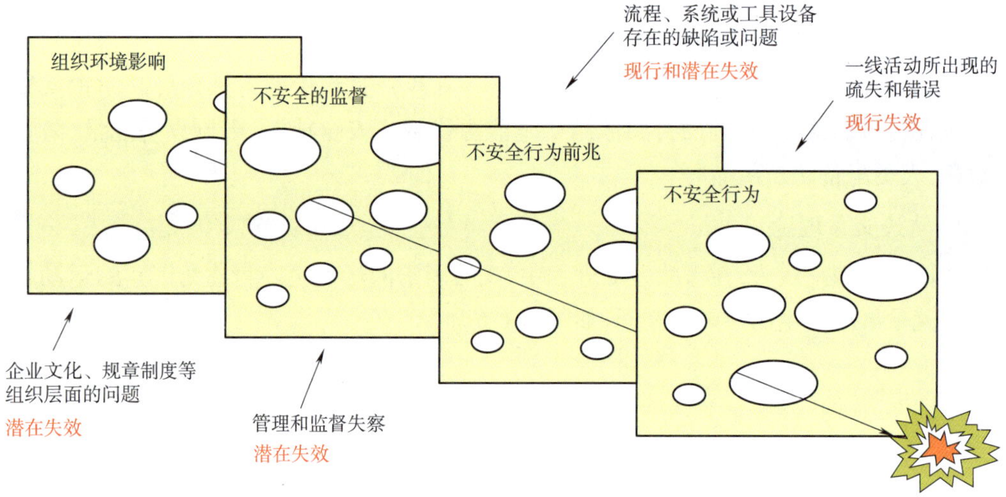

图 1-1-7 瑞士奶酪模型

根据瑞士奶酪模型,生产活动应进行全过程管控,从安全规章、组织措施、管理监督、生产流程、硬件设备、人员作业等各个层面建立有效防控措施,并不断进行检查和改进,才能阻止事故链的形成,从而避免事故的发生。

以上列举了事故致因理论中部分经典理论与相关原理,对生产生活中的事故防控具有重要的指导作用。在铁路生产作业实践中,安全管理人员可将理论或模型有机结合,取长补短,根据实际情况选择最优化的方法,有针对性地对事故原因采取措施,做好安全管理工作,切实避免安全事故。

二、事故预防理论

事故预防理论是指对发生的事故进行分析,找出事故发生的原因及相互关系,提出防范类似事故重复发生的措施,避免此类事故再次发生的相关理论。其中,海因里希法则是事故预防的重要理论基础。

海因里希法则是美国工程师海因里希对 55 万起工伤事故进行统计分析后提出的事故统计规律,如图 1-1-8 所示。该法则提出,每 330 起事故中,可能包括造成死亡、重伤事故 1 起,轻伤、微伤事故 29 起,无伤害事故 300 起。

海因里希法则说明,要消除 1 起死亡、重伤事故或 29 起轻伤、微伤事故,必须首先消除 300 起无伤害事故,严重事故是轻微事故、日常管理缺欠累积的结果。因此,在生产活动

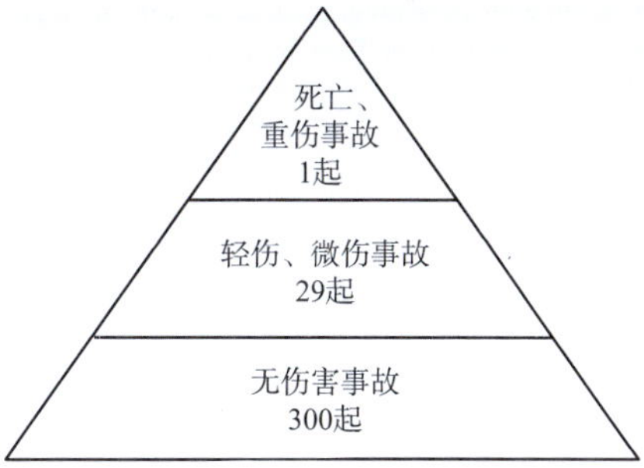

图 1-1-8　海因里希法则

中，应重点对安全风险隐患进行主动分析与防范，及时消除可能会造成重大事故的隐患，才能从根本上控制严重事故的发生。

三、人因工程理论

人因工程理论是以人为核心，研究人—机—环境之间的交互作用，旨在提高人的工作效率和安全性，减少错误和事故的发生。该理论通过分析人的生理、心理等特点和系统功能特征等，发现生产设计中存在的人—机—环境不协调的问题，通过一些理论方法提出新的改善理念和设计方案，从而有效提高作业人员和机器的工作效率、舒适度、安全性，以及人、机、环境协调性等问题，充分体现出"以人为本"的设计理念。

根据人因工程理论，在安全生产中可以通过优化人机环境设计、提供合适的工具和装备、改善作业环境、提高操作人员的工作满意度和积极性、人性化设计等方式，实现人、机、环境之间的最佳匹配，提高人机系统的可靠性，降低人为失误，防止事故发生。

四、安全风险管理理论

安全风险管理是以风险为管理对象，旨在通过识别、评估和控制潜在的风险因素，减少事故发生的可能性和影响。"关口前移、预防为主"是安全风险管控的核心理念，是标本兼治遏制重大事故的治"本"措施，是贯彻"安全第一，预防为主，综合治理"方针的具体体现。

根据安全风险管理理念，我国对生产经营单位提出了构建安全风险分级管控和隐患排查治理双重预防机制的要求。构建双重预防机制就是强调安全生产的关口前移，从隐患排查治理前移到安全风险管控。双重预防机制强调构筑防范生产安全事故的两道防火墙。第一道是管风险，以安全风险辨识和管控为基础，从源头上系统辨识风险、分级管控风险，努力把各类风险控制在可接受范围内，杜绝和减少事故隐患；第二道是治隐患，以隐患排查和治理为手段，认真排查风险管控过程中出现的缺失、漏洞和风险控制失效环节，坚决把隐患消灭在事故发生之前。

安全风险管控到位就不会形成事故隐患，隐患一经发现及时治理就不可能酿成事故，要通过双重预防的工作机制，切实把每一类风险都控制在可接受范围内，把每一个隐患都治理在形成之初，把每一起事故都消灭在萌芽状态。铁路安全管理工作重心的发展历程，也很好地诠释了由事故管理到隐患管理,再到风险管理,强调超前防范、源头治理的发展规律。

第三节　安全常用术语

一、安全相关术语

1. 安全生产:通过人—机—环境的和谐运作,使社会生产活动中危及劳动者生命和健康的各种事故风险和伤害因素始终处于有效控制的状态。

2. 安全生产标准化:生产经营单位通过落实安全生产主体责任、全员全过程参与、建立并保持安全生产管理体系,全面管控生产经营活动各环节的安全生产与职业卫生工作,实现安全健康管理系统化、岗位操作行为规范化、设备设施本质安全化、作业环境器具定置化,并持续改进。

3. 本质安全:通过设计等手段使生产设备或生产系统本身具有安全性,即使在误操作或发生故障的情况下也不会造成事故。

4. 防护措施:为避免职工在作业时身体的某部位误入危险区域或接触有害物质而采取的隔离、屏障、安全距离、个人防护、通风等措施或手段。

5. 安全管理:为预防和控制事故的发生而制定和实施的各种安全制度和措施。

6. 安全设备:为了保护从业人员安全、防止生产安全事故发生,以及在发生生产安全事故时用于救援而安装使用的机械设备和器械,如矿山使用的自救器、灭火设备及各种安全检测仪器。

7. 安全文化:企业员工认可的安全价值观、安全理念、安全行为的规范,以及在其指导下的各项行为和意识的总称。

8. 风险:发生特定危险事件的可能性与后果严重性的组合。

9. 安全风险管理:根据安全风险评估的结果,确定安全风险控制的优先顺序和安全风险控制措施,以达到改善安全生产环境、减少和杜绝生产安全事故的目标。

10. 安全风险评估:运用定性或定量的统计分析方法对安全风险进行分析,确定其严重程度,对现有控制措施的充分性、可靠性加以考虑,以及对其是否可接受予以确定的过程。

11. 铁路运营安全评估:对新建、改建和运营中铁路的安全管理、设备管理、规章制度管理、劳动安全管理、安全环境管理等工作的系统检查过程。

12. 隐患:未辨识出的风险,或风险没有得到有效控制,超出人们对风险可接受水平的一种状态。包括人的不安全行为、物的不安全状态和管理缺陷等。

13. 事故:由于物质或能量释放导致的人身伤害、环境破坏或财产损失等不良后果的级别达到了一定程度的危险情形。

14. 事件:不良后果未达到事故级别的危险情形。

15. 伤亡事故等级:根据事故造成的人员伤亡或者直接经济损失,伤亡事故分为特别重大事故、重大事故、较大事故、一般事故。

16. 安全第一:生产经营活动中,在处理保证安全与实现生产经营活动的其他各项目标的关系上,要始终把安全特别是从业人员、其他人员的人身安全放在首要位置,实行“安全优先”的原则。

17. 预防为主:把预防安全生产事故的发生放在安全生产工作的首位。

18. 综合治理:综合运用法律、经济、行政等手段,从发展规划、行业管理、安全投入、科技进步、经济政策、培训教育、安全文化以及责任追究等方面着手,建立安全生产长效机制。

19. 铁路线路安全保护区:为保护铁路线路安全而划定的特定区域。

20. 安全线:为防止列车或机车车辆从一进路进入另一列车或机车车辆占用的进路而发生冲突的一种安全隔开设备。

二、劳动安全相关术语

1. 劳动安全卫生:以保障劳动者在职业活动过程中的安全与健康为目的的工作领域及在法律、技术、设备、组织制度和教育等方面所采取的相应措施,又称职业安全健康。

2. 劳动安全:为防止职工在职业活动过程中发生各种伤亡事故为目的的工作领域,以及在法律、技术、设备、组织制度和教育等方面所采取的相应措施,又称职业安全。

3. 劳动卫生:以职工健康在职业活动过程中免受有害因素侵害为目的的工作领域,以及在法律、技术、设备、组织制度和教育等方面所采取的相应措施,又称职业健康、职业卫生。

4. 职业病:劳动者在职业活动中接触职业性因素所直接引起的疾病。

5. 法定职业病:国家根据社会制度、经济条件和诊断技术水平,以法规形式规定的职业病。

6. 劳动防护用品:为劳动者配备的,保护劳动者在劳动过程中免遭或者减轻事故伤害及职业病危害的个体防护装备和用品。

7. 个体防护装备:从业人员为防御物理、化学、生物等外界因素伤害所穿戴、配备和使用的护品的总称。

8. 机车车辆伤害:铁路机车车辆在运行过程中碰、撞、轧、压、挤、摔等造成的伤害。

9. 触电:电流流经人体或带电体与人体间发生放电而造成的人身伤害。

10. 高处坠落:由站立工作面失去平衡,在重力作用下坠落(坠落高度超过 2 m)造成的伤害。不包括触电后、受打击后、被设备及车辆冲撞后等引发的坠落。

11. 机械伤害:机械设备运动(静止)部件、工具、加工件直接与人体接触引起的夹击、碰撞、剪切、卷入、绞、碾、割、刺入等伤害。

12. 起重伤害:各种起重作业(包括起重机安装、检修、试验)中发生的挤压、坠落(吊具、吊重)、折臂、倾翻、倒塌等引起的对人的伤害。

13. 物体打击:物体在重力或其他外力的作用下产生运动打击人体造成的人身伤亡事故。不包括因机械设备、车辆、起重机械、坍塌等引发的物体打击。

14. 火灾:在时间或空间上失去控制的燃烧所造成的灾害。

15. 中毒和窒息:接触有毒物质,引起人体急性中毒或窒息,以及缺氧造成窒息的伤害。

16. 机动车辆伤害:由运动中的机动车辆挤、压、轧、碾、撞、摔、倾覆等引起的伤害。

17. 淹溺:人落入水中,水侵入呼吸系统造成的伤害。

18. 灼烫:因接触酸、碱、蒸气、热水或因火焰、高温引起皮肤及其他器官、组织损伤的伤害。

19. 坍塌:建筑物、构造物、堆置物、土石方等因设计、堆置、摆放或施工不合理而发生倒塌造成的伤害。不包括因爆炸引起的塌方和隧道、井巷冒顶片帮。

20. 冒顶片帮:矿井、隧道、涵洞开挖、衬砌过程中因开挖或支护不当,顶部或侧壁大面积垮塌造成伤害的事故。工作面、侧壁坍塌称为片帮,顶部垮落称为冒顶,二者常同时发生。

21. 透水:矿山地下开采、隧道开挖过程中,意外水源造成的伤害。

22. 爆破伤害:施工中爆破作业造成的伤害。

23. 火药爆炸:在火药、雷管、鞭炮、发令纸等生产、运输、储存、使用过程中发生爆炸造成的伤害。

24. 瓦斯煤尘爆炸:瓦斯或煤尘混合气体含量达到爆炸极限,遇明火发生爆炸造成的伤害。

25. 其他爆炸:凡不属于火药、瓦斯煤尘爆炸的爆炸事故均属于其他爆炸,如固定式锅炉,各种承压容器(如气瓶、气桶、罐车、盛装容器、换热容器、分离容器等)发生的爆炸;化学品爆炸;炉膛、钢水包爆炸;粉尘(不含煤尘)爆炸等。

26. 煤与瓦斯突出:煤或瓦斯从岩层中大量释放涌出,将人员掩埋或使人员缺氧窒息造成的伤害。

复习思考题

1. 安全的定义是什么?
2. 风险的定义是什么?
3. 风险与隐患有什么区别?
4. 铁路运输安全的概念是什么?
5. 铁路运输安全包括哪些内容?
6. 事故预防理论对安全生产活动有哪些启示?

第二章 国家法律法规

安全生产法律法规是调整生产经营活动中有关安全生产各方关系和行为的法律规范，是为保障劳动者在生产经营活动中的安全和健康而建立的法律体系。

第一节　安全相关法律

一、《中华人民共和国安全生产法》

《中华人民共和国安全生产法》(简称《安全生产法》)是我国第一部关于安全生产的综合法律，是安全生产的基本法。《安全生产法》的颁布实施，为保障我国的安全生产，防止重、特大事故的发生，保护从业人员的安全和健康，促进国民经济健康、稳步和持续发展提供了法律保证，具有十分重要的意义。《安全生产法》规定的一系列基本原则和制度，也是铁路运输生产活动必须遵循的。

《安全生产法》主要内容包括总则、生产经营单位的安全生产保障、从业人员的安全生产权利义务、安全生产的监督管理、生产安全事故的应急救援与调查处理、法律责任等。

1. 安全生产方针

安全生产工作应当以人为本，坚持人民至上、生命至上，把保护人民生命安全摆在首位，树牢安全发展理念，坚持安全第一、预防为主、综合治理的方针，从源头上防范化解重大安全风险。

安全生产工作实行管行业必须管安全、管业务必须管安全、管生产经营必须管安全，强化和落实生产经营单位主体责任与政府监管责任，建立生产经营单位负责、职工参与、政府监管、行业自律和社会监督的机制。

2. 对从业人员的基本要求

《安全生产法》对从业人员有以下基本要求：

(1)未经安全生产教育和培训合格的从业人员，不得上岗作业。

(2)生产经营单位的特种作业人员必须按照国家有关规定经专门的安全作业培训，取得相应资格，方可上岗作业。

(3)生产经营单位的从业人员不落实岗位安全责任，不服从管理，违反安全生产规章制度或者操作规程的，由生产经营单位给予批评教育，依照有关规章制度给予处分；构成犯罪的，依照刑法有关规定追究刑事责任。

二、《中华人民共和国刑法》

《中华人民共和国刑法》(简称《刑法》)是为了惩罚犯罪，保护人民，根据宪法，结合我国同犯罪作斗争的具体经验及实际情况而制定。《刑法》分为总则、分则等。

1. 有关铁路安全生产犯罪的规定

《刑法》中有关铁路安全生产犯罪的规定如下：

(1)铁路运营安全事故罪：铁路职工违反规章制度，致使发生铁路运营安全事故，造成严重后果的，处三年以下有期徒刑或者拘役；造成特别严重后果的，处三年以上七年以下有期徒刑。

(2)重大责任事故罪：在生产、作业中违反有关安全管理的规定，因而发生重大伤亡事故或者造成其他严重后果的，处三年以下有期徒刑或者拘役；情节特别恶劣的，处三年以上七年以下有期徒刑。

(3)强令、组织他人违章冒险作业罪：强令他人违章冒险作业，或者明知存在重大事故隐患而不排除，仍冒险组织作业，因而发生重大伤亡事故或者造成其他严重后果的，处五年以下有期徒刑或者拘役；情节特别恶劣的，处五年以上有期徒刑。

最高人民法院、最高人民检察院《关于办理危害生产安全刑事案件适用法律若干问题的解释》规定，明知存在事故隐患、继续作业存在危险，仍然违反有关安全管理的规定，实施下列行为之一的，应当认定为《刑法》规定的“强令他人违章冒险作业”：利用组织、指挥、管理职权，强制他人违章作业的；采取威逼、胁迫、恐吓等手段，强制他人违章作业的；故意掩盖事故隐患，组织他人违章作业的；其他强令他人违章作业的行为。

(4)重大劳动安全事故罪：安全生产设施或者安全生产条件不符合国家规定，因而发生重大伤亡事故或者造成其他严重后果的，对直接负责的主管人员和其他直接责任人员，处三年以下有期徒刑或者拘役；情节特别恶劣的，处三年以上七年以下有期徒刑。

(5)危险物品肇事罪：违反爆炸性、易燃性、放射性、毒害性、腐蚀性物品的管理规定，在生产、储存、运输、使用中发生重大事故，造成严重后果的，处三年以下有期徒刑或者拘役；后果特别严重的，处三年以上七年以下有期徒刑。

(6)工程重大安全事故罪：建设单位、设计单位、施工单位、工程监理单位违反国家规定，降低工程质量标准，造成重大安全事故的，对直接责任人员，处五年以下有期徒刑或者拘役，并处罚金；后果特别严重的，处五年以上十年以下有期徒刑，并处罚金。

(7)不报、谎报安全事故罪：在安全事故发生后，负有报告职责的人员不报或者谎报事故情况，贻误事故抢救，情节严重的，处三年以下有期徒刑或者拘役；情节特别严重的，处三年以上七年以下有期徒刑。

(8)危险作业罪：在生产、作业中违反有关安全管理的规定，有下列情形之一，具有发生重大伤亡事故或者其他严重后果的现实危险的，处一年以下有期徒刑、拘役或者管制：

①关闭、破坏直接关系生产安全的监控、报警、防护、救生设备、设施，或者篡改、隐瞒、

销毁其相关数据、信息的；

②因存在重大事故隐患被依法责令停产停业、停止施工、停止使用有关设备、设施、场所或者立即采取排除危险的整改措施，而拒不执行的；

③涉及安全生产的事项未经依法批准或者许可，擅自从事矿山开采、金属冶炼、建筑施工，以及危险物品生产、经营、储存等高度危险的生产作业活动的。

2. 有关交通肇事犯罪的规定

《刑法》中有关交通肇事犯罪的规定如下：

交通肇事罪：违反交通运输管理法规，因而发生重大事故，致人重伤、死亡或者使公私财产遭受重大损失的，处三年以下有期徒刑或者拘役；交通运输肇事后逃逸或者有其他特别恶劣情节的，处三年以上七年以下有期徒刑；因逃逸致人死亡的，处七年以上有期徒刑。

三、《中华人民共和国劳动法》

《中华人民共和国劳动法》（简称《劳动法》）是为了保护劳动者的合法权益，调整劳动关系，建立和维护适应社会主义市场经济的劳动制度，促进经济发展和社会进步，根据宪法而制定。

《劳动法》主要内容包括总则、促进就业、劳动合同和集体合同、工作时间和休息休假、工资、劳动安全卫生、女职工和未成年工特殊保护、职业培训、社会保险和福利、劳动争议、监督检查、法律责任等。

1. 对从业人员的基本要求

《劳动法》对从业人员有以下基本要求：

（1）劳动者应当完成劳动任务，提高职业技能，执行劳动安全卫生规程，遵守劳动纪律和职业道德。

（2）从事特种作业的劳动者必须经过专门培训并取得特种作业资格。

（3）劳动者在劳动过程中必须严格遵守安全操作规程。

（4）从事技术工种的劳动者，上岗前必须经过培训。

2. 对女职工实行特殊劳动保护

《劳动法》对女职工实行以下特殊劳动保护：

（1）禁止安排女职工从事矿山井下、国家规定的第四级体力劳动强度的劳动和其他禁忌从事的劳动。

（2）不得安排女职工在经期从事高处、低温、冷水作业和国家规定的第三级体力劳动强度的劳动。

（3）不得安排女职工在怀孕期间从事国家规定的第三级体力劳动强度的劳动和孕期禁忌从事的劳动。对怀孕七个月以上的女职工，不得安排其延长工作时间和夜班劳动。

（4）女职工生育享受不少于九十天的产假。

（5）不得安排女职工在哺乳未满一周岁的婴儿期间从事国家规定的第三级体力劳动强度的劳动和哺乳期禁忌从事的其他劳动，不得安排其延长工作时间和夜班劳动。

第二节　安全相关法规

一、《铁路安全管理条例》

《铁路安全管理条例》是为了加强铁路安全管理，保障铁路运输安全和畅通，保护人身安全和财产安全而制定。主要内容包括总则、铁路建设质量安全、铁路专用设备质量安全、铁路线路安全、铁路运营安全、监督检查、法律责任等。

（一）铁路线路安全保护区有关规定

铁路线路两侧应当设立铁路线路安全保护区。铁路线路安全保护区的范围，从铁路线路路堤坡脚、路堑坡顶或者铁路桥梁（含铁路、道路两用桥，下同）外侧起向外的距离分别为：

1. 城市市区高速铁路为 10 m，其他铁路为 8 m。
2. 城市郊区居民居住区高速铁路为 12 m，其他铁路为 10 m。
3. 村镇居民居住区高速铁路为 15 m，其他铁路为 12 m。
4. 其他地区高速铁路为 20 m，其他铁路为 15 m。

（二）对铁路从业人员的规定

《铁路安全管理条例》对铁路从业人员有以下规定：

1. 铁路建设、运输、设备制造维修单位的工作人员应当严格执行规章制度，实行标准化作业，保证铁路安全。
2. 铁路机车车辆的驾驶人员应当参加国务院铁路行业监督管理部门组织的考试，考试合格方可上岗。具体办法由国务院铁路行业监督管理部门制定。
3. 铁路运输企业的从业人员应当按照操作规程使用、管理铁路设施设备。
4. 铁路运输企业工作人员不得窃取、泄露旅客身份信息。
5. 从事安全检查的工作人员应当佩戴安全检查标志，依法履行安全检查职责，并有权拒绝不接受安全检查的旅客进站乘车和托运行李物品。
6. 办理危险货物运输业务的工作人员和装卸人员、押运人员，应当掌握危险货物的性质、危害特性、包装容器的使用特性和发生意外的应急措施。

二、《铁路交通事故应急救援和调查处理条例》

《铁路交通事故应急救援和调查处理条例》是为了加强铁路交通事故的应急救援工作，规范铁路交通事故调查处理，减少人员伤亡和财产损失，保障铁路运输安全和畅通，根据《中华人民共和国铁路法》和其他有关法律的规定而制定。主要内容包括总则、事故等级、事故报告、事故应急救援、事故调查处理、事故赔偿、法律责任等，适用于铁路机车车辆在运行过程中与行人、机动车、非机动车、牲畜及其他障碍物相撞,或者铁路机车车辆发生冲突、脱轨、火灾、爆炸等影响铁路正常行车的铁路交通事故(以下简称事故)的应急救援和调查处理。

(一)铁路交通事故等级

根据事故造成的人员伤亡、直接经济损失、列车脱轨辆数、中断铁路行车时间等情形,事故等级分为特别重大事故、重大事故、较大事故和一般事故。

1. 有下列情形之一的,为特别重大事故:

(1)造成30人以上死亡,或者100人以上重伤(包括急性工业中毒,下同),或者1亿元以上直接经济损失的;

(2)繁忙干线客运列车脱轨18辆以上并中断铁路行车48 h以上的;

(3)繁忙干线货运列车脱轨60辆以上并中断铁路行车48 h以上的。

2. 有下列情形之一的,为重大事故:

(1)造成10人以上30人以下死亡,或者50人以上100人以下重伤,或者5 000万元以上1亿元以下直接经济损失的;

(2)客运列车脱轨18辆以上的;

(3)货运列车脱轨60辆以上的;

(4)客运列车脱轨2辆以上18辆以下,并中断繁忙干线铁路行车24 h以上或者中断其他线路铁路行车48 h以上的;

(5)货运列车脱轨6辆以上60辆以下,并中断繁忙干线铁路行车24 h以上或者中断其他线路铁路行车48 h以上的。

3. 有下列情形之一的,为较大事故:

(1)造成3人以上10人以下死亡,或者10人以上50人以下重伤,或者1 000万元以上5 000万元以下直接经济损失的;

(2)客运列车脱轨2辆以上18辆以下的;

(3)货运列车脱轨6辆以上60辆以下的;

(4)中断繁忙干线铁路行车6 h以上的;

(5)中断其他线路铁路行车10 h以上的。

4. 造成3人以下死亡,或者10人以下重伤,或者1 000万元以下直接经济损失的,为一般事故。

除上述规定外,国务院铁路主管部门可以对一般事故的其他情形作出补充规定。

注:“以上”包括本数,“以下”不包括本数。

(二)铁路交通事故报告

事故发生后,事故现场的铁路运输企业工作人员或者其他人员应当立即报告邻近铁路车站、列车调度员或者公安机关。有关单位和人员接到报告后,应当立即将事故情况报告事故发生地铁路管理机构。

三、《工伤保险条例》

《工伤保险条例》是为了保障因工作遭受事故伤害或者患职业病的职工获得医疗救治和经济补偿，促进工伤预防和职业康复，分散用人单位的工伤风险而制定。主要内容包括总则、工伤保险基金、工伤认定、劳动能力鉴定、工伤保险待遇、监督管理、法律责任等。

（一）应当认定为工伤的情形

职工有下列情形之一的，应当认定为工伤：

1. 在工作时间和工作场所内，因工作原因受到事故伤害的；

2. 工作时间前后在工作场所内，从事与工作有关的预备性或者收尾性工作受到事故伤害的；

3. 在工作时间和工作场所内，因履行工作职责受到暴力等意外伤害的；

4. 患职业病的；

5. 因工外出期间，由于工作原因受到伤害或者发生事故下落不明的；

6. 在上下班途中，受到非本人主要责任的交通事故或者城市轨道交通、客运轮渡、火车事故伤害的；

7. 法律、行政法规规定应当认定为工伤的其他情形。

（二）视同工伤的情形

职工有下列情形之一的，视同工伤：

1. 在工作时间和工作岗位，突发疾病死亡或者在48 h之内经抢救无效死亡的；

2. 在抢险救灾等维护国家利益、公共利益活动中受到伤害的；

3. 职工原在军队服役，因战、因公负伤致残，已取得残疾军人证，到用人单位后旧伤复发的。

（三）不得认定为工伤或者视同工伤的情形

职工符合（一）、（二）的规定，但是有下列情形之一的，不得认定为工伤或者视同工伤：

1. 故意犯罪的；

2. 醉酒或者吸毒的；

3. 自残或者自杀的。

复习思考题

1. 安全生产的方针是什么？

2. 《安全生产法》对从业人员的基本要求有哪些？

3. 《刑法》中对于强令他人违章冒险作业，发生事故的如何处罚？

4.《刑法》中对于交通肇事后逃逸如何处罚？
5.《劳动法》中规定女职工产假多少天？
6. 从事特种作业的劳动者上岗前需要进行什么培训？
7. 铁路交通事故等级分为哪几类？
8. 哪些行为可以认定为工伤？
9. 哪些行为不得认定为工伤？

第三章 企业规章制度

企业规章制度是企业用于规范企业全体成员及活动的标准和规定，对本企业具有普遍性和强制性。

第一节 基本规章

一、《铁路技术管理规程》

《铁路技术管理规程》（简称《技规》）是国家铁路技术管理的基本规章，各部门、各单位制定的技术管理文件等，都必须符合《技规》的规定。《技规》是为加强铁路技术管理，确保国家铁路安全正点、方便快捷、高速高效，根据有关法律、法规、规章和技术标准而制定。《技规》包括高速铁路和普速铁路两部分，分为总则、技术设备、行车组织、信号显示等。

《技规》特别要求铁路行车有关人员，在任职、提职、改职前，必须进行拟任岗位资格性培训，并经职业技能鉴定和考试考核，取得相应职业资格证书和岗位培训合格证书；任职前必须经过健康检查；应进行日常安全生产知识和劳动纪律的教育、考核，日常技术业务学习；接班前须充分休息，严禁饮酒。

二、《电气化铁路有关人员电气安全规则》

《电气化铁路有关人员电气安全规则》是为保证电气化铁路沿线有关人员人身安全，防止触电伤害而制定。主要内容包括总则，一般安全规定，接发列车及调车作业安全规定，货运、装卸作业安全规定，机车、动车、车辆作业安全规定，工务作业安全规定，电务作业安全规定，牵引供电、电力作业安全规定，电气化铁路附近消防安全规定，车辆行人通过道口安全规定，其他安全规定等。电气化铁路沿线路内外各单位需组织学习此规则的相关内容。

（一）一般安全要求

1. 新建电气化铁路在牵引供电设备送电前 15 天，建设单位应将送电日期通告铁路沿线路内外各有关单位。自通告之日起，视为牵引供电设备带电，有关人员均须遵守本规则相关规定。

2. 电气化铁路沿线路内外各单位需组织学习本规则的相关内容。电气化铁路相关作业人员每年至少进行一次安全考试,考试合格后,方准参加作业。

3. 为保证人身安全,除牵引供电专业人员按规定作业外,任何人员及所携带的物件、作业工器具等须与牵引供电设备高压带电部分保持 2 m 以上的距离,与回流线、架空地线、保护线保持 1 m 以上距离,距离不足时,牵引供电设备须停电。

4. 站内和行人较多的地段,牵引供电设备支柱在距轨面 2.5 m 高处均要设白底黑字“高压危险”并有红色闪电符号的警示标志。禁止借助接触网支柱搭脚手架,必须借助接触网支柱登高时,必须有供电专业人员现场监护。

5. 天桥、跨线桥靠近或跨越牵引供电设备的地方,须设置防护栅网,栅网由所附属结构的产权或工程建设单位负责安设。防护栅网安设“高压危险”标志,警示标志由供电设备管理单位制作安装。

6. 发现牵引供电设备断线及其部件损坏,或发现牵引供电设备上挂有线头、绳索、塑料布或脱落搭接等异物,均不得与之接触,应立即通知附近车站,在牵引供电设备检修人员到达未采取措施以前,任何人员均应距已断线索或异物处所 10 m 以外。

(二)作业禁止事项

1. 机车、动车及各种车辆上方的接触网设备未停电并办理安全防护措施前,禁止任何人员攀登到车顶或车辆装载的货物上。

2. 电气化区段上水、保洁、施工等作业,不得将水管向供电线路方向喷射,站车保洁不得采用向车体上部喷水方式洗刷车体。

3. 牵引供电设备故障时,与牵引供电设备相连接的支柱、接地引下线、综合接地线等可能出现高电压,未采取安全措施前,禁止与其接触,并保持安全距离。

(三)消防安全知识

1. 距牵引供电设备带电部分不足 4 m 的燃着物体,用水或灭火器灭火时,牵引供电设备必须停电。

2. 距牵引供电设备带电部分超过 2 m 的燃着物体,使用沙土灭火时,牵引供电设备可不停电,但须保持灭火机具及沙土等与带电部分的距离在 2 m 以上。

第二节　专业安全规章

一、《铁路车站行车作业人身安全规定》

《铁路车站行车作业人身安全规定》是为强化铁路车站行车人员人身安全控制,依据《技规》等有关规定,结合现场设备及作业组织变化而制定。主要内容包括总则、行车作业人身安全通用规定、接发列车作业人身安全规定、调车作业人身安全规定、清扫(扳道)作业人身安全规定等。

1. 行车作业人员应当遵守“一禁止、五严禁、一不准”。“一禁止”指:班前禁止饮酒。“五严禁”指:严禁在道心、轨枕头上行走;严禁在运行中的机车车辆前面抢越;严禁钻车;严禁在机车车辆底下坐卧,以及钢轨上、轨枕头、道心里坐卧或站立;严禁扒乘运行中的机车车辆,以车代步。“一不准”指:不准脚踏钢轨面、道岔连接杆、尖轨、辙叉心等。

2. 接发列车作业人员应熟知站内作业区域、行走径路及两侧相关的设备设施,并随时注意使用情况。在接发列车时,应站在规定地点,随时注意邻线机车车辆动态。如遇设备设施、走行通道发生异状或变化时,应及时通知有关人员并采取安全措施。安装、摘解货车列尾主机、中继器,吊起列车尾部软管时,应确认列车暂不移动方可进行作业。

3. 调车作业人员必须熟知调车作业区的技术设备、作业环境和作业方法,以及接近线路的一切建(构)筑物的形态和距离。严禁在运行中的机车前后端坐卧。作业中严禁吸烟。上下车时要选好地点,注意地面障碍物。不准迎面上车。上车时,车速不得超过 15 km/h;下车时,车速不得超过 20 km/h。在高度不超过 1.1 m 的站台上上下车时,车速不得超过 10 km/h。在路肩窄、路基高的线路上和高度超过 1.1 m 的站台上作业时,必须停车上下。在车列、车辆运行中,禁止下列九项行为:①在车钩上,在平车、砂石车的端板支架上坐立,在平车、砂石车的边端站立。②在棚车顶或装载超出车帮的货物上站立或行走。③手抓篷布或捆绑货物的绳索,脚蹬平车鱼腹形侧梁。④在车梯上探身过远,或经站台时站在低于站台的车梯上。⑤在装载易于窜动货物的车辆间和货物空隙间站立或坐卧。⑥骑坐车帮。⑦跨越车辆。⑧两人及以上站在同一闸台、车梯及机车一侧脚踏板上。⑨进入线路提钩,摘结制动软管或调整钩位。

4. 清扫道岔(含降雪天气清扫道岔积雪)前须得到车站值班员或有关人员的同意。清扫电气集中道岔或联动道岔,必要时应先将安全木楔置于尖轨与基本轨之间。清扫后及时将清扫工具、安全木楔等撤除,并向车站值班员或有关人员报告。

二、《铁路货物装卸安全技术规则》

《铁路货物装卸安全技术规则》是为适应铁路现代物流和装卸机械化发展需要,保障铁路货物装卸生产安全而制定。主要内容包括总则、通用要求、作业人员、设备设施、机械作业、人力作业、主要货物品类装卸作业、应急处置等。

装卸生产人员每年至少进行一次安全技术培训。新职、转职(岗)、晋升人员须经资格性培训,取得相应职业资格证书和岗位培训合格证书后,方可持证上岗。主要技术工种离岗半年以上复工时,应经试工考核后,方可上岗作业。特种设备作业人员须取得“特种设备作业人员证”,特种作业人员须取得“特种作业操作证”,方准独立作业。作业人员要严格遵守劳动纪律和作业纪律。

三、《中国国家铁路集团有限公司客运安全管理规则》

《中国国家铁路集团有限公司客运安全管理规则》是为全面加强国铁集团客运安全管

理工作而制定。主要内容包括总则、安全生产责任、安全管理机制、安全基础管理、人员素质、设备设施、乘降安全、劳动安全、公共安全、应急管理、安全保障、监督管理等。有关劳动安全的主要要求如下：

1. 客运工作人员上岗前应充分休息，严禁班前和班中饮酒。

2. 作业期间按要求佩戴使用劳动防护用品。

3. 通过线路、股道时，走天桥、地道。禁止钻爬车底、跨越车钩，禁止在运行的机车车辆前抢越线路。

4. 列车工作人员在上下车或站在列车翻板上时，应当握紧扶手，禁止列车起动后飞乘飞降、抢装抢卸。

5. 客运乘务人员入住公寓集体列队，折返时间严禁饮酒、游玩、私自外出就餐等。

四、《高速铁路工务安全规则》《普速铁路工务安全规则》

《高速铁路工务安全规则》《普速铁路工务安全规则》是为加强工务安全管理，保证行车和人身安全而制定。主要内容包括总则，行车安全，养路机械、专用车辆及工程机械安全，人身安全，工务设备安全，外部环境安全等。有关人身安全的基本要求如下：

1. 新职、转岗、晋升人员上岗前，必须经过段或段以上单位安全技术教育培训，考试合格后持证上岗。高速铁路从业人员必须按照相应岗位的《高速铁路岗位培训规范》和《铁路劳动安全培训规范》组织培训。

2. 防护员（驻站联络员、现场防护员）必须由经培训考试合格的人员担任并持证上岗。

3. 从事轨道车驾驶、工务机械车驾驶和操作、钢轨探伤、钢轨焊（熔）接工作及特种设备操作人员，必须经过专业培训、考试或鉴定合格，取得相应资格，持证上岗。

4. 进行接触粉尘及有毒、易燃、易爆物品作业，高处作业，以及使用电气、机械作业等必须按规定使用劳动防护用品。有毒、易燃、易爆物品，必须有专人保管，防止起火、爆炸和中毒。

5. 野外作业遇雷雨时，作业人员应放下手中的金属器具，迅速到安全处所躲避，严禁在大树下、电杆旁、停留的列车底部和涵洞内躲避。酷暑、严寒季节，应采取切实措施，防止中暑、溺水、冻伤和煤气中毒。

6. 在电气化区段通过或作业时，应执行相关规定。

五、《铁路电务安全规则》

《铁路电务安全规则》是为保证铁路行车、人身安全及设备运用安全而制定。主要内容包括总则、安全基础管理、作业安全、施工安全、网络与数据安全、人身安全、故障管理等。规则中要求严禁违章上道作业，上道作业时必须按规定设置驻站（调度所）联络员、现场防护员，联系中断时必须停止作业。高速铁路上道检查、检测、维修工作都必须在天窗内进行，未获得准许作业的命令前，所有作业人员不得进入桥面、隧道和路基地段栅栏范围内。

电务工作人员必须认真执行“三不动”“三不离”等基本安全制度：

1. “三不动”：①未登记联系好不动；②对设备性能、状态不清楚不动；③正在使用中的设备（指已办理好进路或闭塞的设备）不动。

2. “三不离”：①工作完了，不彻底试验良好不离；②影响正常使用的设备缺点未修好前不离；③发现设备有异状时，未查清原因不离。

六、《铁路车辆安全管理规则》

《铁路车辆安全管理规则》是为全面加强车辆部门安全管理工作，落实安全生产责任，保障铁路运输安全、人身安全和财产安全而制定。主要内容包括总则、基本制度、职工素质、监督检查、设备质量、作业安全、车辆安全监控系统及应急管理等。

车辆部门各单位应认真开展安全生产宣传教育，组织制定和完善劳动安全管理制度，保证从业人员工作环境和条件、劳动安全装备、防护设施、劳动防护用品符合国家或行业标准。

七、《高速铁路接触网安全工作规则》《普速铁路接触网安全工作规则》

《高速铁路接触网安全工作规则》《普速铁路接触网安全工作规则》是为确保接触网运行和检修工作中的人身、行车及设备安全而制定。主要内容包括总则、一般规定、作业制度、受力工具和绝缘工具、高空作业、停电作业、间接带电作业、倒闸作业、作业区防护等。主要要求包括：

1. 遇有雷电时（在作业地点可见闪电或可闻雷声）禁止在接触网上作业。

2. 在进行接触网作业时，作业组全体成员须穿戴有反光标识的防护服、安全帽。作业组有关人员应携带通信工具并确保联系畅通。在夜间、隧道内或光线不足处所进行接触网作业时，必须有足够的照明灯具。

3. 作业组成员要服从工作领导人的指挥、调动，遵章守纪。对不安全和有疑问的命令，要及时果断地提出，坚持安全作业。

八、《高速铁路牵引变电所安全工作规则》《牵引变电所安全工作规程》

《高速铁路牵引变电所安全工作规则》《牵引变电所安全工作规程》是为确保牵引变电所运行和检修工作中人身、行车及设备安全而制定。主要内容包括总则、一般规定、运行、检修作业制度、高压设备停电作业、高压设备带电作业、其他作业、试验和测量等。

（一）《高速铁路牵引变电所安全工作规则》一般规定

《高速铁路牵引变电所安全工作规则》要求从事牵引变电所运维和修试工作的有关人员，必须实行安全等级制度，经过考试评定安全等级，取得安全合格证后，方准参加牵引变电所运维和修试工作。运维和修试人员应掌握必要的紧急救护和消防知识，特别是触电急救和电气设备消防应急处置方法。牵引变电所的运维和修试人员，应每年进行一次身体检查，对不适合从事牵引变电所运维和修试作业的人员要及时调整。

（二）《牵引变电所安全工作规程》一般规定

《牵引变电所安全工作规程》规定牵引变电所的电气设备自第一次受电开始即认定为带电设备。要求从事牵引变电所运行和检修工作的有关人员必须实行安全等级制度，每年定期进行一次安全考试。

九、《铁路电力安全工作规程》《铁路电力安全工作规程补充规定》

《铁路电力安全工作规程》《铁路电力安全工作规程补充规定》是为适应铁路电力发展变化，保证电力工作人员作业时的人身安全，结合铁路电力设备运行情况而制定。《铁路电力安全工作规程》主要内容包括总则、基本要求、保证安全工作的组织措施、保证安全的技术措施、运行和维护、架空和电缆线路、其他作业等。《铁路电力安全工作规程补充规定》主要内容包括总则、基本要求、高速铁路电力、保证安全的技术措施、铁路防护栅栏内作业、在六氟化硫电气设备上的工作等。

（一）《铁路电力安全工作规程》一般规定

《铁路电力安全工作规程》规定了保证安全工作的组织措施、技术措施，以及在运行和维护、架空和电缆线路及其他作业中的安全注意事项，并介绍了紧急救护法。规程规定了电力工作人员必须具备的条件：①经医生诊断无妨碍从事电力工作的病症；②具备必要的电力专业知识，熟悉《铁路电力安全工作规程》有关内容，并经考试合格；③掌握触电急救法。

（二）《铁路电力安全工作规程补充规定》一般规定

《铁路电力安全工作规程补充规定》与《铁路电力安全工作规程》具有相同的约束力和强制性。在总则中规定了作业现场的基本条件、作业人员的基本条件及教育和培训等要求。

十、《铁路运输企业从业人员安全培训管理办法》

《铁路运输企业从业人员安全培训管理办法》是为加强和规范铁路安全培训工作，提高从业人员安全意识和安全素质，防范铁路交通事故和人身伤害事故发生而制定。主要要求如下：

1. 未经安全生产教育和培训合格的从业人员，不得上岗作业。

2. 新接收录用、转岗、晋升人员在上岗前须经过单位、车间、班组三级安全培训教育，保证其具备本岗位安全操作、应急处置等知识和技能。新接收录用人员岗前安全培训时间不得少于 24 学时。

3. 在岗操作技能岗位人员每年必须接受累计不少于 8 学时的劳动安全教育再培训。

4. 新职、转岗、晋升人员经安全培训合格后，要在经验丰富的师傅带领下，经过一定阶段实习并经定职考试合格后方可独立上岗。严禁未定职人员单独作业，严禁师徒分离。

5. 使用劳务派遣工的，用工单位及劳务派遣单位应对其进行必要的安全生产教育和培训；委外（外包）业务作业人员由承揽单位承担安全培训主体责任，发包单位承担培训监督检查责任。

复习思考题

1.《技规》对行车有关人员接班前有何要求？
2. 作业人员与牵引供电设备的安全距离是多少？
3. 电力工作人员必须具备哪些基本条件？
4. 接触网作业人员遇有雷电时应如何做？
5. 叙述行车作业人员应当遵守的“一禁止、五严禁、一不准”的具体内容。
6. 叙述调车作业人员在车列、车辆运行中禁止的九项行为。
7. 列车工作人员在上下车或站在列车翻板上时应注意什么？

第四章 安全权责

安全权责是安全生产管理体系的重要组成部分之一，从业人员在安全生产中扮演着至关重要的角色。从业人员不仅享有获得安全生产保障的权利，同时还肩负着确保安全生产的责任，通过履行合法权利和义务，落实各级岗位安全职责，遵守铁路劳动作业纪律，进而降低事故发生的风险，确保铁路各项生产经营活动顺利进行。

第一节 法律法规中规定的权利和义务

法律法规是规范国家、社会和公民行为的具有强制性的规范性文件，铁路从业人员了解和掌握安全生产保障中的权利和义务，有助于保障生命和财产安全，对于维护自身合法权益具有十分重要的意义。

一、《安全生产法》中权利、义务相关规定

生产经营单位的从业人员是各项生产经营活动最直接的劳动者，有依法获得安全生产保障的权利，同时也应当依法履行安全生产方面的义务。

1. 从业人员的安全生产权利

《安全生产法》规定，从业人员依法享有以下安全生产权利：

(1)有权了解其作业场所和工作岗位存在的危险因素、防范措施及事故应急措施，有权对本单位的安全生产工作提出建议。

(2)有权对本单位安全生产工作中存在的问题提出批评、检举、控告。

(3)有权拒绝违章指挥和强令冒险作业。

(4)发现直接危及人身安全的紧急情况时，有权停止作业或者在采取可能的应急措施后撤离作业场所。

(5)因生产安全事故受到损害的从业人员，除依法享有工伤保险外，依照有关民事法律尚有获得赔偿的权利的，有权提出赔偿要求。

2. 从业人员的安全生产义务

从业人员在安全生产中的义务是全面的，既包括个人的行为规范，也包括对企业和社会的责任。《安全生产法》规定，从业人员依法履行以下安全生产义务：

(1)从业人员在作业过程中,应当严格落实岗位安全责任,遵守本单位的安全生产规章制度和操作规程,服从管理,正确佩戴和使用劳动防护用品。

(2)从业人员应当接受安全生产教育和培训,掌握本职工作所需的安全生产知识,提高安全生产技能,增强事故预防和应急处理能力。

(3)从业人员发现事故隐患或者其他不安全因素,应当立即向现场安全生产管理人员或者本单位负责人报告;接到报告的人员应当及时予以处理。

二、《劳动法》中权利、义务相关规定

《劳动法》旨在保护劳动者的合法权益,确立和维护稳定和谐的劳动关系,同时也保障了劳动者的基本权利,促进了劳动者和用人单位之间实现权益的平等保护和行为的平等约束。

1. 劳动者的权利

《劳动法》规定,劳动者依法享有以下权利:

(1)平等就业和选择职业的权利;

(2)取得劳动报酬的权利;

(3)休息休假的权利;

(4)获得劳动安全卫生保护的权利;

(5)接受职业技能培训的权利;

(6)享受社会保险和福利的权利;

(7)提请劳动争议处理的权利;

(8)法律规定的其他劳动权利。

2. 劳动者的义务

《劳动法》规定,劳动者需要履行以下义务:

(1)劳动者应当完成劳动任务;

(2)劳动者应当提高职业技能;

(3)劳动者应当执行劳动安全卫生规程;

(4)劳动者应当遵守劳动纪律和职业道德。

第二节　岗位安全职责

岗位安全职责是依据部门、单位和岗位的工作职责和工作分工,明确从主要负责人到一线从业人员的岗位安全生产职责,即各层级岗位应承担的安全生产责任和义务。

一、各层级岗位安全职责

在岗位安全职责制定上,要依据《安全生产法》,以明确生产经营单位主要负责人、安

全生产管理机构及安全生产管理人员职责为主线，细化本企业各层级岗位安全职责，在岗位负责方面以落实作业标准为主要内容，明确每一个岗位、每一名职工肩负的安全责任。

国铁集团所属单位主要负责人是本单位安全生产第一责任人，负责建立健全并落实本单位全员安全生产责任制，加强安全生产标准化建设；组织制定并实施本单位安全生产规章制度和操作规程；组织制定并实施本单位安全生产教育和培训计划；保证本单位安全生产投入的有效实施；组织建立并落实安全风险分级管控和隐患排查治理双重预防机制，督促、检查本单位的安全生产工作，及时消除生产安全事故隐患；组织制定并实施本单位的生产安全事故应急救援预案；及时、如实报告生产安全事故。

分管生产的负责人统筹组织生产过程中各项安全生产制度和措施的落实，改善安全生产条件，对企业安全生产工作负直接领导责任；分管安全生产工作的负责人协助主要负责人落实各项安全生产法律法规、标准，统筹协调和综合监督管理企业的安全生产工作，对企业安全生产工作负综合监管领导责任；其他负责人应当按照分工抓好分管范围内的安全生产工作，对分管范围内的安全生产工作负直接领导责任。

各单位的安全生产管理机构及安全生产管理人员负责组织或者参与拟定本单位安全生产规章制度、操作规程和生产安全事故应急救援预案；组织或者参与本单位安全生产教育和培训，如实记录安全生产教育和培训情况；组织开展危险源辨识和评估，督促落实本单位重大危险源的安全管理措施；组织或者参与本单位应急救援演练；检查本单位的安全生产状况，及时排查生产安全事故隐患，提出改进安全生产管理的建议；制止和纠正违章指挥、强令冒险作业、违反操作规程的行为；督促落实本单位安全生产整改措施。

企业员工应落实岗位安全职责，遵守本单位的安全生产规章制度和操作规程；服从管理，正确佩戴和使用劳动防护用品；接受安全生产教育和培训，掌握本职工作所需的安全生产知识，提高安全生产技能，增强事故预防和应急处理能力；发现事故隐患或者其他不安全因素，应当立即向现场安全生产管理人员或者本单位负责人报告。

二、各专业安全职责概述

铁路各个专业的运转是一个高度协调和集成的过程，涉及多个专业部门和单位紧密合作、信息共享，确保铁路系统的顺畅运行和旅客及货物的安全。

1. 车务专业：负责列车的调度指挥，确保列车按照既定的时刻表安全、准时运行。

2. 客运专业：负责确保旅客及其行包的安全检查、乘降安全，以及列车内的安全服务。

3. 货运专业：负责货物的装卸、运输和安全管理，防止货物在运输过程中发生丢失、损坏或危险品泄漏等安全事故。

4. 机务专业：负责机车运用、综合整备和整体检修，对机车进行定期检查和维护，确保其技术状态良好，满足安全运行的要求。

5. 车辆专业：负责车辆的调配，对车辆进行定期检查和维护，确保其技术状态良好，满足安全运行的要求。

6. 工务专业：负责铁路线路的维护和管理，包括轨道、桥梁、隧道等的检查与维修，确保线路畅通无阻。

7. 电务专业：负责铁路通信信号设备设施的维护和管理，保持设备运用状态良好，满足安全运行需要。

8. 供电专业:负责铁路沿线的电力供应,包括牵引供电系统的维护和故障处理,确保电力供应稳定可靠。

9. 房建专业:负责铁路系统内房屋建筑的结构安全监测与维护、房屋维修和改造等,确保房屋建筑能够安全、稳定地为铁路运输服务。

第三节　劳动作业纪律有关要求

劳动作业纪律是劳动生产过程中维护集体利益,并保证工作正常进行而要求每名铁路从业人员严格遵守的行为准则,它是企业中不可或缺的一部分,有助于提高从业人员的工作效率,保障工作的安全和稳定,是从业人员共同利益和意志的体现。

劳动纪律又称职业纪律,是指劳动者在劳动中应遵守的劳动规则和劳动秩序,是用人单位制定的规范和约束劳动者劳动及相关行为的准则。从其内涵可知,劳动纪律的目的是保证生产、工作的正常运行;劳动纪律的本质是全体员工共同遵守的规则;劳动纪律的作用是实施于集体生产、工作、生活的过程之中。

一、劳动纪律主要内容

劳动纪律主要包括以下内容:

1. 履约纪律:严格履行劳动合同及违约应承担的责任;
2. 考勤纪律:按规定的时间、地点到达工作岗位,按要求请休事假、病假、年休假、探亲假等;
3. 工作纪律:根据生产、工作岗位职责及规则,按质按量完成工作任务;
4. 安全卫生纪律:严格遵守技术操作规程和安全卫生规程;
5. 日常工作生活纪律:节约原材料,爱护企业的财产和物品;
6. 保密纪律:保守企业的商业秘密和技术秘密;
7. 奖惩制度:遵纪奖励与违纪处罚规则;
8. 其他纪律:与劳动、工作紧密相关的规章制度及规则。

二、劳动纪律"八不准"

劳动纪律"八不准"主要包括以下内容:

1. 不准迟到早退;
2. 不准懒散怠工;
3. 不准玩忽职守;
4. 不准违规操作;
5. 不准损坏公物;
6. 不准浪费资源;

7. 不准私自调休；

8. 不准擅自离岗。

三、铁路运输企业劳动纪律

铁路从业人员应遵守企业劳动纪律，因为这直接关系到铁路运输的安全和效率，违反劳动作业纪律可能会导致严重的后果，甚至危及生命安全。在实际生产过程中，因违章违纪引发的安全事故屡见不鲜，不仅给铁路运输企业造成无法弥补的损失，也给个人和家庭带来巨大伤痛。铁路运输企业根据国家相关法律法规制定了企业内部规章制度，对安全生产工作作出显著成绩和突出贡献的，给予精神鼓励和物质奖励；对违反企业规章制度的行为给予企业纪律处分；对违反劳动合同的行为给予解除劳动合同；对构成违法犯罪的行为，由司法机关依法追究刑事责任。

从业人员有下列情形之一的，铁路运输企业有权与其解除劳动合同：

1. 在试用期间被证明不符合录用条件的；

2. 严重违反用人单位的规章制度的；

3. 严重失职，营私舞弊，给用人单位造成重大损害的；

4. 劳动者同时与其他用人单位建立劳动关系，对完成本单位的工作任务造成严重影响，或者经用人单位提出，拒不改正的；

5. 以欺诈、胁迫的手段或者乘人之危，使对方在违背真实意思的情况下订立或者变更劳动合同的情形致使劳动合同无效的；

6. 被依法追究刑事责任的。

复习思考题

1. 《安全生产法》规定从业人员享有哪些安全生产权利？

2. 《安全生产法》规定从业人员应履行哪些安全生产义务？

3. 《劳动法》规定劳动者享有的权利具体有哪些？

4. 《劳动法》规定劳动者应履行的义务具体有哪些？

5. 企业员工落实岗位安全职责的具体内容是什么？

6. 铁路运输企业有权与企业员工解除劳动合同的情形有哪些？

第五章 安全标志标识

为引起人们对环境或作业环节中不安全因素的注意,避免发生伤亡事故,在公共场所、工业企业、建筑工地等有必要提醒人们注意的场所和有关设施、设备上需要设置安全标志标识。安全标志标识是作业人员应掌握的基础安全知识。

第一节 安全标志

安全标志是用以表达特定安全信息的标志,在日常生产中起着传递禁止、警告、指令、提示等安全信息的作用,通常由图形符号、安全色、几何形状(边框)或文字构成。

一、安全标志的设置原则及国家标准

安全标志的设置执行《安全标志及其使用导则》(GB 2894),安全色按照《安全色》(GB 2893)设置。在设置安全标志时,应优先选用《安全标志及其使用导则》(GB 2894)中规定的通用安全标志,以及《安全信息识别系统 第 1 部分:标志》(GB/T 31523. 1)、《消防安全标志 第 1 部分:标志》(GB 13495. 1)等标准中规定的标志。当需要的安全标志在现有法规及标准中没有规定时,可以遵循《图形符号 安全色和安全标志》(GB/T 2893)系列标准要求设计制作安全标志。

1. 《安全标志及其使用导则》

《安全标志及其使用导则》(GB 2894)规定了传递安全信息的标志及其设置、使用的原则,适用于公共场所、工业企业、建筑工地和其他有必要提醒人们注意安全的场所,是强制性国家标准。

2. 《安全色》

《安全色》(GB 2893)规定了传递安全信息的颜色、安全色的测试方法和使用方法,适用于公共场所、生产经营单位和交通运输、建筑、仓储等行业以及消防等领域所使用的信号和标志的表面色。

二、安全标志类型与基本型式

安全标志分四种类型,即禁止标志、警告标志、指令标志和提示标志。

1. 禁止标志

禁止标志是禁止人们不安全行为的图形标志，其基本型式是带斜杠的圆边框，示例见表1-5-1。

表1-5-1 禁止标志示例

图形标志	名 称	设置范围和地点
	禁止吸烟 No smoking	有甲、乙、丙类火灾危险物质的场所和禁止吸烟的公共场所等，如木工车间、油漆车间、沥青车间、纺织厂、印染厂等
	禁止伸入 No reaching in	易于夹住身体部位的装置或场所，如有开口的传动机、破碎机等

2. 警告标志

警告标志是提醒人们对周围环境引起注意，以避免可能发生危险的图形标志，其基本型式是正三角形边框，示例见表1-5-2。

表1-5-2 警告标志示例

图形标志	名 称	设置范围和地点
	注意安全 Warning danger	易造成人员伤害的场所及设备等

续上表

图形标志	名　　称	设置范围和地点
	当心吊物 Warning overhead load	有吊装设备作业的场所，如施工工地、港口、码头、仓库、车间等

3. 指令标志

指令标志是强制人们必须做出某种动作或采用防范措施的图形标志，其基本型式是圆形边框，示例见表 1-5-3。

表 1-5-3　指令标志示例

图形标志	名　　称	设置范围和地点
	必须佩戴遮光护目镜 Must wear opaque eye protection	存在紫外、红外、激光等光辐射的场所，如电气焊等
	必须系安全带 Must fastened safety belt	易发生坠落危险的作业场所，如高层建筑、修理、安装等地点

4. 提示标志

提示标志是向人们提供某种信息（如标明安全设施或场所等）的图形标志，其基本型式是正方形边框，示例见表 1-5-4。

表 1-5-4　提示标志示例

图形标志	名　　称	设置范围和地点
 	紧急出口 Emergent exit	便于安全疏散的紧急出口处，与方向箭头结合设在通向紧急出口的通道、楼梯口等处

当提示标志要表达提示目标的位置时，需要与方向辅助标志合用，示例如图 1-5-1 所示。

图 1-5-1　方向辅助标志示例

5. 文字辅助标志

文字辅助标志与图形标志配合使用，起到提示提醒作用。文字辅助标志的基本型式是矩形边框，分横写和竖写两种形式。

横写时，文字辅助标志写在标志的下方，可以和标志连在一起，也可以分开。禁止标志、指令标志为白色字；警告标志为黑色字。禁止标志、指令标志衬底色为标志的颜色，警告标志衬底色为白色，示例如图 1-5-2 所示。

竖写时，文字辅助标志写在标志杆的上部。禁止标志、警告标志、指令标志、提示标志均为白色衬底，黑色字。标志杆下部色带的颜色应和标志的颜色相一致，示例如图 1-5-3 所示。

图 1-5-2　文字辅助标志横写示例

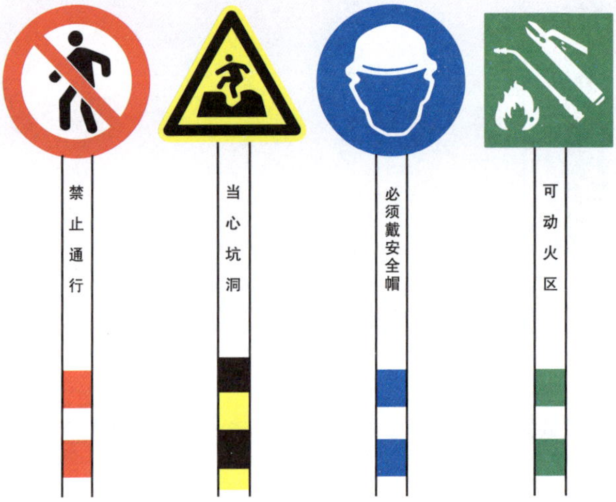

图 1-5-3　文字辅助标志竖写示例

第二节　安　全　色

安全色作为安全标志的组成部分，其使用目的是使人们对威胁安全和健康的物体、环境或操作能尽快做出反应，以减少事故的发生。通常安全色与图形标志共同使用起到传递安全信息的作用。

一、安全色的定义

安全色是传递安全信息含义的颜色，而对比色是使安全色更加醒目的反衬色。二者通常搭配使用。

二、安全色的颜色表征

安全色包括红色、蓝色、黄色、绿色四种颜色，对比色包括黑色、白色两种颜色。

(一)安全色与对比色的种类

1. 红　　色

红色传递禁止、停止、危险或提示消防设备、设施的信息(图 1-5-4)。应用于各种禁止标志,交通禁令标志,消防设备标志,机械的停止按钮、刹车及停车装置的操纵手柄,机械设备转动部件的裸露部位,仪表刻度盘上极限位置的刻度,各种危险信号旗等。

图 1-5-4　红色的使用

2. 蓝　　色

蓝色传递必须遵守规定的指令性信息(图 1-5-5)。应用于各种指令标志,道路交通标志和标线中指示标志等。

图 1-5-5　蓝色的使用

3. 黄　　色

黄色传递注意、警告的信息(图 1-5-6)。应用于各种警告标志,道路交通标志和标线中警告标志,警告信号旗等。

图 1-5-6　黄色的使用

4. 绿　　色

绿色传递安全的提示性信息(图1-5-7)。应用于各种提示标志,机器启动按钮,安全信号旗,急救站、疏散通道、避险处、应急避难场所等。

图1-5-7　绿色的使用

5. 黑　　色

黑色用于安全标志的文字、图形符号和警告标志的几何边框,如图1-5-8所示。

图1-5-8　黑色的使用

6. 白　　色

白色用于安全标志中红、蓝、绿的背景色,也可用于安全标志的文字和图形符号,如图1-5-9所示。

图1-5-9　白色的使用

（二）安全色与对比色的使用

安全色与对比色同时使用时，应按表 1-5-5 规定搭配。

表 1-5-5　安全色的对比色

安全色	对比色
红　色	白　色
蓝　色	白　色
黄　色	黑　色
绿　色	白　色

安全色与对比色可以以相间条纹的形式传递安全信息，相间条纹为等宽条纹。条纹宽度一般为 100 mm，但可根据设备大小和安全标志位置的不同，采用不同的宽度，在较小的面积上其宽度可适当缩小，每种颜色不能少于两条。

1. 红色与白色相间条纹：表示禁止或提示消防设备、设施位置的安全标记。应用于交通运输等方面使用的防护栏杆及隔离墩，液化石油气汽车槽车的条纹，固定禁止标志的标志杆上的色带（图 1-5-10）等。

2. 黄色与黑色相间条纹：表示危险位置的安全标记。应用于各种机械在工作或移动时容易碰撞的部位，如移动式起重机的外伸腿、起重臂端部、起重吊钩和配重；剪板机的压紧装置；冲床的滑块等有暂时或永久性危险的场所或设备；固定警告标志的标志杆上的色带（图 1-5-11）等。

图 1-5-10　红色与白色相间条纹

图 1-5-11　黄色与黑色相间条纹

3. 蓝色与白色相间条纹：表示指令的安全标记，传递必须遵守规定的信息。应用于道路交通的指示性导向标志，固定指令标志的标志杆上的色带（图 1-5-12）等。

4. 绿色与白色相间条纹：表示安全环境的安全标记。应用于固定提示标志杆上的色带（图 1-5-13）等。

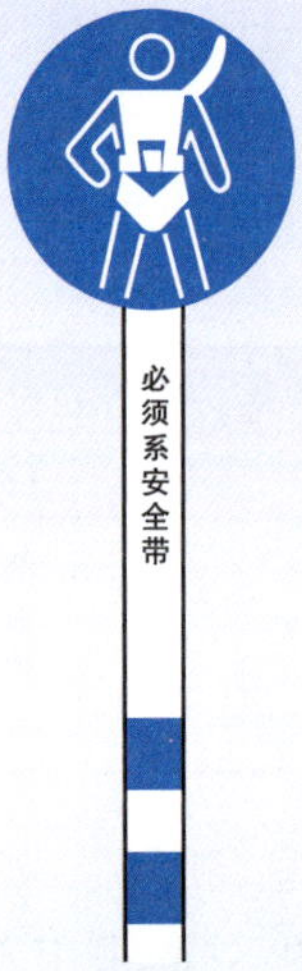

图 1-5-12　蓝色与白色相间条纹

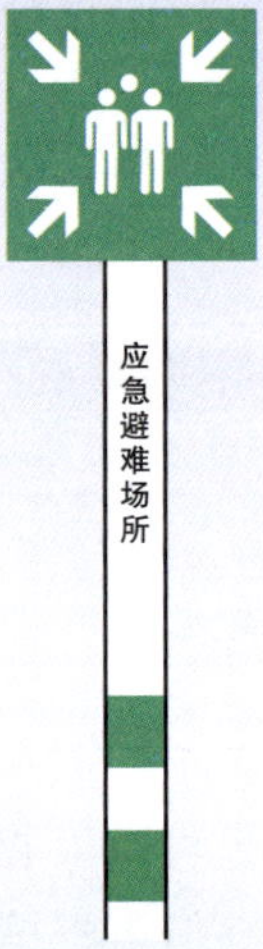

图 1-5-13　绿色与白色相间条纹

第三节　铁路常见安全标志标识

在铁路作业现场,通常在易发生人身伤害的醒目位置或设备设施上设置安全标志。

1. 预防物体打击标志,示例见表 1-5-6。

表 1-5-6　预防物体打击标志示例

伤害类型	图形标志	名　称	设置范围和地点
物体打击		禁止抛物	通常设置于高处作业现场,如车辆段、机务段维修作业架等
		必须戴安全帽	头部易受外力伤害的作业场所,如机务整备、检修库,车辆检修库,以及建筑工地、起重吊装作业场所

续上表

伤害类型	图形标志	名　　称	设置范围和地点
物体打击		必须戴防护眼镜	有飞来物、崩块等易对眼睛造成伤害的作业场所，如机床作业、胀孔作业场所等

2. 预防车辆伤害标志，示例见表 1-5-7。

表 1-5-7　预防车辆伤害标志示例

伤害类型	图形标志	名　　称	设置范围和地点
车辆伤害		当心火车	站内平交道口、邻近线路的作业人员办公或休息房舍门前，职工经常穿越线路处所
		当心挤压	常设置于有高站台的站内货场、专用线等调车作业处所

3. 预防机动车辆伤害标志，示例见表 1-5-8。

表 1-5-8 预防机动车辆伤害标志示例

<table>
<tr><th>伤害类型</th><th>图形标志</th><th>名　　称</th><th>设置范围和地点</th></tr>
<tr><td rowspan="2">机动车辆伤害</td><td></td><td>限制速度</td><td rowspan="2">通常设置在场区内道路限速、禁行、减速等地段</td></tr>
<tr><td></td><td>禁止超车</td></tr>
</table>

4. 预防起重伤害标志，示例见表 1-5-9。

表 1-5-9 预防起重伤害标志示例

<table>
<tr><th>伤害类型</th><th>图形标志</th><th>名　　称</th><th>设置范围和地点</th></tr>
<tr><td rowspan="2">起重伤害</td><td></td><td>当心吊物</td><td rowspan="2">通常设置于起重设备吊装现场易于看到的设备机身等处</td></tr>
<tr><td></td><td>必须戴安全帽</td></tr>
</table>

续上表

伤害类型	图形标志	名　　称	设置范围和地点
起重伤害		禁止通行	通常设置于起重设备吊装现场易于看到的设备机身等处

5. 预防机械伤害标志，示例见表 1-5-10。

表 1-5-10　预防机械伤害标志示例

伤害类型	图形标志	名　　称	设置范围和地点
机械伤害		禁止转动	检修或专人定时操作的设备附近，常设置于检修、维修机车车辆设备的操作台等易于看到的位置
		禁止伸入	
		当心机械伤人	

6. 预防触电标志，示例见表 1-5-11。

表 1-5-11 预防触电标志示例

伤害类型	图形标志	名　　称	设置范围和地点
触　电		当心触电	通常设置于有可能发生触电危险的电气设备和线路，如配电室、开关、带电设备固定遮栏上、高压试验地点安全围栏上、因高压危险禁止通行的过道上、工作地点临近带电设备的横梁上等
		禁止合闸	

7. 预防淹溺标志，示例见表 1-5-12。

表 1-5-12 预防淹溺标志示例

伤害类型	图形标志	名　　称	设置范围和地点
淹　溺		禁止游泳	通常设置于禁止游泳的水域岸边易于看到的处所
		必须穿救生衣	通常设置于易发生溺水的场所

8. 预防灼烫标志,示例见表 1-5-13。

表 1-5-13 预防灼烫标志示例

伤害类型	图形标志	名 称	设置范围和地点
灼 烫		当心烫伤	具有热源或酸、碱、蒸汽等易造成伤害的场地,如熔接作业、锻造作业、酸碱作业场所等
		必须戴防护手套	

9. 预防爆破伤害标志,示例见表 1-5-14。

表 1-5-14 预防爆破伤害标志示例

伤害类型	图形标志	名 称	设置范围和地点
爆破伤害		必须戴防尘口罩	矿山凿岩等作业处所,如采石场等
		必须戴护耳器	

续上表

伤害类型	图形标志	名　称	设置范围和地点
爆破伤害		必须戴防护眼镜	矿山凿岩等作业处所，如采石场等

10. 预防火灾、爆炸标志，示例见表 1-5-15。

表 1-5-15　预防火灾、爆炸标志示例

伤害类型	图形标志	名　称	设置范围和地点
火灾、爆炸		禁止烟火	易发生火灾、爆炸的危险场所，如易燃物的生产、储存和运输，常见于机务段油库等处
		禁止放置易燃物	
		禁止穿化纤服装	

11. 预防高处坠落标志,示例见表 1-5-16。

表 1-5-16　预防高处坠落标志示例

伤害类型	图形标志	名　称	设置范围和地点
高处坠落		当心坠落	常设置于易发生高处作业坠落的处所,如脚手架、维修作业架、升降作业平台、地面的深沟及通信塔、接触网等处
		必须系安全带	
		必须戴安全帽	

12. 预防坍塌标志,示例见表 1-5-17。

表 1-5-17　预防坍塌标志示例

伤害类型	图形标志	名　称	设置范围和地点
坍　塌		当心塌方	常设置于有塌方倾覆危险的地段、建筑物,如地势不平地段搭设的轨枕垛、土方作业的深坑、冬季取暖的煤堆、危险房屋等处

续上表

伤害类型	图形标志	名　称	设置范围和地点
坍　塌		禁止攀登	常设置于有塌方倾覆危险的地段、建筑物，如地势不平地段搭设的轨枕垛、土方作业的深坑、冬季取暖的煤堆、危险房屋等处
		必须戴安全帽	

13. 预防中毒、窒息标志，示例见表 1-5-18。

表 1-5-18　预防中毒、窒息标志示例

伤害类型	图形标志	名　称	设置范围和地点
中毒、窒息		必须戴防毒面具	对人体有害的有毒气体、气溶胶、烟尘等的作业现场，有毒物质的生产、储运及使用等场所
		当心中毒	

14. 除上述安全标志外，基于铁路行业特点，相关单位也会根据需要设置不同形式的安全标识标志，如安全警示标牌、安全提示卡等，起到警示提示作用，示例见表1-5-19。

表1-5-19　其他常见安全标识标志示例

标识图样	名　称	设置范围和地点
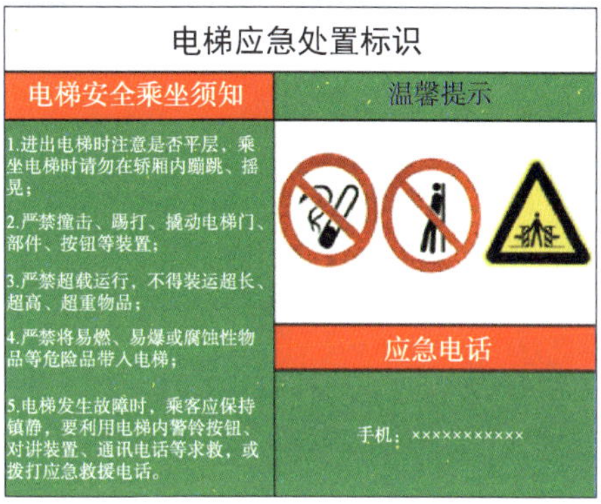	乘坐电梯须知	设置在电梯内，提示人们安全乘坐电梯
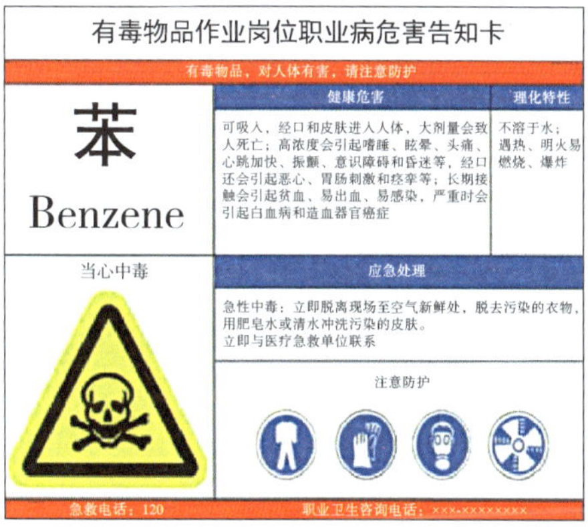	职业危害告知	设置在使用有毒物品作业岗位的醒目位置

复习思考题

1. 什么是安全标志？
2. 安全标志由哪些元素构成？
3. 安全标志分哪几种类型？
4. 禁止标志的基本型式是什么？
5. 警告标志的基本型式是什么？
6. 什么是安全色？
7. 安全色包括哪几种颜色？

8. 对比色包括哪几种颜色?

9. 当安全色是红色时,搭配的对比色应使用什么颜色?

10. 安全色与对比色相间条纹为黄色与黑色时,传递的是什么安全信息?

第二篇

常见事故预防

第一章 预防机车车辆伤害

机车车辆伤害是铁路运输生产过程中的主要伤害之一。铁路作业人员在站场与线路上行走侵入限界、盲目穿越线路、避车安全距离不够、施工作业防护不当、未执行作业安全标准等,极易造成机车车辆伤害。掌握预防机车车辆伤害的安全知识和作业防护技能,是确保铁路劳动安全的关键内容之一。

第一节　机车车辆伤害事故类型

机车车辆伤害是指铁路机车车辆在运行过程中碰、撞、轧、压、挤、摔等造成的伤害。铁路机车车辆是指在铁路线路上运行的铁路机车、客车、货车、动车及各类自轮运转特种设备等。

机车车辆伤害按其造成伤害的主要因素可以分为:

1. 作业人员违章抢道、走道心、翻越车辆、钻车底、未按固定走行路线行走、超速上下车、在机车车辆上未抓牢站稳、以车代步、违章使用手机等声讯电子设备、作业侵限等人为因素造成的伤害。

2. 线路上作业不设防护、作业防护不到位、作业环境不良、违章指挥等管理因素造成的伤害。

第二节　机车车辆伤害事故安全风险辨识

在铁路作业过程中,容易造成机车车辆伤害的风险和有害因素较多,根据事故致因理论,机车车辆伤害危险源主要分为人的因素、物的因素、环境因素和管理因素四个方面。

一、人的不安全行为

1. 作业人员安全意识淡薄,缺乏防护技能。如作业人员没有树立安全意识,“安全第一”的思想错位,不遵守安全规章,存在侥幸心理,养成了惯性违章坏习惯;班前休息不充分,班中精力不足,未开展安全预想;工作不认真,心不在焉,不考虑自身及他人安全,简化作业程序;作业人员岗位技能不扎实,应变能力差,未掌握相关安全作业标准及防护知识,缺乏安全防护技能等。

2. 作业人员侵入机车车辆限界。如检查机车车辆时侵入邻线；不按规定的走行线路行走；沿线路行走时走道心或轨枕头；在机车车辆底下坐卧，以及在钢轨上、轨枕头、道心里坐卧或站立；未随时注意邻线机车车辆动态；扒乘运行中的机车车辆、以车代步；接发列车时，未站在规定地点。

3. 作业人员盲目穿越线路。如横越线路时，未执行“一站、二看、三通过”规定；未确认机车车辆暂不移动就翻越车辆；钻车底；横越停留机车车辆的线路绕行时安全距离不够；在运行的机车车辆前抢越线路等。

4. 作业人员违章上道作业。如未设防护或防护未到位，作业人员就上道作业；天窗点外擅自上道作业；无计划上道作业；提前上道作业；超范围上道作业；不在规定区域和时间进行作业；在不具备作业条件下上道作业；未设置防护信号进行装卸、检车、整备等作业；防护中断脱节；下道避车不及时；避车安全距离不足等。

5. 作业人员违反调车作业标准。如调车作业中未选好地点上下车、超速上下车、迎面上车、反面上下车；在运行中上下内燃、电力机车（设有上下车脚蹬的调车机车除外）；未按规定停车上下；在车列、车辆运行中未手抓牢、脚踏稳，存在以下禁止行为：在车钩上，在平车、砂石车的端板支架上坐立，在平车、砂石车的边端站立；在棚车顶部或装载超出车帮的货物上站立或行走；手抓篷布或捆绑货物的绳索，脚蹬平车鱼腹形侧梁；在车梯上探身过远，经站台时站在低于站台的车梯上；在装载易于窜动货物的车辆间和货物空隙间站立或坐卧；骑坐车帮；跨越车辆；两人及以上站在同一闸台、车梯及机车一侧脚踏板上；进入线路提钩、摘结制动软管或调整钩位；溜放调车作业用脚提钩或跟车边跑边提钩（驼峰调车作业除外），抢越线路去反面提钩等；调车人员使用人力制动机制动时未正确使用安全带；未设防护进入车档摘结制动软管、调整钩位；使用折角塞门放风制动；使用铁鞋制动时未背向来车方向、徒手使用铁鞋；作业中吸烟等。

6. 作业人员违反有关作业标准。如机车动车前，未确认车组人员到齐和车上车下无其他作业人员即动车；运行中，机车乘务员未认真瞭望，未按规定鸣笛，遇有危及人身安全时，未立即采取减速或停车措施；乘务员在机车车辆运行中提车钩、摘制动软管或调整钩位；机车乘务员、检修人员及其他人员在列车运行中进行机车外部作业；电力机车、内燃机车、自轮运转特种设备等在运行中未关闭车门；人员探身车外瞭望作业时超出限界；上线作业违规携带使用非生产配置的手机等声讯电子设备等。

7. 防护用品、用具使用不规范。如未正确使用劳动防护用品；上道作业未按规定着装、佩戴防护用品，未正确使用防护用具。

二、物的不安全状态

1. 作业设备存在缺陷。如调车作业时，机车车辆扶手、踏板、车辆闸台等稳定性差，强度不够；列车装载货物时的固定装置不良等。

2. 防护装置、设施存在缺陷。如防护装置、设施损坏、失效、失灵；防护装置、设施使用不当；夜间作业方位灯显示不良；调车信号显示距离不够；机车车辆防护栏作用不良；调车跳车平台设置不合理等。

3. 劳动防护用品、用具存在缺陷。如使用不符合标准的防护用品、用具；防护用品、用具作用不良；高可视性警示服反光标志失效；防护雨衣、防寒帽无耳孔；手套未分五指等。

三、作业环境不良

1. 作业处所环境不良。如作业处所多条线路间距离较近；作业通道狭窄、杂乱、不平整、湿滑；作业处所声音嘈杂；作业处所货物堆放安全距离不足，存在未回收的废旧轨料；调车作业处所未设置路肩、调车平台等。

2. 恶劣天气。如寒冷或高温天气进行室外作业；作业时遇降雾、霾、暴风雨（雪）、冰冻、扬沙等恶劣天气等。

3. 站场照明条件不良。如照明灯具少，照明灯具作用不良、损坏严重等。

4. 特殊地形地貌。如作业处所线路存在大弯道，瞭望条件不良；作业处所存在无避车台的桥梁、隧道；作业处所安全避车距离不够等。

四、安全管理缺陷

1. 安全规章制度不完善。如单位安全管理职责不清；未根据实际情况制定相关安全规章制度；制定的作业标准不规范；作业项目缺乏安全控制措施；应急预案及响应存在缺陷等。

2. 安全培训教育不到位。如未按规定对从业人员进行安全教育培训；外包人员培训监管不到位；未按规定组织作业人员进行安全防护知识学习；作业人员未培训合格、未做到持证上岗等。

3. 监督检查不到位。如单位对现场作业缺乏监督检查；未发现劳动安全隐患问题；检查发现违章、违纪现象不重视、无整改；处理影响安全的问题不主动、不迅速；检查发现安全问题没有及时整改，未做到闭环管理等。

4. 劳动安全保障不足。如未配备专职或兼职劳动安全管理人员；劳动安全管理未投入相应资金支持，设备设施、作业场所不符合安全生产条件；不按规定配发符合标准的劳动防护用品用具。

第三节　站场与线路行走安全

在站内、区间正确行走是确保人身安全的关键，安全避车是避免被运行中的机车车辆碰撞而受到伤害的重要环节。铁路作业人员在站场或线路上行走、横越时，应严格遵守站场、线路行走和避车的相关规定。

一、站内、区间行走安全

1. 在站内行走应走车站固定走行路线，如站台或线路两侧平坦处。顺线路行走时，应走两线路中间或路肩，作业人员及所携带的工具不得侵入机车车辆限界，并注意邻线的机车车辆和货物装载状态，严禁在道心、轨枕头上行走，不准脚踏钢轨面、道岔连接杆、尖轨、辙叉心等。

2. 在区间行走时应走路肩，不间断瞭望，在双线区间应面迎列车运行方向行走，禁止在邻线和两线中间行走或躲避列车。

3. 非调车人员严禁扒乘机车车辆，以车代步。

4. 严禁在机车车辆底下坐卧，以及在钢轨上、轨枕头、道心里坐卧或站立。

5. 严禁在运行中的机车车辆前面抢越。

6. 通过线路时，应走地道或天桥。必须横越线路时，应做到"一站、二看、三通过"，并注意左右机车车辆的动态及脚下有无障碍物。

7. 横越停有机车车辆的线路时，先确认该机车车辆暂不移动，然后在该机车车辆较远处通过。

8. 必须横越列车、车列（组）时，严禁钻车。应先确认该列车、车列（组）暂不移动，然后由车辆通过台或两车车钩上越过。越过时勿碰开钩销，上下车时要抓紧蹬稳并注意邻线有无机车车辆运行。经车辆通过台越过应从车梯上下车。确认列车、车列（组）暂不移动有困难时，禁止翻越车辆。从客车车门下车时，应左右瞭望，注意邻线机车车辆动态，防止碰撞。

9. 遇有降雾、霾、暴风雨（雪）、冰冻、扬沙等恶劣天气影响瞭望时，应停止线上作业和上道检查；必须作业时，应采取特殊安全措施，保证来车之前按规定的距离及时下道。

10. 站内设备巡检时，应面迎列车运行方向行走，不准脚踏钢轨面、道岔连接杆及尖轨等处。放置工具材料不准侵入建筑限界。作业人员接到来车通知后，应及时下道避车。双线地段或多线地段巡检道岔时应面迎来车方向。

11. 禁止在不具备道路通行条件的桥梁、站台、路肩上使用各类交通工具。

12. 在站内抬运笨重工具、材料时，要呼唤应答、步调一致，并注意邻线列车动态；搬运材料、配件需在两线间行走时，应设置防护，不得紧靠线路。

二、避车安全

1. 线路作业和巡检人员必须熟悉管内的线桥设备情况、列车运行速度和密度，以及各种信号显示方法，作业和巡检时应注意瞭望，及时下道避车。

2. 步行上下工时，不得在道床范围内行走，注意前后瞭望；通过桥梁、道口或横越线路时，应与驻站联络员联控确认，做到"一站、二看、三通过"，严禁来车时抢越。必须走道心时，应设置专人防护。进路信号辨认不清时，应及时下道避车。

3. 普速铁路作业人员下道避车时应遵守以下规定：

(1)距钢轨头部外侧距离不小于2 m,设有避车台(洞)的桥梁(隧道)应进入避车台(洞)避车。

(2)本线来车下道避车距离应遵守表2-1-1的规定。

表2-1-1　本线来车下道避车距离

列车运行速度 v_{max}/(km·h^{-1})	距钢轨头部外侧距离/m	本线来车下道完毕距离/m
v_{max}≤60	不小于2	不小于500
60＜v_{max}≤120	不小于2	不小于800
120＜v_{max}＜160	不小于2	不小于1 400

(3)邻线(线间距不足6.5 m)来车下道应遵守表2-1-2的规定。

表2-1-2　邻线来车下道避车规定

条　件		下道规定
本线不封锁	邻线 v_{max}≤60 km/h	本线可不下道
	60 km/h＜邻线 v_{max}≤120 km/h	来车可不下道,但本线必须停止作业
	120 km/h＜邻线 v_{max}≤160 km/h	下道距离不小于1 400 m
	瞭望条件不良	邻线来车时本线必须下道
本线封锁	邻线 v_{max}≤120 km/h	本线可不下道
	120 km/h＜邻线 v_{max}≤160 km/h	本线可不下道,但本线必须停止作业

(4)在站内其他线路作业,躲避本线列车时,下道距离不小于500 m,与本线相邻的正线来车时,按(1)、(3)规定办理,与本线相邻的其他站线来车时可不下道,但必须停止作业。列车进路不明时必须下道避车。

(5)人员下道避车时应面向列车认真瞭望,防止列车上的抛落、坠落物或绳索伤人。

(6)人员下道避车的同时,必须将作业机具、材料移出线路,并放置、堆码牢固,不得侵入建筑限界;线间距不足6.5 m地段,正线两线间不得停留人员和放置机具、材料。

4. 高速铁路施工、维修及上道检查作业必须在天窗点内进行,天窗时段外不得进入封闭栅栏内。

5. 高速铁路固定设备的临时上道检查、故障抢修作业须在《行车设备检查登记簿》内登记,并经列车调度员同意后,方可上道作业。

当设备发生故障,需在双线区间的一线上道检查、处理设备故障时,本线应封锁、邻线列车限速160 km/h及以下。设备管理单位应在《行车设备检查登记簿》内登记,提出本线封锁、邻线列车限速160 km/h及以下的申请,在得到列车调度员(车站值班员)签认后,方可上道作业,本线、邻线可不设置防护信号。司机应加强瞭望。

6. 普速铁路与高速铁路并行地段,作业必须遵守以下规定:

(1)进出高速铁路防护栅栏门、桥隧疏散救援通道门,执行高速铁路登销记制度。

(2)本线与相邻高速铁路线间距不足6.5 m且天窗不同步地段,两线间应设置物理隔离,所有作业均纳入普速铁路天窗。作业时,相邻高速铁路列车限速160 km/h及以下,作业人员下道避车按3.(1)及表2-1-2本线封锁时下道避车规定办理。

(3)人员和工机具严禁侵入高速铁路建筑限界,需侵入高速铁路建筑限界时,封锁相邻高速铁路。

(4)与高速铁路同时封锁时,确认设好防护且高速铁路无路用列车通过时,可以跨越高速铁路,但应制定相应的安全措施。

7. 普速线路 $v_{max}>120$ km/h 的区段,巡查、巡守人员不得在道床范围内行走。

8. 作业人员原则上应从本线一侧上下道,确需横越线路时,应明确防护措施并纳入作业方案。

9. 遇通信信号不良或瞭望条件不良,应增加中间联络防护人员。如遇通话联络中断,现场防护员必须立即通知所有作业人员携带机具(料)撤离到安全地点避车;待联络恢复正常后,按规定组织作业人员上道作业。

10. 道口岗位作业避车。列车通过道口时,道口看守员必须提前出务(场)立岗,立岗接车应站立于规定的接车位置。道口看守员必须按规定及时关闭道口栏杆(门),监视机动车辆及行人情况,正确处置突发事件。

第四节　预防机车车辆伤害安全知识和防控措施

铁路作业人员在施工维修作业、调车作业等生产活动中,违反预防机车车辆伤害的安全规定,不执行作业防护措施,是造成机车车辆伤害的直接原因。

一、上道作业安全基本要求

1. 严禁未定职人员单独作业,严禁师徒分离。

2. 熟知作业区域、行走径路及两侧相关的设备设施,并随时注意使用情况,如遇设备设施、走行通道发生异状或变化时,应及时通知有关人员并采取安全措施。

3. 班前、班中禁止饮酒,按规定时间休息,班中精力充沛,工作时不准嬉戏打闹。作业中应按规定着装,正确佩戴、使用劳动防护用品用具。

4. 班前开展安全预想,制订安全措施,相关作业人员掌握安全重点及注意事项。

5. 上道作业、上下工、出退乘应按固定走行路线行走,执行同去、同归制度。

6. 作业中严禁关闭各种辅助生产工具(如电台等)。

7. 严禁用衣帽等物品遮挡耳目,影响视听。

8. 上线路作业时,禁止携带非生产配置的手机等声讯电子设备。严禁横越线路或侵限行走的同时使用无线通信设备(包括无线调车灯显设备、GSM-R 手持台、无线列调电台、货检作业手持机及电台等)联系、联控。管理人员上道检查工作遇需要使用手机等声讯电子设备时,应站在安全位置使用;横越线路时,严禁拨打、接听手机,查看或发送手机信息。

二、施工维修作业安全

在线路上进行施工维修作业主要涉及工务、电务、供电等专业作业人员,以及其他系统自管设备施工维修作业人员。

（一）施工维修作业安全相关规定

1. 施工、维修均应编制作业方案，并按规定审批。作业方案审核通过后不得擅自调整，作业过程中遇特殊情况确需调整时，应由施工（维修）负责人研判风险，经段分管副职及以上人员批准，并采取相应保障措施，通知驻站联络员、现场防护员、作业组负责人、施工车辆及相关配合单位负责人后方可实施。

2. 施工（维修）负责人和施工项目经理、副经理，安全、技术、质量等主要负责人应经过铁路局集团公司有关部门或指定单位营业线施工安全培训，未经培训或培训不合格的人员不得担任上述工作。

3. 施工单位的安全员、防护员、联络员、带班人员和工班长应经过铁路局集团公司有关部门或指定单位培训。未经培训或培训不合格的人员担任上述工作，追究施工单位领导的责任；未严格履行培训考试程序发放培训合格证书的，追究培训部门的责任。

4. 参加营业线施工的劳务派遣工和业务外包用工应由具有带班资格的正式职工（即带班人员）带领，不准上述劳务人员单独上道作业。劳务派遣工由劳务派遣单位进行必要的安全生产教育和培训，用工单位进行岗位安全操作规程和施工安全培训；业务外包用工由业务承包单位负责施工安全培训，用工单位可提供师资支持，并对培训情况进行监管。上述劳务人员应先培训，培训合格后方可持证上岗。对营业线施工的轨道、桥隧、通信信号、接触网等技术复杂、可能危及行车安全的作业项目，严禁分包、转包。上述劳务人员不准担任营业线施工的施工安全防护员和带班人员等工作，不准单独使用各类作业车辆。

5. 施工（维修）作业应召开点前布置会和点后总结会。点前布置会和点后总结会应由施工（维修）负责人组织召开，线路大修施工、段组织的两个及以上车间联合作业，应由施工（维修）主体单位（车间）组织召开。所有作业人员均应参加点前布置会和点后总结会，作业人员数量较多时可分级召开。

6. 凡影响行车、人身安全的施工和维修作业及发生线路故障的地点，均应设置防护。未设好防护，禁止开工。

7. 施工和维修作业前应按规定设置驻站（调度所）联络员、现场防护员，驻站（调度所）联络员和现场防护员施工维修期间不得临时调换。特殊情况需调换时，由车间主任（副主任）批准，报段指挥中心核备，并通知所在作业组负责人、驻站联络员、现场防护员等。

8. 防护员必须熟悉设备、设施分布和设置特点，以及地形情况、作业组织，清楚当日作业计划、作业范围、人员分工和安全注意事项。防护人员须按规定配带口笛、电台、信号旗（灯）等防护用品、工具，作业前须检查确认防护电台、工具设备状态良好。

9. 现场防护员在收到驻站（调度所）联络员可以上道的通知后，方可通知作业人员上道。严禁作业人员擅自上道。现场防护员应根据施工作业现场地形条件、列车运行特点、施工人员和机具布置等情况确定站位和移动路径，并做好自身防护。在区间线路、站内线路、道岔上维修时，现场防护员应站在维修地点附近且瞭望、通信信号、监听条件较好的安全地点进行防护，在天窗内作业时，显示停车手信号。现场防护员应以瞭望防护为主，并掌握驻站联络员通报的信息，每 3 ~ 5 min 联系确认一次；垂直天窗、单线天窗点内无作业车辆时，防护员应加强瞭望，保持通信畅通，严禁擅自离岗或从事与防护无关工作。

10. 驻站联络员应密切注视、监听车站接发列车、调车(转场、取送)车列及调车作业情况,及时向现场防护员预告列车运行情况及调车作业动态。

11. 作业人员应相对集中,在防护可控范围内,不得过于分散,应严格遵守作业人员和机具避车制度,采取措施保证行车和作业人员安全。

12. 作业过程中,驻站(调度所)联络员与现场防护员必须保持通信畅通并定时联系,确认通信良好。一旦联控通信中断,作业负责人应立即命令所有作业人员下道。铁路局集团公司应制定驻站(调度所)联络员、现场防护员及施工负责人之间的联控办法,明确通信设备管理要求,对联控时机、联控内容、联控对象、联控标准用语及复诵确认等环节进行规范。

(二)防护专用备品

防护专用备品主要包括视觉信号、听觉信号和通信工具。

1. 视觉信号

视觉信号包括信号旗、信号灯等显示的信号。

(1)信号旗:红色——昼间要求列车停车;黄色——昼间要求列车降低到要求速度。

(2)信号灯:行车的一种多用手信号。当线路发生故障时,夜间用红灯,列车看到此信号立即停车;当看到黄灯时,应按规定降低到要求的速度运行;当看到白灯正面迎车时,列车按规定速度运行;当看到白灯上下急剧摇动时,列车要立即停车。

2. 听觉信号

听觉信号包括号角、响墩、口笛发出的音响,以及机车、动车组、自轮运转特种设备的鸣笛声等。

(1)号角:工务常用的一种听觉信号,是形状如牛角的铜制品。号角发出信号时,必须清晰、准确。在天气不良及防护距离较远时应加强复示与确认,以防发生差错,造成不良后果。号角鸣示除按规定方法以外,还要注意鸣响标准时间,长声为 3 s,短声为 1 s,音响间隔 1 s;重复鸣示时,需间隔 5 s 以上。

(2)响墩:响墩信号是其发出强大的爆炸声,要求列车紧急停车的一种听觉信号。当线路发生故障时按规定设置响墩。

(3)口笛:一般情况下,口笛作为现场防护员通知作业人员下道避车的工具,来车时,防护员通过口笛发出的声音及时通知作业人员下道。如不具备电话联系条件,口笛作为施工负责人与现场防护员联系的听觉信号,通过口笛发出的不同声音来区别现场防护的设置和取消。列车接近通报信号是下行一长声、上行两长声,表示通知施工负责人及全体施工人员列车已经接近。紧急停车信号是连续短声。取消信号是两长一短声,表示通知施工负责人刚刚发过的预报(或确报)信号已予以取消。

3. 通信工具

施工维修作业常用通信工具主要有对讲机、无线移动手机。满足驻站联络员和室外专职防护员及作业人员之间的通信联络,及时掌握列(调)车动态,实现安全防护作用。每隔 3 ~5 min 联系一次,做好记录。

无线移动手机有数字对讲、信息发布、即拍即传即播、通话保密、实时定位等功能。能实现单人、多人、群组的快速、清晰通信，用户之间时刻保持联系，对需要的群组实现实时定位管理。可以做到对紧急、突发事件的快速反应，准确应对。能同时把指令或消息传递给所有人员，提高工作和调度效率。同时无线移动手机还具备一定防护功能，呈现功能多样化、操作简单化及覆盖范围广的特点。

三、调车作业安全

（一）调车作业前安全要求

1. 所有铁路调车作业人员，应根据车站的技术设备条件和作业性质，执行相应的调车作业标准。必须熟知调车作业区的技术设备、作业环境和作业方法，以及接近线路的一切建（构）筑物的形态和距离。

2. 传达调车作业计划时，调车长要针对性地开展安全预想，提示作业中的安全注意事项。冬季作业，调车长必须检查调车机车脚踏板防滑垫的安装和使用情况。

3. 作业中严禁吸烟。如调车作业中吸烟，一方面易于造成火灾，另一方面风吹烟灰迷眼、烧嘴，容易造成信号瞭望中断、错提、撞车等，甚至因为看不清上下车地点，选择位置不当而摔伤。

（二）调车中上下车安全要求

1. 上车时，车速不得超过 15 km/h；下车时，车速不得超过 20 km/h。

按照惯性运动原理，一般人快步跑能跟上车时的速度略高于 15 km/h。调车人员上车时，必须使自己顺车跑动的瞬时速度大于当时运行的机车车辆的速度。如车速再高时，人有可能跟不上而被拖、拉。下车时要沿着机车车辆运行方向顺跑，如车速超过 20 km/h，落地后的人来不及加快自己的瞬时速度，可能会导致摔伤。

2. 在高度不超过 1.1 m 的站台上上下车时，车速不得超过 10 km/h。

在站台上上下车时，因站台面高，作业人员不能用脚蹬上下车，不易掌握平衡，因此要较平地适当降低速度。

3. 在路肩窄、路基高的线路上和高度超过 1.1 m 的站台上作业时，必须停车上下。

在路肩窄、路基高的线路上进行调车作业时，上下车无法助跑。在 1.1 m 的高站台处，脚蹬在高站台下边，如利用扶手上下车会极不安全，加上高站台货物堆放距离较近，所以要停车上下。

4. 登乘内燃、电力机车作业时，必须在机车停稳时再上下车（设有便于上下车脚蹬的调车机车除外）。

登乘机车车辆时应面向机车车辆方向上下，且抓牢蹬稳。因为内燃、电力机车没有便于调车作业的上下车脚蹬、扶手，所以作业时必须在机车停稳再上下车；背向机车车辆或手持物件上下车存在抓不牢摔倒风险。

5. 上车前应注意脚蹬、车梯、扶手，平车、砂石车的侧板和机车脚踏板的牢固状态。

尤其对杂型车辆更须注意，如脚蹬、车梯、扶手脱焊、扭曲，以及平车、砂石车侧板搭扣未扣牢，可能致人摔伤或压伤。

6. 不准迎面上车。

正确的上车方式应是调车人员顺车跑的瞬时速度大于车辆当时运行速度，这样才能保证安全。如迎面上车，因为不能助跑，上车时，手脚一齐伸，这样的上车方法，只要手脚有一处失误，就有坠车的危险。

7. 调车组需保持同侧作业，不准运行中反面上下车（牵出时最后一辆及《站细》[①]等另有规定的除外）。

调车作业中，调车司机只凭调车长的信号显示行进或停车，调车人员应在调车长一边，正确及时显示信号。调车长还要负责调车人员的人身安全，如在反面上下车，一旦发生问题，调车长无法照顾，也不便于信号显示，所以不准反面上下车。

8. 上下车时要选好地点，注意地面障碍物。

上下车时必须注意地面状况是否平坦，有无障碍，如地面上有拉杆、导线、警冲标、铁鞋、弹簧握柄、道岔表示器、信号机柱等脚下障碍物，以及北方冬季的冰雪，可能造成滑倒、绊倒、摔伤。

（三）调车中车上作业安全要求

1. 禁止在车钩上和平车、砂石车的端板支架上坐立，在平车、砂石车的边端站立。

在车列、车辆走行中，特别是牵出运行时，随时有加减速或停车的可能，如在车钩上及平车、砂石车的边端或端板支架上坐立，容易从车上摔下或挤伤。

2. 禁止在棚车顶或装载超出车帮的货物上站立或走行。

在车列、车辆走行中，经常出现加减速、停车或经过道岔、弯道时左右摇摆的情况，如在棚车车顶或装载超出车帮的货物上站立或走行，随时有摔下或被上部建筑刮下的危险。

3. 禁止手抓篷布或捆绑货物的绳索，脚蹬平车鱼腹形侧梁。

如在车列、车辆走行中手抓篷布或捆绑货物的绳索，万一捆绑不牢或折断，人就会摔下致伤。如脚蹬平车鱼腹形侧梁时，鱼腹形侧梁边较窄，平车上又无扶手，人身安全无保障。

4. 禁止在车梯上探身过远，或经站台时站在低于站台的车梯上。

如在车梯上探身过远，经过信号机、仓库、煤台等处，容易造成挤伤或被刮下。经过站台时，因站台距线路中心线 1 750 ~ 1 850 mm，而机车车辆限界一侧为 1 600 mm（不含列车标志），车轴与站台的间隙只有 150 ~ 250 mm，如果作业时，站在低于站台的车梯上，将会被挤伤。

5. 禁止在装载易于窜动货物的车辆间和货物空隙间站立或坐卧。

如在装载易于窜动货物的车辆间和货物空隙间站立或坐卧，当加减速或连挂冲撞时，容易造成货物窜动或倒塌，将人挤伤或被货物砸伤。

6. 禁止骑坐车帮。

如骑坐在车帮上，在运行中遇有加减速、停车或经过道岔区摆动时，因无扶手，极易摔下。

---

① 《车站行车工作细则》，下同。

7. 禁止跨越车辆。

如跨越车辆,在车列、车辆运行中遇到司机施行制动或经过道岔处左右摇摆时,人容易摔下。

8. 禁止两人及以上站在同一闸台、车梯及机车一侧踏板上。

闸台面积较小,两人同站一闸台拧闸时,既不好用力,又站立不稳。车梯及机车一侧踏板上,不能两人站立,应分散在脚踏板的两端,不要接近车钩,以防一旦发现前方有危及安全的情况时下车不及。

9. 禁止进入线路提钩、摘管或调整钩位。

作业中遇钩提不开、制动软管未摘、钩位不正或钩销不良等情况时,应停车处理。如在运行中作业人员边走边进行上述作业,一方面要处理车钩或制动软管,另一方面还要注意脚下障碍物或冰雪,往往顾此失彼,可能有伤亡的危险。

(四)调车中特殊作业安全要求

1. 手推调车时,必须在车辆两侧进行,并注意脚下有无障碍物。

手推调车时,推车人员应在车辆两侧进行,不得立于两钢轨之间,应注意脚下有无障碍物,以防绊倒。如立于线路中间推车,道砟、轨枕容易将人摔倒。

2. 去岔线、段管线或货物线调车作业,须事先派人检查线路大门开启状态及线路两侧货物堆放情况;事先派人检查有困难时,应在《站细》中规定检查确认办法。

如向专用铁路、区间岔线、运行径路上有无人看守的平过道或道口等线路推进调车,前端瞭望人员选择登乘车辆车梯时,必须登乘在不低于车地板的车梯上(上下车时及不具备登乘高于车地板车梯的车辆除外),要注意瞭望,提高警惕,检查有无障碍物,防范机动车辆抢越或移动侵限;检查大门开启状态,装卸的货物是否侵入限界;夜间作业没有照明、地形条件复杂等因素,更应特别注意。

3. 带风作业时,必须执行一关(关折角塞门)、二摘(摘制动软管)、三提钩的作业程序。

带风作业时,如未关闭折角塞门就摘制动软管,由于风压冲击使制动软管剧烈摆动,容易将人打伤。

4. 调车作业时摘结制动软管、调整钩位、处理钩销、采取或撤除防溜措施时,必须等列车、车列(组)停妥,并得到调车长的回示,昼间由调车长防护,夜间必须向调车长显示停车信号。

需要摘结制动软管、调整钩位、处理钩销时,都须进入两车间进行,危险性较大,运行中进行处理更容易危及人身安全,因此必须等车辆确已停妥,并向调车长显示停车信号,确认调车长已进行防护[调车人员须确认列车、车列(组)停妥,得到调车长同意,并使用无线调车灯显设备发出“紧急停车”指令后,方可进入车档。调车长进入车档作业时,由其本人向司机显示(发出)停车信号进行防护。使用手信号调车时,调车长须向司机显示停车信号进行防护后,方可同意作业人员进入车档;调车长得到所有作业人员均已作业完毕的汇报后,方可撤除防护]后,方可作业。

5. 调整钩位、处理钩销时不得探身到两车钩之间。对平车、砂石车、罐车、客车及特种车辆,应特别注意端板支架、缓冲器、风挡及货物装载状态。

调整钩位、处理钩销,必须停车;调整后再进行连挂。连挂车辆时不准探身两车钩之间。对于平车、砂石车、罐车等车辆,连挂时更应注意端板支架、缓冲器及货物装载状况。对客车及特种用途车,连挂时应注意风挡、渡板等,以免被挤伤。

6. 溜放调车作业应站在车梯上,一手抓牢车梯,一手提钩,不准用脚提钩或跟车边跑边提钩(驼峰调车作业除外),严禁在车列运行中抢越线路去反面提钩。

溜放调车作业时,起速快,要求提钩时机准确,所以要求一手抓牢车梯,一手提钩,不准用脚提钩或跟车边跑边提钩。遇提不开时,严禁在车列运行中抢越线路去反面提钩,以防脚下障碍物将人绊倒。

7. 严禁在运行中的机车前后端坐卧。如果在机车前后端坐卧,一则夜间易造成昏昏欲睡,二则一旦遇到意外情况,如道口交通肇事等,来不及下车。

(五)调车中制动作业安全要求

1. 使用人力制动机时(在静止状态下,站在地面或低于车钩中心水平线的人力制动机闸台上使用时除外),必须系好安全带,做到"上车先挂钩、下车先摘钩"。不能使用安全带的车辆,如平车、砂石车、罐车等,作业时必须选好站立地点。人力制动机盘上危险性大,松人力制动机时,由于人力制动机回弹力较大,易将双手甩脱。运行中,司机施行制动或连挂时冲撞,如不系好安全带容易将人甩下。平车、砂石车使用人力制动机时,不能挂安全带,因闸杆位置低,安全带不起作用,必须站在安全位置制动。如装载易窜动货物必须有安全距离,要稳妥连挂或不得连挂,才能保证安全。罐车等虽有通过台,但也要选好站立地点。

2. 严禁使用折角塞门放风制动。如运行中使用折角塞门放风制动,往往因制动力大而产生冲动;而使用简易紧急制动阀时,作业人员无牢靠的站立地点,容易摔下。

3. 使用铁鞋制动时,应背向来车方向,严禁徒手使用铁鞋,并注意车辆、货物状况和邻线机车车辆动态;严禁带铁鞋叉子上车。如反手持叉子下鞋,可能因车辆撞击铁鞋叉子的把手将人致伤;如徒手使用铁鞋,可能挤伤手指或碰伤头部;如携带铁鞋叉子上车,容易绊住人。

4. 使用折叠式人力制动机,须在停车时竖起闸杆,确认方套落下,月牙板关好,插销插上后,方可使用。车辆运行中做准备工作困难较大,时间短,动作危险。因此,使用折叠式人力制动机应在停车中做好准备,将闸杆竖起固定,检查方套铁、月牙板、插销是否良好(如有异状,禁止使用)。将方套落下,月牙板关好,插上插销后,方可试闸,以免使用时人力制动机歪倒将手挤伤,或连人从车上摔下。

第五节 典型事故案例

【案例一】联防互控不彻底,匆忙过道酿惨剧

一、事故概况

2021 年 6 月 4 日,甲局乙工务段丙车间在丁线 A 站至 B 站间下行线进行线路机械维

修作业，因捣固稳定车临时故障，作业负责人在组织作业人员转场跨越铁路线路时，跨线人员与旅客列车相撞，造成9人死亡。

二、事故原因

维修作业过程中，捣固稳定车发生故障，作业人员在转场跨线时，有关人员盲目指挥、联控不彻底、现场防护失效、违章跨越线路，是事故发生的直接原因。

1. 带班人员违反《安全生产法》第五十四条、《铁路安全管理条例》第五条及《普速铁路工务安全规则》①"通过桥梁、道口或横越线路时，应'手比、眼看、口呼'，做到'一停、二看、三通过'，严禁来车时抢越"，以及《甲局工务部门普速铁路劳动安全卡控措施》"严禁未确认本线或邻线来车，盲目跨越线路""在作业人员上道及跨线前应选择瞭望条件良好地点跨线"等规定，在带领作业人员跨越线路时，没有确认有无列车通过，违章盲目带领作业人员跨越线路。

2. 现场防护员违反《安全生产法》第五十四条、《铁路安全管理条例》第五条及《甲局工务部门普速铁路劳动安全卡控措施》"防护员在作业时应集中精力，认真瞭望，正确显示和使用信号备品，准确掌握列车运行情况，及时、清晰地向所有作业负责人和带班人员通知开向作业地点的各次列车的预告、开车时分，监督作业人员（机具）及时下道避车"等规定，在明知旅客列车接近、再次联控未得到答复并确认安全的情况下，没有下达禁止跨线的指令，也没有阻止跨线人员跨越线路。

3. 作业负责人违反《安全生产法》第五十四条、《铁路安全管理条例》第五条及《铁路营业线施工安全管理办法》②"施工负责人的主要职责：负责施工现场的组织指挥工作，指挥现场施工、安排施工防护，确认放行列车条件；负责总结分析施工组织、进度和安全等情况，对施工现场的安全负责"等规定，没有布置跨越线路安全注意事项，不遵守现场防护规定，盲目催促转场人员跨越线路。

三、事故教训

1. 现场作业标准执行不到位。乙工务段基本作业制度不落实。一是现场防护人员、带班人员安全意识淡薄，落实作业标准不彻底，不按规定履行岗位职责。二是作业负责人不按既有方案指挥作业，违章临时变更方案、调换防护和带班人员。三是非正常应急处置不到位，在捣固稳定车发生故障、组织转场跨线作业时，没有制定应急处置方案和提出安全注意事项。

2. 现场作业安全风险管控不到位。乙工务段没有结合作业现场实际开展安全风险预想预判。一是未针对下行线无作业门需跨越上行线制定针对性措施。二是未结合施工地点处于连续曲线区段，存在安全防护视线范围受限的问题制定卡控措施。三是施工防护方案存在漏洞，联控环节过于复杂，信息传递冗长，对讲机通话频道繁忙，存在关键行车信息漏传、传递链条不稳定问题。

---

① 该版本为铁总运〔2014〕272号文件，现行规章为《普速铁路工务安全规则》（铁工电〔2023〕54号）。

② 该版本为铁运〔2012〕280号文件，现行规章为《国铁集团铁路营业线施工管理办法》（铁调〔2021〕160号）。

3. 维修作业管理不到位。甲局有关部门、乙工务段对车间组织的营业线维修作业标准不执行、现场管控不到位等问题失管失察，业务指导、监督检查等工作不到位。乙工务段未按规定组织对参与作业的劳务工进行安全教育培训。

【案例二】防护人员失职失责，作业人员被撞身亡

一、事故概况

2016 年 12 月 10 日，甲局乙电务段丙车间在丁下行线 A 站客场 I 道进行加装融雪装置上线作业，6 名作业人员被特快货物班列以 125 km/h 速度撞上，当场死亡。

二、事故原因

这起事故是现场安全防护失效所致。

1. 现场防护员违反《铁路营业线施工安全管理办法》①第 104 条，《铁路电务安全规则》第 100、102、103 条，《甲局营业线施工安全管理实施细则》关于安全防护的规定，现场防护员错误站位，没有瞭望来车情况，不执行定时联系制度，也未做好自身防护，是造成列车与作业人员相撞的直接原因。

2. 驻站联络员违反《铁路营业线施工安全管理办法》①《甲局营业线施工安全管理实施细则》有关规定，涉事特快货物班列邻站开车后，驻站联络员分别在信号开放、列车一接近、列车进站 3 个关键点与现场防护员进行联控，在现场防护员没有应答、双方没有有效联控的情况下，没有按规定采取及时通知车站值班员、作业负责人的措施，是造成该起事故的重要原因。

三、事故教训

1. 安全防护问题突出。事发当日作业过程中，防护人员配置及作业违章问题非常突出。第一作业组只有一名正式职工，既是作业负责人又是防护员，严重违反防护员不得兼做其他工作的规定。第二作业组设置了两名防护员，但二人防护分工不明确，作业中两名防护员未按规定防护，造成安全防护失效。三个作业组现场防护员均不同程度存在驻站联络员联控时不应答、3 ~ 5 min 主动呼叫规定不落实等问题。这些问题在工区的一次作业中集中出现，暴露出乙电务段在安全防护上管理不严格、制度不落实、检查不认真、问题未整改等一系列问题。

2. 施工安全管理混乱。本次道岔融雪装置的施工，电务处违反中国铁路总公司、铁路局营业线施工安全管理规定，在乙电务段没有提报施工方案的情况下，违规审核同意并提报了施工计划。乙电务段在推进道岔融雪装置施工中，本应按Ⅲ级施工管理，但没有组织研究制定安全技术组织方案并召开方案审查会，而是指定车间负责组织实施，也没有认真管控。在实施过程中，除客场北端上下行渡线道岔纳入施工天窗要点作业外，其余道岔施工均按照维修作业组织，严重违反铁路局施工管理规定。

---

① 该版本为铁运〔2012〕280 号文件，现行规章为《国铁集团铁路营业线施工管理办法》（铁调〔2021〕160 号）。

3. 现场作业管理失控。乙电务段丙车间对加装道岔融雪装置施工任务没有进行具体作业项目分解，也没有对点内及点外项目作出明确规定，只是简单地将此项任务安排工区实施。工区在实际工作中，盲目将部分应在天窗点内实施的作业项目安排在点外进行。车间对班组提报的点外作业计划，在项目内容不具体、不准确的情况下，没有认真审核把关，直接上报。电务段生产调度对有可能危及行车和人身安全的项目，不审核只给命令，随报随批，盲目准许上道。电务段对现场长期存在的违规点外上道作业问题失察失管。

4. 规章制度违反上级规定。《乙电务段综合天窗修管理实施细则》有关天窗点外作业项目突破了甲局营业线施工安全管理办法的规定。如营业线上“新上未投入使用的设备施工”“电缆过道（与正线有关的过道在天窗点内进行）”“设备预安装（预装正线设备在天窗点内进行）”等属甲局规定的点内施工项目，乙电务段将其纳入了维修点外作业项目。

5. 劳务用工极不规范。在道岔融雪装置施工开始前，乙电务段信号技术科未按照《乙电务段劳务用工安全管理办法（试行）》要求，向段职教科提报劳务用工培训申请，也未对派遣劳务工的培训、考试情况进行确认。丙车间在接收使用劳务工前，没有对岗前安全培训考试信息表进行检查确认，也没有建立劳务工相关信息台账，造成车站安装道岔融雪装置所使用的 18 名劳务工只有 1 名经过培训，其余人员均未经过岗前培训就上道作业。

【案例三】违章上道作业，现场防护缺失

一、事故概况

2015 年 10 月 11 日，甲局乙工务段 3 名作业人员，在丙下行线 A 站至 B 站间 K66 + 300 处作业时，被货物列车撞上，当场死亡。

二、事故原因

甲局乙工务段丁线路车间在组织线路维修作业中，不按规定办理天窗作业手续，违章利用列车间隔上道作业，作业防护设置不到位，作业人员在列车通过时未按规定下道避车，是造成该起事故的直接原因和主要原因。

三、事故教训

1. 违反《铁路营业线施工安全管理办法》①的规定。按照《铁路营业线施工安全管理办法》①关于允许点外维修作业的范围界定的规定，该作业不属于点外允许进行的作业项目，违反了“其他维修项目必须纳入天窗，严禁利用列车间隔时间作业”之规定，属于违规利用列车间隔进行明令禁止的维修作业行为。

---

① 该版本为铁运〔2012〕280 号文件，现行规章为《国铁集团铁路营业线施工管理办法》（铁调〔2021〕160 号）。

2. 该项维修作业无计划、无审批、无登记。该项目违反《铁路营业线施工安全管理办法》①“天窗点外作业必须制定天窗点外维修作业计划，天窗点外维修作业计划由设备管理单位车间或段一级批准，具体审批程序由铁路局规定。上线作业时必须在车站《行车设备检查登记簿》内登记，车站值班员签认”之规定。

3. 现场防护设置不符合规定。事发作业地段位于隧道内曲线上，当日作业时仅设置了电话柱防护员一名兼任现场防护员，采取区间电话防护方式，且位置在隧道上行线28号避车洞内，下行线瞭望距离不足100 m。违反《铁路营业线施工安全管理办法》①“天窗点外作业……必须按规定设置驻站联络员、现场防护员，联系中断时必须停止作业”之规定。

4. 未按法律法规规定对作业人员进行安全教育培训。参与现场作业的6名劳务人员系戊公司临时雇佣的当地村民，这些人员均未接受过铁路作业相关安全教育培训，当日也未进行班前安全教育。违反《安全生产法》第二十八条和《铁路营业线施工安全管理办法》①“参加营业线施工的劳务工必须由具有带班资格的正式职工(即带班人员)带领，不准劳务工单独上道作业。用工单位对劳务工要进行施工安全培训、法治教育和日常管理；要先培训，培训合格后方可上岗”之规定。

【案例四】避车位置不合理，防护员不注意瞭望

一、事故概况

2016年12月14日，甲局乙工务段丙车间一名巡道工和一名防护员在丁下联线K6+570处，被列车以52 km/h速度撞轧，当场死亡。

二、事故原因

事故的主要原因是工务巡道作业人员违章作业。一是防护员站位错误，没有随时瞭望来车情况，对巡道工在线路上避车没有制止纠正，防护失效。二是巡道工下道避车时没有选择安全位置避车，而是在丁下联线多线并行区段串线行走，没有勤回头瞭望列车。两人严重违反《铁路技术管理规程(普速铁路部分)》第386条、《铁路线路修理规则》②第9.2.2条、《普速铁路工务安全规则》③第2.2.4条、第2.2.5条、《甲局防止职工伤亡事故措施》第7.3条相关规定。涉事列车机班乘务员在机车操纵过程中，未认真执行作业标准，间断瞭望，没有及时采取停车措施，违反《铁路机车操作规则》第二十一条规定，是造成这起事故的次要原因。

三、事故教训

1. 事故教训吸取不深刻，同类问题再次发生。甲局发生6人死亡的较大事故后，铁路

---

① 该版本为铁运〔2012〕280号文件，现行规章为《国铁集团铁路营业线施工管理办法》(铁调〔2021〕160号)。
② 该版本为铁运〔2006〕146号文件，现行规章为《普速铁路线路修理规则》(铁总工电〔2019〕34号)。
③ 该版本为铁总运〔2014〕272号文件，现行规章为《普速铁路工务安全规则》(铁工电〔2023〕54号)。

局主要领导召开专题会议，反复强调要深刻吸取教训，高度重视人身安全，采取强化措施，防止同类问题再发生。工务系统虽然传达了铁路局的要求，但没有及时深入站段、车间、班组抓落实、抓督导。乙工务段没有针对前发事故采取果断措施，在监督检查和现场作业控制上出现漏洞，导致严重人身安全事故再次发生。

2. 安全风险研判有盲点，现场卡控不到位。甲局管内戊线目前有190 km线路为半自动闭塞区段，仅依靠人工巡检防止断轨带来较大机车车辆伤害风险，技防力度薄弱；对于多线并行地段巡检人员存在的人身风险，铁路局业务处室、站段均缺少风险研判，对巡道作业过程无法做到有效控制。

3. 巡检标准执行有差距，防护履职未尽责。巡道工不按规定径路巡检，超出作业范围违章避车；防护员在作业过程中，行走径路和站位违反规定，造成无法监听和掌握列车运行信息，更没有认真进行不间断瞭望，导致防护失效，自身防范意识差，最终酿成惨剧。

4. 运行中瞭望不彻底，防相撞措施落实不到位。丁下联线远离村庄、行车密度小、行人稀少，该机班路外安全意识有所放松，司机操作机车综合无线通信设备转频过程中，学习司机没有执行作业标准，盯看司机机车综合无线通信设备转频操作，间断瞭望，没有及时发现线路上行人，错过采取措施的时机。

【案例五】违章上道不防护，作业人员被撞亡

一、事故概况

2017年11月20日，甲局乙工务段丙线路车间丁线路工区作业一班在戊线A站至B站间下行线K23+870处，违章利用列车间隔使用内燃冲击镐进行人工捣固作业时，两名线路工被通过的动车组列车撞上，当场死亡。

二、事故原因

1. 乙工务段丙线路车间丁线路工区作业带班人擅自变更作业计划，违章指挥作业人员利用列车运行间隔上道使用内燃冲击镐进行捣固作业，且未将实际作业地点告知相关人员，违反《铁路技术管理规程（普速铁路部分）》“凡影响行车的施工（特别规定的慢行施工除外）、维修作业，都必须纳入天窗，不得利用列车间隔进行”、《普速铁路工务安全规则》①“利用小型养路机械整治线路病害，更换或修理轨道（道岔）伤损零部件”、《铁路营业线施工安全管理办法》②“普速铁路维修天窗作业项目”中“1. 利用小型养路机械整治线路病害”有关规定，是导致事故的直接原因。

2. 现场防护员未按规定防护，不掌握驻站联络员的通报信息，背对来车方向，中断瞭望，违反《普速铁路工务安全规则》①“现场防护员在防护时，除掌握驻站联络员通报信息外，应以瞭望防护为主；如联系中断，现场防护员应立即通知作业负责人停止作业”，《铁路

---

① 该版本为铁总运〔2014〕272号文件，现行规章为《普速铁路工务安全规则》（铁工电〔2023〕54号）。

② 该版本为铁运〔2012〕280号文件，现行规章为《国铁集团铁路营业线施工管理办法》（铁调〔2021〕160号）。

营业线施工安全管理办法》①“现场防护员应根据施工作业现场地形条件、列车运行特点、施工人员和机具布置等情况确定站位和移动路径，并做好自身防护”，以及《甲局普速铁路工务作业防护管理办法》“根据施工作业防护方案或作业要求，以就近防护、便于瞭望、视听条件良好为原则，选择合适防护地点。一般在本线来车方向前 10 ~ 20 m 的安全区域内站立，确保作业人员在有效监督和防护控制范围内”之规定，是导致事故的又一直接原因。

三、事故教训

1. 违章蛮干问题非常突出。一是现场带班人置规章制度于不顾，视安全“红线”如无物，擅自变更作业计划，违章指挥利用列车运行间隔使用内燃冲击镐进行捣固作业。二是相关作业人员对带班人的违章指挥习以为常，既不劝阻制止，也未拒绝执行。三是现场防护员不按规定防护，不掌握驻站联络员的通报信息，背对来车方向，中断瞭望。四是驻站联络员不严格执行作业标准，未得到现场防护员的明确回应，既未继续联系，也未采取拦停列车措施。这一系列的违章行为，暴露出职工的安全意识极为淡薄，日常作业中把习惯当标准、违章蛮干的现象非常突出。

2. 联防联控形同虚设。该事故暴露出，作业指挥者与作业人员间、驻站联络员与现场防护员间、现场防护员与作业人员间，以及作业人员相互间根本没有形成有效的联防互控机制，没有发挥相互监督、相互提醒、你错我防、你漏我补的作用。

3. 隐患排查治理未形成闭环。事发作业班处理的病害，是月初轨检车发现的一处Ⅰ级病害，而在乙工务段病害库中显示，丁线路工区已于发现次日上报该处病害处理完毕，而工区实际并未对该处病害进行整治，而是带班人当日临时决定利用列车运行间隔进行整治，暴露出从工务段到车间，对安全隐患管理极不重视，对隐患整治效果缺少检查确认，隐患排查治理未形成闭环。

4. 生产计划和生产组织管理混乱。一是乙工务段职能科室和丙线路车间在制定周生产计划时，对各工区提报的计划未认真审核把关，只是简单汇总后统一下发，对丁线路工区长期不使用夜间天窗的现象不调查、不分析、不考核，致使工区点外干点内活、利用上行天窗干下行活的严重隐患长期没有暴露出来。二是丙线路车间在安排当日作业计划时，一名驻站联络员担当五个作业组的防护，致使驻站联络员精力分散，疲于应付。

【案例六】无命令作业，防护员失职

一、事故概况

2019 年 12 月 6 日，甲局乙电务段丙客专车间丁线路所工区两名职工，在戊联络线 K114 +240 处下行线进行设备检查测试时，被晚点的动车组列车以 150 km/h 的速度碰撞，当场死亡。

---

① 该版本为铁运〔2012〕280 号文件，现行规章为《国铁集团铁路营业线施工管理办法》（铁调〔2021〕160 号）。

二、事故原因

乙电务段丙客专车间丁线路所信号工区作业人员在未得到准许作业命令的情况下，进入线路作业，现场防护员没有认真观察列车且站在道心防护，未及时组织下道避车，是造成职工被列车撞轧死亡的直接原因。

三、事故教训

1. 工长违章带队上线。乙电务段丙客专车间丁线路所信号工区工长于0时19分上传班前会和上线携带工具照片，在0时26分听到驻站联络员下达已场天窗给点命令时，误认为戊联络线也给了天窗点，于0时44分向段调度指挥中心上传通道门上线视频后，未与驻站联络员取得联系，未收到准许作业命令，带领作业人员进入戊联络线。

2. 现场防护员没有发挥防护作用。现场防护员整个作业过程没有和驻站联络员联系，导致现场人员既不知道天窗延迟，也不掌握列车运行情况，既没有认真观察列车，也没有通知作业人员下道避车，没有起到防护作用。

3. 车间传达命令极不严肃。丙客专车间值班干部接到天窗推迟的调度命令后，没有核实调度命令涉及管内哪个班组，仅在车间微信群内进行传达，在未接到丁线路所工区收到命令回执的情况下，没有采取其他联系方式进行命令核对，调度命令传达方式极不严肃。车间值班支部书记在微信群看到调令后，仅提示各工区接到室内通知给点后方可上线，没有按调度命令要求车间干部到相应工区盯控，导致关键环节失管失控。

4. 电务系统以微信方式传达调度命令普遍存在。甲局管内5个电务段，共设置15个高铁车间（含5个高铁普速混搭车间）、50个普速车间，各车间均存在使用微信（腾讯通）传达调度命令的情况。甲局电务部、各电务段没有对微信（腾讯通）传达调度命令的风险进行研判，各级管理人员对现场车间使用微信传达调度命令情况管控不力。

【案例七】未设置防护作业，未确认盲目销令

一、事故概况

2020年11月18日，甲局乙工务段丙线路车间作业人员在丁线上行K180+265处作业时，一人被通过列车撞上致死，两人下道时摔倒，一人重伤、一人轻伤。

二、事故原因

1. 未按规定设置防护。施工第一组带班人安排6名作业人员到K180+270处由东往西进行线路顺撬作业，未安排现场防护员，导致列车通过时，现场未能及时掌握来车信息，未能及时组织下道避车，是造成事故的直接原因。

2. 未确认开通条件盲目销点。施工负责人在天窗结束前，在现场仍有6人作业，1台捣固棒、1台起道机未收回的情况下，盲目通知驻站联络员销点开通线路，导致列车通过有施工人员作业的地段，是造成事故的主要原因。

三、事故教训

1. 未按规定组织施工前调查和日施工实施方案制定会。丙线路车间没有组织召开日施工方案制定会，导致没有在施工前掌握相关单位特别是车辆单位车号自动识别设备对线路大机捣固施工的影响，未能有针对性地制定日施工实施方案和相应安全措施。

2. 日施工实施方案制定不严谨。丙线路车间制定的日施工实施方案基本照搬段总体方案内容，未明确施工防护体系建立、人员分工分组、作业人员行走路径、机工具使用管理、安全重点注意事项及卡控措施，"作业车运行示意图"绘制错误。

3. 施工配合单位未通知到位。施工方案中要求"影响大机线路捣固的电务、供电、车辆等设备提前三天通知设备管理单位到现场处理和监护"，但丙线路车间未通知车号自动识别设备管理单位配合施工。

4. 施工前不按规定召开日施工方案布置会。丙线路车间当日施工负责人以分工会替代日施工实施方案布置会，配合单位、设备管理单位、动力设备乘务担当单位等都没有参加，而本车间参加施工的人员中，安排担任第一组作业的维修工区 7 人未参会，会上对人员分工安排不具体，部分人员的分工未明确或临时调整。

复习思考题

1. 什么是机车车辆伤害？
2. 造成机车车辆伤害的主要因素有哪些？
3. 站内顺线路行走的安全要求有哪些？
4. 区间行走的安全要求是什么？
5. 如何横越线路？
6. 如何横越停有机车车辆的线路？
7. 列车速度为 140 km/h，作业人员下道避车的安全距离是多少？
8. 桥梁上和隧道内避车有哪些安全要求？
9. 施工和维修作业前对作业人员有哪些基本要求？
10. 施工和维修作业对防护员的设置有哪些要求？
11. 施工和维修作业时现场防护员应如何站位、移动？
12. 调车作业时对上下车车速有什么要求？
13. 调车人员进行手推调车时有什么要求？
14. 调车作业使用铁鞋制动时有什么要求？

第二章 预防触电伤害

电气设备设施在运行过程中，受各种外在因素影响，如接触不良、接线松脱、绝缘老化破损，易形成漏电、短路等，引发电气事故，甚至发生触电伤亡或电气火灾事故。特别是在电气化铁路中，由于接触网设备带有 27.5 kV 的高压电，并涉及电气化铁路运营的各个单位，因此铁路职工更应注意触电事故的预防。为了适应电气化铁路劳动安全管理的特点和要求，防止可能发生的触电伤亡事故，确保安全生产和从业人员的生命财产安全，作业人员应严格遵守铁路安全法规和电气化铁路安全规定。

第一节 电气安全知识

电能在生产、生活中被广泛应用，在使用电气设备过程中，如果没有掌握安全用电知识，可能会发生触电、火灾、爆炸等事故，影响生产甚至危及生命。

一、交流电、直流电

1. 交 流 电

交流电（简称 AC）是指方向和大小都随时间周期性变化的电压或电流，又称交变电流。通常交流电波形为正弦曲线。交流电可以有效传输电力，生活中使用的市电就是具有正弦波形的交流电。我国交流电供电的标准频率为 50 Hz。

2. 直 流 电

直流电（简称 DC）是指方向和大小都不随时间变化的电压或电流，又称恒定电流。直流电的电流方向总是由电源正极流出，再通过电路流入电源的负极。干电池、蓄电池和直流发电机等都属于直流电源。

交流电和直流电可以通过一定的形式进行相互转变。

二、高压电、低压电及安全电压

1. 高压电、低压电

《铁路电力安全工作规程》规定，凡对地电压在 250 V 及以下为低压电，反之为高压电。

日常生活使用的照明及家用电路均属于低压范畴，但不论是高压还是低压，对于人体而言都可能造成伤害，不能以为低压就是安全的。

2. 安全电压

安全电压以通过人体的电流（不超过安全电流）与人体电阻（人体电阻与导电途径、皮肤潮湿程度、有无损伤、导电扬尘、接触面积、接触压力等有关）的乘积为依据，是一个不确定的值。一般性的规定是：在干燥的情况下，安全电压为36 V；在隧道或潮湿场所，人体皮肤受潮，同时电气设备的金属外壳和能导电的构造物表面结露，安全电压为12 V；在游泳池或设有电路的水槽内，安全电压为6 V。

三、触电对人体的伤害

（一）触电伤害致因

电流通过心脏会造成心脏功能紊乱，破坏原有的收缩、扩张节奏，导致心力衰竭，血液循环终止，使人因大脑缺氧而死亡；电流通过中枢神经（脑部和脊髓），可使呼吸停止、身体瘫痪；电流的热效应会造成电灼伤；电流的化学效应会造成电烙伤和皮肤金属化；电磁场的能量还会产生辐射。电对人体的伤害包括电击（如刺痛、灼热感、痉挛、麻痹、昏迷、心室颤动或停跳、呼吸困难或停止等内伤），绝大多数触电死亡事故都由电击造成；电伤（电烙伤、电灼伤、皮肤金属化等外伤）。对于工频电，根据通过人体的电流大小及呈现的不同反应，可分为以下四个级别：

1. 感知电流：引起人体感觉但无有害生理反应的最小电流。
2. 反应电流：指通过人体能引起肌肉不自觉收缩的最小电流值，通用值为0.5 mA。
3. 摆脱电流：触电后能自主摆脱电源而无病理性的最大电流，成人为10 mA，也是人体的安全电流。
4. 致命电流：引起心室颤动而危及生命的最小电流，成人一般为50 mA。

（二）电流通过人体的途径

从左手到前胸是最危险的电流路径。这时心、肺、脊髓等器官都处于电路内，极易引起心颤和中枢神经失调而死亡。

从右手到脚的电流路径危险性小一些，但可能会因痉挛而摔伤，造成二次伤害。从右手到左手的电流路径危险性比右手到脚的要小些。危险性最小的是从左脚到右脚，但触电者可能会因痉挛而摔倒，导致电流通过全身或造成二次伤害。所以电流路径安全性是相对的，每一种途径都可能致人死亡。

四、保证用电安全的基础要素

1. 电气绝缘：使用不导电的绝缘材料将带电体封闭起来。保持配电线路和电气设备的绝缘良好，是保证人身安全和电气设备正常运行的基本要素。电气绝缘的性能是否良好，可通过测量其绝缘电阻、耐压强度来衡量。

2. 安全距离:指人体、物体等接近带电体而不发生危险的安全可靠距离,如变配电装置安全距离、检修安全距离、操作安全距离等。带电体与地面之间,带电体与带电体之间,带电体与人体之间,带电体与其他设施、设备之间,均应保持一定距离。在作业过程中,作业人员须严格遵守各项安全距离规定。

3. 安全载流量:指允许持续通过导体内部的电流量。如果电流超过安全载流量,导体的发热将超过允许值,导致绝缘损坏,甚至引起漏电和发生火灾。因此,根据导体的安全载流量选择导体截面和设备十分重要。

4. 标识:明显、准确、统一的标识是保证用电安全的重要因素。颜色标识表示不同性质、不同用途的导线;标示牌标志一般作为危险场所的标志;型号标志作为设备特殊结构的标志。常用电线路标识为:A 相为黄色,B 相为绿色,C 相为红色,明敷接地线涂以黑色。仪表盘上运行极限参数画红线。

五、电气化铁路安全知识

电气化铁路是以电能作为牵引动力的一种现代化交通工具。电气化铁路牵引供电设备带有高压电,因此与非电气化铁路相比,电气化铁路对人身安全和作业安全提出了更高的要求。

(一)牵引供电

1. 供电系统

电气化铁路由电力机车(或动车组)和牵引供电系统两大部分组成。将电能从电力系统传送给电力机车的电力装置总称为电气化铁路的供电系统,又称牵引供电系统,主要由牵引变电所和接触网两部分组成。牵引变电所将电力系统输电线路电压从 110 kV(或 220 kV)降到 27.5 kV,经馈电线将电能送至接触网;沿铁路线的两旁,架设着一排支柱,上面悬挂着金属线,即为接触网。接触网是向电力机车(动车组)直接输送电能的设备,电力机车(动车组)升弓后便可从其取得电能,用以牵引列车。牵引供电系统构成的回路是:牵引变电所—馈电线—接触网—电力机车—钢轨和大地—回流线—牵引变电所,如图 2-2-1 所示。

2. 接 触 网

接触网是电气化铁路上的主要供电装置,它通过支柱及软横跨、硬横跨,以一定的悬挂形式将接触线直接架设在铁路的上方,如图 2-2-2 所示。它的功能是通过与电力机车(动车组)车顶部分受电弓的滑动接触将电能供给电力机车(动车组)。

接触网额定电压值为 25 kV,最高工作电压为 27.5 kV,短时(5 min)最高工作电压 29 kV,最低工作电压为 19 kV(高速铁路为 20 kV)。

架空式接触网主要由接触悬挂部分、支持装置、定位装置、支柱和基础四部分组成。前三部分带电,与支柱(或其他建筑物)接地体之间用绝缘子隔开。

(二)电气化区段作业一般安全规定

电气化铁路牵引供电设备带有高压电,禁止直接或间接与上述设备接触,应保持足够

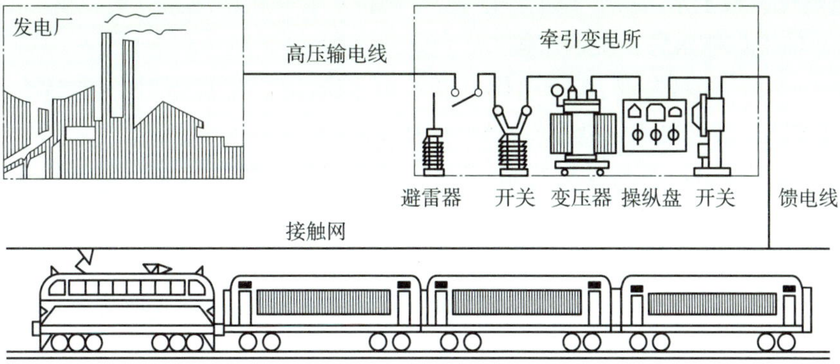

图 2-2-1 牵引供电系统构成

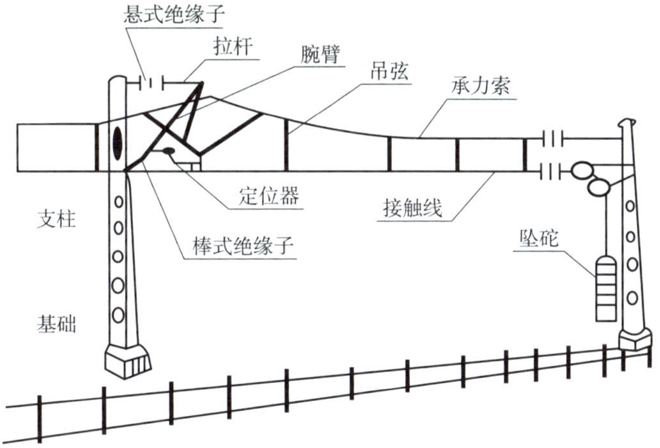

图 2-2-2 接触网结构

的安全距离。电气化铁路沿线路内外各单位均需组织学习《电气化铁路有关人员电气安全规则》相关内容。电气化铁路相关作业人员每年须进行一次安全考试,考试合格后,方准参加作业。牵引供电专业人员除了遵守《电气化铁路有关人员电气安全规则》外,还须执行牵引供电的专业规定。

1. 为保证人身安全,除牵引供电专业人员按规定作业外,任何人员及所携带的物件、作业工器具等须与牵引供电设备高压带电部分保持 2 m 以上的距离,与回流线、架空地线、保护线保持 1 m 以上距离,距离不足时,牵引供电设备须停电。

2. 电气化铁路区段,具有升降、伸缩、移动平台等功能的机械设备进行施工、装卸等作业时,作业范围与牵引供电设备高压带电部分须保持 2 m 以上的距离,与回流线、架空地线、保护线保持 1 m 以上距离,距离不足时,牵引供电设备须停电。

3. 在距牵引供电设备高压带电部分 2 m 以外,与回流线、架空地线、保护线 1 m 以外,临近铁路营业线作业时,牵引供电设备可不停电,但须按照铁路营业线施工安全管理有关规定执行。

4. 机车、动车及各种车辆上方的接触网设备未停电并办理安全防护措施前,禁止任何人员攀登到车顶或车辆装载的货物上。

5. 电气化区段上水、保洁、施工等作业，不得将水管向供电线路方向喷射，站车保洁不得采用向车体上部喷水方式洗刷车体。

6. 牵引供电设备故障时，与牵引供电设备相连接的支柱、接地引下线、综合接地线等可能出现高电压，未采取安全措施前，禁止与其接触，并保持安全距离。

7. 发现牵引供电设备断线及其部件损坏，或发现牵引供电设备上挂有线头、绳索、塑料布或脱落搭接等异物，均不得与之接触，应立即通知附近车站，在牵引供电设备检修人员到达未采取措施以前，任何人员均应距已断线索或异物处所 10 m 以外。

8. 牵引供电设备支柱及各部接地线损坏，回流吸上线与钢轨或扼流变压器连接脱落时，禁止非专业人员与之接触。

9. 距牵引供电设备支柱及牵引供电设备带电部分 5 m 范围以内具备接入综合接地条件的金属结构应纳入综合接地系统；不能接入综合接地系统的金属结构须装设接地装置，接地电阻一般不大于 10 Ω。

10. 站内和行人较多的地段，牵引供电设备支柱在距轨面 2.5 m 高处均要设白底黑字“高压危险”并有红色闪电符号的警示标志。禁止借助接触网支柱搭脚手架，必须借助接触网支柱登高时，必须有供电专业人员现场监护。

11. 天桥、跨线桥靠近或跨越牵引供电设备的地方，须设置防护栅网，栅网由所附属结构的产权或工程建设单位负责安设。防护栅网安设“高压危险”标志，警示标志由供电设备管理单位制作安装。

12. 电气化铁路区段车站风雨棚、跨线桥、隧道等构建物应安装牢固，状态良好，不得脱落。距牵引供电设备 2 m 范围内不得出现漏水、悬挂冰凌等现象。附挂在跨线桥、渠上的管路，以及通信、照明等线缆，须设专门固定设施，且安装可靠，不得脱落。

13. 电力线路、光电缆、管路等跨越电气化铁路施工时，须在接触网停电并做好安全防护措施后进行。

第二节　触电事故类型

电流通过人体叫触电。人体触电方式主要有直接接触触电和间接接触触电。触电时人体会受到某种程度的伤害，按其形式可分为电击和电伤两种。

一、直接接触触电

人体直接接触或过分靠近电气设备及线路的带电导体而发生的触电现象称为直接接触触电，如单相触电、两相触电等。

（一）单相触电

当人站在地面上或其他接地体上，人体的某一部位触及一相带电体时，电流通过人体流入大地（或中性线），称为单相触电。对于高压带电体，人体虽未直接接触，但由于不满足安全距离，高电压对人体放电，造成单相接地而引起触电，也属于单相触电。

低压电网通常采用变压器低压侧中性点直接接地和中性点不直接接地（通过保护间隙接地）的接线方式。一般情况下，接地电网的单相触电比不接地电网的危险性大。

图 2-2-3(a)为电源中性点直接接地运行方式时，单相的触电电流途径。图 2-2-3(b)为中性点不直接接地的单相触电情况。

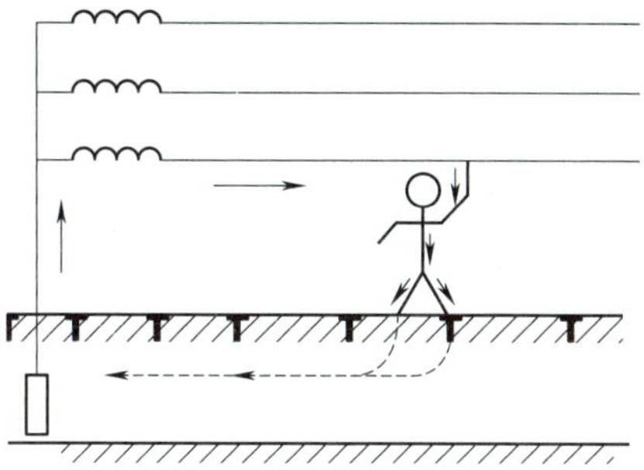

(a) 中性点直接接地

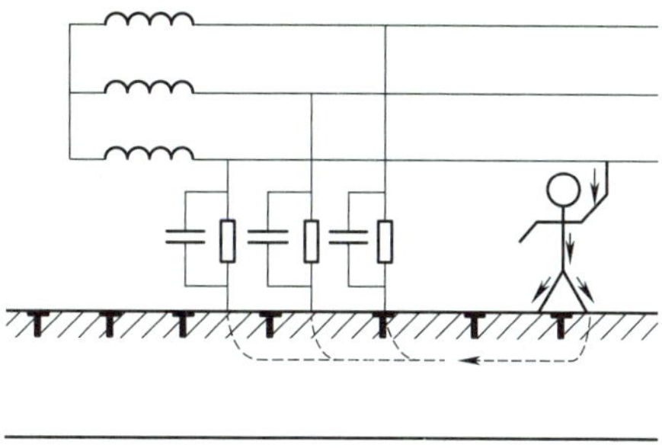

(b) 中性点不直接接地

图 2-2-3 单相触电

1. 中性点直接接地

中性点直接接地的后果与人体和大地间的接触状况有关。如果人体站在干燥绝缘的地板上，因人体与大地间有很大的绝缘电阻，通过人体的电流会很小，就不会有触电危险，但如果地板潮湿，就会有触电危险。

2. 中性点不直接接地

在中性点不直接接地的情况下，电流将从电源相线经人体、其他两相的对地阻抗回到电源的中性点，从而形成回路。此时，通过人体的电流与线路的绝缘电阻和对地电容的数值有关。正常情况下，设备的绝缘电阻相当大，通过人体的电流很小，一般不致造成对人体的伤害。

（二）两相触电

人体同时接触带电设备或线路中的两相导体；或在高压系统中，人体同时接近不同相的两相带电导体而发生电弧放电，电流从一相导体通过人体流入另一相导体，构成闭合回路，这种触电方式称为两相触电，如图 2-2-4 所示。

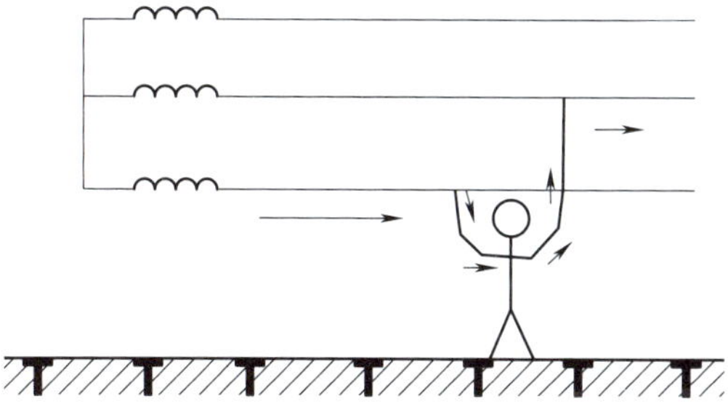

图 2-2-4 两相(双极)触电

两相触电加在人体上的电压为线电压，因此不论电网的中性点接地与否，其触电的危险性都很大，两相触电要比单相触电严重得多。

总之，直接接触触电时，通过人体的电流较大，危险性也较大，往往导致死亡事故，所以要想方设法防止直接接触触电。

二、间接接触触电

间接接触触电是由于电气设备（包括各种用电设备）内部的绝缘故障，造成其外露可导电部分（金属外壳）可能带有危险电压（在设备正常情况下，其外露可导电部分不会带有电压），当人员误接触到设备的外露可导电部分时，便可能发生触电。

（一）跨步电压触电

电气设备碰壳或电力系统一相发生接地短路时，电流从接地处四散流出，在地面上形成不同的电位分布，距离短路点越近，电位越高。当人走近短路点时，两脚之间会出现电位差，这个电位差就是跨步电压，如图 2-2-5 所示。当跨步电压达到 40 V 以上时，将使人有触电危险，特别是人被跨步电压击倒后增加了人体的触电电压，从而造成意外和死亡。发现有跨步电压危险时，应单足或并双足跳离危险区。如遇到电线路掉落地面，须尽可能远离电线路落地点。

图 2-2-5　跨步电压

（二）感应电压触电

由于带电设备的电磁感应和静电感应的作用，将会在附近的停电设备上感应出一定电位。高压双回路、多回路同杆架设及两条平行架设的线路，如果一条线路带电，会造成另外停电的线路带电，特别是当和停电检修平行接近的带电线路出现三相不平衡或单相接地时，对停电线路的感应使其带有危险电压，这个电压称为感应电压。

防止感应电压触电的方法较为复杂，较为常见的是采取接地方式对触及的设备或线路进行接地；作业人员穿静电防护服或导电鞋；使用绝缘工具或穿戴绝缘用品等。

（三）雷电触电

雷击可分为直击雷和感应雷。直击雷是云层与地面凸出物之间的放电；感应雷分为静电感应雷和电磁感应雷。

1. 静电感应雷:是由于带电积云接近地面,在架空线路导线或其他导电凸出物顶部感应出大量电荷引起的。

2. 电磁感应雷:是由于雷电放电时,巨大的冲击雷电流在周围空间产生迅速变化的强磁场引起的。

(四)静电触电

静电触电是用电设备的某个部位上储存的电荷通过人体放电引起的触电。

三、电击和电伤

1. 电 击

电击是指电流流过人体内部时,对人体内部器官造成伤害。当电流流过人体时可造成人体内部器官损害,如呼吸系统、血液循环系统(心脏)、中枢神经系统等发生变化,机能紊乱,严重时会导致休克甚至死亡。

2. 电 伤

电伤是指由于电流的热效应、化学效应和机械效应对人体外表造成的局部伤害。如电灼伤、电烙印、皮肤金属化等。其中电弧灼伤对人体的伤害最为严重,可致人残疾。

第三节 触电安全风险辨识

根据事故致因理论,触电事故危险源主要分为人的因素、物的因素、环境因素和管理因素四个方面。

一、人的不安全行为

1. 接触网断线触地后,未设置防护人员进行防护。
2. 与接触网相连的绝缘子损坏,未及时更换。
3. 未取得调度发布的停电作业命令进行作业。
4. 在作业区两端未进行验电接地。
5. 在可能来电方向的停电设备上未进行验电接地。
6. 作业区段附近有安全距离不足的其他带电设备,未进行停电并验电接地。
7. 停电作业附近有平行带电的电线路或接触网时,未在停电设备上增设接地线。
8. 进行 V 形天窗作业时,上下行接触网设备未满足规定的安全距离。
9. 作业未设置监护,监护人未及时提醒安全注意事项。
10. 电力机车(动车组)带电进入无电区。
11. 错误将电送至作业区域(场所),即误送电。
12. 电气设备未按其电压等级使用。

13. 未选用合格的安全装置，或安全装置不齐全、失效；安全装置与被保护设备不匹配或匹配程度不高；安全装置未定期检修维护；安全装置的正确动作率与被保护线路不匹配。

14. 未按规定使用绝缘用具，或使用不合格的绝缘用具。

15. 未按设备使用说明书进行电气设备操作。

二、物的不安全状态

1. 未采用绝缘包装，电气设备通电部位裸露在外，人员容易触碰到。
2. 电气设备所用绝缘材料的选择不符合要求，绝缘性能不良。
3. 线路绝缘等级与线路对应的最高允许工作温度不相符。
4. 电气设备或线路绝缘老化，导线、引线或接头部位存在过热变色现象。
5. 临时线路绝缘不好，线径与负荷不匹配。
6. 所有接地标志不齐全、不明显。
7. 必要的等电位连接不齐全。
8. 电源容量不符合要求。
9. 防雷装置失去作用。
10. 防雷接地装置与建筑物的出入口和人行道的距离不符合安全要求。
11. 防静电接地不符合规范要求。
12. 防静电跨接不良。
13. 易产生静电的物质的流速未控制在合理范围内。
14. 低压配电网采用接地系统不符合要求。
15. 接地系统未按规范要求接入。
16. 所有接地、接零线等装置不牢固；接地极、接地线材料的选择不合理；接地装置的安装不牢固；接地电阻的大小不符合规范要求。

三、作业环境不良

1. 潮湿、腐蚀性场所或存在导电性粉尘、高温、导电及有可能触及电气设备外壳和接地设备的场所。
2. 在特别危险环境下，使用的手持电动工具、照明灯无安全特低电压保护。
3. 遇有雨、雪、雾等恶劣天气时，没有增设接地线进行接触网V形天窗作业。
4. 遇有雨、雪、重雾、霾等恶劣天气，或空气相对湿度大于85%时，进行间接带电作业。
5. 作业场所照明不良。

四、安全管理缺陷

1. 未建立健全规章制度，未专门配备安全管理机构和管理人员。
2. 未对作业人员进行专门安全培训或培训不合格，特种作业人员未取得特种作业人员操作证。

3. 未按规定对安全用具定期进行绝缘检测和试验。

4. 未按规定定期进行安全检查,未对检查发现的问题进行整改。

5. 作业前未制定施工方案,未进行安全预想。

第四节 预防触电安全知识和防控措施

一、防触电一般安全知识

(一)防触电技术措施

防触电常用的技术措施包括绝缘、屏护、间距、接地、接零、装设漏电保护装置等。在完善技术措施的前提下,还要严格遵守用电安全操作规程,遵守用电安全规章,从而最大限度地避免触电事故的发生。

1. 绝缘、屏护和间距

(1)绝缘。指使用不导电的物质将带电体隔离或包裹起来,以对触电起保护作用的一种安全措施。日常工作中,常借助于绝缘用具进行作业,如绝缘靴、绝缘手套、接地杆等。应当注意,很多绝缘材料受潮后会丧失绝缘性能,或在强电场作用下遭到破坏,丧失绝缘性能。因此,电气线路与设备的绝缘选择必须与电压等级、使用环境和运行条件相匹配。对于绝缘用具,使用前应进行必要的擦拭和绝缘电阻检测,合格后才能使用。此外,还需按规定对其进行耐压试验。

(2)屏护。指采用遮栏、护罩、护盖、箱闸等把带电体同外界隔绝开来。高压设备不论是否有绝缘,均应采取屏护措施。这样不仅可防止触电,还可防止电弧伤人。遇有屏护损坏时,须立即修复。

(3)间距。指必要的安全距离,即在各种工况条件下,带电导体与附近接地的物体、地面、不同相带电体,以及工作人员之间,必须保持的最小距离或最小空气间隙。与高压带电设备保持足够的安全距离是防止触电的最有效措施,在安全距离不足时,必须停电作业。

2. 接地和接零

(1)接地

接地是指为保护人身和设备安全,将线路、电气设备或电气装置的某些金属部分,经导线和埋在地下的金属体连接。接地分为工作接地和保护接地。

①工作接地是指在工作正常或事故情况下,为保证电气设备正常运行,必须在电力系统中某一点进行接地。工作接地可直接接地或经特殊装置接地,多在变压器低压侧使用。

②保护接地是为了防止设备因绝缘损坏带电危及人身安全所设的接地,如电机、变压器、开关设备、照明器具及其他电气设备的金属外壳均应予以接地。

(2)接零

保护接零就是把电气设备在正常情况下不带电的金属部分与电网的零线紧密地连接起来。在三相四线制的电力系统中,通常是把电气设备的金属外壳同时接地、接零,即为重复接地保护措施。但应注意,零线回路中不允许装设熔断器和开关。

3. 装设漏电保护装置

为了保证在故障情况下人身和设备的安全,应装设漏电流动作保护器。它可以在设备及线路漏电时通过保护装置的检测,自动切断电源以起到保护作用。

(二)防触电通用安全知识

1. 注意电气安全距离,不进入已标识电气危险标志的场所。时刻与带电部分保持足够的安全距离。

2. 发生电气设备故障时,不得自行拆卸,要报告专业管理部门。公共用电设备或高压线路出现故障时,要请电力管理部门处理。

3. 按设计规范和操作规范施工,保证电气安装质量。不用质量低劣、破旧损坏的电线和电气设备。

4. 电气设备一定要有保护接零和保护接地装置,并经常进行检查,确保其安全可靠。

5. 根据线路安全载流量配置设备和导线,不任意增加负荷,防止过流发热而引起短路、漏电。更换线路熔丝时不得随意加大规格,更不能用其他金属丝代替。

6. 修理和移动电气设备时,要完全断电,在醒目位置悬挂“禁止合闸,有人工作”的安全标示牌。未经验电的设备和线路一律认为有电。带电容的设备要先放电,可移动的设备要防止拉断电线。

7. 使用中经常接触的配电箱、配电盘、闸刀、按钮、插座、导线等要完好无损,绝缘老化、损坏的要及时更换。

8. 机床工作灯、手提临时照明灯,要使用不超过 36 V 的安全电压。

9. 雷雨天应远离高压电杆、铁塔和避雷针。

10. 各项作业要避开高压线的保护距离。遇电线落地,不得靠近触碰,尽量远离落地点,并报告专业管理部门。

11. 发生电器火灾时,应立即切断电源,用沙土或二氧化碳灭火器灭火,切不可用水或泡沫灭火器灭火。

12. 在作业场所附近的架空线路,一律视为有电,禁止触碰,并保持足够的安全距离。

二、高压设备上作业的防触电措施

从事高压电气设备作业的人员应经专业培训并经考试合格,取得相应资格证。在作业时,须遵守专业安全规定及操作规程。

在电气设备设施上作业时,应执行工作票制度、工作许可制度、工作监护制度及工作间断、转移和终结制度,并根据相关规定要求,完成停电、验电、挂接地线、悬挂标示牌和装设遮栏等安全技术措施,预防触电事故的发生。

1. 工作票制度:指在电气设备上工作,应根据作业内容和作业性质填写相应的工作票,并严格执行有关规定。

2. 工作许可制度:是许可人协同工作执行人(监护人)检查实施的安全措施,下达开始作业命令，工作中互相监督配合，保证安全完成任务的一项重要措施。

3. 工作监护制度：是保证人身安全和操作正确性的主要组织措施。当完成工作许可手续后，工作执行人(监护人)应向工作班组人员交代现场安全措施、带电部位和其他注意事项。工作执行人(监护人)必须始终在工作现场，对工作班组人员的安全认真监护，及时纠正违反安全规程的操作。

4. 工作间断、转移和终结制度：是保证人身安全和设备安全，保证检修质量，防止误操作的一项组织措施。

5. 停电作业：指在停电的高压设备上进行的作业，以及在低压设备和二次回路上进行的需要高压设备停电的作业。对于停电设备上的作业，必须在完成验电接地后进行。

6. 验电、接地：验电指使用专门的验电器对特定设备验明是否有电。使用的验电器电压等级须对应于被验设备电压等级。接地指的是在检修的电气设备或电线路上，利用专门的接地线将设备或电线路接在专用接地线上。接地须在验明无电后进行。接地的作用是防止工作中突然来电、消除邻近高压线路上的感应电压、放净线路或设备上可能存在的电荷、防止雷电电压的威胁。

7. 悬挂标示牌和装设遮栏：在作业地点四周装设遮栏，或者在可能触及带电设备的四周装设遮栏，避免作业人员越过作业地点触及带电设备。在易造成作业人员触电，禁止作业人员攀爬、行走、触及的地方，可能导致作业设备带电的开关上，或需引起作业人员注意的地方，应悬挂相应的标示牌。标示牌悬挂应牢固，位置准确，正面朝向工作人员。标示牌的悬挂与拆除，应按工作票的要求进行。在以下地点应装设遮栏或悬挂标示牌：

(1)在一经合闸即可送电到工作地点、施工设备的断路器和隔离开关的操作把手上，均应悬挂“禁止合闸，有人工作”标示牌。如果线路上有人工作，应在线路断路器和隔离开关操作把手上悬挂“禁止合闸，线路有人工作”标示牌。

(2)设备原因接地刀闸与检修设备之间连有断路器，接地刀闸和断路器合上后，应在断路器操作把手悬挂“禁止分闸”标示牌。

(3)在显示屏上进行操作的断路器和隔离开关的操作处均应相应设置“禁止合闸，有人工作”或“禁止合闸，线路有人工作”标示牌。

(4)部分停电的工作，安全距离小于规定距离的，没有停电设备处，应装设临时遮栏，并悬挂“止步，高压危险”标示牌。

(5)在室内高压设备上工作，应在工作地点两旁间隔和对面间隔的遮栏上和禁止通行的过道上悬挂“止步，高压危险”标示牌。

(6)在室外地面高压设备上工作，应在工作地点四周用绳子设置好围栏，其出入口要围到邻近道路旁边，并设有“从此进出”标示牌。工作地点四周围栏上悬挂适当数量的“止步，高压危险”标示牌，且标示牌应朝向围栏内侧。若室外配电装置的大部分设备停电，只有个别地点保留有带电设备而其他设备无触及带电导体的可能时，可以在带电设备四周装设全封闭围栏，围栏上悬挂适当数量的“止步，高压危险”标示牌，且标示牌应朝向围栏外侧。

(7)在工作地点悬挂“有人工作，禁止操作”标示牌。

(8)在室外架构上工作，则应在工作地点邻近带电部分的横梁上悬挂“止步，高压危险”标示牌；在工作人员上下用的铁架上应悬挂“由此上下”标示牌。在邻近可能上下的其他铁架上、运行中的变压器的梯子上,应悬挂“禁止攀登,高压危险”标示牌。

(9)禁止工作人员在工作中移动、越过或拆除遮栏进行工作。

三、低压设备上作业的防触电措施

从事低压电气设备作业的人员应经专业培训并通过考试,取得相应资格证。在作业时,须严格遵守操作规程和安全操作规范。

在低压设备上作业时,一般应停电进行。若必须带电作业时,作业人员应按规定穿戴防护用品,使用合格绝缘用具,其外裸的导电部位应采取绝缘措施。

1. 工作前,必须检查工具、测量仪表、防护用具是否完好。

2. 任何接入电路中的电气设备未经验电,一律视为有电,不准身体触及。

3. 在断开的低压电线路上进行的有关作业,在切断设备电源、取下熔断器后,在断开的开关处悬挂“禁止合闸,有人工作”标示牌,锁闭箱门或安排专人盯守,并验明无电后,方可进行工作。

4. 在配电总盘及母线上进行工作时,在验明无电后应挂临时接地线,装拆接地线都必须由符合规定的人员进行。

5. 临时工作中断后和每班恢复工作前,都必须重新检查电源是否断开,并经验电确定。

6. 每次维修结束后,必须清点所带工具、零件,以防遗失或留在设备内造成事故。

7. 动力配电箱的闸刀开关,禁止带负荷拉开。

8. 电气设备的金属外壳必须接地(接零),接地线要符合标准,有电设备禁止断开外壳接地线。

9. 电气或线路拆除后,可能来电的线头必须及时用绝缘胶布包扎好。

10. 临时装设的电气设备必须将金属外壳接地,严禁将电动工具的外壳接地线和工作零线拧在一起插入插座;必须使用两线带地或三线带地插座,或者将外壳接地线单独接到地干线上,以防接触不良时引起外壳带电;用软电缆连接移动设备时,专供保护接零的芯线上不得有工作电流通过。

11. 配电箱、开关、变压器等各种电气设备附近不准堆放易燃、易爆、潮湿及其他影响操作的物品。

12. 邻近相带电部分和接地金属应用绝缘板隔开;低压相间距离很小,检修时要注意防止人体同时接触两相和防止相间短路。

13. 带电装卸熔断器管座,要戴防护眼镜和绝缘手套,必要时使用绝缘夹钳,工作人员应站在绝缘垫上,熔断器的容量要与设备、线路、装机容量相适应。

14. 在高压线路附近工作时,应先检查与高压线的距离是否符合规定,若不符合,要采取防止误碰高压线的措施或将高压线停电。

15. 要保持人体与大地之间、人体与周围接地金属之间、人体与其他相的导体或零线之间有良好的绝缘和适当的距离。

16. 一般不应带负荷断电和接电,断开导线时应先断开火线,后断开地线;搭线接电时,应先接地线(零线),后接火线(相线)。

17. 临时搭接的低压电源线路，要检查其绝缘良好；遇有破损、裸露，应使用绝缘带包扎好。

四、电气化铁路区段有关作业安全规定

1. 牵引供电停电作业时，专业作业人员（包括所持的机具、材料、零部件等）与周围带电设备的距离不得小于下列数值：330 kV 为 5 000 mm；220 kV 为 3 000 mm；110 kV 为 1 500 mm；25 kV 和 35 kV 为 1 000 mm；10 kV 及以下为 700 mm。

2. 各种受力和绝缘工具应有合格证并定期进行试验，按规范进行保养、存放，使用前进行必要的检测。禁止使用未经试验、试验不合格或超过试验周期的绝缘工具。

3. 利用作业车进行作业时，工作平台严禁向未封锁、有电的线路侧旋转。

4. 遇有雨、雪、雾等恶劣天气时，一般不进行接触网 V 形天窗作业。若必须利用 V 形天窗进行检修和事故抢修时，应增设接地线。

5. 需攀登牵引供电设备支柱的电力检修，由牵引供电设备专业人员现场监控进行。

6. 电气化铁路区段进行架空电力线路维修、施工作业时，在与铁路长距离平行作业区段内至少每隔 1 km 加装 1 组接地线。

7. 电气化铁路区段整修电缆时，电缆铠装及电缆芯两端须装设临时接地线，作业地点铺设干燥绝缘垫或作业人员穿高压绝缘靴进行作业。

8. 接触网隔离开关操作人员须经过培训并取得由供电设备管理单位颁发的安全操作证后，才能担任工作。操作隔离开关执行一人操作、一人监护制度；操作隔离开关前操作人必须戴安全帽，穿绝缘靴和绝缘手套，监护人须穿绝缘靴、戴安全帽，双方检查确认隔离开关及其操作机构正常，接地线良好，方准按程序操作；遇雷雨天气时，禁止操作隔离开关；严禁带负荷操作隔离开关。

9. 电气化铁路接触网停电检修时，禁止向停电区放行电力机车（动车组）。司机发现不符合此项规定时，应立即降下受电弓并停车。

10. 装卸货物线的接触网隔离开关平时要处于合闸状态，雨、雪、雾、霾等恶劣天气情况下，严禁处于分闸状态。

11. 货物装载高度须满足《铁路技术管理规程》及《铁路超限超重货物运输规则》规定的电气化区段安全距离。

12. 需停电装卸作业时，必须先断开隔离开关停电后，在指定的货物线安全区域标志内进行装卸作业。装卸作业结束，确认所有人员已至安全地带后，方能合上隔离开关。

13. 电气化铁路区段各车站给水线、装卸线、电力机车整备线和动车组整备线，在分段绝缘器内侧 2 m 处应设安全区域标志（图 2-2-6）。

14. 电气化铁路区段，当列车在运行途中发生故障，机车司机、动车组司机、动车组随车机械师等需上车顶作业时，严格按照相关规定办理停电手续并做好安全防护措施后，方能作业。

15. 在电气化区段运行的机车、动车、车辆及自轮运转设备可以攀登到车顶或作业平台的梯子、天窗等处所，均应有“电气化区段　严禁攀登”的警告标志。

16. 断开、更换钢轨、拆换接头夹板或调整轨缝前应在钢轨两端轨节间纵向位置，安设

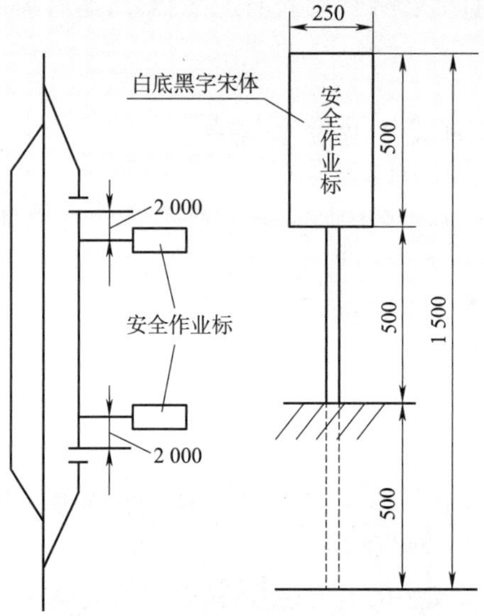

图 2-2-6　安全作业标设置(单位:mm)

一条截面不少于 70 mm^2 的铜连接线,连接可靠方可开始作业(图 2-2-7)。

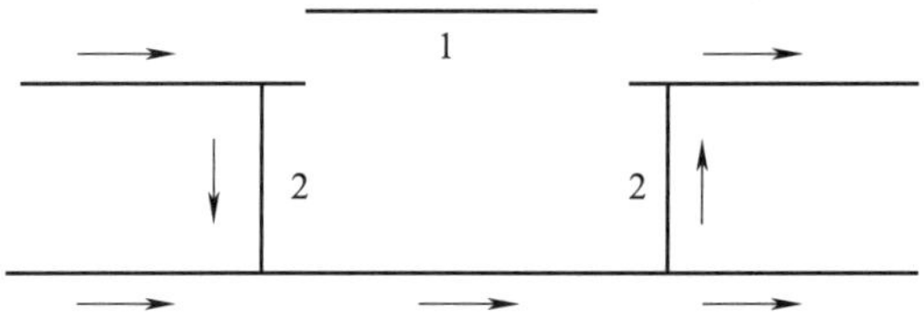

1—被更换的钢轨;2—横向连接线。

图 2-2-7　更换钢轨短路铜线连接示意

17. 工务作业需拆开接触网接地线、吸上线,电务扼流变压器钢轨引线等设备时,应由专业设备管理单位按设备分界进行作业,并及时恢复。

18. 大型养路及施工机械作业,如施工机械不超出机车车辆上部限界,且作业人员及所持机具与接触网带电部分保持 2 m 以上距离时,接触网可不停电。不符合上述条件时,应按照规定办理停电手续并做好安全防护措施后,方能作业。

19. 电气化铁路区段声屏障、风屏障、栅栏等金属体结构部分应可靠接地。

20. 维修或更换信号设备扼流变压器、中心连接板、轨道电路送(受)电的扼流变压器引接线、站内横向连接线等器件时,应按规定采取保证牵引回流畅通措施后,方可开始作业。

21. 电气化铁路区段电缆在切割电缆外皮或打开电缆套管之前,要将电缆(不含全塑电缆)外皮两端连通并临时接地,在作业地点铺设干燥的绝缘垫或作业人员穿高压绝缘靴进行作业。

22. 电气化铁路附近发生火灾时,须遵守下列规定:

(1)距牵引供电设备带电部分不足 4 m 的燃着物体,使用水或灭火器灭火时,牵引供电设备必须停电。

(2)距牵引供电设备带电部分超过 2 m 的燃着物体,使用沙土灭火时,牵引供电设备可不停电,但须保持灭火机具及沙土等与带电部分的距离在 2 m 以上。

23. 各种车辆和行人通过电气化铁路平交道口必须遵守下列规定:

(1)通过道口车辆限界及货物装载高度(从地面算起)不得超过 4.5 m,超过时,应绕行立交道口或进行货物倒装。

(2)通过道口车辆上部或其货物装载高度(从地面算起)超过 2 m 通过平交道口时,车辆上部及装载货物上严禁坐人。

(3)行人持有长大、飘动等物件通过道口时或跨越电气化铁路时,不得高举挥动,应与牵引供电设备带电部分保持 2 m 以上的距离。

24. 电气化铁路区段房建、通信、信号、电力、给水、信息、照明、广播、防灾、视频、红外、安全监控等各种室外设备金属箱体、外壳等均应安装牢固,除专业特殊规定外均应可靠接地。

第五节　典型事故案例

【案例一】超范围作业,监管不履责

一、事故概况

2015 年 11 月 29 日,甲局乙公司未根据施工计划在丙线 A 站至 B 站间进行丁变电所 211、212 供电线单支改双支施工,而是擅自超范围到相邻高铁工务段申请丁变电所 213、214 馈线停电的供电线上进行施工,对丁变电所 213、214 馈线送电时,正在 213 供电线上作业的 3 名劳务工被电击伤(1 人重伤、2 人轻伤)。

二、事故原因

1. 施工单位严重违反《铁路营业线施工安全管理办法》①《甲局高速铁路营业线施工安全管理实施细则》规定,在无铁路职工带班的情况下,擅自超范围到相邻工务部门申请丁变电所 213、214 馈线停电的供电线上进行施工作业,是造成事故的主要原因。

2. 现场监控检查不到位。施工配合人员未履行全过程监督检查职责,未及时发现并制止施工单位的违章作业,严重违反《甲局高速铁路营业线施工安全管理实施细则》规定,是造成事故的重要原因。

3. 监理单位未履行监理合同,未认真履行监理职责,未到施工现场进行监理,对施工单位的安全监管缺失,也是造成事故的又一重要原因。

---

① 该版本为铁运〔2012〕280 号文件,现行规章为《国铁集团铁路营业线施工管理办法》(铁调〔2021〕160 号)。

三、事故教训

1. 作业层面。一是未执行铁路职工带班制度。当天施工作业除驻站联络员外,其余人员均为施工单位聘请的劳务工,未安排铁路职工带班,严重违反《甲局高速铁路营业线施工安全管理实施细则》“九不准”的规定。二是施工负责人不具备资格。当天的施工负责人为施工单位聘请的劳务工,只经过2天的营业线施工安全培训,未经电气化专业相关知识的任何培训,不具备担当施工负责人资格,严重违反《甲局高速铁路营业线施工安全管理实施细则》“Ⅲ级施工由项目(副)负责人担当施工负责人”的规定。三是施工单位未按《甲局高速铁路牵引供电设备停送电管理办法(试行)》及《施工安全配合协议》的规定提前2天向配合部门提交施工配合申请单,只是电话通知,执行规定随意性大。四是施工作业前未组织召开工前分工会,未开具施工作业工作票,也没有将施工作业范围、技术措施和安全措施进行交底,盲目进行施工。五是施工负责人未认真审阅施工计划,没有掌握施工计划中供电线停电线路数目的变化情况,盲目超范围组织施工作业,导致超范围施工。六是驻站联络员未按规定传达具体停电作业命令,只是简单通知已停电可以开工,施工负责人也未确认停电馈线便开始施工,失去了一次互控的机会。

2. 管理层面。一是干部履职履责不到位。自工程开工到事发前一日,施工单位的正副经理、安全员、技术员无一人到该工程施工现场进行检查指导和安全卡控,公司问题库从未反映该工程的施工安全问题。二是施工计划管理不到位。只对计划进行审核上报,对审批后下达的施工计划未进行核对,而是由公司自行核对,缺乏对施工计划的实时监控。三是供电段现场监控不到位。现场监控人员对施工内容不了解,不清楚监控区域和重点,未能对整个供电线单支改双支施工作业进行全面监控,没有及时发现并制止施工方接地线设置与工作票不符且超范围施工的问题。四是监理单位未履行监理职责。监理单位只参加了由局供电处组织的施工图审查,签订了监理合同,审查批复开工报告,但监理单位未安排监理人员按时进场进行监理,对施工单位的安全监管缺失。

【案例二】擅自拆除接地线,现场互控不到位

一、事故概况

2016年9月9日,甲局乙供电段按计划在丙开闭所进行214馈线检修试验及维护作业。丁检修车间检修试验组在试验及维护作业中,作业人员盲目拆除接地线,导致一名变电设备检修工被感应电电击昏迷,经抢救无效死亡。

二、事故原因

丁检修车间检修试验组在执行当日丙开闭所进行214馈线检修试验及维护作业过程中,工作领导人、作业人员在进行避雷器绝缘和泄漏电流试验时,违反《牵引变电所安全工作规程》相关规定,盲目将1号接地线拆除,是造成此事故的直接原因。

三、事故教训

1. 作业人员违章蛮干致使接地保护失效。一是作业人员在作业过程中为拆装避雷器

引线方便，擅自用临时短接线代替接地线，要求将1号接地线拆除。工作领导人既未意识到拆除接地线所带来的安全隐患，也未要求值班员配合，在未确认临时短接线状态的情况下，盲目拆除1号接地线，严重违反《牵引变电所安全工作规程》有关装设接地线的规定，同时也违反《甲局安全"红线"管理办法》有关规定。二是值班员未能及时发现作业过程中拆除接地线，现场互控缺失，违反《牵引变电所安全工作规程》有关对作业地点巡视的规定。

2. 现场检修作业组织混乱。一是维修计划工作领导人安排随意。二是派工管理流于形式。事发前一日工长虽然填写了派工单，但未告知相关作业人员分工情况，也未派发派工单，派工单未能发挥作用。三是现场安全措施布置缺失。

3. 生产组织管控不严。一是维修计划审核不严。事发当日丙开闭所214馈线作业计划是由丁检修车间直接提报，未落实乙供电段由班组提报、车间审核再上报的规定，使得计划提报流程缺少了一层审核环节。二是维修计划内容不具体。当日作业计划、工作票、派工单作业内容均为"214馈线设备检修及试验"，未明确具体需作业的设备及项目，而实际内容是避雷器绝缘、泄漏电流测试及隔离开关检修。三是工作票签发不符合要求。年度检修试验项目作业工作票应由班组开具，报车间值班干部审核，而当日工作票实际开票人为车间助理工程师，其在未通知副工长本人的情况下，擅自更改工作票发票人。四是安全风险管控意识不强。丁检修车间在掌握检修试验组工长、副工长均外出的情况下，未加大对班组检修作业的管控力度，也未针对丙开闭所馈出回路多、枢纽V停地段感应电大的情况，制定相关安全措施，增加人员盯控。五是车间检修基础管理薄弱。检修当日发现现场接地螺栓2处状态不良(1处折断、1处螺栓与接地线鼻子孔径不匹配)，使现场实际的接地线接地端位置发生改变，因而加长接地线，暴露出车间对日常检修的基础工作不重视。

4. 专业技术管理粗放。一是年度检修计划动态管理要求不严。乙供电段下达丙开闭所检修计划为3月，车间因检修任务重，向段牵引供电技术科申请调整至8月，但8月再次因临时安排重点工作较多，导致该项目也未能按期完成，暴露出乙供电段检修计划的指导性不强、计划统筹安排缺乏周密性。二是作业指导书操作性不强。目前乙供电段的变电专业作业指导书普遍只注重设备技术参数调整、作业工序和相关应急预案，对安全防控措施要求较为简单；部分指导书未根据实际情况制定，如避雷器检修作业指导书只有检修项目没有试验项目，接地线悬挂位置不具体。

5. 安全风险研判不到位。一是对变电检修作业感应电危害风险排查不到位。乙供电段制定的防感应电排查范围和控制措施只针对接触网和电力专业，未将变电专业纳入，变电专业也未将感应电列为安全风险项点。二是对零小、特殊地段作业项目重视不足。检查发现，乙供电段、车间日常管理忽视零小、特殊地段的作业，未意识到此类作业的安全隐患，也未制定针对性的措施。

6. 现场管控力度不足。一是现场"两违"管控手段不多。乙供电段对现场的管控方式单一，现场检查依旧依赖现场跟班检查，在推广音视频监控方面存在差距，不能全面有效地管控现场作业动态。丙开闭所安装有视频监控装置(其中1个摄像头可以监控事故现场作业)，于2016年6月安装完毕，7月接入甲局网管后至今未验收、交付，8月因管理服务器故障，无法实现视频摄制、存储、调阅，虽属施工遗留问题，但也暴露出乙供电段科技保安全意识不强，存在"等靠"思想。二是"两违"检查问题质量不高。丁检修车间2016年

1 月至 8 月“两违”考核仅 24 件，且多是现场对防护用品穿戴不全、计划工作票错误、作业点名迟到等问题，日常“两违”检查发现和考核数量少。

7. 事故教训吸取不到位。继 2014 年乙供电段戊变电所作业人员责任轻伤事故后，甲局相继通报了己机务运用段机车冲突和庚工务机械段作业人员死亡等典型事故，乙供电段未引起足够重视，对劳动安全管理中存在的针对性问题反思不到位，也未针对本段近期发生的两起作业事故暴露出的问题进行反思，在强化作业人员自我防范意识、现场基本作业规章制度执行和劳动安全风险排查等方面存在较大差距，重任务完成、轻过程管控，导致劳动安全风险失控。

【案例三】临时增加作业内容，安全措施存在疏漏

一、事故概况

2017 年 5 月 18 日，甲局乙供电段丙变配电检修车间和丁供电车间，根据月度施工计划在本所天窗点内进行新增馈线母排测量作业时，变电技术科业务指导临时指挥作业组增加了整治 2611 号隔离开关设备缺陷。丁供电车间盯控干部进入高压分间准备观察作业情况时，身体不慎侵入 201 号断路器上口高压带电体放电距离，导致 1 号主变压器差动保护动作，造成高压带电体放电将其灼伤。

二、事故原因

违反工作票制度，擅自增加作业项目。乙供电段戊变电所 1-5-3 号第一种工作票中的作业地点及内容为“本所天窗点内新增馈线母排测量”，施工当日在执行该工作票作业过程中，乙供电段变电技术科业务指导擅自增加 201 号高压分间内作业内容，违反了《牵引变电所安全工作规程》工作票制度。

三、事故教训

1. 安全防护措施有缺失，非作业人员侵入安全距离。经查，此次扩大范围作业未按规定增挂接地线和采取设置硬隔离措施。《牵引变电所安全工作规程》规定：当进行变电所停电作业时，27.5 kV 设备的带电部分距作业人员不应小于 1 000 mm。丁供电车间盯控干部为非作业人员，在高压分间作业设备与带电体仅 1 590 mm，且已有两人在内作业的情况下，也进入 201 高压分间，侵入高压设备放电距离，造成高压带电体放电。

2. 段施工安全管理责任制有缺陷，委派现场盯控干部有缺失。此次施工作业段、车间未按规定安排正式职名干部上岗盯控，为事故的发生埋下了隐患。乙供电段丁供电车间驻勤人员安全风险防范意识差，没有对违章变更工作票作业项目提出制止，也没有制止变更工作票指定区域，且自身违章进入 201 高压分间并侵入高压设备安全距离，工作领导人没有制止。

3. 段施工技术组织安全管理办法有缺失，结合部存在事故隐患空当。针对 2 个车间进行施工作业没有按规定制定安全管理互控联防措施。

【案例四】接地线失效不更换，安全检查形同虚设

一、事故概况

2020 年 4 月 14 日，甲局乙供电段丙供电车间一名接触网工在丁联络线 A 站至 B 站间进行接触网综合检修施工作业，在撤除 173-175 号支柱间等位线时，突然触电倒在车梯框中，经抢救无效死亡。

二、事故原因

A 站 175 号支柱接地线存在接地靴处接线端子压接工艺不良和双层护套变色无法肉眼发现内部状态的问题，反映出乙供电段对已使用长达 8 年、外包绝缘护套已变色发黑的接地线没有施行有效管理，没有及时采取技术手段保证接地线技术状态良好，导致使用中接地失效，是造成作业人员触电的主要原因。

三、事故教训

1. 接地线使用管理不到位。一是在 175 号支柱接地线已使用 8 年，外包绝缘护套已变色发黑无法观察到铜绞线的状态下，没有明确检查手段和标准，使用前没有进行电流导通检查。二是作业前对接地线进行了外观检查，对在接地导线外包绝缘护套变色发黑无法检查导线内部状态的条件下，没有采取有效措施消除安全隐患。

2. 标准化作业制度不落实。高处作业人员违反《普速铁路接触网安全工作规则》《甲局普速铁路接触网安全工作办法》有关规定，在撤除等位线时用手触碰中性区接触线，暴露出施工人员作业标准执行不到位的严重问题。

3. 安全预想和监护不到位。一是工区工前预想会没有对该特殊作业处所和周边环境存在感应电安全风险进行安全预想，对感应电危害缺乏认知，未组织作业人员对关节式分相检修存在的感应电风险进行研判。二是对岗位作业指导书学习不到位，业务学习缺乏针对性，没有结合现场设备实际开展，导致职工对作业关键环节风险不掌握。

4. 干部盯控履职不到位。丙供电车间 3 名专业干部参加了本次检修作业安全盯控，未对关键作业环节、作业标准化执行进行重点盯控，对现场安全工具、作业标准化执行等存在的问题未能及时发现督促整改，安全盯控作用发挥缺失。

5. 检修作业管理不到位。一是乙供电段制定的管理制度办法不细，对等位线加装、拆除流程、标准不具体，导致现场作业安全管控缺乏依据和遵循。二是关键处所和设备检修时，对感应电伤害风险的认知和预判不够，风险研判流于形式。三是作业标准化培训和安全警示教育不到位，各级管理人员对现场作业标准化执行过程中的“两违”问题未能有效管控。

【案例五】违规拆除接地线，安全措施忘脑后

一、事故概况

2021 年 4 月 14 日，甲局乙运营维修段丙综合维修工区按计划在丁站进行 V 形天窗作

业，拆除鸟窝、安装防鸟网。8时03分作业完毕，在接地线操作人还未返回的情况下（作业期间地线操作人担当作业组员），一名作业人员在拆除车站074-076号跨中地线时，因接地线弯头卡在接触线电连接线夹上，站在地面无法拆除，于是上网拆除接地线，被感应电电击，经抢救无效死亡。

二、事故原因

1. 当事人作为设置、撤除地线的监护人，在接地线操作人未在场、未设置安全措施的情况下上网，摘除接地线的瞬间感应电通过人体再经接地线接地，造成感应电电击，是导致事故发生的主要原因。

2. 工作领导人在接地线操作人未到达地线位置的情况下，就下达撤除地线命令，是导致事故发生的重要原因。

三、事故教训

1. 工前预想会及分工会召开不认真。前一日，工区在丁站下行天窗作业结束后，以回工区较晚为由，对次日的天窗修工作只进行了简单的分工；事故当天凌晨5点多起床后也未再进行分工，直接到现场进行作业。没有召开班前预想会，没有针对需要在电连接线夹上挂地线、存在不易取下来的情况进行安全预想，没有布置安全卡控措施，违反《普速铁路接触网安全工作规则》有关规定。

2. 作业标准不落实。一是工作领导人8时03分通知两边撤除地线时，074-076号地线的操作人刚下支柱，并且与工作领导人在一起，实际074-076号地线的拆除不具备一人操作、一人监护的条件，为违章作业埋下隐患。违反《普速铁路接触网安全工作规则》“验电和装设、拆除接地线必须由两人进行，一人操作，一人监护”的规定。二是事发人在接地线操作人未到达时，自己作为监护人违规拆除地线，对不安全的命令没有果断拒绝。

3. 安全意识不强。事发人没有将未采取安全措施或安全措施失效的设备当有电设备对待，未采取安全措施就盲目上网进行摘除地线作业，造成电击。

【案例六】擅自登杆作业，被电击伤致死

一、事故概况

2022年2月18日，甲局乙供电段丙供电车间在丁线上行A站—B站间（K79+780—K61+820）进行接触网缺陷处理时，一名作业人员被电击伤，经抢救无效死亡。

二、事故原因

工作领导人违反《普速铁路接触网安全工作规则》《甲局普速铁路接触网安全工作实施细则》有关规定，在未采取回流线接挂地线、加挂等电位短接线、无人监护的情况下，擅自登杆作业，是造成此次事故的直接原因。

三、事故教训

1. 安全意识薄弱，违章登杆检查。作业人员劳动安全意识淡薄，对感应电危害认识不到位，处理接触网缺陷作业期间，工班长作为工作领导人，在没有采用等电位短接线进行等电位消除感应电措施的情况下，擅自登杆进行检查，直接造成事故。

2. 施工管理混乱，安全规定不落实。一是预想会流于形式。通过施工预想会视频分析发现，事故发生前一日 17 时 55 分至 18 时 03 分，工作领导人组织作业人员召开了次日凌晨的维修天窗施工预想会，布置安全措施时未强调作业人员登杆作业时使用等电位短接线进行短接的重要安全注意事项。二是作业组织混乱。事故当日工作领导人同时兼任作业小组监护人，违反《普速线接触网一次作业流程及接触网作业岗位作业指导书》“工作领导人不得兼任作业组其他成员”的规定。三是作业者相互之间联防互控不到位。

3. 基础管理薄弱，考核失之于软。一是监控视频分析量化标准宽于上级规定。二是考核力度松软。经查，乙供电段检修视频分析的部分 A 类设备质量问题未进行考核。三是惯性问题整改不到位。段安委会分析问题做“表面文章”，整改问题缺少实质行动，针对现场作业严重违章，没有认真研究制定有效措施，以防止职工违章作业。

复习思考题

1. 触电伤害致因有哪几种？
2. 保证用电安全的基础要素有哪几种？
3. 牵引供电回路由哪几部分构成？
4. 接触网由哪几部分组成？
5. 什么是直接接触触电？
6. 直接接触触电有哪些情况？
7. 什么是间接接触触电？
8. 间接接触触电有哪些情况？
9. 如何防止跨步电压触电？
10. 如何防止感应电压触电？

第三章 预防高处坠落

高处作业在众多的生产环节中与铁路安全生产紧密相连，息息相关，因而对运输安全生产要求很高。由于高处作业危险性较大，不安全因素较多，一次失职，一个失误，一个不经意的疏忽，都有可能会造成事故。因此，熟悉和掌握高处作业安全技术，做好高处作业的安全管理和安全防护、监护工作，是高处作业安全的重点内容。

第一节 高处坠落事故类型

高处坠落事故是由高处作业引起的，故可以根据高处作业的概念、等级和坠落范围、高处坠落事故主要类型等对高处坠落事故进行学习和了解。

一、高处作业的概念

《高处作业分级》(GB/T 3608)规定：在距坠落高度基准面 2 m 或 2 m 以上有可能坠落的高处进行的作业，称为高处作业，如图 2-3-1 所示。根据这一规定，高处作业涉及的范围相当广泛。

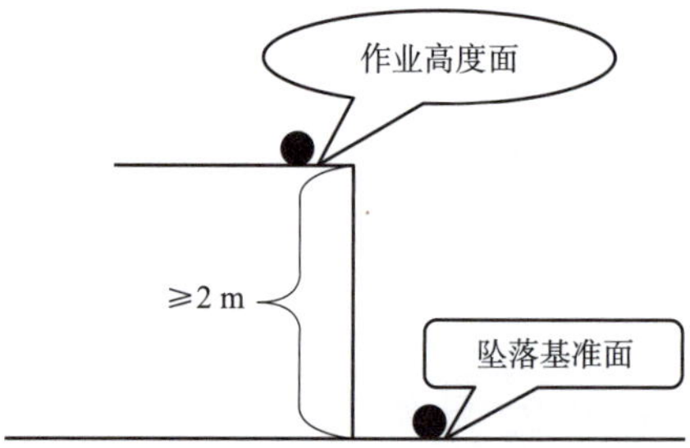

图 2-3-1 高处作业示意

高处作业按性质和环境的不同，可分为一般高处作业和特殊高处作业两类。

(1)一般高处作业为正常作业环境下进行的各项作业。

(2)特殊高处作业是指较复杂的作业环境下对操作人员具有危险性的作业，主要有 8 类：①强风高处作业(阵风六级，风速 10.8 m/s)；②异温高处作业；③雪天高处作业；④雨天高处作业；⑤夜间高处作业；⑥带电高处作业；⑦悬空高处作业(图 2-3-2)；⑧抢救高处作业。

图 2-3-2 悬空高处作业

二、高处作业等级和坠落范围

(一)高处作业等级

按照不同的坠落高度，高处作业可分为以下四级：

1. 高度在 2 m 至 5 m 时，称为Ⅰ级高处作业；
2. 高度在 5 m 以上至 15 m 时，称为Ⅱ级高处作业；
3. 高度在 15 m 以上至 30 m 时，称为Ⅲ级高处作业；
4. 高度在 30 m 以上时，称为Ⅳ级高处作业。

注："以上"不包含本数。

(二)高处坠落范围

由于并非所有的坠落都是沿着垂直方向笔直地下坠，因此就有一个可能坠落范围的半径问题。当可能范围的半径为 R，基础高度（以作业位置为中心，6 m 为半径，划出的垂直于水平面的柱形空间内的最低处与作业位置间的高度差）为 h 时，国家标准规定 R 值与 h 值有如下关系：

1. $2\ m \leqslant h \leqslant 5\ m$ 时，R 为 3 m；
2. $5\ m < h \leqslant 15\ m$ 时，R 为 4 m；
3. $15\ m < h \leqslant 30\ m$ 时，R 为 5 m；
4. $h > 30\ m$ 时，R 为 6 m。

三、高处坠落事故分类

依据高处作业者工作时所处的部位不同，高处坠落事故大体可分为 10 种类型：①攀登作业坠落事故（铁塔上、电杆上、设备上、构架上、树上及其他各种物体上坠落等）。②临边作业坠落事故（预留口、通道口、楼梯口、电梯口、阳台口、洞、沟、坑、池坠落等）。③悬空作业坠落事故。④脚手架上坠落事故。⑤坡面上作业坠落事故。⑥屋面上作业坠落事故。⑦ 拆除工程中坠落事故。⑧梯子上作业坠落事故。⑨操作平台作业坠落事故。⑩石棉瓦等轻型屋面坠落事故。

第二节 高处坠落伤害风险辨识

高处作业因施工环境和作业条件差,不安全因素随着施工项目和作业过程变化而变化,事故隐患较多,其主要原因是:作业人员缺乏高处作业的安全技术知识;防高处坠落的安全设施、设备不健全;高处作业环境恶劣的影响;安全管理上存在的缺陷。根据事故致因理论,高处坠落伤害危险源主要分为人的因素、物的因素、环境因素、管理因素四个方面。

一、人的不安全行为

1. 不按规定正确佩戴安全帽和使用安全带(绳)。
2. 在转移作业地点时没有及时系好安全带或安全带拴挂不牢。
3. 疲劳、身体不适、情绪不稳定、服用影响判断力和行动能力的药品期间从事高处作业。
4. 思想不集中或开玩笑、追逐、嬉闹。
5. 在铁塔、电杆、设备、构架、树、钢架、脚手架上攀爬失手。
6. 高处作业移动位置时,踩中易滚动或不稳定物件被绊,踏空、失稳或站位不当。
7. 在管道、小梁行走时脚步不稳(如打滑、踩空)、身体失控。
8. 踩塌轻型、易碎屋面板或作业面。
9. 跨越未封闭或封闭不严孔洞、沟槽、井坑。
10. 坡面作业一个安全桩拴两根及以上安全绳,或一根安全绳同时供两人及以上使用。
11. 高处作业攀爬时手拿物件。
12. 梯子摆放不稳、角度过大过小、垫高接高使用及下部无人员监护。
13. 操作中用力过猛、猛拉猛甩不受力物件或操作失误失稳。
14. 登高使用的移动设备不采取止轮滑移,且下部无人员监护。
15. 巡视等作业中不确认职场环境。

二、物的不安全状态

1. 不按规定搭设脚手架,架设的脚手板、架子管强度不够而弯曲变形、断裂而失稳。
2. 坡面作业安全桩安设不稳固。
3. 梯子不坚固、不完整、断档、缺档、折断、铁梯档脱焊、梯脚底未采取防滑措施。
4. 安全带挂点装置等部件脱开脱落。
5. 劳动防护用品缺陷,安全帽、安全带、安全绳、防滑鞋等防护用品因内在缺陷而破损、断裂等。

6. 安全防护设施的材质强度不够、安装不良、磨损老化。

7. 触电、物体打击或其他作业伤害。

三、作业环境不良

1. 现场施工作业场地不平整,孔洞、坑池及操作平台、高处边缘缺乏栏杆、盖板,钢管、扣件等材料因壁厚不足、腐蚀、扣件不合格而折断、变形,失去防护作用。

2. 在脚手架、脚手板上聚集人员或放置材料、物件超重。

3. 通道上摆放过多物品,货物、材料、物件堆放不稳固。

4. 在雷雨、大雪、沙尘暴、大雾或六级及以上大风气象条件下,从事露天高处作业。

5. 夜间进行高处作业没有足够的照明。

6. 霜冻、雨雪天气未清除霜冻后再进行作业,作业场地有水、油等易滑物未清理。

7. 环境中存在有毒有害、易燃易爆、粉尘等物质。

四、安全管理缺陷

1. 作业前不对现场进行勘察,未制定安全技术措施并组织交底,不向作业人员交代作业任务和安全注意事项。

2. 作业中未落实安全技术措施。

3. 安排患有高处作业禁忌证的人员从事高处作业。

4. 作业完毕不对作业场所进行检查,对本班作业安全风险隐患交接不清。

5. 擅自拆除安全防护设施。

6. 特殊高处作业无安全网或其他防坠落措施。

7. 轻型、光滑屋面上作业无防坠措施。

8. 指派无操作资格的人员从事高处作业。

9. 从事高处作业未设立并明确现场监护人员。

10. 违章指挥、强令冒险作业。

11. 搭设完毕的设施,未经验收合格后使用。

12. 冬季施工未做好防冻、防滑、防寒措施,爬梯、杆、柱上未采用防滑措施。

第三节　预防高处坠落的安全知识和防控措施

预防高处坠落需加强科学管理,明确岗位责任,熟悉作业方法,掌握技术知识,执行操作规程,正确使用防护用具用品,加强日常检查,做好防范工作,防止人与物从高处坠落的事故发生,才能有效保障作业人员的人身安全。

一、预防高处坠落的安全知识

(一)高处作业的风险评估

1. 高处作业前应进行危险识别及风险评估,并根据其结果选择恰当的工作方法及装备。

2. 风险评估是指对所有识别出的危险因素进行详细评价,确定其危险程度。应采取措施消除风险,如无法彻底消除,则应采取预防措施最大限度地减少人员受到伤害的可能。

3. 危险的识别与风险评估因现场不同而异,并应持续不断地复核,如每天或每次转换工作后,要在危险识别及风险评估后才可选择适当的坠落防护装备及系统。

4. 进行风险评估时,应考虑所有可能发生的紧急情况,并制定相应的应急预案。

5. 应对每个识别出的危险因素及其风险评估和采取的预防措施进行记录。

6. 在进行安全生产系统规划时,应考虑下列因素:

(1)工作场所,包括工作场所的自然条件和工作场所的环境条件。

(2)工作性质,包括任务的细节,如与之相关的特定危险、所需空间、所需时间等。

(3)工作者,包括工作者身高、体重、体型,其所需要的行动范围及需要采取的姿势。

7. 个体坠落防护装备,包括使用者的条件;装备的特点及限制,如制作的原料及使用方法。

8. 高处作业应尽可能地消除危险因素,减小对作业人员的威胁。如果不能完全消除危险,则应最大限度地减轻危险程度,至少降低至可接受的水平。选择坠落防护方式时,应遵循对人群的防护措施优于对个人的防护措施,预防坠落的措施优于减小坠落高度及后果的措施的原则,高处作业防护措施选择示例见表 2-3-1。

表 2-3-1 高处作业防护措施选择示例

选用优先程度	作业装备分类	防护措施示例	
		对人群的防护	对个人的防护
高	防止坠落的作业装备	(1)带护栏的工作平台; (2)高级护栏系统; (3)栏杆; (4)多人用移动提升工作平台	(1)个体坠落防护系统; (2)个体坠落防护装备(区域限制用安全带); (3)单人用移动提升工作平台
低	减小坠落高度及减轻坠落后果的作业装备	(1)高层安全网(距工作平面 7 m 以内); (2)工作平面附近安装的软垫系统	其他的个体坠落防护装备(绳轨、围杆作业用安全带和坠落悬挂用安全带)
	减轻坠落后果的作业装备	(1)软垫系统; (2)低层安全网(低于工作平面 7 m 以上)	(1)可充气的预防伤害系统(例如充气夹克); (2)其他通常不用于坠落防护的个体防护装备(如水上作业用的救生衣)
	其他	对作业人员进行指导、监督和培训从而降低其遭受坠落伤害的风险	

注:确定适当的坠落防护装备(及其优先程度)需要综合考虑所需进行的工作,装备安装、使用、拆除的风险,以及与使用的装备有关的救援。

（二）安全带的选用

作业场所使用的坠落防护装备均应符合国家相关标准的要求，安全带应符合《坠落防护 安全带》（GB 6095）的要求。按照使用条件的不同，安全带分为围杆作业用安全带、区域限制用安全带、坠落悬挂用安全带。安全带选用要求如下：

1. 在距坠落高度基准面 2 m 及以上有发生坠落危险的场所作业，对人进行坠落防护时，应使用坠落悬挂用安全带或区域限制用安全带。

2. 在距坠落高度基准面 2 m 及以上进行杆塔作业，对人进行坠落防护时，应使用围杆作业用安全带或坠落悬挂用安全带。

3. 如工作平面存在某些可能发生坠落的脆弱表面（如玻璃、薄木板），则不应使用区域限制用安全带，而应选择坠落悬挂用安全带。

4. 当在作业过程中需要提供作业人员部分或全部身体支撑，使作业人员双手可以从事其他工作时，则应使用围杆作业用安全带。

5. 当围杆作业用安全带使用的固定构造物可能产生松弛、变形时，则不应使用围杆作业用安全带，而应选择坠落悬挂用安全带。

6. 专门为区域限制用安全带设计的零部件，不应用于围杆作业用安全带及坠落悬挂用安全带。

7. 专门为围杆作业用安全带设计的零部件，不应用于坠落悬挂用安全带。

8. 使用坠落悬挂用安全带时，应根据使用者下方的安全空间大小选择具有适宜伸展长度的安全带，以保证发生坠落时，坠落者不会碰撞到任何物体。

9. 安装挂点装置时，如使用的是水平柔性导轨，则在确定安全空间的大小时应充分考虑发生坠落时导轨的变形。

10. 使用区域限制用安全带时，其安全绳的长度应保证使用者不会到达可能发生坠落的位置，并在此基础上具有足够的长度，能够满足工作的需要。

二、高处坠落的防控措施

（一）高处作业人员要求

1. 凡从事高处作业的人员必须身体健康，并必须定期进行体格检查。严禁患高处作业禁忌证的人员从事高处作业。身体不适、情绪不稳定、服用降低判断力和行动能力的药品期间，不得从事高处作业。

2. 凡从事高处作业的人员必须经高处作业上岗前安全技术培训，熟知现场环境和施工安全要求，经培训合格后持证上岗。

3. 凡从事高处作业的人员工作中必须服从分工，听从指挥，了解本工作的作业内容和作业区域的环境条件，相互密切配合，行动统一，在保证作业安全的条件下开展作业。

4. 从事高处作业必须设立并明确现场监护人员。对于违章指挥，作业人员有权抵制；对于违章作业，施工作业负责人和监护人有权对其进行批评教育；对于不听劝阻者，监护人有权要求其停止作业。相关管理人员应随时检查高处作业情况。

5. 从事高处作业的人员必须正确穿戴劳动防护用品，戴好安全帽、系好安全带(绳)，穿好防护鞋，扎紧袖口、扣好纽扣、束好衣服下摆、扎好裤管口，不能穿过于宽松和飘逸的衣服，做到衣着灵便。

6. 使用安全防护用品前应检查各部位是否完好无损，安全带的安全绳、系带有无撕裂、开线、霉变，金属配件是否有裂纹、腐蚀现象，弹簧弹跳性是否良好，以及是否有其他影响安全带性能的缺陷。如发现存在影响安全带强度和使用功能的缺陷，则应立即更换。检查安全帽各配件有无破损、装配是否牢固、帽衬调节部分是否卡紧、插口是否牢靠、绳带是否系紧等，确认各部件完好后方可使用。

7. 作业中必须系好安全带(绳)，并拴挂在作业处上方(高挂低用)牢固的挂点上，不准钩在转动设备或移动部件上。悬空高处作业使用双挂钩，移动过程中应保证至少一个挂钩有效，移动作业时应随摘随挂。调车作业上高闸台使用人力制动机(溜放、防溜)时，要做到上车先挂钩、下车先摘钩。人员攀登时应扶牢、踩稳。

8. 坡面(陡坡)作业安全桩及固定结构安设应稳固，严禁一个安全桩拴两根及以上安全绳，或一根安全绳同时供两人及以上使用，防止保护失效。

9. 在石棉瓦、玻璃钢瓦、瓦楞铁、塑料屋顶(或薄板材料、轻型材料)上作业时，必须铺设人字梯、木板，并做好必要的固定措施，以便工作和行走，严禁直接踩踏。

10. 进行打扫卫生、贴刷标语、擦玻璃等高处作业时，严禁手拉门、窗攀登。

11. 从事高处作业的人员严禁岗前饮酒，作业中严禁追逐、嬉闹、开玩笑或在作业的高处睡觉。作业中严禁因争抢时间而违章冒险作业；须注意劳逸结合，防止疲劳作业，工间休息应选择安全的地方。

(二)高处作业环境要求

1. 高处作业场所应设定警戒范围并设置围挡，凡有危险的作业点应及时设置安全警示标志，且不得擅自移动。

2. 高处作业场所必须有安全通道，通道不得堆放过多物件、垃圾和废料，边缘及孔洞设置符合安全规定的栏杆或盖板。悬空作业处应有牢靠的立足处，必须配置防护栏网或其他安全设施。夜间进行高处作业必须有足够的照明设备。

3. 脚手架搭设符合规程要求并经常检查维修，工作面必须铺设好脚手板，接头应设置在撑竿上，不得悬空，探头板应采取双边捆绑的防护措施。凡开裂严重、斜纹裂痕、腐朽、硬伤、有空洞、严重变形、有大结疤等缺陷，以及厚度小于 5 cm 或板宽小于 25 cm 的脚手板，严禁投入高处作业使用。

4. 遇有六级及以上大风及暴雨、大雪、大雾、沙尘暴等恶劣天气时，应停止露天高处作业。风息、雨停复工前，必须检查已检修安装的构件、设备、架子等是否牢固，如发现问题，应及时处理，处理妥当后，方可复工作业。

5. 轻型或简易结构屋面上作业，应铺木板分散应力，以免踩踏屋面。临时使用搭设的支架应稳妥牢固，满足施工作业需要，上方作业面应铺设好脚手板并捆绑牢固，须经验收合格后方可使用。

6. 临边作业应设置防护围栏和安全网。栏杆下方应设踢脚板拦护，以防人员和物件坠落,平台上的脚手板应铺设稳妥,不得有探头板和空洞。临空处下方应设有安全网防护,安全网应悬挑出平台边缘。悬空作业应有可靠的安全防护设施。未设置隔离设施的高处作业,人员不得垂直施工作业。

7. 因工作需要移动或临时拆除的脚手板、安全网、栏杆、安全标志等安全设施,作业完工后必须立即恢复。

8. 架设的辅助设施(如缆风绳、拉索、吊索、支撑)要设有标志,专人监护,防止有人移动。遇特殊情况下需高处作业的应架设可靠的安全防护辅助设施后,方可进行作业。

9. 冬季施工要做好防冻、防滑、防寒措施,爬梯、杆、柱上要采取防滑措施;霜冻、雨雪天气要先清除霜冻后再进行作业;作业场地有水、油等易滑物要先清理后再进行作业。

10. 从事高处作业时,必须注意架空电线,保持规定的安全距离,并要注意防止运送的导电材料触碰电线。靠近电源线路作业前,应先联系停电,确认停电后方可进行工作。

11. 在高温或低温环境下作业时,作业人员应穿戴适合的防护装备,现场提供足够的饮用水或防暑降温物资,防止作业人员脱水或中暑。考虑作业时间,尽量避开一天中最热或最冷的时段。

12. 在有毒有害、易燃易爆、粉尘的环境中进行高处作业时,应首先对作业点进行检测,合格后方可进行作业。

(三)高处作业安全管理要求

1. 除非必要,应以非高处作业替代高处作业(作业面降到2 m以下),尽量以低级别高处作业替代高级别高处作业。

2. 作业前要进行安全分析,制定安全技术措施并组织交底,向作业人员交代作业任务和安全注意事项,详细了解作业内容和作业部位及周边状况。

3. 作业前应对施工现场进行检查督促,落实安全技术措施。要对人员行走的通道,行走和站立的脚手板,临空处的栏杆、安全网,上下梯子等进行检查,确认符合安全要求后方可作业。搭设完毕的设施,必须经全面检查验收后方能使用。

4. 使用移动作业架,特别是移动作业架钩挂在桥梁作业通道栏杆上时,应详细检查作业通道、托架U形螺栓和作业架,同时应检算作业通道受力控制点的强度和梁体倾覆稳定性。未经检查或检算及检算结果不符合有关安全规定时,不得上架作业。

5. 钢管脚手架、外墙作业吊篮、小型吊具必须按《建筑施工安全检查标准》(JGJ 59)规定搭设,作业前必须经专业部门检查确认固定牢靠方可使用。外墙作业吊篮必须有检测合格证。移动式脚手架搭设不准超过三层并固定可靠。严禁在不稳固的脚手架或结构上行走,或未采取防护措施进行作业。同时还要及时清理脚手架上的工件和零散物品。

6. 作业完毕要对作业场所进行检查,确认安全无误后方可下班,有交接班的作业必须认真进行交接班,做好交接班记录。

7. 攀登作业应遵守以下要求:

(1)攀登支柱、铁塔、电杆、设备、构架、树、脚手架前要检查其状态,选择攀登方向和条件,攀登时手把牢靠,脚踏稳准。要防止安全带从挂点处脱出。

(2)支架拼装等作业的爬梯应随支架接高及时安装,禁止作业人员始终从结构杆件上攀上攀下。

(3)用脚和踏板攀登时,每步登高板扣好,挂钩开口朝上,并收紧挂钩再试拉;用脚扣时要试踏牢稳。特殊天气使用脚扣时,应采取防滑措施。要卡牢、系紧,严防滑落,未系好安全带、扣好保险前,禁止进行任何作业。每下一步电杆要扣好登高板挂钩,并收紧试拉,每步下杆距离不应过大。禁止不借助登杆工具,而从杆上滑下、跳下。

(4)高处作业应使用安全可靠的登高工具,严禁利用一般起重设备吊运或采用攀爬脚手架、设备等方式登高。高处作业至少需要两人,一人工作、一人监护,禁止一人单独工作和夜间高处作业。

(5)高处作业所用的工具、零部件、材料等必须装入工具袋,上下时手中不得拿物件,禁止上下抛掷。

(6)在杆、塔等设施上有人作业时,下方人员应戴安全帽,处于可能坠落范围之外。

(7)低温天气在杆、塔上工作时间不宜过长,防止手脚冻僵,发生意外。

(8)上树砍剪枝时,应有专人防护,作业人员不应攀抓脆弱和枯死的树枝,应站在坚固的树干上,系好安全带。

8. 检修作业车平台作业应遵守以下要求:

(1)检修作业车作业人员在作业平台防护栅外作业时,必须将安全带拴挂在牢固可靠部位(图 2-3-3)。

图 2-3-3 检修作业车登高作业

(2)作业平台上有人作业时,应听从作业平台上操作人员的指挥,在车辆移动前,应注意检修作业车及作业平台周围的环境、设备、人员和机具等情况,与附近的设备保持规定的安全距离,注意防止接触网设备碰刮坠落。移动的速度不得超过 10 km/h,且不得急剧起、停车。

(3)用车梯作业时应指定负责人,工作台上的人员不得超过两名。所用的零件、工具等均不得放置在工作台台面上。

(4)所用的车梯和梯子,必须结实、轻便、稳固。作业中推动车梯应服从工作台上人员的指挥。作业负责人和推车梯人员,要时刻注意和保持车梯的稳定状态。工作台上人员和车梯负责人要呼唤应答,配合妥当。

(5)当车梯工作台面上有人时,推动车梯的速度不得超过 5 km/h,并不得发生冲击和急剧起、停。

(6)检修作业车移动或作业平台升降、转向时,严禁人员上、下。人员上、下作业平台应征得作业平台操作人或监护人同意。作业时须关好作业平台的防护门,防护门关闭时应有闭锁装置。

(7)当车梯在曲线上或遇大风时,对车梯要采取防止倾倒的措施。当车梯在大坡道上时,要采取防止滑移的措施。

(8)当车梯放在道床、路肩上或作业人员超出工作台范围作业时,作业人员要将安全带拴挂在接触网上,不得系在车梯工作台框架上。车梯在地面上推动时,工作台上不得有人停留(图 2-3-4)。

图 2-3-4 车梯登高作业

9. 使用梯子作业应遵守以下规定:

(1)首先检查梯子是否坚固,放置要牢稳,不可使其动摇或倾斜过度,梯脚应采取防滑措施(包脚),作业人员戴好安全帽,必须有人扶梯监护,方可作业。

(2)立梯坡度一般以 60°左右、上部夹角以 35°~45°为宜。梯子不得垫高、接高使用。

(3)金属梯不应在电气设备附近使用。

(4)梯子支柱必须能承受作业人员携带工具攀登时的总重量,梯阶的距离不应大于 40 cm。

(5)不应站立在高于梯子标明的最高站立平面以上的踏板(或踏棍)上工作,直梯最高站立位置应低于梯顶至少 0.7~1.0 m,人字梯禁止站立在最顶部两级踏板上。

(6)严禁两人同时在梯上作业。

(7)靠在管子上或金属筒体上使用的梯子,其上端必须用绳索或铅丝扎住。

(8)人在梯子上工作时,严禁移动梯子。上下梯子时,必须面向梯子,且不得手持器物。

(9)人字梯必须具有坚固的铰链和限制开度在 30°~60°的拉索。

第四节　典型事故案例

【案例一】安全带不安全,应培训未培训

一、事故概况

2015 年 8 月 15 日,甲供电段乙供电车间丙工区一名接触网工在练兵场进行支柱肩架安装练习时,从斜腕臂底座肩架处坠落受伤。

二、事故原因

该接触网工在使用安全带过程中未将安全带带钩保险环锁闭,导致安全带带钩从安全带固定环中脱出,是造成事故的直接原因和主要原因。

三、事故教训

1. 安全用具管理不到位。一是工区未按规定每旬对班组公用的安全用具进行一次自检。二是工区没有按照《甲供电段安全用具管理办法》的规定,对安全带、登高脚扣等安全用具进行编号,也未建立登记、试验、检查台账,并进行试验。

2. 安全用具质量排查未落实。车间未按照《甲供电段关于开展安全用具质量管理排查的通知》,对安全带、登高脚扣及脚扣小皮带、登高板及挂绳、各类楼梯,安全帽、验电器、接地封线等进行自查,没有建立 2015 年安全带负重试验记录。

【案例二】作业时思想不集中,隐患整治不及时

一、事故概况

2017 年 8 月 17 日,甲供电段乙车间丙工区一名防护员在防护作业过程中从丁大桥上行线 52 号杆人行道板与护栏处电缆下穿缺口坠落桥底,经抢救无效死亡。

二、事故原因

1. 该防护员在进行防护过程中,未严格执行防护作业标准,将防护用具放置于步行板上,做与工作无关事项,双脚同时失足从大桥钢桁梁与 T 形梁连接处第二跨步行板紧靠栏杆上穿电缆的直角梯形缺口处坠落桥下,是造成事故的直接原因。

2. 该缺口在 1995 年按设计建成后就存在,2007 年 ZPW-2000A 自动闭塞设备改造工程中仍使用此设计。电缆管理单位戊电务段未对电缆径路上缺口进行防护,己工务段虽然在去年桥梁设备检查中发现了此问题,但也未采取防范措施,是造成事故的又一原因。

三、事故教训

1. 违反基本防护标准。防护员在防护作业过程中,中断防护职责,将防护旗、对讲机

放置在步行板上,做与工作无关事项,思想不集中,双足同时落入步行板电缆下穿缺口处坠落,导致事故发生。

2. 对职工思想教育不到位。甲供电段对个别职工情绪波动等了解不及时,缺乏疏导沟通,未能准确掌握职工心理变化,积极消除职工思想包袱。

3. 设备结合部存在漏洞。经查该缺口在1995年桥梁建成后就存在,2007年ZPW-2000A自动闭塞设备改造工程中仍使用此设计。电缆管理单位戊电务段没有对电缆径路上该缺口进行防护。己工务段虽然在桥梁步行板专项排检中发现了此问题,但由于该处无法铺设步行板,未及时通知戊电务段处理,也未采取其他防范措施。

【案例三】劳务工管理不到位,作业人员安全意识差

一、事故概况

2018年6月26日,甲工务段乙车间丙工区根据作业计划,在丁桥进行除锈油漆及更换步行板作业时,一名作业人员不慎从桥面坠落到桥下江中死亡。

二、事故原因

作业人员缺乏安全防范意识,站在落脚不稳的人行道钢支架上作业,同时未按规定系好安全带,导致作业时不慎从桥面坠落,是造成事故的直接原因。

三、事故教训

1. 现场人身安全关键盯控不到位。当日作业负责人虽然在作业布置会上将高处作业系好安全带作为重点提出要求,但在现场安全盯控过程中,没有把住作业人员每次避车前后都要取下和重新系挂安全带的安全关键,没有及时发现和纠正未将安全带锁扣固定在人行道支架角钢上的问题,对现场人身安全关键盯控不到位。

2. 安全风险研判不到位。一是未对桥隧作业安全风险进行研判。甲工务段公布的13项安全风险中没有桥隧作业安全风险,风险所涉及的管控部门中也没有桥隧技术科。二是未对劳务工劳动安全风险进行研判。甲工务段没有对劳务工参加作业的安全风险引起警觉,没有结合该批劳务工年龄偏大、文化素质较低、安全意识薄弱、自我保护能力弱的情况,进行分析研判。

3. 工程承发包合同与实际不符。甲工务段在与建筑公司签订的建筑工程施工合同中,明确该桥综合维修工程承包方式为工程总包,并明确施工组织由建筑公司负责。但实际上,该工程的作业方案及日作业计划均由甲工务段制定和布置安排,现场作业负责人、联络员、防护员等安全关键岗位都由甲工务段正式职工担任,现场作业指导和安全盯控工作都是甲工务段完成,是典型的劳务分包形式。

复习思考题

1. 什么是高处作业?

2. 特殊高处作业的类别有哪些？
3. 高处作业如何分级？
4. 如何确定高处坠落范围？
5. 高处坠落事故主要类型有哪些？
6. 安全带的选用有哪些要求？
7. 使用梯子作业应遵守哪些安全规定？

第四章　预防机械、起重伤害

铁路作业人员使用机械、起重设备作业过程中，人的不安全行为、设备的不安全状态等容易引发各种伤害事故，如机床切削、起重装卸等作业造成人员伤亡，影响正常生产秩序。为防止和减少事故的发生，铁路作业人员须掌握机械、起重设备伤害事故的类型、特点及其内在原因，制定防止事故发生的作业要求和措施并切实予以落实。

第一节　机械、起重伤害事故类型

一、机械伤害事故类型

机械设备种类繁多，设备运行时，其加工部件和机械设备本身可进行不同形式的机械运动，在其运行及使用过程中，也会产生撞击、挤压、切割、缠绕等，容易导致机械伤害事故的发生。

（一）铁路常用的通用机械

铁路常用的通用机械包括以下四种：

1. 金属切削机床，如钻床、车床、刨床、铣床、砂轮机等。
2. 锻压机械，如压力机等。
3. 冲剪压机械，如剪板机、液压机等。
4. 木工机械，如带锯机、平刨机等。

（二）常见的机械伤害事故类型

机械伤害主要指人体在接触设备或与静止设备某部位做相对运动时，机械设备运动（静止）部件、工具、加工件直接与人体接触引起的夹击、碰撞、剪切、卷入、绞、碾、割、刺入等伤害。

1. 机械设备零部件做旋转运动时造成的伤害。例如机械设备中的轮、皮带轮、滑轮、轴、丝杠、联轴节等零部件，伤害的主要形式有绞伤和物体打击伤。

2. 机械设备零部件做直线运动时造成的伤害。例如锻锤、冲床、切钣机的施压部件，牛头刨床的床头，龙门刨床的床面，以及桥式起重机大、小车和升降机、转辙机等零部件，伤害的主要形式有压伤、砸伤、挤伤。

3. 刀具造成的伤害。例如车床上的车刀、铣床上的铣刀、钻床上的钻头、磨床上的磨轮、锯床上的锯条等刀具，伤害的主要形式有烫伤、刺伤、割伤。

4. 被加工的零件造成的伤害。伤害形式主要包括：①加工的零件固定不牢甩出打伤人，例如车床卡盘夹不牢，在旋转时将工件甩出伤人。②加工的零件在吊运或装卸过程中脱落砸伤人。

5. 电气系统造成的伤害。主要包括电动机、配电箱、开关、按钮、局部照明灯，以及接零（地）和馈电导线等，伤害的主要形式是电击。

6. 手持电动工具造成的伤害。伤害形式主要包括：①工具直接伤害人体部位，例如电动角向磨光机磨片割伤人。②操作不当伤人，例如手电钻在钻孔过程中刺扎伤人。

7. 其他伤害。例如有的机械设备在使用时伴随着发出强光、高温，还有的放出化学能、辐射能及尘毒危害物质等，这些对人体都可能造成伤害。

二、起重伤害事故类型

起重设备结构形式多样，一般具有较为庞大的金属结构、复杂的工作机构、复杂的工作环境，容易导致起重伤害事故的发生。

（一）铁路常用的起重机械

铁路常用的起重机械包括以下三种：

1. 轻小型起重机械，如千斤顶、绞车、滑车、手拉葫芦、电动葫芦等。
2. 桥架式起重机械，如梁式、通用桥式、门式和冶金桥式、装卸桥式及缆索起重机械等。
3. 臂架式起重机，如门座式、塔式、汽车式、履带式起重机等。

（二）常见的起重伤害事故类型

起重伤害主要是指各种起重作业（包括起重机安装、检修、试验）中发生的挤压、坠落（吊具、吊重）、折臂、倾翻、倒塌等引起的对人的伤害。

1. 打击伤害事故：起重作业中，由于吊具或吊装容器损坏、物件捆绑不牢、勾挂不当、电磁吸盘突然失电、起重机械零件故障（特别是制动器失灵、钢丝绳断裂）等原因，吊物、吊具等物件从空中坠落造成伤害。

2. 夹挤伤害事故：起重作业中，起重机轨道两侧缺乏良好的安全通道或与建筑结构之间缺乏足够的安全距离，使运行或回转的金属结构机体对作业人员造成夹挤伤害；运行机构的操作失误或制动器失灵引起溜车，造成碾轧伤害。

3. 坠落伤害事故：起重作业人员在离地面大于2 m的高度进行起重作业时，因坠落造成伤害。

4. 触电伤害事故：起重作业人员在作业、维修中，因触电遭受电击伤害。一般是因为起重机械本身作为触电源造成触电事故，或是因为起重机械在输电线附近作业时，距离高压带电体过近产生感应带电或触碰带电物体，引发触电伤害。

5. 倾翻伤害事故：由于作业人员操作不当（如超载、臂架变幅或旋转过快等）、支腿未找平或地基沉陷等原因，或者由于坡度或风载荷作用，起重机倾翻，造成伤害。

第二节 机械、起重伤害安全风险辨识

根据事故致因理论，机械、起重伤害危险源主要分为人的因素、物的因素、环境因素和管理因素四个方面。

一、机械伤害安全风险辨识

（一）人的不安全行为

1. 操作失误

（1）不知机械设备特性或操作规程盲目操作。

（2）机械产生的噪声使操作者的知觉和听觉麻痹，导致不易判断或判断错误。

（3）简化作业流程、违章作业。

（4）人为使机械设备处于不安全状态，如取下安全罩、切除联锁装置等。

（5）未按规定穿戴好劳动防护用品。

（6）机械设备带病强制运行。

（7）技术不熟练，操作方法不当。

（8）准备不充分，安排不周密，因仓促而导致操作失误。

（9）作业人员身体状态不佳、冒险作业。

2. 误入危险区

（1）操作机器的变化，如改变操作条件或改进安全装置时。

（2）图省事、走捷径的心理，对熟悉的机器有意省掉某些程序而误入危险区。

（3）信息沟通不良而误入危险区。

（4）单调的操作使操作者疲劳而误入危险区。

（5）由于身体或环境影响造成视觉或听觉失误而误入危险区。

（6）错误的思维和记忆，尤其是对机器及操作不熟悉的人员容易误入危险区。

（7）指挥者错误指挥，操作者未能抵制而误入危险区。

（8）异常状态及其他条件下的失误。

（二）物的不安全状态

1. 旋转的机件具有将人体或物体从外部卷入的危险；机床的卡盘、钻头、铣刀等，传动部件和旋转轴的凸出部分有勾挂衣袖、裤腿、长发等而将人卷入的危险；风翅、叶轮有绞碾的危险；相对接触而旋转的滚筒有使人被卷入的危险。

2. 旋转部位楔子、销子凸出，未加防护罩，易绞缠人体。飞出的装夹具或机械部件，飞出的切屑或工件、砂轮碎片等伤人。

3. 做直线往复运动的部位存在撞伤或挤伤的危险。冲压、剪切、锻压等机械的模具、锤头、刀口等部位存在撞压、剪切的危险。

4. 切削刀具与刀刃，凸出较长的机械部分，毛坯、工具和设备边缘锋利飞边及表面粗糙部分，存在剪切、刺伤、割伤的危险。

5. 机械的摇摆部位存在撞击的危险。

6. 防护保险装置、防护栏、保护盖不全或存在缺陷，易造成绞伤、碾伤。

7. 机械的控制点、操纵点、检查点、取样点、送料过程等存在不同的潜在危险因素。

8. 木工作业过程当用手推压木料送进时，因遇到木料结疤、弯曲或其他缺陷，而使手与刀刃接触，造成伤害。

（三）作业环境不良

1. 机械设备作业过程中噪声大、振动大。

2. 采光照明不良、无通风、场地狭窄、布局不合理等。

3. 作业环境温度过高或过低。

4. 大风、暴雨、大雪等恶劣天气及突发自然灾害。

（四）安全管理缺陷

1. 未按规定制定安全操作规程、规章制度。

2. 安全教育、业务技术培训不落实。

3. 事故应急预案及响应存在缺陷。

4. 未按规定进行安全风险研判或安全检查。

二、起重伤害安全风险辨识

（一）人的不安全行为

1. 心理、生理性危险源

（1）负荷超限，包括体力、听力、视力及其他负荷超限，如连续装卸作业超过一定时间后，未间歇休息，出现生理性负荷超限。

（2）从事禁忌作业，如患有心、肺、脑血管性疾病，中枢神经系统疾病，以及其他身体状况不适合露天高温作业环境的人员，从事露天高温起重作业。

（3）心理异常，包括情绪异常、冒险心理、过度紧张及其他心理异常，如泄愤心理。

2. 行为性危险源

（1）指挥错误，包括指挥失误、违章指挥及其他指挥错误，如指挥人员未发出指挥信号，发出的指挥信号有误等。

（2）操作错误，包括误操作、违章作业及其他操作错误，如操作起重机械向前运行误操作为向后运行，起吊时歪拉斜拽，无指挥信号擅自起吊，在输电线路下进行起重作业等。

（3）其他行为性危险源，如脱岗等违反劳动纪律行为，未按规定穿戴、使用防护帽、安全带等防护用品。

（二）物的不安全状态

1. 设备、设施、工具、附件缺陷，包括强度不够、刚度不够、稳定性差、密封不良、应力集中、外形缺陷、外露运动件、操纵器缺陷、制动器缺陷、设计缺陷、传感器缺陷及其他缺陷。如起重机折断或坍塌；未按规定对吊钩、吊具旋锁等起重机械重要零部件定期进行探伤；制动器出现裂纹、制动力矩调整不当造成制动失效；起重量限制器、力矩限制器、起升高度限制器、吊钩防脱装置及流动式起重机倒车雷达（倒车警示装置、人机安全智能防撞预警装置）缺失或失效等。

2. 防护缺陷，包括无防护、防护装置缺陷、防护不当及其他防护缺陷。如正面吊运起重机作业未建立防护区，旋转部件等危险部位未安装防护罩，高处检修时地面未设围栏或专人防护，门式起重机激光防撞装置失效，防护用品失效等。

3. 电危害，包括带电部位漏电、电火花、电弧、短路及其他电危害。如电气设备损坏，电气设备保护装置失效，裸导线未加屏蔽，电气短路、过载，吊具或钢丝绳与导电体意外接触等。

4. 噪声，包括机械性噪声、电磁性噪声及其他噪声，如起重机起升机构高速运转产生的噪声等。

5. 振动危害，包括机械性振动、电磁性振动及其他振动危害。如机械或部件振动，机械移动、运动部件偏离轴心、刮擦表面、不平衡的旋转部件振动等造成伤害。

6. 标志标识缺陷，包括无标志标识，标志标识不清晰，标志标识不规范，标志标识选用不当，标志标识位置缺陷。如门式起重机走行轨两端和机械明显位置未设置安全警示标志，多个标志牌在一起设置时未按照警告、禁止、指令、提示类型的顺序，集装箱专用门式起重机联动台操作方向标志不清晰等。

（三）作业环境缺陷

室外作业场地环境不良，包括恶劣气候与环境，作业场地不平、地基下沉、湿滑、狭窄杂乱等。如雷电、阵风、龙卷风、台风、地震等强自然灾害造成的脱轨、倒塌、倾翻等设备事故；因场地拥挤、杂乱造成碰撞、挤压事故；夜间地面照度不足，地面油污导致人员跌倒摔伤等。

（四）管理缺陷

管理制度不完善或未落实，包括培训教育制度、操作规程、岗位作业指导书编制有错漏。如操作规程内容无运行参数、操作程序和方法，特种设备“日管控、周排查、月调度”要求未落实等。

第三节　预防机械、起重伤害的安全知识和防控措施

一、预防机械伤害的安全知识和防控措施

有效控制或消除设备、设施、作业环境的不安全因素和人的不安全行为，改善机械设

备操作的不安全状况，加强从业人员的人身保护，可以避免或减少机械伤害事故的发生。

（一）安全知识

1. 一般安全常识

（1）未经授权许可，任何人不得拆除设备的安全装置或对安全装置进行改造。

（2）机具、动力设备要专人保管，严禁无关人员使用机械动力设备。严禁动用未经授权许可操作的设备。

（3）严禁随意更改设备的参数，以免影响安全操作。

（4）作业前穿戴好个人防护用品，着装要“三紧”，即领口紧、袖口紧、下摆紧。进行金属切削工作时要戴好防护眼镜。

（5）设备的危险处所、不安全因素的部件，需要设置安全标志及明显的警示牌。

（6）不得用手或身体任何部位接触运转中设备的运动部件。

（7）各种机械设备转动的外露部分，均要设有安全防护装置。

（8）有联锁装置的防护门在联锁失效后严禁操作。

（9）需要打开或卸下安全装置时，应有显示危险的标志，防止设备被意外启动。

2. 操作安全规定

（1）各种机具必须有切合实际的安全操作规程，操作者须经相关安全培训，充分了解设备的安全性能及操作规范；严禁未经安全培训上岗作业。

（2）每日作业前应对设备进行点检，严禁设备带故障运行。

（3）开机前应检查是否有维修人员进行维修作业，输送带上是否有杂物。

（4）开机前禁止将各种工具、工件材料放在设备台面上，防止工具、工件材料坠落伤人。

（5）操作车床、铣床等设备，操作者应佩戴防护眼镜；禁止徒手清理铁屑等杂物。

（6）操作旋转设备，严禁戴手套、穿宽松的衣服，长头发必须用头巾包好。

（7）清理、维护、维修设备时，必须停机后进行。

（8）设备运行中，禁止身体任何部位靠近、接触设备运动或旋转部件。

（9）禁止伸手越过设备转动部位或工件进行操作、调整。

（10）操作机床时，在旋转刀具（钻头、丝攻、铣刀等）未完全停止转动前，不得用手接触刀具或使用工具制动。

（11）操作设备时发现任何异常状态应立即停机，及时进行检查、维修；严禁操作人员私自维修设备。

（12）设备长时间不用时，必须将机器各部件设定归为零位，并切断电源、气源、水源。

3. “一禁、二必须、三定、四不准”安全规定

防止机械伤害的“一禁、二必须、三定、四不准”安全规定如下：

（1）不懂电气和机械的人员严禁使用和摆弄机电设备。

（2）机电设备应完好，必须有可靠有效的安全防护装置。

（3）机电设备停电、停工休息时必须拉闸关机，电箱按要求上锁。

(4)机电设备应做到定人操作、定人检查保养。

(5)机电设备应做到定期管理、定期保养。

(6)机电设备应做到定岗位、定岗位职责。

(7)机电设备不准带病运转。

(8)机电设备不准超负荷运转。

(9)机电设备不准在运转时维修保养。

(10)机电设备运行时,操作人员不准将头、手、身伸入运转的机械行程范围内。

(二)作业防控措施

1. 停机维修作业防控措施

(1)机械维修人员必须经相关专业培训并取得维修资格后,才能进行维修作业。

(2)维修机械时必须停机,切断设备的动力源(电源、气源、水源),并设置标示牌(如"设备维修中,禁止启动")。

(3)进入设备内维修时必须做好相关防护,并派专人看护。

(4)对机械设备进行保养时(如清洁、加油等),必须停机并切断动力源。

(5)维修人员从事高处作业时,应佩戴安全帽,系挂安全带。

(6)维修作业时,应固定好设备中松动和仍能自由移动的部件。

(7)维修作业时,应防止维修部位受到外力而突然运动。

2. 切削剪压加工作业防控措施

(1)车床作业

①转动的夹具部分不得凸出过长,以防转动伤人。

②在开反车时应预先检查卡盘保险装置上好后,方准使用。

③拆卸卡盘时应用撬棍撬松卡盘主轴螺栓,不准用倒车或用棒顶,以防卡盘脱落。

④在加工长度超过床身的工作物时,要有安全防护措施,防止甩弯伤人或损坏机床。

⑤利用正向卡盘夹持工作物时,其直径不得大于卡盘直径的三分之二。

⑥使用顶针顶工作物时,顶针孔大小要适合。旋笨重工件时,顶针伸出量不得大于三分之一,旋一般工件不得大于二分之一。

⑦车床运转中,不得隔机床取物件、传递物品和清除切屑。切断工作物时,不得正对切口站立。

⑧加工偏心工作物时要加平衡铁。切削铸铁、铸铜毛坯凸出部分要先用手盘车试转。在切削中发现沙眼时要减少切削量,防止打刀伤人。

⑨在加工内孔时,严禁不停车将手伸入孔内试摸工作物或将头部靠近转动部分察看切削内孔情况。

(2)刨床、插床作业

①在刨床最大行程内不准堆放任何物品。刨床尾部伸缩部分,应根据其长度安设防护挡杆。龙门刨床前后行程碰板必须牢固。严禁在行程内探头检查工件和站立。

②双刀架刨床两侧必须设闭车装置。在走刀时,要注意车刀与工件之间的空隙,防止

碰撞工作物凸出部分。停车后,必须将滑枕退回工作件后端,再卸工件。

③刨刀不宜装得过长。行程长度及吃刀量未校正前不得吃刀,校正后必须拧紧螺栓,方可开车。禁止超冲程使用。

④插床插内孔时,禁止不停车将手伸入孔内试摸或将头部靠近运动部位看切削内孔。

(3)钻床作业

①工作物必须卡紧、卡牢,不得用手扶持进行钻孔,以防转动伤人。

②安装钻头时应选择适当的钻头、外套。禁止在任何转速下用手拧紧钻套或更换钻头。

③较重或长大的工作物,应附以卡具、支架等加以紧固。

④使用手提式风钻、电钻前,应首先检查确认钻机的外壳、手把、开关、电源线、给风软管等技术状态和绝缘良好。操作时站立位置要适当,钻孔高度不得超过工作者肩部,不得用力过猛。在钻机尚未停止转动时,严禁接触钻头、钻夹头或钻套。严禁用手清除钻头上的碎屑。中断作业时,应立即切断电源、风源。

(4)铣床、镗床、磨床作业

①在铣刀上部及砂轮对着人的方向,应加装防护罩。

②安装铣刀及砂轮时,应检查确认无裂纹及其工作面良好。砂轮线速度应符合磨床转速要求方可安装,安装后要检查其牢固状态及同心度。

③工作中严禁面对砂轮站立,应将身体保持在砂轮回转方向的侧面。严禁将冷却液浇在砂轮片上,以免砂轮冷却崩裂飞出伤人。

④镗床刀具伸出不得过长,运转中头部不得接近镗杆,严禁用手扶镗杆作业。

(5)剪、冲、压机床作业

①使用剪冲机时,要随时注意冲模剪口起落及工件移动,防止剪压划伤。剪切冲压完的工件必须在剪刀张开或冲压头抬起停稳后方准移动。

②剪冲机械须有防止伤害的防护装置。

③使用摩擦压力机时,安装或更换模具时要切断电源,手柄置于空位。

④模具内取送料时要使用工具,敏捷取放,不得直接用手取送料。操纵手把应掌握准确,行程不得过高。

⑤两人作业时,必须密切联系与呼唤应答,动作要协调。

(6)轮轴加工专用机床作业

①用立式旋床旋修笨重工件时,必须检查吊运工具,确认状态良好并挂牢。在吊运中要稳起稳落。工件找正时不得高速操作。更换刀具须停车进行。

②向机床上装卸轮轴时,应注意起重机吊钩与机床油压千斤顶对正平衡的放置位置,防止吊装放置不当产生轮轴下落。旋下的铁屑要随时清理,防止割伤人体。

③用轮轴压力机装退轮对时,要首先检查确认压力机、吊具、卡具及各部螺栓、链、环等技术状态良好。在吊放轮对、车轴、车轮时,应注意稳起稳落,与天车司机做好联系及呼唤应答。

④轮轴压力机应按期检修。安全阀、压力表要按期检查校对,保持性能良好,并应标明检查校对日期。吊具及马蹄铁每月应进行一次探伤检查。

3. 机械(工具)钳工作业防控措施

(1)使用钳工工作台铲削工作物时,虎钳不得有油,工件要夹紧。铲削时,对面若有人作业,应加装防护网。铲削工具性能要良好。铲削到最后时用力要轻。

(2)修理机械必须停车卸负荷后方可进行。修理转动部分必须切断电源。修理带压力的容器必须先排除压力。拆装有弹簧压力的机具要做好防护。试验风动工具前各组合部分应组装牢固,缓慢开风。风锤、风铲不可对空、对人进行试验。试验风镐时,人员不得在镐顶盖上方。

(3)拆装、检修较大机件时,所用吊具必须符合所吊工件的负荷。需多人作业时,事先制定好防护办法,指定一人指挥,工作中做好呼唤应答。

(4)拆装易倒、易落配件应有人防护,离开工作地时,应将配件安放稳妥。

(5)检修氧气表、乙炔表时,禁止用油压试验。

(6)分解组装机械上的配件时,必须密切注意其连接情况,在没有螺栓固定、支架垫妥或其他有效防护措施的情况下,严禁拆卸,以防倾倒落下。组装需要吻合对孔的配件,严禁用手指摸探孔槽,必要时使用工具拨动。

(7)各种锤、铲、锉、冲、斧等手动工具的材质硬度要适中,表面需平整,无卷边、缺损、裂纹。把柄需用硬木制作,要平滑,无裂纹,不松动。锤柄应装有金属防脱楔子(不得用铁钉代替)。活动扳手、管钳子不准加装套管,扳手不准咬合使用或扳手代替手锤使用。挥抡大锤不准戴手套,在打击第一锤前,应注意周围环境,确认安全后方可作业。

(8)一切工具、材料不得抛掷传递,不得放在机械转动部位和边缘处所。

4. 砂轮机作业防控措施

(1)砂轮机必须指定专人负责保管、监督,要经常检查保养,保持其良好状态。

(2)使用砂轮机人员必须熟知砂轮机操作安全知识,佩戴防护眼镜。

(3)使用前,必须先检查砂轮有无裂损,防护罩是否牢固,研磨台间距是否在 3 mm 以内。启动试运转,确认全部良好后方可使用。

(4)砂轮机在使用中应遵守以下安全规定:

①不准用砂轮侧面研磨,不准两人同时在一个砂轮研磨。

②砂轮磨耗接近夹盘时不准继续使用。

③过大工件不准在固定式砂轮上研磨。过小工件不准手持研磨,应使用手钳夹牢作业。

④砂轮机开动后,身体应站立在侧面,头部要躲开,工件放置研磨台上轻轻推动,严禁用工件撞击砂轮。

⑤凡使用手动(含风动、电动类型)砂轮机,除应做好以上各项外,还必须做到:使用砂轮机时,要戴好绝缘手套,脚下设有绝缘垫板。使用风动砂轮机时,开风要徐徐开启风门。作业中要选好研磨操作位置,防止发生砂轮崩裂伤人。手动砂轮机作业暂时停止时,不得将砂轮机随意乱放,应放在不潮湿、不冷冻、不碰撞的处所。

二、预防起重伤害的安全知识和防控措施

起重机械设备安全,是操作起重机械、有效预防起重伤害的根本,掌握起重机械安全

作业知识和要求，通晓事故伤害危险辨识，才能在起重作业中有效防止事故发生，保障作业人员人身安全。

（一）安全知识

1. 起重机械司机应无色盲、弱视（双眼矫正视力均在5.0以下）、弱听力（听力20 dB以上）、低血压、高血压、贫血、器质性心脏病、癫痫及其他不适宜从事起重机械操作的疾病。

2. 特种设备操作、信号指挥人员须取得“特种设备安全管理与作业人员证”方准独立作业。

3. 起重吊运指挥信号应遵守《起重机　手势信号》（GB/T 5082）的规定，信号指挥可使用手势信号、音响信号或无线对讲机。

4. 起重机械作业要严格执行铁路装卸作业标准、操作规程和岗位作业指导书等。

5. 作业人员要严格执行劳动纪律，班前要充分休息，班前、班中不准饮酒，当班期间按规定穿戴工作服装、佩戴岗位标志、使用防护用品。

6. 新购置或改造后的起重机械，应按照起重机试验验收办法进行试验，确认符合安全技术条件后方可接收。投入使用前应对设备全面检查、调整，组织操作和维修人员进行技术培训，掌握设备构造与性能、操作要求、维保知识和安全注意事项。

7. 起重机械使用单位应当按照起重机械产品安装及使用维护保养说明，以及检查与维护规程相关标准的要求，对起重机械进行自行检查和维护保养，并做好记录。

8. 多台起重机械在同一线路或同一区域同时作业时，要保持安全间距。流动式起重机械作业时，安全防护人员要划定作业区域。高处检修时，地面要设围栏或专人防护。

9. 起重机械应绝缘良好、安全可靠，雷暴雨天气不得作业。

10. 起重机械应设有明显可见且持久耐用的标记、安全警示标志。在危险部位或者区域设置明显可见的文字或者图形安全警示标志。对有可能造成电击危险的电气设备外壳，应设有带电安全警示标志；电气设备表面温度可能过高易造成危险的，应当设有高温安全警示标志等。

11. 起重机械作业场所地面应坚实平坦，能够承受机械作业负荷，空间尺寸、照明应满足机械作业要求。

（二）起重机械安全技术防控措施

1. 起重作业应确定起重机械架设位置、行走路线、与建筑物的安全距离等，长臂式的塔式起重机还应考虑与建筑物架设支撑固定点的位置。

2. 起重机械对地基的要求包括：

（1）履带式起重机：履带压强大，行走时需要有较好的道路条件。

（2）轮胎式和汽车式起重机：不适合在松软或泥泞的地面工作。必须稳定放妥支腿以减轻轮胎受载，汽车起重机不应吊物行走。

（3）塔式起重机（轨道）：按规定铺设轨道，以防造成倒塔事故。

（4）塔式起重机（6～8 t上旋式）：安装时需注意地锚埋设，并由专人检查。

3. 在架空输电线附近作业时，作业人员、起重机、工索具及货物的任何部位距输电线的最小距离应符合表 2-4-1 的规定。

表 2-4-1　距离输电线的最小距离

输电线路电压/kV	<1	1～20	35～110	154	220	330
最小距离/m	1.5	2	4	5	6	7

4. 多台起重机同一线路或同一区域作业应注意以下事项：

(1)两台起重机塔身间最小距离为低位起重机臂长加 2 m，以防两机相碰。一台起重机中最低部件(吊钩在最高位置或被提升物品的最高位置)和另一台起重机中最高部件之间垂直距离不小于 2 m。

(2)同一线路上，两台及以上轨行式起重机，应安设防撞保护装置，保持 3 m 以上安全距离。顺向作业时，应隔车进行；相向作业至最后一辆货车时，应单台机械作业。

同一区域多台流动式起重机同时作业时，安全间距应不小于 30 m。

(3)一台起重机在另一台顶部工作时，高位起重机须有防止起升钢丝绳进入低位起重机起重臂和平衡重扫过的范围内的装置，间距应不小于 2 m。

(4)两台起重机抬吊，应选同型起重机，动作必须互相配合，两台吊钩滑轮组不得有较大倾斜，以防一台失重致使另一台超载。起重机负荷不得超过两台起重机总能力的 80%，绑扎索点使负荷分配不得超过每台起重机能力的 85%，两台起重机能力大小之比不得大于 3:2。两台机械要配合协调，使吊钩和起升钢丝绳保持垂直状态。

(5)起重机负荷超过 70% 额定能力时，禁止同时进行两种及以上操作。运行方向逆变时须停车，不得以倒车代替制动(危及安全的紧急情况除外)。

5. 起重机须设安全装置，如起重量限制器、行程限制器、过卷扬限制器、电气防护性接零装置、端部止挡、缓冲器、联锁装置、夹轨器、信号装置等。

6. 起重机须设电气安全保护装置，如主隔离开关、紧急开关、短路保护、零位保护、失磁保护、过流保护、联锁保护、接地保护，并具有良好的照明、音响信号等装置，起升、变幅、运行机构要有可靠的制动装置。

7. 起重机必须按照《起重机　安全标志和危险图形符号　总则》(GB/T 15052)规定设置安全警示标志。

8. 轨道露天作业起重机，应设防风制动装置。露天桥(门)式起重机应按要求安装防风制动器、锚定装置、夹轨器等可靠的防风抗滑装置，以及风速风级报警器。当风速大于 11 m/s 时，风速风级报警器能发出警示信号，起重机停止作业，并实施防风措施。

9. 起重机安装与拆卸须严格按设备说明书、作业方案、安全技术交底实施，需操作起重机时由持证人员进行操作。

10. 吊钩、吊环应用锻制毛坯加工，并应有产品合格证。吊钩、吊环磨损或缺陷严禁补焊，须严格按要求报废。

11. 起重机械设备存在安全隐患，一律禁止使用，严禁带病运行，待修复并验收合格后，方能继续运行使用。

（三）起重机械安全操作防控措施

1. 作业前准备：

（1）必须正确佩戴个人防护用品，并持证上岗。

（2）检查清理作业场地，确定搬运路线，清除障碍物。室外作业应了解天气预报。流动式起重机要垫实支撑地面，牢固可靠打好支腿，防止地基沉陷。

（3）对起重机各部件状态和吊装工属索具等进行安全检查、交接。

（4）熟悉吊物状况，根据技术数据进行受力计算，确定吊点位置和捆绑方式。

（5）对大型重要物件吊运或多台起重机共同吊装作业，须由有关人员、起重机司机和起重工共同确定作业方案，必要时提报审查批准。

（6）作业前应开展安全预想，对可能出现的安全事故，采取有效预防措施，制定应急处置对策。

（7）流动式起重机械作业前，安全防护人员须划定作业区域，作业区外应设置醒目的安全警示标志或防护装置。防护人员穿着高可视性警示服、配口笛或对讲机，站立安全位置。作业人员应位于流动式装卸机械操作人员可视位置，与装卸机械保持安全距离，穿着高可视性警示服，佩戴安全帽。非作业人员、设备，不得进入作业区域。

2. 作业过程中安全事项：

（1）每次作业的第一钩及起吊重量达到80%额定起重量时，须试验制动性能。

（2）操作前和操作中接近人，必须及时鸣铃或示警。

（3）操作过程中严格执行“六不准”：①不准利用极限位置限制器停车；②不准利用打反车进行制动；③不准在起重机作业中进行检查和维修；④不准带载调整起升、变幅机构的制动器，或带载增大作业幅度；⑤不准吊物从人头顶上通过；⑥吊物和起重臂下不准站人。

（4）严格按指挥信号操作，接到紧急停止信号，必须立即停止作业。

（5）吊载接近或达到额定值，或起吊危险品（液态金属、有害物、易燃易爆物）时，吊运前应认真检查制动器，并用小高度、短行程试吊，确认没有问题后方可吊运。

3. 作业过程中指挥注意事项：

（1）无论采取何种指挥信号，必须规范、准确、明了。

（2）指挥者所处位置应能全面观察作业现场，并使司机、起重工都可清楚看到。

（3）在作业进行的整个过程中（特别是重物悬挂在空中时），指挥者和起重工都不得擅离职守，应密切注意观察吊物及周围情况，发现问题，及时发出指挥信号。

4. 作业过程中，所有人员应根据现场作业条件选择安全的位置作业。在卷扬机与地滑轮之间穿越钢丝绳的区域，禁止人员停留和通行。起重吊装过程中必须设专人指挥，其他人员必须服从指挥。

5. 作业过程中严格执行“十不吊”，即：①超重或埋藏地下物不吊。②非信号人员指挥或信号不明不吊。③重量不明不吊。④吊钩没对准货物重心（歪拉斜拽）不吊。⑤未试吊不吊。⑥简化挂索、捆绑不牢不吊。⑦ 6 m 以上长大货物无牵引绳或司索钩不吊。⑧货物上有人，有浮摆物或勾连其他货物不吊。⑨吊索夹角过大不吊（不宜超过90°）。⑩金属尖锐棱角货物吊索无衬垫不吊。

6. 作业过程中吊运物品坚持“三不越过”，即：①不从人头上越过。②不从汽车、机车上方越过。③不从贵重物品上空越过。

7. 作业人员站位要求：

(1)起吊时应站在安全地点，与吊装物保持 2 m 以上的退让余地；起吊长大、易滑、柔性货物时，两端(侧)禁止站人。禁止站在吊装物上或车内死角处。

(2)向车内吊装 6 m 及以上长大货物，退让余地不足 3 m 时，人员不得预先进入车内；待货物进入车内降至离车地板 0.5 m 以下，司索人员方可进入车厢。吊装 8 m 以上长大货物，货物进入车厢前，车内禁止留人；吊卸 8 m 以上长大货物，司索完毕人员离开后，方可起吊。

(3)指挥人员应佩戴明显标志，站在使司机和工组其他人员都易看清的位置，发出的指挥信号必须清晰、准确。

(4)桥(门)式起重机作业中，汽车等作业车辆须进入机械运移区域时，司机应操作吊钩(吊具)远离汽车顶部区域。汽车到位停车后，汽车驾乘人员须及时离开驾驶室，并退至作业区域外，司机待汽车驾乘人员离开作业区后，方可继续作业。受作业场地条件及作业工况限制，汽车驾乘人员频繁出入作业区可能影响人身安全时，至少应离开吊钩(吊具)运移区域、退至安全位置。

8. 作业完毕操作程序：

(1)将起重机开到指定地点停放，门式起重机应将小车停在支腿上方(司机室随小车移动除外)，桥式起重机小车停在司机室同侧，吊钩(吊具)升到上部极限位置，不得悬挂任何物体。正面吊运起重机应将吊具调为 20 英尺状态，并降到最低，伸缩大臂调至最短位置。臂架式起重机应将起重臂恢复定位，平行于线路停放，不得侵入建筑限界。

(2)露天起重机作业完毕后应加以锚定。

(3)各控制手柄必须置于零位，切断电源。

(4)认真填写运行记录、交接班记录，特别是不安全因素必须交代清楚。

9. 作业中突然断电，应将所有控制器手柄扳回零位，关闭总开关；如货物在空中，应使货物缓慢降落；如装卸机具(包括抓斗、钩头、料斗、电磁吸盘等)或货物侵入限界，不得撤除防护信号。重新开始工作前，应首先检查起重机是否正常。

第四节 典型事故案例

【案例一】作业人员违章操作，设备本质安全缺失

一、事故概况

2020 年 3 月 15 日，甲段乙车间一名电工当班期间，在车间焊轨班一线焊轨机开机焊轨过程中，进入焊轨机背面推瘤装置与对中装置之间(图 2-4-1)，被运行的推瘤装置挤压受伤，经抢救无效死亡。

图 2-4-1　事故设备

二、事故原因

该车间电工违反安全操作规定，在焊轨班一线焊轨机开机焊轨过程中，擅自进入焊轨机背面的推瘤装置与对中装置之间，导致被运行的推瘤装置挤压，是造成事故的直接原因。

三、事故教训

1. 设备安全防护装置缺失。焊轨班作业间安装的一线、二线 2 台焊轨机，背面的推瘤装置、对中装置为运动部件，但都处于暴露状态，周边没有设置安全防护设施，存在较大的安全隐患。

2. 作业场所安全警示标志不全。焊轨班作业间进门外墙上设置的安全警示标志中，缺少机械运动、危险区域、作业人员穿戴要求等警示标志，而作业间内在焊轨机背面的运动部件附近等关键位置未设安全警示标志，未能对场所内有关作业人员进行必要的提醒。

3. 设备操作规程存在缺陷。该段制定的《GAAS80 焊机操作及维护保养规程》有关人身安全的 6 个环节的作业程序中，每个环节都存在人身安全风险，但都没有制定针对性的安全管控措施。

【案例二】违章指挥、盲目作业，门式起重机吊运集装箱压死保洁人员

一、事故概况

2022 年 6 月 14 日，甲货运中心装卸业务外包公司在乙货场吊运空集装箱时，将在集装箱堆场清理垃圾、铁线的外包公司保洁人员压在集装箱底部，经送医院抢救无效死亡。

二、事故原因

1. 该装卸业务外包公司装卸队班长没有起重指挥资质，违章指挥门式起重机司机进

行吊运作业。门式起重机司机没有拒绝违章指挥，在没有起重机指挥的情况下违章进行吊运作业，且臆测作业、盲目行车，未注意观察动车方向的场地、人员情况，未认真瞭望沿途情况。作业人员违反《铁路货物装卸安全技术规则》中“非信号人员指挥或信号不明不吊”和装卸作业标准等规定，是造成事故的直接原因。

2. 该外包公司承接乙货场装卸外包业务后，未按照与铁路方签订的安全协议要求全面落实对生产组织、安全管理和教育培训的管理责任，安全培训不到位，安全管理制度不落实，安全检查考核缺乏力度，导致现场作业人员安全防护知识技能和风险防范意识欠缺，违章行为未得到有效纠正和遏制，是造成事故的主要原因。

3. 甲货运中心将货场装卸外包业务发包后，没有认真履行安全监管职责，存在“以包代管”现象，安全监管不到位，没有及时发现和纠正外包企业安全管理上存在的问题，是造成事故的重要原因。

4. 保洁人员自我保护意识不强，坐在作业区门式起重机运行区域内，未注意门式起重机的运行动态和门式起重机移动时的警示铃声，是造成事故的次要原因。

三、事故教训

1. 作业人员安全意识淡薄，作业负责人违章指挥。装卸班长违章指挥门式起重机司机在没有起重机指挥的情况下违章进行吊运作业，门式起重机司机没有拒绝违章指挥，在没有起重机指挥的情况下违章进行吊运作业。保洁人员自我保护意识不强，坐在作业区门式起重机运行区域内，未注意门式起重机的运行动态和门式起重机移动时的警示铃声。暴露出作业人员安全意识淡薄、违章指挥、违章蛮干等问题。

2. 安全管理不到位。该装卸业务外包公司未按安全协议要求全面落实对生产组织、安全管理和教育培训等管理责任，安全培训不到位，安全管理制度不落实，安全检查考核缺乏力度，导致现场作业人员安全防护知识技能和风险防范意识欠缺，违章行为未得到有效纠正和遏制。

3. 装卸业务外包管理不到位，安全监管力度不足。该货运中心虽然对外包单位进行了安全监督检查，并进行了经济考核，但安全监管力度不足，“以包代管”，安全监管不到位，没有发现该公司安全管理和现场作业劳动安全方面的问题，未及时消除安全监管上存在的安全隐患。

【案例三】违章作业，正面吊运起重机作业压死辅助人员

一、事故概况

2022 年 9 月 29 日，甲站货场一名装卸辅助人员（委外人员）被正在卸汽车集装箱作业的正面吊运起重机（司机为装卸外包人员）撞倒碾轧，经送医院抢救无效死亡。

二、事故原因

1. 作业前工组长未召开工前会，未布置安全注意事项，未开展安全预想。

2. 该装卸辅助人员安全意识淡薄，精力不集中，作业中站在司机视线盲区且安全距离不足。

3. 正面吊运起重机司机臆测作业、盲目行车，未注意观察动车方向的场地、车辆、人员情况，未认真瞭望沿途情况。

三、事故教训

1. 装卸辅助人员安全意识淡薄，引导作业中站位不当且距正面吊运起重机过近，退离不及。

2. 正面吊运起重机司机没有执行"起步前、调头、转弯时，司机必须观察正面吊四周及道路情况，注意避让人员和障碍物；倒车行驶时，必须观察倒车摄像显示器及倒车雷达，严禁臆测动车"的规定，违章蛮干。

3. 管理层对装卸业务外包企业"以包代管"，一包了之，对货场内装卸作业失管失控，对其作业人员安全知识培训质量和现场作业安全监督检查不到位。

【案例四】设备隐患未除，应急处置不当

一、事故概况

2020 年 8 月 31 日，甲站货场装卸一班进行货 2 线卸车作业时，起重机向土挡方向溜逸，一名作业人员被挤压在减速箱和土挡间，经抢救无效死亡。

二、事故原因

1. 作业人员违反作业标准。司机未进入司机室岗位检查确认起重机制动状态，起重工提前撤除防风地锚、铁鞋，起重机在风力的作用下发生溜逸。

2. 特种设备管理严重缺失。车站没有及时修复门式起重机故障失效的电动夹轨器，没有发现并处置断电状态下起重机大车走行制动器衬垫与制动轮未抱紧、制动力矩严重不足的安全隐患，没有制定起重机应急处置预案并组织培训和演练，应急处置人员处置不当、错误站位，被溜逸的门式起重机挤压致死。

三、事故教训

1. 现场作业失管失控。一是现场违反标准作业的问题长期存在。经调查了解，在门式起重机司机未在司机室的情况下，起重工提前撤除地锚、夹轨器、铁鞋的问题经常发生，该站和货运营销中心均未发现，致使职工违规作业成为习惯。二是现场监控设备未能有效发挥作用。该站货场起重机的部分视频监控长期失效，未及时修复；起重工作业记录仪未按规定使用，车站也未按规定进行检索分析，现场监控手段未能发挥作用。

2. 特种设备失管失修。一是日常自检自修走过场。该站货场门式起重机交接班制度不落实，未按照要求对设备进行日常保养和检查调整。二是维保检修走过场。事故门式起重机维保检修由外包单位承担，维保检修走过场，维保检修质量不高。

3. 管理制度严重缺失。一是作业指导书适用性不强。该站起重机司机作业指导书照

抄照搬《铁路装卸作业标准 桥式、龙门式起重机作业》(TB/T 1936.2),没有对起重机司机作业前检查、解除防风制动装置、确认解除信号等内容进行细化,也未明确解除防风制动装置的作业流程及联控标准。二是特种设备管理制度缺失。该站未按要求制定特种设备安全使用管理办法,未建立岗位安全责任制、安全操作规程、维修保养制度、安全检查制度、隐患整治制度、作业人员教育培训制度、档案资料管理制度等制度。三是应急管理缺失。该站未建立特种设备应急处置措施和事故救援预案,未组织应急演练和培训。四是安全风险措施不完善。该站货运营销中心安全风险库不健全,货装人员劳动安全风险库缺少作业人员进入门式起重机运行安全警示区域的管控措施,未针对特种设备安全风险制定技防措施。

【案例五】违章指挥不在意,作业标准不落实

一、事故概况

2021 年 2 月 10 日,甲货运中心乙站丙货场正面吊运起重机司机驾驶正面吊运起重机在货场南端吊重集装箱装汽车作业时,在正面吊运起重机空载向堆场北端倒车摆正过程中,指挥人员被起重机尾部撞倒在车下,经抢救无效死亡。

二、事故原因

1. 正面吊运起重机空载右转退移时,指挥人员左胸与起重机尾部右侧方向轮接触,起重机摆正过程中轮胎内侧将其挤倒在车下,是事故发生的直接原因和主要原因。

2. 正面吊运起重机装卸作业指挥人员未按规定及时到现场指挥,中途进入现场作业区域不与正面吊运起重机司机联系和瞭望,是事故发生的重要原因。

三、事故教训

1. 日常点名会流于形式。事发当日 7 时 30 分该站负责人虽然组织了早点名会,但正面吊运起重机司机未到场,不清楚点名会传达事项。

2. 安排资质不符人员担当指挥作业。指挥人员只有 Q3 桥式起重机操作证,不符合担当起重机指挥作业资质。

3. 不执行正面吊运起重机作业标准。一是当日作业期间,指挥人员和安全员均未及时到现场参与作业。二是无计划擅自动用正面吊运起重机,事发当日货运员电话通知的作业计划中未安排对货场堆码集装箱进行装汽车作业,但正面吊运起重机司机看到厂家汽车来后,擅自动车对货场堆码集装箱进行装汽车作业,将场内重箱交于拉货汽车。

复习思考题

1. 什么是机械伤害?

2. 机械伤害的主要类型有哪些?

3. 什么是起重伤害？
4. 起重伤害的主要类型有哪些？
5. 防止机械伤害的“一禁、二必须、三定、四不准”规定具体内容是什么？
6. 流动式起重机械作业有哪些防护要求？
7. 何谓起重作业“十不吊”？
8. 起重作业过程中“三不越过”具体指什么？

第五章 预防物体打击

物体打击会对作业人员的人身安全构成威胁，生产过程中时常出现机具、工具、物料坠落，物体崩块碎片打击伤人，特别是在作业周期短，劳动力、机具、物料投入较多，以及交叉作业时，常会发生物体打击。这就要求在作业过程中，作业人员必须严格执行操作规程和有关规定，管理人员加强监督检查，防止物体打击事故发生。

第一节 物体打击事故类型

物体打击是指物体在重力或其他外力的作用下产生运动打击人体造成的人身伤亡事故，包括落下物、飞来物、滚石、锤击、碎裂崩块（不包括因爆炸引起的物体）等所造成的伤害。物体打击常见事故类型有以下四种：

1. 坠落物伤害，指从高处掉落或坠落的物体砸中下方人员所造成的伤害。如工具、零件、零部件等物高处掉落伤人，钢轨、钢筋等重物坠落伤人。

2. 飞溅物伤害，指物体（液体或固体）因受到某种力的作用而破碎成较小的个体（颗粒、液滴等）射向人员造成的伤害。如打桩、锤击造成碎物屑飞溅伤人，砂轮机、切割机破碎伤人。

3. 抛物伤害，指由行为人将物体抛出或甩出，砸中本人或他人造成的伤害。如作业过程中抛掷工机具伤人，旅客列车上抛掷瓶子等伤人。

4. 惯性伤害，指物体发生碰撞、急停或急剧改变运动状态时对人员造成的伤害。如撬棍、扳手滑脱伤人，钢丝绳甩击伤人，夹具、工件飞出伤人。

第二节 物体打击伤害风险辨识

在铁路作业人员生产过程中，容易造成物体打击伤害的危险和有害因素较多，根据事故致因理论，物体打击伤害危险源主要分为人的因素、物的因素、环境因素和管理因素四个主要方面。

一、人的不安全行为

1. 擅自操作设备。

2. 忽视个人防护用品、用具的使用,如锯钢轨、砂轮机打磨、打桩等切削、敲打作业时,未佩戴防护眼镜;进入作业区域不佩戴安全帽。

3. 人体进入危险区域,如在运行的机械设备下行走或穿行。

4. 将工具、材料放在边缘处所或机械转动部位。

5. 抛掷传递工具、材料。

6. 操作错误、违章操作,如超载起吊物件。

7. 出现险情时,应变失误。

二、物的不安全状态

1. 材料或构件存在强度、刚度不够,稳定性差等缺陷。如脚手架、支撑架强度、刚度不够,起吊重物的绳索不符合安全要求等。

2. 无安全防护装置。如机械设备转动部分外露,未设置安全防护罩。

3. 作业场地出入口、通道口未搭设双层防护棚和安全通道。

4. 起重设备或垂直运输机具零部件掉落。

5. 材料、构件、料具未按规定位置堆放。

三、作业环境不良

1. 采光照明不良、空气质量不良。

2. 作业环境温度过高或过低。

3. 大风、暴雨、大雪等恶劣天气及突发自然灾害。

4. 作业场所狭窄、安全通道存在缺陷、未设置安全警示标志。

5. 作业场地不平整。

四、安全管理缺陷

1. 安全责任制不落实,违章指挥,检查不到位,监督不严。

2. 安全操作规程缺乏或不健全,安全教育不合格等。

3. 未配备符合作业要求的个人防护用品、用具。

4. 工程未督促设置防护栏、防护棚等安全防护设施及警示标志。

5. 管理混乱导致违章作业。

第三节　预防物体打击的安全知识和防控措施

在作业过程中,作业人员要仔细观察、检查作业区域内的机械设备、建筑物、机具材料等的安全状况，及时发现和解决安全隐患；严格执行安全作业标准，防止物体打击事故发生。

一、预防物体打击的安全知识

1. 从事特殊、特种作业人员，应取得相应资格证书。

2. 作业前检查工机具技术状态是否良好，禁止使用存在安全缺陷的工机具。

3. 作业现场按要求设置警示标志，按要求设置安全防护栏、防护棚。

4. 作业过程中严禁抛掷材料、机具等。

5. 边缘处所或机械转动部位禁止放置工具、材料等。

6. 搬动重、大、长物件，必须有专人指挥，动作协调。

7. 使用车辆搬运物件时，严禁超载，应平稳摆放、装载牢固；装卸前，应规定作业顺序、方法和预防措施，并安排专人指挥。

8. 使用符合安全要求的材料、构件，如脚手架、支撑架等强度、刚度符合安全标准。

二、预防物体打击的防控措施

（一）建筑施工作业安全要求

1. 拆除或拆卸作业要在设置警戒区域、有专人监护的条件下进行。

2. 多层建筑施工，在计划安排上要尽量避免立体交叉作业，确需进行立体交叉作业时，应事先采取隔离防护措施。

3. 搭设或拆除脚手架时，必须在作业区域设置警戒区，并由专人负责警戒，严禁无关人员穿越警戒区。拆除的架料、扣件，必须堆码整齐，统一吊运至地面，严禁从高处向下投掷架管、架板、扣件等。翻架板时应事先清扫板上杂物。

4. 施工工程的出入口必须搭设坚固的防护板棚，棚的宽度要大于出入口，棚的长度应根据建筑物高度分别设置，一般以5～10 m为宜。

5. 施工工程靠近必须通行的道路时，应在道路上方搭设坚固、密封的防护棚，防止坠落物伤害行人。

6. 临街建筑面或高层建筑施工周边，应用竹笆、小眼立网或竹席密封，防止砖渣、石块、螺帽等较小物体坠落伤人。

7. 边长小于或等于250 mm的预留洞口必须用坚实的盖板封闭，用砂浆固定。

8. 楼层中堆放材料、配件等，距边沿的距离应大于1.5 m。靠近伸缩缝旁，不宜堆放材料。

9. 所有井字架、门式架的吊篮，必须设置1 m高的钢筋网护栏、护门，防止砖头等小型材料或斗车在垂直升降中坠落伤人。

10. 高处作业的下方不得同时有人作业。必须同时作业时，应做好防止坠落物伤人的措施，并设专人看护。

11. 在平台上起吊大模板时，平台上禁止堆放其他任何材料、配件、工具等物件，以防滑落伤人。

12. 吊运大模板必须用卡环卡牢,防止模板坠落。大模板在校正固定前,应用钢丝绳临时固定稳妥,以防止校正时大模板倾倒伤人。大模板应在施工方案规定的地方堆放,场地必须平整夯实。大模板存放时,必须稳固摆放并设置防滑垫,使自稳角呈 70°～80°。没有支撑或自稳角不足的大模板,要放在专用的堆放架内或卧倒平放,不应靠在其他模板或构件上。

13. 深坑(槽)或地下室周边沿 1 m 内,不准堆放配件、模板、钢管、钢筋、砖石等材料,防止坠落物伤人或土方坍塌。

14. 在施工现场内,每一处危险部位都要悬挂相应的标志牌,以便提示作业人员预防危险的发生。

(二)铁路机械加工作业安全要求

1. 机器启动前应认真检查,保证安全可靠使用,防止零部件飞出伤人。

2. 用撬棍翻转钢轨时,作业人员要站在同一侧,且不能用力过猛,防止撬棍、钢轨伤人。

3. 使用砂轮机时严禁戴手套,要佩戴好防护镜(罩)。

4. 开动砂轮时必须经 40～60 s 转速稳定后方可磨削,磨削工件时应站在砂轮的侧面,不可正对砂轮,以防砂轮片破碎飞出伤人。不允许在砂轮机上磨削较大较长的工件,防止震碎砂轮飞出伤人。

5. 挥抡大锤不准戴手套,在打击第一锤之前,应注意周围环境,确认安全状态后方可作业。

6. 架落车时,禁止手扶心盘销。必要时必须在两侧旁承上各垫以 200 mm 以上厚的硬木防护垫方准进行。在任何情况下不准将头和身体探入枕梁与摇枕之间。

7. 转向架检修作业时,分解组装各部螺栓,要选用合适的扳手。使用电动工具时,精力要集中。更换套筒时,双手要紧握其中部。使用螺栓防转卡子时,要停机安放,防止挤手或滑落砸脚。

8. 登高检修人力制动机前,要先检查扶手、脚踏板、制动台的安装螺栓是否牢固,工具配件要放妥,防止坠落伤人。

9. 在列车顶部作业时,不准将工具、材料放在边沿部位,防止受振后落下伤人。

10. 装卸轮对、车轴、车轮时,吊具挂妥后,要呼唤应答,周边人员须及时避让,防止滑动、坠落。

(三)工机具、物料运送作业安全要求

1. 物料应堆放整齐、平稳,作业场地及时清扫,每天做到工完场清。清理的各楼层杂物,应集中放入垃圾桶或斗车内,并及时吊运到地面,严禁从窗内往外乱投掷物料。

2. 吊运一切物料都必须由持有效证件的指挥人员进行指挥,散料应用吊篮装置好后方可起吊。

3. 高空安装起重设备或垂直运输机具,要防止零部件落下伤人。

4. 高处作业人员应携带工具袋,使用的小型工具及小型材料、配件等,必须装入工具

袋内，防止坠落伤人。高处作业使用的较大工具，应放入楼层的工具箱内。严禁上下抛递工具。

5. 高处拆除作业时，对拆卸下的物料、建筑垃圾要及时清理运走，不得在通道内任意乱放或向下丢弃。

6. 所有物料应堆放平稳，不得放在临边及洞口附近，并不可妨碍通行。

7. 物料传递不准往下或向上乱抛递。上下传送易滑的钢材，绳结必须系牢，以防散落伤人。除上下传送物料外，严禁上下层同时作业。

8. 在深坑内砌筑或浇筑等，所用材料均应用溜槽向下投料，不准采用传砖或其他乱投的方法。

第四节　典型事故案例

【案例一】违规雇佣劳务，安全监管失位

一、事故概况

2015 年 6 月 1 日，甲工务段乙线路车间库前工区雇佣的一名劳务人员，在处理工区废弃树木时被树木砸中，当场死亡。

二、事故原因

1. 该劳务人员处理废弃树木过程中，采取措施不当，在捆绑树木时使其发生倾倒，躲避不及被树木砸中，是造成该起事故的直接原因。

2. 甲工务段乙线路车间库前工区在雇佣当地村民处理工区废弃树木过程中，“以包代管”，没有履行雇佣主体的安全责任，没有派人进行配合和监护，是造成该起事故的主要原因。

三、事故教训

1. 工区随意雇佣劳务人员。库前工区工长在发现工区院内树木需要清理时，没有按规定履行上报程序，擅自与当地村民签订劳务协议，但协议格式、内容非法，是一份无效合同。

2. 作业现场没有铁路人员监护。该劳务人员在现场清理树木过程中，车间、工区没有派人进行监护，放任劳务人员自行作业，没有履行雇佣主体的安全责任。

3. 缺乏安全责任意识。从段、车间到班组，部分人员安全责任意识淡薄，片面认为作业人员与铁路无关，签订了劳务协议就可以事不关己，免除了安全责任，对这种事实上的劳务雇佣关系需要承担的安全责任心中无数、认识模糊，出了事故一推了之、麻木不仁。

【案例二】电力杆超龄使用，防护措施不完善

一、事故概况

2017 年 4 月 25 日，甲段乙电力车间在进行停电检修作业过程中，一名电力线路工在电杆顶部作业时，电杆发生倾倒砸在杆上作业人员胸部，造成该电力线路工死亡。

二、事故原因

该电力杆已使用 35 年，材质强度减弱。电力线路工登杆在顶部作业，致使电杆一侧受力，导致根部折断倾倒，是事故发生的直接原因。

三、事故教训

1. 安全预想不足。该段已经运行 30 多年的电力杆共有 18 342 根，但在此次施工前该段对电力杆使用时间长、强度减弱，可能导致折断的风险估计不足，没有进行认真研判并制定防范措施。

2. 专业管理缺失。该局供电处及该段没有针对超期使用的电力设备检修制定相关的安全管理办法，对电力登杆作业过程中存在的倒杆隐患未采取有效防范措施，施工组织方案和作业指导书中也没有进行提示和防范。

【案例三】除草作业不清理场地，除草机卷起铁丝伤人

一、事故概况

2023 年 8 月 17 日，甲局乙站运转一车间在丙场 16 道进行杂草清理、捡垃圾天窗点外作业时，割灌机刀片卷起杂草中的铁丝，将一名路过现场的车间技术员扎伤，经医院诊断为脾脏损伤，手术切除脾脏。

二、事故原因

割灌机操作人员在操作割灌机作业时，违反割灌机安全操作须知“对即将使用本产品的场地应进行仔细的检查，要将所有的外部物体移开，要远离易碎的物体，以防飞溅物砸坏物品（如玻璃门窗等）”“严禁冲击作业，高速旋转的刀片不能碰击石头、金属物等硬物，以防石头、金属物等硬物反弹和刀片损坏碎片飞溅伤人等意外发生”的规定，作业前没有对需要除草的场地进行仔细检查，未发现杂草中的铁丝，在除草作业时刀片碰击铁丝，铁丝反弹飞出伤人。

三、事故教训

1. 安全风险研判不全面。该站没有对割灌机在使用过程中存在的人身安全风险进行研判，也没有制度办法层面的控制措施，对现场作业人员使用割灌机除草作业的风险排查漏项，没有将除草作业存在的人身安全风险纳入风险库进行管控，劳动安全风险排查管控不全面。

2. 机具操作规程培训和执行不到位。该站区除草任务较多，使用割灌机频次较高，但是车站没有针对割灌机使用频繁的情况，组织对割灌机使用说明书进行学习培训，特别是对割灌机安全操作须知没有进行重点培训，操作人员对割灌机使用操作重点注意事项不熟悉、不掌握，在现场操作时，对关键的操作安全事项不能做到心中有数，割草作业前对站场环境的复杂性没有充分预判，也没有对需要除草的场地提前进行仔细检查，未能发现杂草中的铁丝，为人身伤害埋下了隐患。

3. 人身安全自我保护意识不强。该站运转一车间技术员作为车间管理人员，安全风险防范意识不强，自我保护意识不强，明知道前方正在使用割灌机进行割草的情况下，没有远离割草作业地点，被飞溅的铁丝扎伤。

复习思考题

1. 什么是物体打击？
2. 物体打击事故的类型有哪些？
3. 物体打击伤害中人的不安全行为有哪些？
4. 物体打击伤害中物的不安全状态有哪些？
5. 物体打击伤害中作业环境不良有哪些情况？
6. 吊运大模板时应注意的事项有哪些？
7. 上下传递物料有何要求？

第六章 预防火灾

消防安全是铁路运输生产安全的重要组成部分。铁路系统生产作业复杂，既要求有严格的分工，又要求各个环节之间保持协调一致。如果某个环节发生火灾，小则影响到一个部门，大则影响整个运输生产正常进行。各部门、各单位、各岗位都要实行严格的生产责任制，保障铁路消防安全责任落实。作业人员要了解火灾事故类型，提高火灾风险辨识能力，掌握灭火和逃生技能，确保铁路运输安全稳定。

第一节　火灾事故类型

火灾本身是一种燃烧现象，燃烧不但产生巨大的热量，而且生成气体、蒸汽、固体物质和浓烟。在燃烧过程中有些物质是有毒有害的，对人体有刺激、麻醉、窒息影响，直接威胁着人们的生命安全。

火灾事故可以根据燃烧对象的性质和所造成的灾害损失程度进行分类。

一、火灾的概念及特点

（一）火灾的概念

火灾是指在时间或空间上失去控制的燃烧所造成的灾害。在各种灾害中，火灾是最经常、最普遍的威胁公众安全和社会发展的主要灾害之一。

（二）火灾的特点

火灾具有普遍性、随机性、必然性的特点。

1. 普遍性是指火灾不论在哪个地区，不论在什么单位和部位，都可能发生；火灾不限于发生在火灾危险性较大的单位和场所，从居民住宅到一般的大小单位（包括公共场所）都可能发生。

2. 随机性是指随时、随地都可能发生火灾。人们无法事先确定何时、何地、何场所将会发生火灾。同时，也无法判断火灾的规模大小，具有一定的不可预测性。

3. 必然性是指在放松警惕、没有任何预防的情况下，火灾的发生是必然的，只要具备了起火条件，它的发生便是确定无疑的。

二、燃烧基本原理

燃烧是可燃物与氧化剂作用发生的一种放热、发光的化学反应，要发生燃烧，必须具备可燃物、助燃物和引火源这三个条件。在燃烧过程中，可燃物在氧气或其他氧化剂的作用下，由于氧化速度快、反应剧烈，因而释放大量的热量，热量又将燃烧物加热到发光的程度，形成火焰，这是燃烧放热发光的物理表现。

三、火灾的类型

（一）按照燃烧对象的性质分类

根据可燃物的类型和燃烧特性，火灾可分为以下六类：

1. A 类火灾：指固体物质火灾。这种物质通常具有有机物质性质，一般在燃烧时能产生灼热的余烬。如木材、干草、煤炭、棉、毛、麻、纸张、塑料（燃烧后有灰烬）等火灾。

2. B 类火灾：指液体或可熔化的固体物质火灾。如煤油、柴油、原油、甲醇、乙醇、沥青、石蜡等火灾。

3. C 类火灾：指气体火灾。如煤气、天然气、甲烷、乙烷、丙烷、氢气等火灾。

4. D 类火灾：指金属火灾。如钾、钠、镁、钛、锆、锂、铝镁合金等火灾。

5. E 类火灾：指带电火灾。物体带电燃烧的火灾。

6. F 类火灾：指烹饪器具内的烹饪物（如动植物油脂）火灾。

（二）按照火灾事故造成的灾害损失程度分类

按照一次火灾事故所造成的人员伤亡、受灾户数和财物损失金额划分，可把火灾分为以下四个等级：

1. 特别重大火灾：指造成 30 人以上死亡，或者 100 人以上重伤，或者 1 亿元以上直接财产损失的火灾。

2. 重大火灾：指造成 10 人以上 30 人以下死亡，或者 50 人以上 100 人以下重伤，或者 5 000 万元以上 1 亿元以下直接财产损失的火灾。

3. 较大火灾：指造成 3 人以上 10 人以下死亡，或者 10 人以上 50 人以下重伤，或者 1 000 万元以上 5 000 万元以下直接财产损失的火灾。

4. 一般火灾：指造成 3 人以下死亡，或者 10 人以下重伤，或者 1 000 万元以下直接财产损失的火灾。

第二节　火灾事故安全风险辨识

火灾风险是指消防系统中存在可能引起火灾并造成人员伤害、财产损失、作业环境破坏或其他损失的根源或状态，如危险环境、危险条件、危险状态、危险物质、危险场所、危险人员、危险因素等。火灾隐患泛指人的不安全行为,设施设备、机具、环境和物料的不安全状态,以及管理缺陷。

造成火灾的原因很多,究其根本原因大致可分为电气危险隐患、物料危险隐患、生活用火危险隐患、吸烟危险隐患及违反安全规定危险隐患等。

一、电气危险隐患

电气危险隐患包括违反电气安装与使用规定及使用伪劣电气产品;露天安装的电气设备(如发动机、闸刀开关、电灯等)淋雨进水,使绝缘受损;一些电气设备,如变压器、电动机、电容器、导线及接头等在运行中发热温度升高;使用电炉、大灯泡取暖;电气线路短路、超负荷运行、导线接触电阻过大;电气线路导线裸露或绝缘破损,相线与相线、相线与零线(或大地)在电阻很小或没有通过负载的情况下相碰;产生电流突然大量增加或乱拉乱接电线,不按使用要求随意加大负荷,电线绝缘老化,不按时更换电线,忘记断电造成长时间通电等。

二、物料危险隐患

物料危险隐患包括易燃易爆化学危险物品自燃,以及煤、稻草麦秸、涂油物、鱼粉等自燃引起的火灾。虽然能自燃物质较少,但在日常工作和生活中仍要注意防范。

三、生活用火危险隐患

生活用火危险隐患是指生活或涉及生活的用火不当,包括炉灶(炉具)设置、使用不当,余火复燃,明火照明、生火取暖、熏蚊不当等。生活用火引发的火灾在火灾事故中一直占较大比例。

四、吸烟危险隐患

吸烟危险隐患包括吸烟入睡、醉酒吸烟、随地乱扔烟蒂及在有爆炸危险场所违章吸烟、乱扔烟蒂。吸烟引发的火灾在火灾事故中也占一定比例,是引起火灾事故的重要原因。

五、违反安全规定危险隐患

违反安全规定是指生产、储存、运输等作业过程中违反规章制度或操作规程导致火灾发生,如违章动火、施焊切割等引起的火灾。

第三节　预防火灾的安全知识、灭火和逃生技能

根据燃烧基础理论,可燃物、助燃物和引火源三个条件必须同时具备且相互作用,燃

烧才能发生。防火和灭火的基本原理,是基于对燃烧基础理论运用的结果。其中,防火原理在于限制燃烧条件的形成,灭火原理则是破坏已触发的燃烧条件。

各单位应对职工经常性开展消防安全知识培训教育。定期对专(兼)职消防管理人员和消防设施操作人员,电工、电气焊等特种作业人员,易燃易爆岗位作业人员,旅客列车工作人员,以及车站客货运工作人员、机车乘务员等进行消防和安全培训,达到"四懂四会",即懂得本岗位的火灾危险性、懂得预防火灾的措施、懂得扑救火灾的方法、懂得逃生的方法,会使用消防器材、会报警、会扑救初起火灾、会组织疏散逃生。

一、火灾预防

(一)预防火灾的基本原理

预防火灾发生应从限制燃烧的三个基本条件入手,并避免它们相互作用。

1. 控制可燃物

控制可燃物的做法通常有以下几种:

(1)对可燃物质进行处理,使其变得不易燃烧,如对木材进行阻燃处理,通过添加阻燃剂等方法,提高木材的耐火性能,降低其燃烧的可能性。

(2)采用替代材料,减少可燃物质的使用,如在建筑装修中,可以使用不燃或难燃材料代替可燃材料,如使用防火板代替木板、使用岩棉等保温材料代替聚苯乙烯泡沫等可燃保温材料。

(3)定期对工作场所、居住环境等进行清理,清除堆积的可燃杂物,如及时清理仓库中的废旧包装材料、车间里的油污抹布等可燃物品,防止这些物品堆积引发火灾。

(4)在铁路沿线的森林、草原等处,加强火源管理,及时清除枯枝落叶、干草等可燃物质,减少火灾隐患,如采取定期清理、设置防火隔离带等方式,降低铁路沿线火灾发生的风险。

2. 隔绝助燃物

隔绝助燃物的做法通常有以下几种:

(1)对一些可能产生可燃气体或粉尘的设备,如粉碎机、干燥机等,要安装密封装置,防止可燃物质泄漏到空气中。同时,对设备的连接处、阀门等部位也要进行密封处理,确保设备的整体密封性。

(2)在一些储存可燃液体或气体的容器中,可以充入惰性气体,如氮气、二氧化碳等。惰性气体不参与燃烧反应,可以有效地隔绝助燃物(氧气)与可燃物质的接触,从而防止火灾的发生。例如,在油库中常采用氮气密封技术,将氮气充入油罐顶部空间,防止空气进入油罐。

(3)在一些特殊的生产过程中,如焊接、热处理等,也可以使用惰性气体进行保护,通过向工作区域充入惰性气体,排除空气中的氧气,防止可燃物质在高温下与氧气发生反应而引发火灾。

3. 控制引火源

在多数场合,可燃物的存在不可避免,作为最常见助燃物的氧气也几乎无处不在,所以防火防爆技术的重点是对引火源的控制，通常有以下控制措施：

（1）生产、生活中的明火使用需严格审批，如在工业生产中，焊接、切割等明火作业必须经过安全部门的审批，明确作业地点、时间和防护措施等，同时操作人员需持有相应的特种作业证书，确保操作规范。

（2）对于餐饮场所，要确保炉灶等明火设备的安全使用，定期检查燃气管道、阀门是否漏气，炉灶周围不得堆放易燃物品，加强对厨师等操作人员的消防安全培训，防止因操作不当引发火灾。

（3）定期检查电气线路，正确使用电气设备，避免电气设备长时间连续使用，防止过热引发火灾，在使用充电器、电吹风等设备后，及时拔掉插头，切断电源。

（4）在运输易燃易爆物品时，要确保车辆接地良好，防止产生静电，同时要控制运输速度，避免摩擦产生静电等。

（二）预防火灾的常见措施

1. 合理布置防火间距。防火间距指防止着火建筑的辐射热在一定时间内引燃相邻建筑，且便于消防扑救的间隔距离。为了防止建筑物间的火势蔓延，各栋建筑物之间留出一定的距离是非常必要的。这样能减少辐射热的影响，避免相邻建筑物被烤燃，并可为疏散人员和灭火提供必要场地。

2. 提升耐火等级。为了保证建筑物的安全，必须采取必要的防火措施，使之具有一定的耐火性，即使发生火灾，也不至于造成太大的损失。通常用耐火等级来表示建筑物所具有的耐火性。一栋建筑物的耐火等级是由组成建筑物的所有构件的耐火性决定的，即由组成建筑物的墙、柱、梁、楼板等主要构件的燃烧性能和耐火极限决定。

3. 建立防火分区。防火分区指采用防火分隔措施划分出的能在一定时间内防止火灾向同一建筑的其余部分蔓延的局部区域（空间单元）。通过建立防火分区，一旦建筑物发生火灾，就可以有效地将火势控制在一定的范围内，减少火灾损失，同时可以为人员安全疏散、消防扑救提供有利条件。

4. 预留消防扑救条件。建筑的消防扑救条件可根据消防通道和消防扑救面的实际情况进行衡量。消防通道的畅通及完备可以保证火灾时消防车辆能够顺利到达火场，使消防员能迅速扑灭火灾，最大限度地减少人员伤亡和火灾损失。消防扑救面是指登高消防车能靠近主体建筑，便于消防车辆作业和消防员进入建筑进行抢救人员和扑灭火灾的建筑立面。

5. 安全充电。铁路工装器具充电应使用原装充电器和充电线，避免过度充电、边充电边使用设备，以免长时间充电对电池造成损害，引发过热、短路甚至起火等危险。不得将正在充电的设备放在暖气、火炉等热源附近，以免温度过高影响电池性能和安全，也要避免在潮湿、高温或易燃物附近充电，防止因湿气进入设备或过热引发火灾。定期检查设备和充电配件，查看是否有破损、老化等情况，如有问题应及时更换。

二、灭火的基本原理与方法

（一）灭火的基本原理

灭火的基本原理就是在发生火灾后，通过采取一定的措施，把维持燃烧所必须具备的条件之一予以清除,使其不能继续进行,达到灭火的目的。根据火灾形成的原理,采取降低着火系统温度、断绝可燃物、稀释空气中的氧浓度、抑制着火区内的链式反应等措施,均可达到灭火的目的。

(二)灭火的基本方法

1. 冷却灭火

可燃物一旦达到着火点,就会燃烧或持续燃烧。在一定条件下,将可燃物的温度降到着火点以下,燃烧即会停止。对于可燃固体,将其冷却在燃点以下;对于可燃液体,将其冷却在闪点以下,燃烧反应就可能终止。用水扑灭一般固体物质引起的火灾,主要是通过冷却作用来实现,水具有较大的比热容和很高的汽化热,冷却性能很好。在用水灭火的过程中,水大量吸收热量,使燃烧物的温度迅速降低,使火焰熄灭、火灾终止。水喷雾灭火系统的水雾,其水滴直径细小,比表面积大,和空气接触范围大,极易吸收热气流的热量,也能很快地降低温度,灭火效果更为明显。

2. 隔离灭火

在燃烧三要素中,可燃物是燃烧的主要因素。将可燃物与氧气、火焰隔离,就可以终止燃烧。例如,自动喷水－泡沫联用系统在喷水的同时喷出泡沫,泡沫覆盖于燃烧液体或固体的表面,在发挥冷却作用的同时,将可燃物与空气隔开,从而实现灭火目的。在扑灭可燃液体(气体)火灾时,迅速关闭输送可燃液体(气体)管道的阀门,切断流向着火区的可燃液体(气体)的输送管道,同时打开可燃液体(气体)通向安全区域的阀门,可以使已经燃烧或即将燃烧或受到火势威胁的容器中的可燃液体(气体)转移。

3. 窒息灭火

可燃物的燃烧是氧化作用,需要在最低氧浓度以上才能进行,低于最低氧浓度,燃烧不能进行,火灾即被扑灭。一般氧浓度低于15%时,就不能维持燃烧。在着火场所内,可以通过灌注非助燃气体,如二氧化碳、氮气等,来降低空间的氧浓度,从而达到窒息灭火的目的。此外,水喷雾灭火系统工作时,喷出的水滴吸收热气流热量而转化成蒸气,当空气中水蒸气浓度达到35%时,燃烧即停止。

4. 化学抑制灭火

由于有焰燃烧是通过链式反应进行的,如果能有效抑制自由基的产生或降低火焰中的自由基浓度,即可使燃烧终止。化学抑制灭火的常见灭火剂有干粉灭火剂和七氟丙烷灭火剂。化学抑制灭火速度快,使用得当可有效地扑灭初起火灾,减少人员伤亡和财产损失。在条件许可的情况下,采用化学抑制灭火的灭火剂与水、泡沫等灭火剂联合使用会取得明显效果。

(三)灭火器的分类

使用灭火器材扑救初起火灾是最有效的火灾控制手段。灭火器的种类很多,常见灭火器类型主要有干粉灭火器、二氧化碳灭火器和水基型灭火器。

1. 干粉灭火器

干粉灭火器灭火效率高，适用范围广，可用于建筑物、布料、油类、可燃气体、电气设备等引起的火灾，但不可用于镁、铝、钠等轻金属火灾。

2. 二氧化碳灭火器

二氧化碳灭火器可用于扑救600 V 以下的带电电器、贵重设备、图书资料、仪器仪表等引发的初起火灾，以及一般的液体火灾。

3. 水基型灭火器

水基型灭火器具有无毒、无污染、灭火效率高及阻燃和抗复燃性能好的特点，适用于扑救固体或非水溶性液体的初起火灾。

（四）灭火器的使用

灭火时站立于火源的上风方向，避免吸入有毒气体。取出灭火器后，去除灭火器铅封，拔出保险销，用一只手握住喷嘴，另一只手按下压把，在距离火源约 1 ~ 2 m 的安全位置，将喷嘴对准火源根部，左右扫射直至火源完全熄灭。二氧化碳温度较低，使用二氧化碳灭火器时容易冻伤，因此不要碰触喷管。

三、火灾报警方法

发生火灾时，首先要拨打“119”火警电话，及时准确的报警是火灾施救的关键。

1. 火警电话接通后，应讲清着火单位，所在区县、街道、门牌号码等详细地址。

2. 要讲清起火部位，燃烧物质和燃烧情况，火势情况。

3. 要讲清自己的姓名、工作单位和电话号码。

4. 报警后要有专人在街道路口等候消防车，引导消防车去往火场，以便迅速、准确地到达起火地点。

四、火灾逃生

火场逃生是避免伤亡事故的关键环节。在火灾发生时，一定要想方设法进行逃生。总结出以下 15 种火场逃生的方法，有效掌握对于顺利逃出火海、减少伤亡具有重要作用。

1. 逃生预演，临危不乱

每个人对自己工作、学习或居住所在的建筑物结构及逃生路径要做到心中有数，必要时可按逃生路线图进行消防演练。

2. 熟悉环境，暗记出口

处于陌生环境，如入住酒店、商场购物、进入娱乐场所时，务必留心疏散通道、安全出口及楼梯方位等，以便关键时刻能尽快逃离现场。

3. 保持镇静，明辨方向

保持冷静，不要盲目出逃。要了解自己所处的环境位置，及时掌握当时火势的大小和蔓延方向，然后根据情况选择逃生方法和逃生路线。

4. 迅速撤离，不贪财物

逃生时不要为穿衣服或寻找贵重物品而浪费时间，也不要为带走自己的物品而身负重压影响逃离速度，更不要贪财，本已逃离火场而又重返火海。

5. 简易防护，匍匐前进

逃生时经过充满烟雾的路线，可采用毛巾、口罩蒙鼻，匍匐撤离的办法，开门窗前用手探查门窗温度以防烫伤；穿过烟火封锁区时，可向头部、身上浇冷水或用湿毛巾、湿棉被、湿毯子等将头、身裹好，再冲出去。

6. 胆大心细，善用通道

发生火灾时，除可以利用楼梯，还可以利用建筑物的阳台、窗台、天面屋顶等攀到周围的安全地点，再沿着落水管、避雷线等滑下楼脱险。

7. 高楼火灾，忌乘电梯

逃生时，一般不要坐电梯（消防电梯要在救护人员的指挥下使用），应从安全出口逃生。其原因有两点，一是火灾中，易断电而使电梯“卡壳”，给救援带来难度；二是电梯直通楼房各层，火场的浓烟易涌入电梯中形成“烟囱效应”，人在电梯里随时都有可能被浓烟毒气熏呛或窒息而死亡。

8. 巧妙逃生，滑绳自救

用绳子或把床单、被套撕成条状连成绳索，紧拴在窗框、暖气管、铁栏杆等固定物上，用毛巾、布条等保护手心，顺绳滑下或下到未着火的楼层脱离险境。

9. 堵塞门户，固守待援

若用手摸房门已感到烫手，说明大火已经封门，再不能开门逃生。此时应关紧迎火的门窗，打开背火的门窗，用湿毛巾、湿布塞堵门缝或用水浸湿棉被蒙上门窗，然后不停地用水淋透房门，防止烟火渗入，固守在房内，直到救援人员到达。

10. 缓晃轻抛，寻求援助

被烟火围困暂时无法逃离的人员，要立即返回室内，用打手电筒、挥舞衣物、呼叫等方式向窗外发出求救信号，等待救援。

11. 走投无路，厕所避难

当逃离烟火区已无可能，又无其他条件可利用时，应冲向浴室、卫生间等。这些房间既无可燃物，又有水源。进入后，应闭门堵缝，向门泼水，打开排气扇，打开背火的窗子等待救援。

12. 身上着火，切勿惊跑

如果身上着火应及时脱去衣服或就地打滚进行灭火，也可向身上浇水，用湿棉被、湿衣物等把身上的火包起来，使火熄灭。

13. 辨明情况，低层跳离

火场上切勿轻易跳楼，在万不得已的情况下，住在低楼层（一般 2 层以下）的居民可采取跳楼的方法进行逃生。但首先要根据周围地形选择高度差较小的地面作为落地点，然后将床垫、沙发垫、厚棉被等抛下作缓冲物，并使身体重心尽量放低，做好准备以后再跳。

14. 互相帮助，利人利己

要发扬互助精神，帮助老人、小孩、病人优先疏散。对行动不便者可用被子、毛毯等包扎好，用绳子布条等吊下。逃生过程中如看见前面的人倒下，应立即扶起，对拥挤的人应给予疏导或选择其他疏散方法予以分流，减轻单一疏散通道的压力，竭尽全力保持疏散通道畅通，以最大限度减少人员伤亡。

15. 既已逃出，不要回头

一旦逃离危险区，受灾者就必须留在安全区域并及时向救助人员反映火场情况，即使发现还有人没撤出来，也不能贸然返回。正确的做法是由消防人员组织营救。

五、铁路旅客列车火灾应急处置

（一）旅客列车火灾成因

从旅客列车的特点来看，发生火灾主要有以下六方面原因：

1. 旅客携带或在行李中夹带易燃、易爆及其他危险品上车。
2. 列车内人员吸烟、乱扔烟头引发火灾。
3. 车体电气设备线路短路、过载等引发火灾。
4. 客车附属设施不良引发火灾。
5. 餐车人员操作失误，锅炉、茶炉违章操作，缺水、超温、干烧等造成火灾。
6. 餐车油垢清除不彻底引发火灾。

（二）旅客列车火灾主要特点

1. 群死、群伤。一是旅客列车车厢内人员集中，火灾发生时易造成拥挤堵塞通道，无法及时疏散。二是燃烧产生的浓烟，大大降低了能见度。三是车体采用的高分子化合物材料燃烧会产生一氧化碳、氨气等有毒气体。四是车厢两侧玻璃打碎后，空气迅速进入燃烧区域，会使火势迅速蔓延。

2. 扑救难度大。一是旅客列车在运行中风速大，空气流通快，容易在很短的时间内造成火势扩大。二是配备的灭火器数量有限。三是铁路沿线大多缺少消防水源和消防器材，地方消防救援机构人员赶到火灾现场需要一定的时间。

3. 社会影响大。旅客列车发生火灾后容易引起社会各方面的高度关注。

4. 经济损失大。每辆客车价值几十万元甚至上百万元，再加上旅客的私人财产，其直接经济损失非常大，间接经济损失则无法计算。

（三）旅客列车火灾应急处置

1. 立即停车。列车运行中发生火灾或爆炸事故时，应立即使用紧急制动阀，使列车停在安全地带。

2. 疏散旅客。列车发生火灾时，乘务员应迅速组织起火车厢旅客向邻近车厢或地面安全地带疏散。

3. 迅速扑救。列车长、乘警应立即组织义务消防队和其他列车工作人员使用列车上的消防设备进行扑救。

4. 切断火源。列车运行中发生电气设备冒烟起火时,要立即关闭电源开关或断开保险。在电气化区段,应立即通知电力部门将接触网停电,以便灭火。在电源未切断前任何人不得用水灭火。

5. 分离车辆。列车停妥后,应将着火车辆与其他车辆尽快分离。

6. 设置防护。列车分离后,列车长和机车乘务员要迅速设置防护。

7. 报告救援。列车长、乘警要尽快向上级部门和行车调度报告事故情况,请求救援,同时应迅速向"119"报警。

8. 抢救伤员。发现有人员受伤时,要积极实施现场抢救,同时应迅速向"120"求救。

9. 保护现场。在扑救火灾时,要注意保护好火灾现场,严禁无关人员进入。

10. 维持秩序。要采取多种形式做好宣传解释工作,稳定旅客情绪,防止混乱。

第四节 典型事故案例

【案例一】车辆改造不规范,日常管理不尽责

一、事故概况

2019 年 11 月 8 日 2 时 40 分,甲局乙工务机械段换轨一车间在丙客专下行线 K344 + 140—K282 + 140 处施工结束后,返回到丁站客整场驻地,3 时 10 分,229 号宿营车 11 名职工进入各自房间休息。5 时 05 分宿营车发现火情,5 时 40 分消防车、救护车先后到达现场,救出被困人员,扑灭明火。现场确认一人死亡,另一人经抢救无效死亡。

二、事故原因

此次火灾起火部位为 229 号宿营车配电箱,起火原因系配电箱内电源指示灯内电容性能恶化(软击穿),电阻的电流随之增加,电阻持续异常发热,导致引燃指示灯非阻燃塑料外壳,致使配线脱落、搭铁,引燃线束包扎带、有机塑料防护罩等,火势由配电箱输出线线槽进入棚顶,引燃棚顶内可燃物。

三、事故教训

1. 施工源头质量不高,存在引发火灾的安全隐患。一是改造使用的配电箱内电源指示灯灯座易燃,导线绑扎带材料易燃,防触电隔离板易燃。二是导线线槽未按规定防护,输出导线主线槽未按规定使用金属管防护,导线拐角处未做防护。三是导线存在破皮,导线中有违规接头,而且此隐患隐蔽于线槽内。四是在宿营车改造项目实施过程中野蛮施工,电源指示灯线路未经漏电保护,在出现电源线搭铁拉弧时直接引燃箱体内易燃材料。

2. 在宿营车改造项目中过程控制和工序控制存在重大疏漏，对施工人员违规使用存在隐患的设备设施疏于管理，未予制止纠正；未认真进行工程质量自验，对施工质量管控不严，导致存在重大火灾隐患的设备设施投入运用。

3. 作为工程车改造建设单位履职不到位，过程管理和验收管理存在疏漏，对宿营车日常巡视制度执行不到位，没有落实防火巡查规定。对宿营车日常维护管理不到位，没有制定相应的制度和作业指导书，没有发现宿营车存在的重大火灾隐患。

4. 路用客车大修质量不高。未拆除顶板易燃保温材料，未发现配电箱存在的安全隐患，施修时未对配电箱存在的安全隐患进行修正，未发现导线破损问题。工程改造的客车电气部分验收把关不严，未发现和修正施工质量隐患。

【案例二】违法违规施工，动火管理不到位

一、事故概况

2023 年 4 月 18 日 12 时 50 分，北京市某医院发生重大火灾事故。13 时 33 分，现场明火被扑灭；15 时 30 分，现场救援工作结束，事故造成 29 人死亡、42 人受伤。

二、事故原因

一是该医院南配楼三层病房改造工程施工现场，作业人员开展自流平地面施工和净化门门框安装切割动火时，违规交叉作业。二是自流平地面施工涂刷的环氧树脂底涂材料中易燃易爆成分挥发，加之现场未保持有效通风，形成爆炸性气体混合物，且浓度达到爆炸下限。三是角磨机切割金属净化板产生的火花，遇爆炸性气体混合物引起爆燃，并引燃西北门外坡道下方堆放的可燃物。

三、事故教训

1. 医院主体责任严重不落实。该医院违反医疗机构管理规定，未按照要求进行床位数变更登记、医护配比不符合规定，住院部公共走道宽度 1. 4 m，明显小于规范要求的至少 2. 1 m；未履行建筑施工法定义务和施工现场安全管理职责，2017 年以来陆续进行的 38 个装修改造类施工项目均未按规定向相关部门申请办理施工许可或向街道乡镇申请办理开工登记手续，未发现并制止病房改造工程现场违规动火、交叉作业行为；未按规定履行消防安全主体责任，符合界定标准但未进行消防安全重点单位申报，未对消防设施、器材定期组织维修，火灾自动报警系统、自动喷水灭火系统、室内消火栓系统未保持完好有效。

2. 施工单位违规动火交叉作业。施工单位施工现场安全管理缺失，作业人员在未办理动火审批手续违规进行明火作业、现场无人监护、未对现场可燃物进行清理的情况下，使用角磨机进行切割作业；未针对易燃易爆物品制定防火安全措施，违规在作业场所调料；环氧树脂自流平地面施工与净化门安装交叉作业；未保持建筑业企业资质许可条件，且未按规定设立安全生产管理机构并配备专职安全生产管理人员。

3. 初期应急处置能力不足。这次事故中，自流平地面和净化工程作业人员均为临时

雇佣人员，未经任何施工交底和安全教育培训直接上岗，违规交叉作业导致发生火灾，之后作业人员均未第一时间报警。医院值班人员、管理人员和医护人员，在发现火情后均未第一时间报警，医院未有效组织初起火灾扑救和人员疏散。同时，这次事故也暴露出一些政府部门和单位存在事故信息报送特别是伤亡人员信息报送不及时、不规范等问题。

【案例三】气瓶检验充装弄虚作假，燃气安全失管漏管

一、事故概况

2023 年 6 月 21 日 20 时 37 分，银川市兴庆区某烧烤店发生一起特别重大燃气爆炸事故，21 时 20 分现场明火扑灭，事故造成 31 人死亡、7 人受伤。

二、事故原因

液化石油气配送企业违规向烧烤店配送有气相阀和液相阀的“双嘴瓶”，店员误将气相阀调压器接到液相阀上，使用发现异常后擅自拆卸安装调压器造成液化石油气泄漏，处置时又误将阀门反向开大，导致大量液化石油气泄漏喷出，与空气混合达到爆炸极限，遇厨房内明火发生爆炸进而起火。由于没有组织疏散、唯一楼梯通道被炸毁的隔墙严重堵塞、二楼临街窗户被封堵并被锚固焊接的钢制广告牌完全阻挡，严重影响人员逃生，导致伤亡扩大。

三、事故教训

1. 气瓶检验充装弄虚作假。燃气瓶检测公司未按要求执行检测，对燃气充装公司（×江公司）送检的包括涉事气瓶在内的 227 只气瓶检验时，没有更换大口径液相阀，致使不符合标准的涉事气瓶通过检验，流入市场继续使用。×江公司弄虚作假，采取“加芯”方式，将新标准“双嘴瓶”的液相阀口径改回老标准，以致与气相阀同口径。

2. 燃气经营配送使用管理混乱。2022 年 11 月以来，×澜公司与该烧烤店签订供气协议、收取供气费用。2023 年 6 月 14 日，×澜公司违规将涉事气瓶送至该烧烤店，配送人员不掌握燃气知识和检修、抢险等技能，没有告知“双嘴瓶”的接错风险，任由餐饮用户自行更换。在使用环节，×澜公司入户“随瓶安检”流于形式，从未按协议对该烧烤店开展调压器、燃气泄漏报警器、熄火保护装置等“灶管阀”使用情况的检查。

3. 餐饮场所安全失管漏管。该烧烤店作为知名的餐厅，没有按规定设置 2 个安全出口，又封堵二楼所有窗户长达 7 年之久，但市、区两级消防部门对此类风险隐患视而不见，既没有将其纳入消防安全重点场所，也没有纳入“双随机、一公开”名录库进行监督检查。新华街派出所两次认定富洋烧烤店不具备 2 个安全出口，但未督促整改、移交处罚。

复习思考题

1. 根据可燃物的类型和燃烧特性，火灾分为哪些类型？
2. 燃烧的要素有哪些？

3. 发生火灾的根本原因有哪些?
4. 电气危险隐患的表现有哪些?
5. 灭火的基本方法有哪些?
6. 灭火器的主要分类有哪些?
7. 使用灭火器的基本要领有哪些?
8. 火灾报警时应注意上报哪些内容?
9. 火灾逃生的方法有哪些?
10. 旅客列车火灾的特点是什么?

第七章 预防中毒和窒息

铁路运输生产过程中，工作人员可能直接接触或暴露在各类含有有毒有害物质的环境里，运输装卸、储存保管、有限空间作业等环节都有可能面对中毒和窒息伤害。其中铁路企业管内有限空间作业，由于环境特殊、通风不良，容易积聚硫化氢、一氧化碳、二氧化碳等有毒有害气体，进入有限空间作业存在中毒、缺氧、燃爆等多种安全风险。为提高风险防范意识，预防和减少职业病及生产安全事故的发生，促进铁路运输安全生产任务的完成，职工须掌握预防中毒和窒息的相关知识。

第一节 中毒和窒息事故类型

在工作生活中接触有毒的物质能够使人体器官组织机能发生异常改变，使人体呼吸过程受阻，产生全身各器官组织缺氧、功能紊乱和形态结构损伤的病理状态，称为中毒和窒息。

一、中毒的类型

生产性毒物按其致病作用可分为刺激性、窒息性、麻醉性、溶血性、致敏性、致癌性等毒物。根据接触毒物时间长短、发病缓急，中毒可分为以下三种：

1. 急性中毒：是指一次短时间的，如几秒乃至数小时经皮肤吸收或呼吸道的吸入；如经口时，则指一次的摄入量或一次服用剂量引起的中毒。

2. 慢性中毒：是指长时间地吸入、经皮肤侵入或经口摄入数月或数年引起的中毒。

3. 亚急性中毒：介于急性与慢性之间的，称为亚急性中毒。但实际上，很难在急性、亚急性和慢性中毒之间划出一条截然分明的界线。

二、窒息的类型

当有害物质浓度大于立即威胁生命或健康的浓度（IDLH）或虽经通风但有毒气体浓度仍高于工作场所有害因素职业接触限制所规定的浓度要求（如硫化氢最高容许浓度为 10 mg/m^3）或缺氧时（氧气浓度低于 18%）容易发生窒息，窒息一般可分为以下两种：

1. 中毒窒息：由呼吸过程吸入的化学性窒息性气体，可与人体内血红蛋白结合，抑制组织细胞色素氧化酶，影响氧在组织内的传递和代谢，导致组织缺氧，引起窒息。例如，硫化氢、氰化物在空气中浓度过高时，吸入后可使人呼吸停止，在极短时间内死亡。

2. 缺氧窒息：作业环境中单纯性窒息性气体浓度增高，其含量大于84%（即氧气含量小于16%）时，人们就可能出现缺氧症状；如果氧气含量降至10%以下，可能出现不同程度的意识障碍，甚至死亡；氧气含量降至6%以下时，可能会发生猝死。为保障人体正常生理功能，根据工业安全和职业卫生标准，环境氧气浓度下限（欠氧报警设定值）通常为19.5%体积百分比，当空气中氧气含量降至19.5%以下时，就可能对人体健康产生不利影响，导致人因缺氧出现窒息症状，如头晕、头痛、呼吸困难、心跳加快，随着氧含量进一步下降，将导致症状加重，出现判断力丧失、抽搐、昏厥，以至呼吸停止和死亡。

第二节　中毒和窒息安全风险辨识

大多数毒害品遇水、酸或酸雾会分解并放出有毒气体，有的气体还具有易燃和自燃危险性。无机有毒物品大都具有氧化性，与还原性强的物质接触，易引起燃烧爆炸，并产生毒性极强的气体。因此，在铁路生产、运输、储存等可能接触毒害品或在有毒有害场所作业存在一定的危害性。

根据铁路行业工作特点，铁路运输生产过程中与中毒和窒息相关的风险主要有以下几个方面。

一、有毒物品的运输、装卸作业

有毒物品在运输途中，由于各种机、泵和阀门等设备发生跑、冒、滴、漏或辐射等，可使人在短时间、高浓度吸入或接触有毒物品而发生急性中毒。在装卸过程中，人体可能接触有毒物品或因装卸过程中的冲击、振动和挤压产生有毒物品散落，而发生中毒危险。

二、有毒物品的储存保管作业

储存的危险化学品挥发或因生化反应、呼吸作用等，容易产生有毒有害气体聚集，经过一段时间后，会形成较高浓度的有毒有害气体。

三、在有毒有害场所作业

在铁路运输生产和设备检修作业过程中，如进行加料、质量分析、取样、装桶及刷洗储油罐和槽车、毒品车等，均可能发生急性中毒事故，特别是在操作环境特殊、防护措施不力的情况下，更易发生急性中毒事故。

四、在密闭、有限空间作业

有限空间是指封闭或者部分封闭，与外界相对隔离，出入口较为狭窄，作业人员不能长时间在内作业，自然通风不良，易造成有毒有害、易燃易爆物质积聚或者氧含量不足的空间。有限空间作业可能会造成缺氧窒息，硫化氢、一氧化碳等有害气体中毒等危害。有限空间作业须遵守“先通风、再检测、后作业”的原则。自然通风或强制通风，使空间气体浓度检测符合安全要求后，方可进入。在未准确测定前，严禁进入作业场所，作业过程中应持续通风。

第三节　预防中毒和窒息的安全知识和防控措施

为保护作业人员的生命安全、身体健康，有效预防、控制、消除中毒和窒息危害，生产经营单位应采取有效的预防措施，消除事故隐患。同时，作业人员应掌握预防中毒和窒息的基本知识。

一、预防中毒和窒息的安全知识

（一）毒害品的分类

毒害品的种类很多，按化学组成可分为无机毒害品和有机毒害品；按毒性大小可分为剧毒品和有毒品。把两个方面结合起来，即分为无机剧毒物品、有机剧毒物品、无机有毒物品和有机有毒物品四类。根据《职业性接触毒物危害程度分级》（GBZ/T 230），职业性接触毒物危害程度分为轻度危害（Ⅳ级）、中度危害（Ⅲ级）、高度危害（Ⅱ级）和极度危害（Ⅰ级）四个等级。

1. 无机剧毒、有毒物品

（1）氰及其化合物，如 KCN、NaCN 等。

（2）砷及其化合物，如 As_2O_3 等。

（3）硒及其化合物，如 SeO_2 等。

（4）汞、锑、铍、氟、铯、铅、钡、磷、碲及其化合物。

2. 有机剧毒、有毒物品

（1）卤代烃及其卤化物类，如氯乙醇、二氯甲烷等。

（2）有机金属化合物类，如二乙基汞、四乙基铅等。

（3）有机磷、硫、砷及腈、胺等化合物类，如对硫磷、丁腈等。

（4）某些芳香环、稠环及杂环化合物类，如硝基苯、糠醛等。

（5）天然有机毒品类，如鸦片、尼古丁等。

（6）其他有毒品，如硫酸二甲酯、正硅酸甲酯等。

(二)铁路运输毒害品包装标志

铁路运输毒害品包装标志见表 2-7-1。

表 2-7-1　铁路运输毒害品包装标志

标志名称	标志图形	对应的危险货物类项号
毒性气体		2.3 对应《铁路危险货物品名表》第 2 类第 3 项物质
毒性物质		6.1 对应《铁路危险货物品名表》第 6 类第 1 项物质
感染性物质		6.2 对应《铁路危险货物品名表》第 6 类第 2 项物质
一级放射物质		7A 对应《铁路危险货物品名表》第 7 类 Ⅰ 级放射性物质
二级放射物质		7B 对应《铁路危险货物品名表》第 7 类 Ⅱ 级放射性物质
三级放射物质		7C 对应《铁路危险货物品名表》第 7 类 Ⅲ 级放射性物质

(三)铁路装运危险货物罐车罐体标识

1. 铁路装运酸、碱类货物的罐车罐体为全黄色，罐体两侧纵向中部应涂刷一条宽 300 mm黑色水平环形色带。装运煤焦油、焦油的罐体为全黑色，罐体两侧纵向中部应涂装有一条宽 300 mm 红色水平环形色带。装运黄磷的罐车罐体为银灰色，罐体中部无环形色带。

2. 铁路装运其他危险货物的罐车罐体本底色应为银灰色，罐体两侧纵向中部应涂刷一条宽 300 mm 表示货物主要特性的水平环形色带：红色表示易燃性，绿色表示氧化性，黄色表示毒性，黑色表示腐蚀性，如图 2-7-1 所示。

3. 环带上层 200 mm 宽涂蓝色，下层 100 mm 宽涂红色或黄色分别表示易燃气体或毒性气体。

4. 罐体两侧环形色带中部(有扶梯时在扶梯右侧)以分子、分母形式喷涂货物名称及其危险性,如苯:$\frac{\text{苯}}{\text{易燃、有毒}}$,并按规定在罐体两侧下方喷涂相应标志,如图 2-7-2 所示。

图 2-7-1　装运易燃性货物的罐车

图 2-7-2　装运苯的罐车

(四)铁路有毒有害作业场所标识

1. 禁止标识

禁止标识见表 2-7-2。

表 2-7-2　禁止标识

编号	名称及图形符号	标识种类	设置范围和地点
1	 禁止入内	H	可能引起职业病危害的工作场所入口处或泄险区周边,如高毒物品作业场所、放射工作场所等,或可能产生职业病危害的设备发生故障时,或维护、检修存在有毒物品的生产装置时,根据现场实际情况设置
2	 禁止停留	H	在特殊情况下,对劳动者具有直接危害的作业场所
3	 禁止启动	J	可能引起职业病危害的设备暂停使用或维修时,如设备检修、更换零件等,设置在该设备附近

2. 警告标识

警告标识见表 2-7-3。

表 2-7-3　警告标识

序号	名称及图形符号	标识种类	设置范围和地点
1	 当心中毒	H,J	使用有毒物品的作业场所
2	 当心有毒气体	H,J	存在有毒气体的作业场所

3. 指令标识

指令标识见表2-7-4。

表 2-7-4 指令标识

序号	名称及图形符号	标识种类	设置范围和地点
1	 戴防毒面具	H,J	可能产生职业中毒的作业场所
2	 戴防尘口罩	H,J	粉尘浓度超过国家标准的作业场所
3	 注意通风	H,J	存在有毒物品和粉尘等需要进行通风处理的作业场所

4. 警 示 线

警示线见表2-7-5。

表 2-7-5 警示线

序号	名称及图形符号	设置范围和地点
1	红色警示线	高毒物品作业场所、放射作业场所、紧邻事故危害源周边
2	黄色警示线	一般有毒物品作业场所、紧邻事故危害区域的周边
3	绿色警示线	事故现场救援区域的周边

5. 常用基本警示语句

常用基本警示语句见表2-7-6。

表 2-7-6 常用基本警示语句

编号	警句内容	编号	警句内容
1	禁止入内	5	当心辐射
2	禁止停留	6	戴防毒面具
3	当心中毒	7	戴防尘口罩
4	当心感染	8	戴防护手套

续上表

编号	警句内容	编号	警句内容
9	穿防护鞋	16	有毒气体
10	穿防护服	17	遇湿分解放出有毒气体
11	注意通风	18	当心有毒气体
12	窒息性	19	佩戴呼吸防护器
13	剧毒	20	戴防护面具
14	高毒	21	未经许可,不许入内
15	有毒	22	不得触摸

（五）常见有限空间作业场所

有限空间作业场所分为封闭或半封闭设备、地下有限空间和地上有限空间三类。

1. 封闭或半封闭设备指窑炉、炉膛、船舱、储罐、车载槽罐、反应塔（釜）、冷藏箱、压力容器、管道、锅炉及烟道等。

2. 地下有限空间指地下管道、地下室、地下仓库、地下工程、地下污水泵房、暗沟、隧道、涵洞、地坑、深基坑、废井、地窖、污水池（井）、沼气池及化粪池、集水井、阀门井、通信井、下水道、消防井、建筑孔桩、地下电缆沟等。

3. 地上有限空间指储藏室、发酵池、蓄水塔（池）、垃圾站、腌制池、酒糟（发酵）池、纸浆池、温室、冷库、粮仓、烟道、污水处理设施、垃圾填埋处理设施等。

二、中毒和窒息的防控措施

（一）有毒有害场所作业预防中毒和窒息的措施

1. 当接触危险化学品时，不能吃、喝、吸烟及嚼口香糖。
2. 不得在化学物品区域或生产岗位存放食物、饮料。
3. 与危险化学品接触后，必须用肥皂洗手。
4. 避免皮肤及眼睛与危险化学品直接接触。
5. 绝对不能用裸手与危险化学品接触。
6. 如果发现有粉尘，必须立即戴防粉尘面具，面具中的过滤器应定期更换。
7. 定期换洗衣服，危险化学品区所有的劳动防护用品要单独存放。
8. 掌握并遵守紧急救护的有关规定和步骤。
9. 不得一人单独进行作业。

（二）密闭、有限空间作业预防中毒和窒息的措施

1. 在密闭、有限空间作业前须通风换气。

2. 应在有限空间出入口等醒目位置设置明显的安全警示标志或风险告知牌，标识主要危险有害因素、可能导致的事故及后果、防护要求等情况，并及时更新。

3. 进入作业现场前，应设置监护员，要详细了解现场情况和以往事故情况，监护员对作

业人员进行安全交底，对通风、检测和必要的隔断、清除、置换等风险管控措施逐项进行检查。应结合实际，确认配备符合国家标准或者行业标准的气体检测报警仪器、机械通风设备、呼吸防护用品、照明设备、通信设备、全身式安全带等防护用品和应急救援装备，相关用品、装备应进行经常性维护、保养和定期检测，确保正常使用。在垂直区域作业，应配备救生绳、救援三脚架；在排污管道、隧道、涵洞、电缆沟等场所内作业，应配备符合国家标准的隔离式空气呼吸防护用品。存在爆炸风险的，应配备防静电工作服、鞋和防爆灯具、工具，采取消除或者控制措施，相关电气设施设备、照明灯具、应急救援装备等应当符合防爆安全要求。

4. 进入作业现场后，首先对有限空间进行氧气、可燃气、硫化氢、一氧化碳等气体检测，确认安全后方可进入，如图 2-7-3 所示。

5. 对作业面可能存在的电，高、低温及危害物质进行有效隔离。

6. 进入有限空间时应佩戴隔离式空气呼吸器，如图 2-7-4所示，或佩戴相应的过滤式呼吸器，并携带氧气报警器。

图 2-7-3　对主要气体含量进行检测

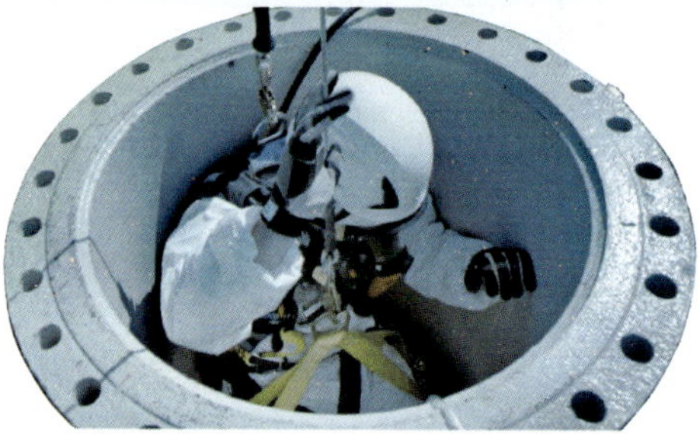

图 2-7-4　进入有限空间时佩戴隔离式空气呼吸器

7. 进入有限空间时应携带有效的通信工具，根据场所结构特征、风险类别、作业方式等选择合适的劳动防护用品，正确使用安全带。

8. 监护员和应急救援人员履职尽责。监护员应全程进行监护，与作业人员保持实时联络，不得离开作业现场或者进入有限空间参与作业。应急救援人员应做好应急救援准备，确保及时有效处置突发情况。

9. 发现异常情况时，监护员应立即组织作业人员撤离现场。发生有限空间作业事故后，应立即按照现场处置方案进行应急处置，组织科学施救。未做好安全措施盲目施救的，监护员应当予以制止。现场应立即报告地方应急救援部门进行救援。

10. 作业过程中，应当安排专人对作业区域持续进行通风和气体浓度检测。作业中断的，作业人员再次进入有限空间作业前，应当重新通风、气体检测合格后方可进入。

11. 严格安全管理，落实作业许可。

12. 冬季在用煤炉取暖的作业或休息地点，要采取通风措施，防止煤气中毒。

（三）罐类容器内作业预防中毒和窒息的措施

1. 进入罐体作业人员应佩戴好规定的安全防护用品，防护用品作用及状态应良好，禁止使用化纤制品防护服。

2. 进入罐体前,应先确认罐内残留货物的性质,当无法确认时,应取样品进行化验、确认。

3. 作业应有两人以上进行,罐内有人作业时,罐体出入口应有专人监护,监护人应按规定的适当联系信号和联系方法与作业人员联系,以保证罐内人员的安全。

4. 进入盛装过腐蚀或有毒品的罐体时,必须佩戴防毒面具,穿戴胶质防护服、手套、胶鞋等防护用品。要实行轮换工作制,进入罐内作业一次最长时间不得超过 30 min,并采取通风措施。低压送风机、皮管、面具要完整,作用须良好。

5. 应确保进入罐体作业的工器具、所携带或需使用的物料、化学物品等与罐内残留物接触时不致产生有剧毒、爆炸、起火或其他危及人体安全的化学反应。

6. 作业人员应做好个人卫生保健,作业完毕及时进行洗漱。不得将食品带入毒物污染区,不在有毒物地点、罐内进食。

7. 在罐体内部施焊、熔割作业时,要有良好的通风和绝缘设备,身体各部不得接触罐体。有人下罐作业时,罐口要设专人监护、瞭望,时刻注视罐内作业人员动态。罐内人员未出来之前,监护人员不得中断监护瞭望,发现异常要及时救护,以保证罐内作业人员安全,如图 2-7-5 所示。

图 2-7-5 罐体内部施焊、熔割作业时要设专人监护

8. 一旦发现罐内人员可能发生中毒,罐外人员在无可靠预防措施时,不得贸然进入罐内救人。

第四节 典型事故案例

【案例一】规章制度忘脑后,违章蛮干酿惨剧

一、事故概况

2015 年 9 月 22 日,甲供电段乙高铁供电车间丙高铁供电工区作业人员在丁站对强排

井进行巡视检查时，发现电缆沟通向强排井的出水口堵塞，一名人员下井疏通时吸入有害气体窒息昏迷，两名施救人员下井救人时中毒窒息死亡。

二、事故原因

丙高铁供电工区副工长违反《工贸企业有限空间作业安全管理与监督暂行规定》和甲供电段《有限空间作业管理办法(试行)》中关于有限空间作业要“先通风、再检测、后作业”的有关规定，在发现电缆沟通过集水井向强排井排水的出水口发生堵塞需要下井疏通时，没有履行作业审批手续，没有采取通风、检测措施，对其他人员没有佩戴个人防护用品就进入有限空间作业的违规行为没有进行制止，是造成事故的主要原因。

三、事故教训

1. 不落实有限空间作业规定，现场作业违章蛮干。乙高铁供电车间对强排井有限空间作业没有落实审批制度，没有实行作业票管理，没有制定专门的劳动安全控制方案和预案，导致现场作业失控，违章蛮干。

2. 有限空间管理存在漏洞。甲供电段没有按照《有限空间作业管理办法(试行)》的要求配备检测仪器，防毒面具配备不足，没有制定强排井作业指导书、汛期巡查制度和有限空间作业应急救援预案。在新员工安全教育和适应性劳动安全培训中没有有限空间作业的相关内容，日常检查没有发现有限空间作业方面的问题。

3. 地方企业非法排污。戊公司违法破坏铁路设施，向集水井排放污水、污物，导致强排井进水口堵塞，并产生有害气体，供电工区人员在疏通水流时有害气体弥散至强排井。

【案例二】施工方案不全面，隧道作业风险大

一、事故概况

2022 年 5 月 17 日，新建某铁路甲工务机械段调 1 次运行至 A—B 隧道内 DK121 + 848 处，因机车水温高保护卸载导致牵引力不足被迫停车，随车配备的有毒有害气体检测设备报警，车上人员出现头晕等不良症状。次日车上 25 人全部从隧道内救出，送医院进行救治，均无生命危险。

二、原因分析

5 台内燃机车运送长钢轨进入该长大坡道单线隧道运行时，受到长大单线隧道断面小、施工粉尘较多、机车排出烟气加剧空气污染等不利因素叠加影响，导致机车在通风散热不良、燃烧不充分、高负荷运转情况下发生水温高保护卸载、牵引力不足被迫停车，停车后机车排出的烟气富集在隧道有限空间人字坡地形中，烟气中包含的有毒有害气体浓度不断升高，隧道内氧气含量下降，最终造成车上人员出现中毒、缺氧等不良症状。

三、事故教训

1. 施工单位长大隧道运输安全风险管控不到位。一是运输方案不合理。未针对该铁

路项目存在线路纵坡大和人字坡、隧道断面小等多种不利因素，优化完善长钢轨运输方案。只简单考虑在高坡地段使用5台内燃机车增加牵引功率来保障运输，未考虑到隧道内有限空间多台内燃机车同时工作造成燃烧不充分、通风散热不良，反而导致机车功率下降、有毒有害气体排放加剧的问题。二是风险研判不全面。该单位制定的《长大隧道施工防止有害气体安全专项方案》对长大隧道内施工作业进行了风险分析研判并明确了相应防范措施，但未针对工程列车在长大隧道内途停时机车有毒有害气体排放量增加的潜在风险进行研判管控。三是应急处置流程不够优化。险情发生后信息传递依次通过司机、机务队长、项目部运输副经理、常务副经理、书记、安质部长，用时78 min（司机找寻手机信号42 min），才由安质部长通知医院、消防部门。四是应急备品需进一步研究和优化。列车上配备的一次性氧气罐、面罩在此次事故中发挥了一定作用，降低了作业人员中毒程度，但现场有毒有害气体浓度较高时，需专业防护设备才能彻底实现防护效果。

2. 监理单位施工监理不到位。未针对该铁路项目存在线路纵坡大和人字坡、隧道断面小等多种不利因素，开展巡视巡察工作，并督促施工单位优化完善长钢轨运输方案。

3. 建设单位履行安全管理责任存在差距。未督促施工单位全面研判工程列车在长大隧道及长大坡道地段运行中发生非正常情况的安全风险，安全管理存在差距。

【案例三】作业风险尽忽视，盲目施救酿惨剧

一、事故概况

2021年6月13日，甲食品有限公司污水处理站生物接触氧化工序间，在准备抽排污水作业时，发生有限空间中毒和窒息事故，造成6人死亡。

二、原因分析

该食品有限公司在接触氧化工序间准备抽排污水作业时，作业人员在未开启抽风机进行通风、未采取个人防护措施的情况下，进入硫化氢等有毒有害气体逸出积聚的相对密闭空间，吸入硫化氢等有毒有害气体导致中毒窒息，施救人员盲目施救导致事故扩大。

三、事故教训

1. 该食品有限公司对安全生产工作不重视。未建立健全企业安全生产责任制，未设置专职安全管理人员，虽编制了部分安全生产管理制度但均未严格落实，未针对性开展风险隐患排查治理和培训教育。

2. 未建立健全和落实有限空间作业安全管理制度。未建立有限空间管理台账和有限空间作业台账，未落实有限空间作业安全审批制度，未依法组织对接触氧化工序间进行环保设施改造后形成的密闭空间进行安全风险辨识评估，未设置明显的安全警示标志，现场未配备个人防护用品。

3. 企业管理人员安全风险意识差。事故发生当日准备抽排污水作业前，未落实有限空间作业“先通风、再检测、后作业”的原则，未开展有限空间作业安全条件确认，未对进入有限空间作业人员进行相应的安全教育培训和安全风险提示，未安排相关管理人员进行

现场监护作业,第三方劳务承包管理不规范、不到位。事故发生后,企业人员在未采取任何个人防护措施的情况下开展事故救援,导致死亡人数增加。

复习思考题

1. 何谓急性中毒?
2. 何谓慢性中毒?
3. 何谓中毒窒息?
4. 何谓缺氧窒息?
5. 何谓有限空间?
6. 铁路运输生产过程中哪些方面存在中毒和窒息风险?
7. 有毒物品的储存保管作业中有哪些危害?
8. 有限空间作业场所分为哪几类?
9. 简述有毒有害场所作业预防中毒和窒息的措施。

第八章 预防机动车辆伤害

道路交通事故的发生主要是交通违法行为导致的，对于机动车驾驶人员来说，严格执行交通法规的要求和规定，切实维护道路交通秩序，保障道路交通安全，关系到人民的生命财产安全和经济发展。为了维护道路交通秩序，预防和减少交通事故，保护职工人身安全、企业的财产安全及其他合法权益，根据《中华人民共和国道路交通安全法》，企业应当对本单位的人员进行道路交通安全教育。

第一节 机动车辆事故类型

如何避免交通事故已成为每一名驾驶人员高度重视的问题，并且越来越受到整个社会的广泛关注。减少道路交通事故，避免人员伤亡，安全行车、平安出行，是所有交通参与者的共同愿望。

一、道路交通主要概念

1. 道路：指公路、城市道路和虽在单位管辖范围但允许社会机动车通行的地方，包括广场、公共停车场等用于公众通行的场所。

2. 道路交通车辆：指机动车和非机动车。

3. 机动车：指以动力装置驱动或者牵引，上道路行驶的供人员乘用或者用于运送物品，以及进行工程专项作业的轮式车辆。

4. 非机动车：指以人力或者畜力驱动上道路行驶的交通工具，以及虽有动力装置驱动但设计最高时速、空车质量、外形尺寸符合有关国家标准的残疾人机动轮椅车、电动自行车等交通工具。

5. 道路交通事故：指车辆在道路上因过错或意外造成的人身伤亡或财产损失的事件。

二、道路交通事故类型

根据交通事故的形态特性，道路交通事故基本上可分为碰撞、碾轧、刮擦、翻车、坠落、爆炸和失火七种类型。

1. 碰撞。碰撞是指交通强者（相对而言，下同）的正面部分与他方接触，主要发生在机动车之间、机动车与非机动车之间以及车辆与其他物体之间。

2. 碾轧。碾轧是指交通强者对交通弱者,如自行车或行人等的推碾或轧过。

3. 刮擦。刮擦是指交通强者的侧面部分与他方接触,主要表现为车刮车、车刮物、车刮人等。

4. 翻车。翻车是指部分或全部车轮悬空、车身着地的现象,通常是车辆未发生其他形态变化而造成两个以上车轮离开地面。

5. 坠落。坠落通常指车辆跌落到与路面有一定高度差的路外,如坠入桥下、坠入山涧等。在交通事故中,由于空中坠落物体而造成的损害,也可以称为坠落。

6. 爆炸。爆炸是指将爆炸物品带入车内,在行驶过程中由于震动等原因引起爆炸造成事故。

7. 失火。失火是指车辆在行驶过程中,由于某种人为或技术的原因而引起的火灾。常见的原因有乘车人使用明火,违章直流供油,发动机回火,电路系统短路、漏电等。

三、道路交通事故特点

1. 随机性:交通系统是动态的系统,某个失误都可能引发整个系统的大事故。

2. 突发性:没有任何先兆。

3. 频发性:车辆增加,交通量大,造成车辆与道路比例的严重失调。

4. 社会性:道路交通是一种社会活动,是生活中不可缺少的。社会分工越来越细,人们的协作和交往越来越密切,使人们在道路上的活动越来越频繁。

5. 不可逆性:指交通事故不可重现、不能预测。

第二节　机动车辆伤害安全风险辨识

预防机动车辆伤害事故,须对机动车辆运行过程中存在的危险源加以识别、评价。只有辨识出风险,才能分析风险、评价风险和控制风险或消除风险。根据事故致因理论,机动车辆伤害危险源主要分为人的因素、物的因素、环境因素、管理因素四个方面。

一、人的不安全行为

1. 无证驾驶或驾驶无证机动车。

2. 酒后或疲劳驾驶机动车。

3. 驾驶超员、超载、超限机动车。

4. 驾驶车况不良或性能不熟的机动车。

5. 驾驶的机动车与驾驶证载明的准驾车型不符。

6. 超速驾车或违章超车。

7. 存在拨打、接听手持电话等妨碍安全的驾驶行为。

8. 在车门、车厢没有关好时行车。

9. 驾驶机动车逆向行驶。

10. 机动车乱停乱放。

11. 机动车停留在坡道上没有拉紧手制动、没有挂在驻车挡位上。

12. 在高速公路上倒车、逆行、穿越中央分隔带掉头。

13. 行人、非机动车行经路口闯信号或不听指挥强行通过。

14. 行人跨越、倚坐道路隔离设施。

15. 在人力三轮车、自行车上非法安装机械动力装置。

16. 行人通过路口不走人行横道或不遵守交通信号。在设有人行天桥、人行通道和漆画人行横道线处100 m范围内,不走天桥、通道、人行横道。

17. 非机动车违章带成年人。

18. 骑电动自行车速度超过25 km/h。

19. 非机动车走机动车道。

20. 未按“三检”制度要求检查机动车。

21. 厂区机动车未按规定路线、速度行驶,厂区机动车与人员混行。

二、物的不安全状态

1. 车型淘汰,已无配件来源。

2. 轮胎没按规定换位或胎压过高。

3. 发动机或驱动电机、电池、转向系、制动系、照明、信号装置和其他电气设备、行驶系、传动系、车身、安全防护装置达不到机动车运行安全技术条件。

4. 车窗玻璃张贴镜面反光遮阳膜,产生光污染干扰对向驾驶。

5. 未按规定设置反光标识。

6. 车长大于等于6 m的客车和总质量大于3 500 kg的货车未按规定配备停车楔块。

三、作业环境不良

1. 在雾、雨、雪、沙尘、冰雹等低能见度情况下驾驶机动车。

2. 在夜间、黄昏、雨雾天气、冰雪道路、陡坡、交叉路口、铁路平交道口及视线不良的路段等环境条件行车。

3. 在积水或泥泞等湿滑道路上行车。

4. 在窄桥、窄路、弯道、隧道、山区等复杂危险地段上行车。

四、安全管理缺陷

1. 没有建立健全机动车道路交通安全管理制度及交通事故应急处置预案。

2. 企业对驾驶员教育培训不到位;没有落实持证上岗制度,派车时没有与驾驶员开展安全预想,向其布置注意事项;患有驾驶机动车禁忌证的人员没有及时调离驾驶员岗位。

3. 没有对照机动车检查内容对机动车进行月度、年度检查,没有定期对机动车的灯光、制动、油、润滑、刮雨器、发动机、紧固件、仪表指示灯等进行监督检查。

4. 强迫、指使、纵容驾驶员违反法律法规和安全操作规程。

5. 在管内通道、工程便道等有机动车通过的危险处所，没有相应设置醒目、规范的安全标志或警示标志并采取限速措施。

6. 违规对外租出、借出单位机动车。

7. 在厂区内未按规定合理设置道路交通安全标线和标识，未做到人行道、非机动车道与机动车道界限分明、各行其道，未做到各类鸣笛、限速、慢行、让行标识齐全有效。

第三节　机动车驾驶员的安全要求和应急处置

行车中，各种险情大多是突然发生的，只有在瞬间做出正确判断，并采取相应的技术措施，才能阻止事故发生，或减少事故损失、人员伤亡。因此，机动车驾驶人员掌握安全驾驶技术和应急处置措施，对确保人身安全非常必要。

一、机动车驾驶员的安全要求

（一）机动车驾驶员基本要求

1. 机动车驾驶员应当遵守《中华人民共和国道路交通安全法》，接受道路交通安全教育。

2. 机动车驾驶员必须经公安机关交通管理部门考试合格，依法取得机动车驾驶证，方准驾驶车辆。驾驶证不准转借、涂改或伪造。

3. 机动车驾驶员应当按照驾驶证载明的准驾车型驾驶机动车。驾驶机动车时，应当随身携带机动车驾驶证和行驶证。

4. 机动车驾驶员在任何情况下，都不准将车辆交给没有驾驶证的人员驾驶。

5. 机动车驾驶员驾驶机动车上道路行驶前，应当对机动车的安全技术性能进行认真检查。不得驾驶安全设施不全或者机件不符合技术标准等具有安全隐患的机动车。

6. 机动车驾驶员应当遵守道路交通安全法律、法规的规定，按照操作规范安全驾驶、文明驾驶。

7. 饮酒、服用国家管制的精神药品或者麻醉药品，或者患有妨碍安全驾驶机动车的疾病，或者过度疲劳影响安全驾驶的，不得驾驶机动车。

8. 对强迫、指使机动车驾驶员违反道路交通安全法律、法规和机动车安全驾驶要求驾驶机动车的行为有权拒绝。

9. 对乘车人违章携带易燃易爆等危险物品乘车、向车外抛撒物品、影响机动车驾驶员安全驾驶的行为有权制止。

（二）机动车驾驶员必须遵守的规定

机动车驾驶员必须遵守以下规定（简称“十不准”）：

1. 不准在车门、车厢没有关好时行车。
2. 不准在机动车驾驶室的前后窗范围内悬挂、放置妨碍驾驶人视线的物品。
3. 不准在行驶途中进行拨打、接听手持电话等妨碍安全驾驶的行为。
4. 不准在下陡坡时熄火或者空挡滑行。
5. 不准向道路上抛撒物品。
6. 不准连续驾驶机动车超过 4 h 未停车休息,或停车休息时间少于 20 min。
7. 不准在禁止鸣喇叭的区域、路段鸣喇叭。
8. 因违章违纪正待岗培训的驾驶员不准驾驶机动车。
9. 不准酒后或疲劳驾驶机动车。
10. 患有不宜驾驶机动车疾病的人员不准驾驶机动车。

(三)机动车驾驶员岗位职责

1. 在汽车队(班)长的领导下,负责汽车运输工作。严格遵守上级有关道路交通安全的各项规定,安全圆满地完成各项运输生产任务。

2. 爱岗敬业,钻研业务,培养良好的驾驶作风和职业道德。

3. 熟知汽车操作技术,对车辆勤保养、勤检查,保证汽车技术状态良好,杜绝汽车带病上路。

4. 认真执行汽车安全操作规程。坚持中速行车、安全礼让,严格遵守超车、会车、让车、停车的有关规定。

5. 认真执行驾驶员安全管理"十不准"制度。

6. 发生交通事故后,必须立即停车,保护现场,抢救伤者,并迅速报告公安交通管理部门,同时向单位有关部门汇报。

二、机动车驾驶员的应急处置

(一)应急处置原则

1. 沉着、冷静。遇到紧急情况,要保持沉着的心态、清醒的头脑,切勿惊慌失措。在瞬间做出正确判断,采取果断措施是做好避险的先决条件。

2. 重减速、轻方向。遇到紧急情况,首先是减速,只有当减速后仍然不可避免地要相撞时,才采取打方向避让的措施。高速时直接打方向,尤其是急打方向,往往使本可避免的事故无法避免。

3. 先人后物,先人后己。当危及人员安全时应优先考虑保护人员。当自车和他车有可能发生危险时,应为对方提供便利的避让措施,把危险的避让措施留给自己。

4. 避重就轻,减少损失。危急关头,如何能避免重大事故、重大损失,就如何处置,可以不受交通法规的限制,以减轻事故损失后果。

(二)应急处置方法

机动车在道路上发生故障,需要停车排除故障时,驾驶员应当立即开启危险报警闪光灯,将机动车移至不妨碍交通的地方停放;难以移动的,应当持续开启危险报警闪光灯,并采取在来车方向适当位置设置警告标志等措施扩大示警距离,必要时迅速报警。

1. 交通事故应急处置

(1)当发生交通事故后,立即在右侧或紧急停车带停车,并开启危险报警闪光灯,车后按规定设置警示牌,保护现场,驾驶员及其他乘车人员应撤离事故车辆,立即拨打"122"或"110"报警。如果事故车辆车门无法打开,驾驶员应立即使用应急锤砸破车窗玻璃,组织车内人员逃生。如果发现有人受伤,应立即拨"120"求助,因抢救受伤人员变动现场的,应当标明位置,并迅速报告执勤的交通警察或者公安机关交通管理部门,同时向单位车辆管理部门报告事故的有关情况,协助交警勘查处理事故。

(2)在道路上发生交通事故,未造成人身伤亡,当事人对事实及成因无争议的,可以即行撤离现场,恢复交通,自行协商处理损害赔偿事宜。不即行撤离现场的,应当迅速报告执勤的交通警察或者公安机关交通管理部门。

2. 车辆发生火灾应急处置

(1)当发现火情时,驾驶员应立即疏散乘车人员逃离车辆,撤离到安全地带。同时向"110"("119""122")报警,并利用车载灭火器进行灭火。如果火势难以控制,应立即撤离到安全地带。

(2)车辆发生火灾后,如果有人员伤亡,应立即拨打"120"求救,并做好现场临时急救处置。

3. 行驶中轮胎爆裂应急处置

(1)如遇爆胎,特别是前轮爆裂时,双手要紧握方向盘,尽力向车辆运动的反方向控制,严禁紧急制动,应利用手制动或轻踩制动平稳停车。

(2)停车后按规定在车后设置警示牌。

4. 行驶中制动失灵应急处置

(1)车辆行驶过程中突然出现制动失灵、失效,汽车仪表板上的制动报警灯发亮时,应立即减速将车开到路旁,检查并排除故障,或与维修站联系,待问题解决后再继续行驶。制动时,应采取点刹,即在制动踏板上多踏几脚,可在较长的制动距离内将车刹住。

(2)如果脚制动失灵,驾驶员要保持冷静,不要惊慌失措,根据现场情况,采取积极有效的措施。

①高速路上应马上向紧急停车道变道,车辆进入紧急停车道后可以将变速器挂入4挡(以5挡手排挡变速器为例)行驶一段,同样再挂入3挡、2挡、1挡行驶,这样利用发动机的制动作用可以较快地将车速降低。

②行驶在普通道路时的处理办法:在普通道路上发生制动失灵,首先要控制好方向并快速地将变速器挂入1挡(松离合器一定要快),同时注意观察。如果有条件,应该变道绕过前方障碍物。在1挡时如果发觉汽车降速还是不够,则可以用连续不断地拉、放手制动的方法进一步降低车速。

③行驶在转弯路段时的处理办法:在进入弯道或转弯之前制动失灵时,先要控制住方

向并快速地抢入低挡,可以视情况决定是否利用手制动。

④行驶在上坡路时的处理办法:在上坡时脚制动失灵,应快速地抢入低挡,路况可以的话,慢慢地驶上坡顶,再利用手制动将车停住;如需半坡停车,应保持前进低挡位,踩下离合器,拉紧手制动将车停住;如果车辆有后溜的趋势,可以松一点离合器踏板,利用离合器的半联动将车辆控制在坡道上。

⑤行驶在下坡路时的处理办法:在下坡时脚制动失灵,不得猛拉手制动,可以用在普通道路上的应急方法来降低车速并停车。如果实在无法将车停住,而情况又非常危急,可利用路旁的围栏或障碍物,通过撞蹭降低车速。

5. 转向突然不灵、失控应急处置

(1)驾驶人发现转向不灵时,禁止使用紧急制动,应迅速松抬加速踏板,将挡位换入低速挡,逐渐均匀地拉紧手制动。当车辆降至适当车速再踩下制动踏板减速停车。

(2)装有助力转向的车辆,驾驶员突然发现转向困难,操作费力,应尽快减速,选择安全地点停车,查明原因。

(3)转向失控后,若车辆偏离直线行驶方向,应果断连续踩踏、放松制动踏板,使车辆尽快减速停车。事故已经无可避免时,应尽快减速,极力缩短停车距离,减轻撞车冲击力。

6. 车辆侧滑应急处置

车辆发生侧滑时应立即松抬制动踏板,同时向侧滑的一方转动方向盘,并及时回转进行调整,修正方向后继续行驶。车辆在泥泞路上发生侧滑时,应向侧滑的一侧转动方向盘适量修正。车辆因转向或擦撞引起的侧滑,不可使用脚制动。

7. 车辆掉入水中应急处置

车辆掉入水中,当水很浅时,待车辆稳定后,摸清水流、水底情况,设法驶出或牵拉;若驾驶室被水淹没,不得急于打开车门、车窗,待车厢或驾驶室被水灌满时,深吸气破窗或推门潜游而出。

(1)在水浸没车身1/5时,车门能够很容易地打开,此时应果断打开车门弃车逃生。

(2)在水浸没车身1/2时,水压阻力很大,车门已不容易打开,应砸开车窗玻璃,弃车逃生。汽车前后车窗玻璃不易砸开,应选择砸开离自己最近的侧窗玻璃。车内应常备尖头铁锤(安全锤)。

(3)汽车掉落水中后车头沉入水中,车尾翘起,缓慢入水,此时不宜爬向后窗,而仍然需要果断从侧门逃生。如天窗能够打开,说明车内还有电,车内只有一个人则可从天窗逃出;若车内乘员较多,则应果断打开侧门集体逃生。

(4)车落水后,车内人员因恐惧紧张而呼吸急促,车内氧气支撑不了多久,要保持镇定并果断砸窗自救。

(5)目前大部分轿车为自动门锁,一旦被水浸泡,将导致停电,车门很难开启,因此驾驶员和乘车人员要在第一时间迅速将电动门锁解锁,才能确保在水中能够打开车门。

第四节 预防机动车辆伤害的安全知识和防控措施

一、预防机动车辆伤害的安全知识

道路上通行的车辆驾驶人、行人、乘车人，以及与道路交通活动有关的单位和个人，应当遵守道路交通安全有关法律、法规，熟知交通安全基本知识，保障道路交通有序、安全、畅通。

（一）道路通行一般规定

1. 机动车信号灯和非机动车信号灯表示如下：

（1）绿灯亮时，准许车辆通行，但转弯的车辆不得妨碍被放行的直行车辆、行人通行。

（2）黄灯亮时，已越过停止线的车辆可以继续通行。

（3）红灯亮时，禁止车辆通行。

（4）红灯亮时，右转弯的车辆在不妨碍被放行的车辆、行人通行的情况下，可以通行。

（5）在未设置非机动车信号灯和人行横道信号灯的路口，非机动车和行人应当按照机动车信号灯的表示通行。

2. 人行横道信号灯表示如下：

（1）绿灯亮时，准许行人通过人行横道。

（2）红灯亮时，禁止行人进入人行横道，但是已经进入人行横道的，可以继续通过或者在道路中心线处停留等候。

3. 车道信号灯表示如下：

（1）绿色箭头灯亮时，准许本车道车辆按指示方向通行。

（2）红色叉形灯或者箭头灯亮时，禁止本车道车辆通行。

4. 方向指示信号灯的箭头方向向左、向上、向右分别表示左转、直行、右转。

5. 闪光警告信号灯为持续闪烁的黄灯，提示车辆、行人通行时注意瞭望，确认安全后通过。

6. 道路与铁路平面交叉道口有两个红灯交替闪烁或者一个红灯亮时，表示禁止车辆、行人通行；红灯熄灭时，表示允许车辆、行人通行。

（二）机动车通行相关规定

1. 在道路同方向划有两条以上机动车道的，左侧为快速车道，右侧为慢速车道。在快速车道行驶的机动车应当按照快速车道规定的速度行驶，未达到快速车道规定的行驶速度的，应当在慢速车道行驶。有交通标志标明行驶速度的，按照标明的行驶速度行驶。慢速车道内的机动车超越前车时，可以借用快速车道行驶。

2. 机动车在道路上行驶不得超过限速标志、标线标明的速度。在没有限速标志、标线的道路上，机动车不得超过以下最高行驶速度：

（1）没有道路中心线的道路，城市道路为 30 km/h，公路为 40 km/h。

(2)同方向只有一条机动车道的道路,城市道路为 50 km/h,公路为 70 km/h。

3. 机动车行驶中遇有下列情形之一的,最高行驶速度不得超过 30 km/h:

(1)进出非机动车道,通过铁路道口、急弯路、窄路、窄桥时。

(2)掉头、转弯、下陡坡时。

(3)遇雾、雨、雪、沙尘、冰雹,能见度在 50 m 以内时。

(4)在冰雪、泥泞的道路上行驶时。

(5)牵引发生故障的机动车时。

4. 机动车超车时,应当提前开启左转向灯,变换使用远、近光灯或者鸣喇叭。

5. 在没有中心隔离设施或者没有中心线的道路上,机动车遇相对方向来车时应当遵守下列规定:

(1)减速靠右行驶,并与其他车辆、行人保持必要的安全距离。

(2)在有障碍的路段,无障碍的一方先行;但有障碍的一方已驶入障碍路段而无障碍的一方未驶入时,有障碍的一方先行。

(3)在狭窄的坡路,上坡的一方先行;但下坡的一方已行至中途而上坡的一方未上坡时,下坡的一方先行。

(4)在狭窄的山路,不靠山体的一方先行。

(5)夜间会车应当在距相对方向来车 150 m 以外改用近光灯,在窄路、窄桥与非机动车会车时应当使用近光灯。

6. 机动车在有禁止掉头或者禁止左转弯标志、标线的地点,以及在铁路道口、人行横道、桥梁、急弯、陡坡、隧道或者容易发生危险的路段,不得掉头。

7. 机动车倒车时,应当察明车后情况,确认安全后倒车。不得在铁路道口、交叉路口、单行路、桥梁、急弯、陡坡或者隧道中倒车。

8. 机动车遇到前方交叉路口交通阻塞时,应当依次停在路口以外等候,不得进入路口。

9. 机动车载物不得超过机动车行驶证上核定的载重量,装载长度、宽度不得超出车厢,并应当遵守以下规定:

(1)重型、中型载货汽车,半挂车载物,高度从地面起不得超过 4 m,载运集装箱的车辆不得超过 4.2 m。

(2)其他载货的机动车载物,高度从地面起不得超过 2.5 m。

(3)载客汽车除车身外部的行李架和内置的行李箱外,不得载货。载客汽车行李架载货,从车顶起高度不得超过 0.5 m,从地面起高度不得超过 4 m。

10. 机动车载人应当遵守下列规定:公路载客汽车不得超过核定的载客人数。载货汽车车厢不得载客。在城市道路上,货运机动车在留有安全位置的情况下,车厢内可以负载临时作业人员 1 ~5 人;载物高度超过车厢栏板时,货物上不得载人。

11. 机动车应当按照下列规定使用转向灯:

(1)向左转弯、向左变更车道、准备超车、驶离停车地点或者掉头时,应当提前开启左转向灯。

(2)向右转弯、向右变更车道、超车完毕驶回原车道、靠路边停车时,应当提前开启右转向灯。

12. 机动车在夜间没有路灯、照明不良或者遇有雾、雨、雪、沙尘、冰雹等低能见度情况下行驶时，应当开启前照灯、示廓灯和后位灯，但同方向行驶的后车与前车近距离行驶时，不得使用远光灯。机动车雾天行驶应当开启雾灯和危险报警闪光灯。

13. 机动车在夜间通过急弯、坡路、拱桥、人行横道或者没有交通信号灯控制的路口时，应当交替使用远近光灯示意。

14. 机动车驶入急弯、坡道顶端等影响安全视距的路段，以及超车或遇有紧急情况时，应当减速慢行，并鸣喇叭示意。

15. 机动车在道路上发生故障或者发生交通事故，妨碍交通又难以移动的，应当按照规定开启危险报警闪光灯，并在车后 50 ~ 100 m 处设置警告标志，夜间还应当同时开启示廓灯和后位灯。

16. 机动车在道路上临时停车，应当遵守下列规定：

(1)在设有禁停标志、标线的路段，在机动车道与非机动车道、人行道之间设有隔离设施的路段以及人行横道、施工地段，不得停车。

(2)交叉路口、铁路道口、急弯路、宽度不足 4 m 的窄路、桥梁、陡坡、隧道，以及距离上述地点 50 m 以内的路段，不得停车。

(3)公共汽车站、急救站、加油站、消火栓或者消防队(站)门前，以及距离上述地点 30 m以内的路段，除使用上述设施的情况以外，不得停车。

(4)车辆停稳前不得开车门和上下人员，开关车门不得妨碍其他车辆和行人通行。

(5)路边停车应当紧靠道路右侧，机动车驾驶人不得离车，上下人员或者装卸物品后，立即驶离。

17. 机动车行经漫水路或者漫水桥时，应当停车察明水情，确认安全后低速通过。

18. 机动车辆通过道口的规定。新建电气化铁路在接触网送电前，施工、建设单位必须按规定设置道口限界门。机动车通过电气化铁路平交道口时，从地面算起，其装载的货物高度不得超过 4.5 m 或触动道口限界门的活动横板吊链。否则，禁止通过或按上述规定降低装载的货物高度后方可放行。从地面算起，装载货物高度超过 2 m 的车辆通过电气化铁路平交道口时，随车人员须下车步行，待车辆通过道口后再上车乘坐；不得置身于货物之上随车辆通过道口。机动车载运超限物品行经铁路道口的，应当按照当地铁路部门指定的铁路道口、时间通过。

(三)乘车人规定

1. 乘车人员应系好安全带。
2. 在机动车道上不得从机动车左侧上下车。
3. 开关车门不得妨碍其他车辆和行人通行。
4. 机动车行驶中，不得干扰驾驶，不得将身体任何部分伸出车外，不得跳车。
5. 乘坐两轮摩托车应当正向骑坐。

(四)高速公路行驶的相关要求

在高速公路上行驶应严格遵守高速公路的有关规定，小型载客汽车最高车速不得超过 120 km/h，其他机动车不得超过 100 km/h。

1. 遇有雾、雨、雪、沙尘、冰雹等低能见度气象条件时，应当遵守下列规定：

(1)能见度小于 200 m 时，开启雾灯、近光灯、示廓灯和前后位灯，车速不得超过 60 km/h，与同车道前车保持 100 m 以上的距离。

(2)能见度小于 100 m 时，开启雾灯、近光灯、示廓灯、前后位灯和危险报警闪光灯，车速不得超过 40 km/h，与同车道前车保持 50 m 以上的距离。

(3)能见度小于 50 m 时，开启雾灯、近光灯、示廓灯、前后位灯和危险报警闪光灯，车速不得超过 20 km/h，并从最近的出口尽快驶离高速公路。

2. 机动车在高速公路上行驶，不得有下列行为：

(1)倒车、逆行、穿越中央分隔带掉头或者在车道内停车。

(2)在匝道、加速车道或者减速车道上超车。

(3)骑、轧车行道分界线或者在路肩上行驶。

(4)非紧急情况时在应急车道行驶或停车。

(5)试车或者学习驾驶机动车。

二、预防机动车辆伤害的防控措施

1. 遵守交通法规：遵守交通法规和规则是预防机动车辆伤害的基础。驾驶员应该熟悉并遵守交通信号、限速规定、车道规定等。

2. 安全驾驶行为：驾驶员应该保持良好的驾驶习惯，如遵守速度限制、保持安全车距、合理超车、不酒驾、不疲劳驾驶等。

3. 对机动车状况进行检查：驾驶员应做好"三检"(出车前、行车中、收车后)，保持机动车辆安全，定期检查车辆状况，及时更换磨损的零部件，确保达到机动车运行安全技术条件。

4. 提升物防、技防措施：使用智能导航软件及时掌握路况信息，使用测酒装置对驾驶员作业前进行酒精检测，根据机动车辆自身条件选装符合国家标准的定位、倒车影像、车身雷达、行车记录仪、车内驾驶员行为或车况监控装置。

5. 交通教育宣传：加强交通安全教育，提高职工的交通安全意识和素养，通过转发道路交通学习通知和事故警示案例等方式普及交通安全知识。

6. 加大监管：加大道路交通检查力度，掌握机动车辆违章信息，依法依规对违法违章人员进行批评教育与考核。加强场内机动车辆、人员作业行为的监督检查，充分利用视频监控手段进行抽查和回放，严查各类违章违纪行为，对发生严重危及人身安全的问题责任人，要严肃追责并通报处理。

第五节 典型事故案例

【案例一】冰雪路面超速，新手驾驶肇事

一、事故概况

2015 年 3 月 18 日，甲机务段一辆工程车行驶途中，汽车向道路左边侧滑至路基下，造

成乘车人员救援车间副主任受伤,经抢救无效死亡。

二、事故原因

汽车驾驶员未按照操作规范安全驾驶机动车,且在冰雪路面超速行驶,是造成事故的直接原因和主要原因。

三、事故教训

1. 异地救援列车配属汽车日常管理不到位。异地救援列车对汽车使用管理中存在的安全风险排查不全面,对汽车行车安全存在的风险隐患研判不足。

2. 新职汽车驾驶员适应性培训缺失。对新职汽车驾驶员上岗前的培训指导,以及对复杂路况、恶劣天气等特殊情况下的应急处置培训不足,发生突发情况时应急处置不当。

3. 汽车长途行驶风险研判不足。对应急救援汽车长途行驶存在的危险因素思考不周,对行驶路段3月仍然存在降雪天气、道路路况不好等安全风险研判不足,分析不到位。

【案例二】培训教育不到位,安全监控未落实

一、事故概况

2018年12月6日,甲局乙车辆段丙运用车间一辆汽车,运行至丁省道K283+890处,撞至路边水泥挡墙上,造成一名职工死亡,一名职工重伤,一名劳务工轻伤。

二、事故原因

驾驶员夜间行驶在弯道结冰路面,未降低速度且未按照操作规范安全驾驶,致使车辆发生侧滑后撞至路边水泥挡墙上,违反《中华人民共和国道路交通安全法》,是造成这起事故的主要原因。

三、事故教训

1. 安全教育不到位。公务用车驾驶员岗位的日常安全教育不到位,驾驶员安全责任意识淡薄,出车前对冬季夜间道路交通安全风险预判不到位,驾驶机动车未严格执行道路交通安全法律法规,夜间行驶在弯道结冰路面未降低行驶速度,且未按照操作规范安全驾驶。

2. 公务用车行程及审批不规范。使用人实际为2人,但申请单登记为1人;计划前往两个目的地,分别是A地和B地,但申请单仅登记为B地,增加了公务用车的使用范围,但用车人、车间用车审批人仍违反段规定批准用车。

3. 安全监督岗作用未发挥。用车人、乘车人未按照“谁用车、谁负责”和乘车人“安全监督岗”制度要求,落实安全监督岗相关要求,在行驶过程中对驾驶员安全驾驶提醒警示不到位、不及时。

【案例三】非专职司机驾车操作不适当坠江

一、事故概况

2019 年 1 月 17 日，甲局乙工务段丙桥隧车间副主任驾驶车间公务用车，自丙桥隧车间出发拟到丁线 A 地—B 地间 K202 +213—K202 +266 检查堑坡溜坍水害复旧施工，行至戊大桥北段公路时，车辆坠入江中。事故造成该车间副主任溺水死亡，车辆受损严重。

二、事故原因

1. 驾驶员在事故路段时对道路观察不够、车速过快而操作不当，是发生事故的根本原因，其行为违反了《中华人民共和国道路交通安全法》有关规定。

2. 驾驶员虽具备机动车辆驾驶资格，但其并非单位专职司机，事发当日擅自驾驶公务车外出检查，是导致事故发生的主要原因。

三、事故教训

1. 非专职司机违章驾驶公务车。乙工务段丙桥隧车间副主任并非单位专职司机，事发当日擅自驾驶公务车外出检查，续查发现该车间的车间干部违章驾驶公务车现象较为普遍，违反了《乙工务段汽车安全风险管理实施办法》“严禁非专职司机、领导干部驾驶公车”和《乙工务段公务用车使用管理办法》“严禁非专职司机驾驶公务用车”的规定。

2. 车间日常汽车管理较为混乱。一是派车单管理不规范。检查公务用车管理信息系统发现，事发当日派车单中缺少安全提示内容，续查发现丙桥隧车间填写的多张公务用车派车单，均无安全提示内容。二是汽车钥匙管理混乱。丙桥隧车间目前配属的三辆公务车共有两套钥匙，一套钥匙由车间专职汽车司机保管，一套钥匙由车间值班调度员保管，事发当日副主任在车间值班调度员不知情的情况下，私自从车间调度室拿走钥匙，自行开车外出，续查发现此类问题较为普遍且长期存在。

3. 道路交通安全监督检查不力。乙工务段虽然在汽车安全管理办法、公务用车使用管理办法中均规定，严禁非专职司机驾驶公务用车，但检查发现丙桥隧车间由于目前只有一名专职司机，在生产任务繁忙时，不能满足用车需求，车间干部日常存在自己驾驶公务车外出公干现象，段各级检查人员对非专职司机驾驶公务车问题安全敏感意识差，检查不到位，纠正不及时，考核不严格，反映出段和车间干部存在重生产、轻安全的思想，为事故发生埋下了隐患。

4. 道路交通安全管理办法不健全。一是乙工务段汽车安全管理办法中，缺少驾驶员必须持“铁路岗位培训合格证”上岗相关要求，未对驾驶员禁忌证做出具体说明。二是乙工务段公务用车使用管理办法规定，每年至少组织司机开展一次（不少于 2 天时间）以道路交通安全法规和实际操作技能为主要内容的培训教育活动，违反《甲局机动车道路交通安全管理办法》“每年入冬、暑期前，各单位机动车辆安全管理部门和职工教育部门要对驾驶员进行安全警示教育及驾驶技能理论、实作培训考试”的规定。

【案例四】实线超车酿惨祸，安全意识太淡薄

一、事故概况

2021 年 5 月 11 日，甲局乙货运中心丙营业室司机驾驶一辆小型汽车吊，在作业结束返回营业室途中，吊车右前侧与一辆私家车左前侧发生刮碰，小型汽车吊冲下公路撞上广告牌立柱，造成车内一名乘车人员死亡。

二、事故原因

驾驶员驾驶小型汽车吊在有道路中心单黄线处超车是本起事故发生的主要原因。

三、事故教训

1. 道路安全培训教育不到位。乙货运中心各营业点由于点多线长，存在较多异地车间驾驶员很少有机会到货运中心进行机动车辆安全驾驶等道路交通安全方面的集中培训教育，各异地营业室又缺少机动车辆安全管理人员，专项道路交通安全教育培训严重缺失。司机驾车上路行驶不注意看道路指示标志、不按规定开启超车提示信号、超速行驶时有发生。

2. 驾驶员和乘车人员安全意识淡薄。乙货运中心汽车驾驶员和乘车人员不系安全带的现象常有，乘车人员不系安全带驾驶员不提醒，驾驶员不系安全带没有人管，没有开展道路安全专题教育，交警处罚的驾驶员违章无人过问和考核，汽车“三检”制不认真落实，疲劳驾驶情况无人提示，驾驶员和乘车人员安全意识淡薄，促成了本次道路交通事故的发生。

3. 管理层对道路交通安全不重视。乙货运中心汽车管理办法明确规定中心车队定期组织驾驶员召开安全例会，安全管理责任部门每月对车队进行一次检查，车辆管理人员对汽车技术状态进行检查。对上路行驶的汽车行车记录仪的安设没达到 100%，中心汽车管理人员对司机驾驶状态及驾驶实作考核质量差。

4. 特殊天气管控不到位。乙货运中心没有极端天气汽车管理制度，雪天、雨天、雾天、夜间等特殊天气出车缺少控制措施，对营业室管辖区域跨度大、出车困难等特殊情况没有应对措施。

复习思考题

1. 什么是道路交通事故？
2. 道路交通事故可分为哪几种类型？
3. 道路交通事故的特点是什么？
4. 机动车驾驶员必须遵守的“十不准”规定是什么？
5. 机动车驾驶员岗位职责有哪些？
6. 发生交通事故时如何应急处置？

7. 行驶中轮胎爆裂如何应急处置？
8. 转向突然不灵、失控时如何应急处置？
9. 机动车在道路上临时停车，应当遵守哪些规定？
10. 乘车人乘坐机动车时应当遵守哪些规定？

第三篇

季节性劳动安全

第一章 防暑降温

高温天气导致从事户外作业人员中暑甚至死亡的事件时有发生，对作业人员身体健康和生命安全有极为严重的潜在危害。为加强高温作业和高温天气作业的劳动保护工作，防止因高温作业和高温天气作业引发的作业人员中暑和各类生产安全事故，维护劳动者健康及其相关权益，国家安全生产监督管理总局、卫生部、人力资源和社会保障部、中华全国总工会于2012年6月29日颁布了《防暑降温措施管理办法》。铁路防暑降温工作是一项季节性很强的劳动保护工作，直接关系到职工身体健康和运输生产安全。

第一节 防暑降温的基本知识

高强度、持续性的炎热高温，给人们必要的出行和户外工作、活动带来了挑战。因此，掌握防暑降温基本知识尤为重要。

一、高温相关定义

（一）高温作业

高温作业是指有高气温，或有强烈的热辐射，或伴有高气湿（相对湿度≥80%RH）相结合的异常作业条件、湿球黑球温度（WBGT）指数超过规定限值的作业。

（二）高温天气

高温天气是指地市级以上气象主管部门所属气象台站向公众发布的日最高气温35 ℃以上的天气。高温预警信号分三级，分别以黄色、橙色、红色表示。

1. 高温黄色预警：一般指连续3天日最高气温将在35 ℃以上。
2. 高温橙色预警：一般指24 h内最高气温将升至37 ℃以上。
3. 高温红色预警：一般指24 h内最高气温将升至40 ℃以上。

（三）高温天气作业

高温天气作业是指用人单位在高温天气期间安排劳动者在高温自然气象环境下进行的作业。

二、高温环境产生的原因

高温环境因其产生原因不同，大致可分为自然高温环境和工业高温环境。

1. 自然高温环境是由日光辐射引起，主要出现在夏季。夏季高温的炎热程度和持续时间，因地区的纬度、海拔、当地气候特点而有不同差异。自然高温环境的特点是影响面广，从生活环境到生产劳动环境均会受到影响，对露天作业人员影响较大。

2. 工业高温环境的热源主要是各种燃料的燃烧（如煤炭、石油、天然气等）、机械的转动摩擦（如电动机、机床、砂轮等），以及化学反应过程所散发的热等。工业高温环境是生产劳动过程中经常遇见的，且所有类型工业高温环境均会受到夏季自然高温环境的影响而加剧。

三、高温的危害

（一）高温对人体的生理危害

在高温环境下工作，除了会影响作业人员工作效率外，还易引发各种意外事故。在高温环境下，作业人员身体产热多、散热少，体内水分流失过快，易出现无力、口渴、脉搏增快、体温升高、水盐代谢失调等症状。同时，高温促使人体血管扩张，末梢血液循环增加，加上劳动过程中肌肉血流量也增加，这些因素会导致心跳加速，而每搏心输出量减少，导致心脏负担增加，血压也会随之改变。

（二）高温对人体的心理危害

高温环境会使人的注意力、动作的准确性及协调性、反应速度等下降，易发生工伤事故。当长期处于高温环境时，不仅身体会出现不适，精神、情绪也会产生波动，容易产生负面情绪，出现烦躁、易怒、记忆力下降等状况，极端情况下更容易与他人产生摩擦或争执。处在高温环境时，人体血液中的含氧量，以及血管的扩张和收缩能力会发生变化，颅脑供血情况也有所改变。在体温还没出现变化的时候，供血就已经发生变化，而出现发热等中暑迹象时，人体的调节能力会下降，进而对情绪和认知产生影响。

第二节　高温作业、高温天气作业安全风险辨识和人身安全控制措施

铁路企业的防暑降温工作按照“以人为本、安全第一、科学预防”的原则组织实施，为最大限度减少高温天气因素给职工生产生活带来的不利影响，加强高温作业和高温天气作业的劳动保护工作，防止因高温作业和高温天气作业引发的作业人员中暑和各类生产安全事故，维护劳动者健康及其相关权益，铁路各岗位作业人员应学会高温作业安全风险辨识，掌握防暑降温基本常识和预防中暑措施。

一、高温作业、高温天气作业安全风险辨识

1. 高温天气因素:35 ℃以上的气温,并伴有相对湿度不低于80%RH的天气。

2. 存在生产性热源:生产性热源是指在生产过程中能够产生和散发热量的生产设备、产品或工具。铁路企业主要产生生产性热源的设备包括内燃机车柴油机、锅炉等,产生生产性热源的处所包括内燃机车驾驶室和机房及发电车等,接触生产性热源的作业人员包括内燃机车乘务员、地勤检修人员、发电车乘务员等。

3. 作业环境不良:如高温、高辐射、高湿度、通风不良、气压不适等。

4. 缺乏防暑降温设施:如未合理设置电风扇、空调、通风机等。

5. 高温作业人员患有高血压、心脏病等疾病。

6. 高温作业人员防暑降温措施不到位,如未佩戴防护用品。

7. 未建立防暑降温措施;高温中暑应急预案不完善;未进行防暑降温检查;职业安全卫生责任制未落实;作业现场未配备清凉饮料和防暑药品;对患有职业禁忌证的人员未调整岗位;高温天气作业人员连续作业时间超过国家规定等。

二、高温作业、高温天气作业人身安全基本控制措施

1. 作业时应按规定佩戴个人防护用品。室外作业人员应按规定穿戴防护用品,露天作业时采取必要的防晒措施;上线施工作业必须穿着高可视性警示服(3级);高处作业必须采取必要的安全防护措施及佩戴安全带。

2. 高温作业要保证作业现场饮水或清凉饮料供应充足。现场应供给足够的符合卫生要求的饮用茶水或清凉饮料等,严禁发放含有酒精的饮料。

3. 合理饮食,及时补充水分。饮食以清淡为好,多食富含蛋白质、维生素的食物,不要等到觉得口渴时再饮水,注意补充盐和矿物质。

4. 保持充足的睡眠。夏天日长夜短,气温高,人体新陈代谢旺盛,消耗也大,容易感到疲劳。充足的睡眠,可使大脑和身体各系统都得到放松,既利于工作和学习,也是预防中暑的措施。

5. 合理设置空调温度。应逐步调节居室温度,从而适应温度的变化。居室的温度宜控制在26~29 ℃。睡眠时注意不要躺在空调的出风口和电风扇下,以免患上“空调病”。

6. 降温不宜过快。高温天气浑身冒汗,皮肤疏松,毛孔汗腺开放。突然进入空调房间或猛吹电风扇,皮肤表面温度很快变低,汗腺收缩。人体体温调节中枢反应没那么快,体内的热气不但没有散发出来,反而遭遇冷气包围。冷热交汇,人体容易受凉,就会出现感冒的症状。另外,骤冷使血管紧急收缩,患有高血压、慢性冠心病的患者容易出现意外,可能导致心肌梗死。

7. 衣服不宜过于暴露。赤膊只能在皮肤温度高于环境温度时,才能通过增加皮肤的辐射、传导散热起到降温的作用。酷暑之日,最高气温一般都接近或超过37 ℃,皮肤不但不能散热,反而会从外界环境中吸收热量,因而赤膊会感觉更热。

8. 注意调节情绪。遇到负面情绪,自己和周边的人首先要“冷处理”。可以换到一个温度舒适的环境中,这样情绪也容易冷静下来。另外,要进行适当的休息,让身体进行自

我修复,以平复不良情绪。

9. 配备防暑降温药品。工作场所应配备必要的防暑降温药品,预防中暑。

第三节 高温作业、高温天气作业常见人身伤害类型及应急处置措施

高温作业、高温天气作业极易引发中暑,若不及时对中暑人员进行救治,很可能造成中暑人员电解质异常、脏器功能衰竭甚至死亡。夏季也是蛇虫活动较为频繁的季节,室外作业如不注意防范,极易被咬伤。

一、中暑的定义及原因

中暑是指在高温环境下,由于热平衡和(或)水、电解质代谢紊乱、有效循环血量减少而引起的以体温升高和(或)中枢神经系统功能障碍和(或)心血管功能障碍等为主要表现的急性全身性疾病。

中暑的原因很多,在高温环境中,如果通风差,则极易发生中暑;露天作业时,受阳光直接暴晒,人的脑膜充血,大脑皮层缺血也易引发中暑;空气中湿度的增强易诱发中暑。若存在机体适应高温环境能力下降的情况,如年老、体弱、产妇、肥胖、甲状腺功能亢进和应用某些药物、汗腺功能障碍等,则更容易发生中暑。中暑是一个与气温、室温相关的季节病,是可以预防的。

二、中暑的症状及现场应急处置

(一)中暑的症状

根据临床表现的轻重,中暑可分为先兆中暑、轻症中暑和重症中暑三种情况。

1. 先兆中暑

先兆中暑一般表现为口渴、乏力、多汗、头晕、目眩、耳鸣、头痛、恶心、胸闷、心悸、注意力不集中等症状,体温可能正常或略高,不超过 38 ℃。

2. 轻症中暑

轻症中暑一般表现为早期循环功能紊乱,包括面色潮红、苍白、烦躁不安、表情淡漠、恶心呕吐、大汗淋漓、皮肤湿冷、脉搏细数、血压偏低、心率加快、体温轻度升高。

3. 重症中暑

重症中暑按症状可分为四种类型:热痉挛、热衰竭、日射病和热射病。

(1)热痉挛症状:出汗后水和盐分大量丢失,出现四肢、腹部、背部的肌肉痉挛和疼痛,常发生于腓肠肌,呈对称性和阵发性,也可出现肠痉挛性剧痛。病人意识清醒,体温一般正常。

(2)热衰竭症状:由于高热引起脱水、电解质紊乱、外周血管扩张,周围循环容量不足

等休克征象。表现为头晕、眩晕、头痛、恶心、呕吐、脸色苍白、皮肤湿冷、大汗淋漓、呼吸增快、脉搏细数、心律失常、晕厥、肌痉挛、血压下降等,体温正常或略高,一般不超过40 ℃。

(3)日射病症状:是因为直接在烈日下暴晒,强烈的日光穿透头部皮肤及颅骨引起脑细胞受损,进而造成脑组织的充血、水肿。由于受到伤害的主要是头部,所以最开始出现的不适主要是剧烈的头痛、恶心呕吐、烦躁不安,继而可能出现昏迷及抽搐。

(4)热射病症状:由于热应激机制失代偿,使中心体温骤升,导致中枢神经系统和循环系统障碍。出现高热、无汗、意识障碍,体温超过40.5 ℃。可出现皮肤干燥、灼热、谵妄、昏迷、抽搐、呼吸急促、心动过速、瞳孔缩小、脑膜刺激征等表现,严重者出现休克、心力衰竭、脑水肿、急性肾损伤、多器官功能衰竭甚至死亡。昏迷、抽搐、高烧、休克等症状,属于重症中暑,是中暑中情况最严重的一种,需要立即送医院急救。

(二)现场应急处置

避免中暑的第一步也是最重要一步,是脱离中暑环境。一旦发现自己或有人中暑,先拨打"120"急救电话,然后进行力所能及的现场急救。急救措施可以概括为搬、量、擦、补。

1. 搬:停止活动,迅速脱离高温、高湿环境,转移患者至通风阴凉处,尽快除去患者全身衣物。如果条件允许,可将患者转移至有空调的房间,建议室温调至16~20 ℃,让患者躺下,抬高下肢15~30 cm。

2. 量:快速测量体温,最好是核心温度,通常使用直肠温度来反映核心温度。如现场无法测量核心温度,也可测量体表温度(腋温或耳温)作参考。如腋温或耳温不高,不能排除热射病,应每10 min测量一次或持续监测体温。

3. 擦:用冷水或稀释的酒精帮患者擦身并持续扇风,也可用冷水淋湿的毛巾或冰袋、冰块放在患者头部、颈部、腋窝或大腿根部腹股沟处等大动脉血管部位,帮助患者散热(不要涂抹感觉清凉的外用成药,油性物质不利于散热)。

4. 补:快速补液。如果中暑者清醒,没有恶心呕吐,可以适当补水,但切勿大量饮用纯净水。只补充水分不补充电解质会导致电解质平衡被打破,出现稀释性低钠血症,还可能出现脑水肿昏迷。正确的补水方法是少量多次(每次不超过300 mL),并且最好饮用含有各种电解质的液体,如果汁、淡盐水(1 L水中加入2~3 g食盐)等,也可服用祛暑药品(不要自行服食退烧药)。

三、蛇虫咬伤的预防与现场应急处置

(一)预防毒蛇咬伤和咬伤后的自我急救措施

1. 预防毒蛇咬伤的措施

(1)在野外活动时,要穿长衣、长裤和高帮鞋子,并将裤脚绑紧。尽量不要使皮肤裸露在外。

(2)在林区行走时要戴好帽子,防止悬挂在树上的蛇因为碰到人的脖子而咬人。

(3)尽量不要走入野生草丛。如不可避免需要穿过草丛时,可用棍棒边打草丛边通过。

(4)如果在室内发现毒蛇,最好不要自行抓捕,应立即远离毒蛇,并及时请专业人员带上抓捕工具抓捕。

2. 毒蛇咬伤后的自我急救措施

毒蛇咬伤是一个急性、复杂的病症，急救时间非常宝贵。因此，在医务人员到来之前进行及时、正确的紧急处理至关重要。

(1)保持冷静：被毒蛇咬伤后要保持冷静，记住蛇的样貌特征，在第一时间拨打“120”急救电话。同时，应尽量减少活动，因为活动会加快毒素扩散。应让伤肢保持低垂位，减少毒液的吸收。

(2)结扎：立即用绳子或布条等对伤口近心端 5 ~ 10 cm 处进行结扎。结扎的松紧度类似于在医院抽血化验时使用压脉带的程度，且须每隔 15 ~ 30 min 松解 1 ~ 2 min，避免因肢端缺血而发生局部坏死。

(3)拔毒牙：毒蛇咬人的行为大多数出于毒蛇的自我防卫，当其咬得很紧时被人用力一甩，毒牙很可能会断在伤口内，而断掉的毒牙内往往含有大量毒液，这时应以最快的速度拔出毒牙，以免更多的蛇毒进入体内。

(4)水洗：把伤口放置于干净的流动水下冲洗，轻轻揉搓伤口，将皮肤表面和浅层没有进入人体的毒液洗去；同时轻轻挤压创面以排出毒素，避免毒素吸收。

(5)切口：可用小刀把伤口呈“一”字形或“十”字形切开，不用切太深，出现渗血即可，并挤出部分渗血。

(6)就医：做完上述紧急处理后，安静等待救护车到达。尽量记住毒蛇的样貌体征，以便进入医院时能准确告知医生，采用对应血清进行治疗。

(二)蜂类蜇伤症状及现场应急处置

1. 蜂类蜇伤的症状

常见的蜂类蜇伤主要是蜜蜂和黄蜂(又称马蜂)蜇伤。蜂蜇伤常发生于暴露部位，如面、颈、手背和小腿。轻者仅出现局部疼痛、灼热、红肿、瘙痒，少数形成水疱，数小时后可自行消退，很少出现全身中毒症状。

2. 现场应急处置

立即绷扎被刺肢体的近心端，每隔 15 min 放松 1 min，绷扎总时间不宜超过 2 h。若尾刺尚在伤口内，可用针尖挑出。蜜蜂毒液呈酸性，可用肥皂水、5% 碳酸氢钠溶液或 3% 淡氨水等弱碱液洗敷伤口，以中和毒液；黄蜂毒液呈碱性，可用 1% 醋酸或食醋等弱酸性液体洗敷伤口。症状严重者，可口服或局部用药。应急处置完毕后，及时到医院进一步诊治。

(三)蝎子蜇伤症状及现场应急处置

1. 蝎子蜇伤的症状

蝎子后腹细长而呈尾状，最后一节的末端有锐利的弯钩(即尾刺、毒钩)，与一对毒腺相通，蜇人时毒液通过尾刺进入人体。蝎子蜇伤后局部常迅速出现剧痛，伤口可有红肿、麻木、水疱、出血、淋巴管及淋巴结炎，严重时可出现组织坏死。

2. 现场应急处置

四肢蜇伤的可在伤部近心端绑扎，方法同蜂类蜇伤。蝎子蜇伤后，应尽早将蝎子尾刺拔除，必要时可切开伤口取出，清洗伤口可局部用药或口服药。应急处置完毕后，及时到医院进一步诊治。

（四）蜈蚣蜇伤症状及现场应急处置

1. 蜈蚣蜇伤的症状

蜈蚣的第2对足即为毒螯（毒钩），呈钳钩状，锐利，有毒腺开口。蜇人时，毒腺所分泌的毒液通过毒螯尖端注入人体而引起中毒。伤口为一对小出血点，局部红肿、刺痛、瘙痒，严重者可出现水疱、组织坏死、淋巴管炎及局部淋巴结肿痛等。

2. 现场应急处置

蜈蚣的毒液呈酸性，用碱性液体能中和。发现被蜈蚣咬伤后，可立即用5% ~10%的碳酸氢钠溶液或肥皂水、石灰水冲洗，然后涂上较浓的碱水或3%的氨水。应急处置完毕后，应及时到医院做进一步诊治。

（五）蜱虫咬伤症状及现场应急处置

1. 蜱虫咬伤的症状

蜱虫俗称草爬子，常寄宿于牲畜等动物皮毛间，野外蜱虫则多蛰伏在浅山丘陵的草丛、树木或山地泥土中。蜱虫的危害主要表现在两个方面：一方面，被蜱虫叮咬部位会出现皮肤损伤和瘙痒，甚至发生严重的过敏反应；另一方面，蜱虫是一些人兽共患病的传播媒介和宿主，蜱虫可以传播的疾病主要有发热伴血小板减少综合征、人粒细胞无形体病、森林脑炎、莱姆病、出血热等。

2. 现场应急处置

摘除蜱虫越早越好，如果摘除不及时，蜱虫会叮咬很长时间，吸很多血，可能释放更多的毒素和病原体。蜱虫头部有倒钩，越拉钩得越紧，而且生拉硬拽还容易将蜱虫的头部残留在皮肤内。自行处理时，最好用酒精、百草油、煤油、松节油或旱烟油等涂在蜱虫头部；或在被叮咬部位旁边点燃蚊香，以“麻醉”蜱虫，让其自行松口脱落；也可用尖头镊子垂直向上取出，再用碘酒或酒精做局部消毒处理。但无论是蜱虫自行脱落还是被人工取出，都要随时观察身体状况。当身体出现不适，如发热或者被叮咬部位有发炎破溃及红斑等症状时，要及时就诊。

第四节　典型事故案例

一、热射病

1. 2023年6月16日晚，某医院接诊一例57岁热射病患者，经7 h抢救无效死亡。这位患者在户外活动回家后，曾出现头晕乏力等先兆中暑的症状，没有引起重视，没有相应措施，继续处于没有开空调的闷热、西晒房间内，直至“叫不醒”才被家人发现、送医。

2. 2023 年 5 月 18 日，某医院接诊了一例 53 岁热射病患者。患者连续户外作业 8 h 后出现头晕、大汗、呼吸急促、意识模糊，被工友发现后送至医院急救。该患者入院时，已是浅昏迷状态，体温高达 41 ℃，四肢振颤抽搐，医务人员为其紧急降温、散热、大量补液维持生命体征。重症医学科团队立即开展治疗，医护团队通过控温仪、冰盐水输注、灌胃灌肠等方式降温，并对脑及重要脏器进行急性保护。几天后，该患者脱离生命危险，体温及神志恢复正常。

二、日 射 病

2023 年 7 月 30 日，某医院收治了一名患者。入院时，患者体温高达 40.1 ℃，瞳孔缩小且没有对光反射，并伴有喷射性呕吐。该患者在未做任何防晒防护措施的情况下，烈日下持续暴晒达 5 h。综合 CT 透视检查结果和患者烈日暴晒经历，医生确诊该患者患上日射病。与普通中暑相比，日射病患者主要是头部受损。该患者在重症监护病房，通过补液、降温、高流量吸氧等一系列急救措施后，病情有所缓解。

复习思考题

1. 高温作业是如何定义的？
2. 高温天气是如何定义和预警的？
3. 高温环境产生的原因有哪些？
4. 高温作业、高温天气作业安全风险主要有哪些？
5. 中暑的定义及原因是什么？
6. 中暑的症状是如何分类的？
7. 发生中暑应如何进行现场处置？

第二章 防寒过冬

严寒天气下的劳动者健康和权益保护是劳动者权益保障的一部分，国家已出台相关政策文件予以指导和规范。《中华人民共和国劳动法》《中华人民共和国职业病防治法》等明确规定，用人单位必须为劳动者提供符合国家规定的劳动安全卫生条件和必要的劳动防护用品。严寒天气下劳动权益保护不仅是法律法规的要求，更是社会文明进步的应有之义。

第一节　防寒过冬的基本知识

冬季是四季之一，我国南北温度差异较大。北方冬季受西伯利亚高压影响，经常有冷空气南下形成寒潮，使气温大大降低。南方则受来自海洋的暖湿气流影响，冬季大多是温和的。

一、冬季常识

1. 二十四节气里的冬季

冬季始于立冬、止于立春。立冬：时值公历的 11 月 7 日前后。小雪：时值公历的 11 月 22 日前后。大雪：时值公历的 12 月 7 日前后。冬至：时值公历的 12 月 22 日前后。小寒：时值公历的 1 月 6 日前后。大寒：时值公历的 1 月 20 日前后。

2. 冬季气温的分布

我国幅员辽阔，南北气温差别大。从 1 月等温线图可看出，0 ℃等温线穿过了淮河—秦岭—青藏高原东南边缘，此线以北（包括北方、西北内陆及青藏高原）的气温在 0 ℃以下，其中黑龙江漠河的气温在 −30 ℃以下；此线以南的气温则在 0 ℃以上，其中海南三亚的气温为 20 ℃以上。因此，南方温暖，北方寒冷，南北气温差别大是我国冬季气温的分布特征。

二、冬季常见气象预警

1. 寒潮。一种自然天气现象，就是寒冷空气好像潮水般奔流过来的意思，它属于空气（冷空气）流动的一种形式。这种冷空气南侵达到一定标准的就称为寒潮。寒潮预警信号分四级，分别以蓝色、黄色、橙色、红色表示。

2. 暴雪。自然天气的一种降雪过程，暴雪发生的时段一般集中在10月至次年4月。暴雪的出现往往伴随大风、降温等天气，给交通运输带来影响。暴雪预警信号分四级，分别以蓝色、黄色、橙色、红色表示。

3. 道路结冰。当出现大范围强冷空气活动引起气温下降的天气（气象上称为寒潮）时，如果伴有雨雪，最容易发生道路结冰现象。道路结冰一般发生在11月到次年4月。道路结冰预警信号分三级，分别以黄色、橙色、红色表示。

4. 大雾。大气中因悬浮的水汽凝结使能见度低于1 km的天气现象，气象学称为雾。雾常以辐射雾和平流雾两种形式出现。辐射雾指地表辐射冷却作用使地面气层水汽凝结而形成的雾。平流雾多出现在沿江及沿海城市，北方多在初冬发生，南方则更多发生于仲冬或冬末，有时连续几天不散。大雾预警信号分三级，分别以黄色、橙色、红色表示。

5. 冻雨。当雨滴从空中降落后，一旦遇到温度低于0 ℃的物体，会迅速冻结成冰，气象上把这种天气现象叫作冻雨。冻雨落下后在物体表面形成冰层覆盖的现象叫作雨凇。冻雨是一种自然灾害，它冻结在物体表面不易铲除，破坏性强。电线结冰后遇冷收缩，在冻雨重量的影响下会绷断，使通信和输电中断。交通因地面结冰而受阻，交通事故也因此增多。

三、防寒过冬的时段

铁路防寒过冬期一般从每年的11月15日至次年3月15日。具体防寒过冬期按照国铁集团和所在地政府有关规定，由各铁路局集团公司确定。

第二节　冬季作业安全风险辨识和人身安全控制措施

铁路作业人员在冬季作业的人身安全是铁路运输防寒工作的重中之重。我国北方地区冬季时间较长，环境多变，气候条件恶劣，造成职工伤害的风险因素较多，保障作业人员安全过冬是铁路冬季运输生产必须做好的一项工作。

一、冬季作业安全风险辨识

1. 冬季作业特点

冬季气温低，风、雪、雨、雾、霜等天气现象频繁，昼短夜长、温差大，这些气象条件对铁路运输生产的设备、作业场所、作业人员及行车组织等多方面，都产生了不利的影响，给运输生产带来了极大的不便，冬季作业特点可概括为冷、长、滑、雾、笨、畏、忙。

（1）冷：冬季气温低，人的视觉、听觉和行动能力都会受到一定影响。人体对外界信息的反应敏感度降低，容易发生跌滑、车辆伤害、道路交通等方面的人身伤害事故。

（2）长：冬季在夜间的工作时段占比增加且气温更低，受现场照明条件的限制，作业人员的视野相较于白天会变小变窄，夜间作业难度增大，体力消耗增高，人员更易疲劳。

（3）滑：冬季经常有冰、雪覆盖现场，特别是白天融化和压实了的冰雪表面，到了夜间又凝结成光滑的冰面。地面、轨面、台阶、梯凳和扶手等较为湿滑，易发生跌倒、滑脱、摔伤等人身事故，给现场作业人员带来极大的不便，增加了作业的难度。

（4）雾：冬季出现雾霾天气较为频繁，现场能见度低、瞭望困难，作业防护瞭望视线距离变短，给人身安全和作业安全带来了较大的影响。

（5）笨：冬季天气寒冷，露天作业人员穿戴较多，衣着笨重，行动不便，反应相对迟缓，易碰伤或摔伤。

（6）畏：冬季气候严寒，铁路行车人员几乎天天在寒风凛冽、零下几十摄氏度的冰天雪地里作业，易产生畏寒、怕冷的思想，进而缩手缩脚，可能会简化作业程序、降低作业标准，给行车和人身安全带来隐患。

（7）忙：冬季铁路运输车流密度大、工作强度高，容易产生"抢任务、轻安全"的思想倾向。再叠加上中国传统节日期间，职工的家务忙、事情多等因素，容易造成职工休息不好，工作精力分散的问题，进而对人身安全构成威胁。

2. 人身安全风险辨识

（1）冬季受雾、霾、风、雨、雪、冻等不利天气影响，存在机车车辆伤害、滑倒摔伤、机动车辆伤害、高处坠落、一氧化碳中毒、火灾等安全风险。

（2）"三新"人员首次参加本岗位冬季作业，自我保护意识和现场控制经验缺乏，应急处置能力差，存在人身安全风险。

（3）室外作业人员因低温手脚灵活程度受限，穿着厚实，容易出现衣帽遮耳、动作变形状况，处置不当极易发生伤害事故，存在劳动安全风险。

（4）早晚温差变化大诱发季节性疾病，容易出现精神不集中、体能下降或使用药物后嗜睡等不良症状。慢性病患者（如患有心脑血管疾病或呼吸系统疾病的人群）及长时间在户外工作或活动的人群，更容易受到寒冷天气影响。

（5）道路结冰、湿滑等因素增加道路交通安全管控难度，群死群伤风险倍增。

（6）冬季取暖设备使用频繁，电气线路负荷较大，使用不规范，易发生触电、一氧化碳中毒、火灾等情况。

（7）冰雪天气下，如果既没有考虑设施的积雪承载力，又不在产生积雪时采取预防措施，极易发生建筑物垮塌事故。

二、冬季作业人身安全控制措施

（一）冬季作业对人身安全的基本要求

1. 班前严禁饮酒，应充分休息，保证工作时精力充沛、思想集中。

2. 冬季作业工作前必须按规定穿戴好防护用品，防寒帽必须有耳孔且孔径不小于20 mm，禁止穿高跟鞋、塑料底鞋作业。

3. 房檐、雨搭有积雪或冰柱，要及时清理，雪天或雪后，人员应避免在房檐下走行，防止坠落物伤人。

4. 作业前认真检查确认使用的工具、交接的设备状态良好，严禁使用不良机具。严格执行岗位责任制和交接班制度，认真听取工班长班前对生产计划的安排以及对安全生产注意事项的布置要求。作业中要认真执行各项规章命令，团结协作，密切联系，不得臆测行事，不准玩笑打逗。

5. 在站场上作业和行走时，不得脚踏钢轨面、道岔连接杆等部位。有冰冻时，应在鞋底采取防滑措施或穿戴其他防滑鞋具，以防滑倒摔伤。禁止戴妨碍视觉、听觉的色镜、帽子或其他遮盖物。

6. 冰雪路面行走时应重心前移，上身前倾，两脚八字分开，小碎步行进，不要手插裤兜，最好配合脚步的节奏，手臂在身体两侧适当幅度地摆动，这样有助于身体保持平衡。

7. 夜间作业必须配备足够的照明设备，并做好防寒保暖措施，防止作业人员摔伤、碰伤和冻伤。照明条件不良、防寒保暖措施不到位时，严禁作业。

8. 室外光滑的地面、钢制楼梯，要及时扫雪除冰，采取防滑措施，避免滑倒摔伤。

9. 要随时注意来往的列车和机车车辆的移动。遇风、雪、雾天气更应特别注意邻线有无来往机车车辆，要站在适当位置，防止被车上坠落物品、篷布、绳索等击伤，严禁走轨枕头、道心、轨面，严禁在车底下、车端部和站台边坐立、闲谈、休息、躲避风雪。

（二）冬季除冰雪作业要求

除雪、除冰工作是一项非正常工作，由于天气恶劣、作业时间不固定，给人身安全带来严重隐患。作业前，作业人员要根据除雪位置制定详细的安全措施。遇到易于溜滑的地段，应注意提高警惕，踏稳、踩牢，防止滑倒摔伤。除雪、除冰负责人还应负责除雪前的安全教育。

上道作业要求参见第二篇第一章“预防机车车辆伤害”相关内容，除雪除冰作业一般要求如下：

1. 遇有雪情预告，必须提前做好人员、用具、通信设备、防护用品等各项除雪准备工作。

2. 线路上除雪作业必须有组织、有防护，严禁单人除雪。除雪作业前，每一个小组必须明确负责人，必须指定专人担任安全防护工作。

3. 使用风力、内燃除雪机的作业小组，要听从小组负责人或现场防护员的指挥，不得擅自上道作业。

（三）冬季取暖注意事项

1. 取暖时注意安全用火用电，及时清理周围可燃物，在取暖器附近禁止放置易燃易爆物品，如酒精、打火机、花露水等，出门时不要忘记关闭电源、燃气开关。

2. 使用电器产品前，要严格按照说明书正确使用，要经常检查产品是否有损坏、绝缘是否破损等情况，防止发生触电问题。

3. 使用电熨斗、电吹风等带电热功能的小电器时，不要离开人，避免局部温度过高引起火灾。

4. 用电设备、设施不良或供电线路老化，要及时修复处理。禁止违规使用大容量用电取暖设备，增设电气取暖设备前要核算用电负荷量，防止超负荷引发火灾。

5. 使用火炉取暖时，为防止一氧化碳中毒，应遵守以下规定：

（1）安装炉具烟筒时，炉具周围要设炉挡，烟筒安装要顺安，不可逆向安装。

(2)取暖用炉具及安装必须合格,并须有检查合格证,方准使用。

(3)夜间值班有人住宿的房屋,使用炉火取暖时,必须安装通风换气设备。

(4)必须定期清理烟筒、烟道,防止倒烟,严禁敞口取暖。

第三节　冬季作业常见人身伤害类型及应急处置措施

冬季户外作业,如果防护不当,人体受低温寒冷侵袭极易造成冻伤或失温。另外,冬季用煤炉取暖,用法不当易发生一氧化碳中毒。因此,克服麻痹思想,掌握冻伤、失温、一氧化碳中毒的应急处置知识十分重要。

一、冻伤症状及现场应急处置

(一)冻伤的症状

冻伤是人体受到寒冷刺激导致的全身或局部损伤。冻伤常发生于身体末梢部位,主要为指端、鼻尖、耳郭、足趾、足跟等部位,以足部最为普遍。足部冻伤占冻伤患者的半数以上。原因在于这些位置远离心脏,血液循环相对较差,冷暴露概率高。

冻伤通常分为冻结性冻伤和非冻结性冻伤:

1. 冻结性冻伤是指在极低的气温下或长时间暴露于0 ℃以下的低温时,引起的组织冻结性病理改变,包括局部冻伤和全身冻僵,以北方多见。

2. 非冻结性冻伤是指身体长时间处于0~10 ℃的低温潮湿环境下造成的局部冻伤,此时身体组织未产生冻结性病理改变,表现为冻疮、浸渍足(手)等,南方地区较为常见。

根据冻伤的程度不同,可分为Ⅰ~Ⅳ度:

1. Ⅰ度冻伤。冻伤伤在表皮层。受冻部位皮肤红肿充血,数天后表皮脱落,不留瘢痕。冻伤者自觉局部热、痒、灼痛和麻木感。症状多在数日后消失。

2. Ⅱ度冻伤。冻伤伤及真皮浅层。局部可见红肿、水疱、血疱,有剧痛。一至两天疱内液体吸收,形成痂皮。如无感染发生的话,两至三周后脱痂痊愈,愈后经常有色素沉着,但一般少有瘢痕。

3. Ⅲ度冻伤。冻伤伤及皮肤全层。外观呈黑色或紫褐色,痛觉和温觉丧失,伤后不易愈合,愈后留有瘢痕,可有长期局部过敏或疼痛。

4. Ⅳ度冻伤。冻伤累及皮肤、皮下组织、肌肉,甚至骨骼,可产生深部组织坏死和感觉丧失,愈后有瘢痕形成,甚至可能导致截肢。

(二)现场应急处置

严重冻伤者要迅速复温及恢复血液循环,并立即就医。在冻伤者到达医院之前,救助者要帮助其脱离低温或导致冻伤的环境,迅速将其转移到温暖干燥的室内,为其脱去冰凉的衣物以避免组织反复遭受冻伤,并卸掉其身上的装备以减少对体表的压迫,用棉被、毛毯或大衣保护受冻部位。

1. 让冻伤者快速脱离低温环境和制冷因素,建议通过水浴方法进行复温。水温应在

40 ℃左右,皮肤温度至36 ℃左右为宜。如无水浴复温条件,可用衣服、被褥等覆盖,或将冻伤肢体置于救护者的前胸、腋下、腹部等温暖处,利用体温进行复温。

2. 局部冻伤能否及时正确处置,对患者预后影响很大。常见冻伤多数是Ⅰ度冻伤或更轻微,可能仅仅表现为皮肤红肿、灼痛、瘙痒等轻微症状。轻症局部冻伤者,复温后可涂抹冻伤膏。

二、失温症状及现场应急处置

(一)失温的症状

失温,即失温症,又称低体温症,是人体热量流失大于热量补给,从而造成核心区体温低于35 ℃,伴神经和心血管系统损伤为主要表现的全身性疾病。

1. 失温症的识别

识别方法可简单归纳为"一走、二听、三看":

(1)一走:串联行走测试法。行走时,后脚尖接触到前脚跟,呈一条直线。若难以完成上述行走,说明躯干运动失调,提示可能存在失温。

(2)二听:听说话时口齿是否清晰、语言逻辑是否混乱。若行为和言语异常,应高度警惕失温症。

(3)三看:看是否有持续发抖、走路不稳等异常行为,面色是否苍白,目光是否迷离。如果出现上述情况,提示可能存在失温。

2. 失温症的程度

失温症根据严重程度分为轻、中、重三期:

(1)轻度失温:失温者的体温降至32~35 ℃;颤抖、双手麻木、无法完成复杂动作;呼吸快而浅;皮肤上出现"鸡皮疙瘩";可能感觉疲劳、腹部疼痛。

(2)中度失温:失温者的体温降至28~32 ℃;有更明显的肌肉不协调,行动更迟缓、困难,伴有步伐不稳、方向感混乱等表现;面色苍白,唇、耳、手指和脚趾的颜色可能变蓝;可能产生短暂"热起来"的错觉,做出反常举动,如脱衣服等。

(3)重度失温:失温者的体温降至28 ℃以下;肌肉颤抖通常已停止,肌肉协调能力几乎完全丧失,不能行走;出现说话困难、思维迟钝等情况;暴露的皮肤变蓝;可能昏迷。

(二)现场应急处置

一旦出现失温情况,要保持冷静,及时开展自救互救并及时就医。遭遇失温时,首先脱离导致失温的因素或场所,其次根据失温的不同阶段采取不同的处理措施。

1. 若出现轻度失温的情况,失温者应迅速转移到温暖、避风、避雨的地方,更换干燥保暖的衣物,补充高热量食物,以恢复身体机能。

2. 如果失温症状较为严重,已经丧失了活动能力,施救者应将失温者立即送医。无法立即送医时,施救者可进行现场急救。失温症的现场急救原则为尽一切可能减少失温者热量流失,促进核心体温回升,维持生命体征。

减少失温者热量流失的方法:脱去寒湿衣物,擦干身体,更换暖和干燥的衣物,或用干燥的毛毯、被褥、保温毯等包裹身体。

促进核心体温回升的方法：外部加温和能量注入。外部加温主要是对身体核心区域进行加热，如在失温者心前区、颈部、腋窝、腹股沟等核心区域放置热水袋。能量注入主要是补充高热量食物，如有条件，也可进食温经散寒、温通血脉的食物或药物。需要注意的是，施救者不要揉搓失温者的四肢，这样做会让外周低温的血液回流，使失温者核心部位的温度进一步下降，进而加重病情。

三、一氧化碳中毒症状及现场应急处置

（一）一氧化碳中毒的症状

一氧化碳是含碳物质不完全燃烧所产生的一种无色、无味和无刺激性气体，不溶于水。吸入过量一氧化碳会发生急性一氧化碳中毒（又称煤气中毒），是冬季气体中毒致死的主要原因之一。

1. 轻度中毒：头晕、头痛、恶心、呕吐、全身无力。

2. 中度中毒：皮肤黏膜可呈樱桃红色，上述症状加重，出现兴奋、判断力减低、运动失调、幻觉、视力减退、意识模糊或浅昏迷。

3. 重度中毒：出现抽搐、深昏迷，低血压、心律失常和呼吸衰竭。

（二）现场应急处置

当发现有人一氧化碳中毒后，救助者必须迅速按下列程序实行救助：

1. 因一氧化碳比空气略轻，故浮于上层，救助者进入和撤离现场时，最好采取匍匐行动。进入室内时严禁携带明火、按门铃、打开室内电灯，因为室内一氧化碳浓度过高可能引起爆炸。

2. 进入室内后，应迅速打开所有通风的门窗，如能发现一氧化碳来源并能迅速排出的则应同时控制，如关闭气源开关等，但绝不可为此耽误救人时间。

3. 迅速将中毒者背出充满一氧化碳的房间，转移到通风保暖处平卧，解开衣领及腰带以利其呼吸顺畅。同时呼叫救护车，随时准备送往医院抢救。

4. 在等待运送车辆的过程中，对于昏迷不醒的患者可将其头部偏向一侧，以防呕吐物误吸入肺内导致窒息。为促其清醒可用针刺或指甲掐其人中穴。若其仍无呼吸则需立即实施口对口人工呼吸。必须注意，对一氧化碳中毒的患者不应立足于就地抢救，而应尽快送往医院，但在送往医院的途中人工呼吸绝不可停止，以保证大脑的供氧，防止因缺氧造成的脑神经不可逆性坏死。

四、摔伤症状及现场应急处置

（一）摔　伤

1. 冬季摔伤容易受伤的部位

雪天滑倒后腕部、髋部、脊椎和踝关节等更易骨折。多数人滑倒后的第一反应是用手掌撑地，这时身体的重力会集中在前臂，加上摔倒瞬间爆发的力量大，较易导致腕部骨折，

也称为桡骨远端骨折。如果是侧翻滑倒，摔倒后冲击力和身体重力会集中于髋部一侧，易造成髋部骨折。如果是向后滑倒，重重地垂直跌坐到地上，支撑点落在臀部，纵向的超负荷力量可从臀部沿脊柱向上传导，就容易导致脊椎压缩性骨折。踝关节受力扭转易受伤，严重时甚至可致踝关节韧带损伤和骨折。

2. 尽可能减轻伤害的建议

往前摔比往后摔危险小一些。往前摔时，人出于本能会双手撑地，虽然可能会造成腕部等骨折，但不易引发腰椎、股骨颈、粗隆等下肢骨折。在摔倒时尽量保持身体顺势滑倒或者翻身打个滚儿，向后摔倒时可试着尽量降低重心，让臀部先着地，同时低头蜷起身体，避免头部后仰先磕到地上。

（二）现场应急处置

1. 摔倒了先检查再缓慢起身。倒地后不要贸然起身，预防二次损伤。倒地后应该先就地活动一下手脚和头颈，排除骨折风险方可起身。起身姿势可先膝盖、双肘着地，再缓慢起身。

2. 扭伤：

（1）冰敷，将冰块置入塑料袋中放在患处，每次冰敷 15 ~ 20 min，间隔 1 ~ 2 h。

（2）压迫止血，用手或绷带适当压迫肿胀部位或疼痛部位，可减少内部出血或继发性组织水肿。

（3）抬高患肢，减轻肿胀。

（4）注意事项：冰敷时限一般是受伤后 48 h 以内，切忌冰敷后再热敷，严重的扭伤可能导致骨折，需及时就医。

3. 骨折：

（1）开放性伤口应当及时恰当止血，去除表面异物，如遇骨折端外露，不要尝试将其放回原处。

（2）用清洁、干净的布片等覆盖伤口，再用布带包扎，包扎时松紧适中。

（3）不要任意牵拉或搬运病人，尽量保持伤肢位置固定。

（4）骨折严重时，疼痛可导致休克，需要给伤者必要的止痛药。

（5）转运伤者时，要密切注意伤者神志和全身状况的变化，并迅速送往医院抢救。

第四节　典型事故案例

一、线路除雪

1. 2009 年 2 月 21 日，甲站党支部书记和值班站长，与乙电务段丙工区工长共 3 人，在丁站进站 4 号道岔岔心处进行除雪作业时，被通过的旅客列车以 111 km/h 的速度碰撞，造成 3 人死亡的铁路交通责任较大事故。

2. 2012 年 11 月 14 日，甲站一名副站长，在该站 6 号道岔处利用风力除雪机进行道岔积雪清理作业时，被Ⅱ道通过的旅客列车碰撞死亡。

3. 2001 年 1 月 23 日，甲站站长与驻站保安队员在清扫道岔积雪时，一名保安队员被旅客列车本务机车撞飞，当场死亡，在飞出过程中将站长打倒，站长前额磕破。

4. 2023 年 11 月 16 日，甲车务段中间站站长、副站长两人各携带一台风力除雪机，未在车站行车室登记，未采取防护措施，未携带联控对讲机，违章到车站咽喉区进行道岔除雪作业，作业过程中为逃避监控擅自关闭数字监控设备。9 时 41 分，有货物列车进站，二人下道不及被刮碰摔倒。经医院诊断：站长颅盖骨线状骨折、左侧第 9 肋骨骨折及左侧桡骨骨折，构成重伤，副站长第 9、第 10 肋骨骨折，构成轻伤。

二、道路交通

1. 2009 年 1 月 7 日，甲电务段副主任、干事，乘坐本单位汽车司机驾驶的汽车到沿线检查工作后，连夜赶往乙站准备第二天的工作，行至丙高速公路桥梁引桥处弯道时，因路面结冰司机未及时发现，导致汽车侧滑，方向失控，撞上行驶方向右侧桥梁护栏，副主任右颅骨骨折、颅脑损伤。

2. 2003 年 1 月 30 日，甲物资管理中心两名汽车司机驾驶本单位小客车执行长途运输任务返回单位途中遇大雪，行至乙国道因司机操纵不当，造成汽车侧滑，汽车与公路右侧树木相撞后翻入农田，造成 2 人受伤。

3. 2016 年 3 月 6 日，甲工务段一辆工程车在运送作业人员前往作业地点途中发生侧翻，造成工程车驾驶员死亡、车内一名线路工轻伤。

三、高处坠落

1. 2001 年 3 月 1 日，甲供电段接触网工在接触网上安装吊弦线夹时滑落，被安全带吊在空中，因穿着棉大衣，安全带不能有效扎紧而漏出坠落，被地面施救人接住才未造成严重后果，但造成其左腿骨折。

2. 2010 年 3 月 14 日，甲供电段乙电力工区工长安排工区人员对丙地区供电线路进行巡视检查，巡视人员在巡检时发现丁路高低压合架线路 5 号杆下层低压线路上悬挂有一条长度约 2.5 m 的编织带。巡视人员在采用绝缘拉杆将悬挂在低压线路上的编织带清除后，将绝缘拉杆递给地面人员，然后解开安全带后开始下杆，当下到距离地面 3 m 左右时，右脚踏空，坠落地面，造成腰椎第 2 椎体压缩性骨折。

四、滑倒摔伤

1. 2002 年 3 月 4 日，甲生活服务中心机关干事下楼扫雪时，踩上办公楼门前地板砖时，身体因脚下滑而失去平衡摔伤，右肱骨上端粉碎性骨折。

2. 2003 年 2 月 10 日，甲段安全员冒雪巡查贯通线路故障时，滑入贯通线旁边深沟中摔伤。

复习思考题

1. 冬季常见气象预警有哪些？

2. 铁路运输行业冬季作业特点主要有哪些？
3. 冬季铁路作业班前基本要求有哪些？
4. 冬季在站场上作业及行走时的注意事项有哪些？
5. 冬季使用火炉取暖时，应遵守哪些规定？
6. 当发现有人冻伤时如何处置？
7. 促进失温症人员核心体温回升的方法有哪些？
8. 当发现有人一氧化碳中毒时如何处置？

第三章 防洪抢险

铁路防洪抢险是一项高风险作业，因受暴雨和洪水灾害，以及由此引发的山体崩塌、滑坡、泥石流等地质灾害影响，防洪抢险过程中极易造成铁路作业人员伤亡事故。掌握防洪抢险相关安全知识，提升风险辨识和自救能力，能够有效降低劳动安全风险，确保抢险人员生命安全。

第一节　防洪抢险基本知识

铁路防洪抢险是指在铁路运输过程中，为预防或减轻水害对铁路线路、桥涵、设施及车辆的危害和影响而采取的应急措施，通常包括监测、预警、排水、加固等技术措施和疏散、转移、救援等应急措施。掌握防洪抢险原则、水害分类、危险特性及灾害前兆等基本知识，是确保防洪抢险劳动安全的前提。

一、防洪抢险原则

防洪抢险坚持“先通后固、永临结合”的原则，在保证安全的前提下，尽可能缩短抢修时间，也可根据具体情况一次抢修到位，防止发生次生灾害。

二、铁路水害的定义及分类

（一）铁路水害的定义

铁路水害是指因受降雨或洪水影响，造成铁路路基、轨道、桥梁、隧道、涵洞、防护设备、接触网、电力线路、变配电设备、通信信号等设备损毁，甚至造成受灾路段铁路运输中断或限速慢行而降低区段运输能力，并可能伴有其他引发人员伤亡和财产损失的灾害。

（二）铁路水害的分类

1. 铁路水害按后果和影响程度分类

（1）水害事故：因降雨或洪水造成铁路行车事故或人员伤亡。

（2）水害断道：由于降雨或洪水导致铁路设备损坏，使得铁路线路的某一区段或区间在特定时间内无法供列车或单机运行，即在该时段内该区段的通过能力为零。

(3)水害慢行：因降雨或洪水造成列车或单机必须按某一低于该区间运行图规定的速度行驶。

(4)设备损坏：因降雨或洪水造成铁路设备损坏，虽未造成水害事故、水害断道、水害慢行，但需对损坏设备投资进行修复、加固。

2. 铁路水害按损失规模分类

(1)特大型水害：抢通时间超过 24 h，或受灾体损失价值在 1 000 万元以上。

(2)大型水害：抢通时间大于 12 h 不超过 24 h，或受灾体损失价值在 500 万～1 000 万元。

(3)中型水害：抢通时间不超过 12 h，或受灾体损失价值在 100 万～500 万元。

(4)小型水害：不中断行车，或受灾体损失价值在 100 万元以内。

三、防洪抢险危险特性

铁路防洪抢险是一项高风险的作业，涉及工务、电务、车务、供电、通信、机务等多个专业领域。在紧急抢险过程中，作业人员可能会面临以下风险：

1. 物理风险：灾害情况未查明、灾害源未排除，或抢险方案制定不科学，贸然组织抢险，加剧灾害或引发次生灾害，造成人员伤亡；抢险机械作业或防护不到位造成抢险人员伤亡。

2. 气象风险：雷暴降雨天气未停止或洪水未退条件下进行抢险作业，容易遭受山洪、泥石流、雷电等次生灾害，造成抢险人员伤亡；夜间视线不良，抢险人员操作机械瞭望不良等易造成伤亡。

3. 化学风险：密闭或狭小空间内通风不良，有毒有害、易燃易爆物质积聚或含氧量不足，造成抢险人员中毒窒息；抢险机械设备等尾气无法及时排除扩散，对抢险人员健康构成威胁。

4. 疲劳风险：抢险需要长时间连续作业，人员容易出现身体疲劳和精神压力。

四、地质灾害前兆特征

(一)崩　塌

崩塌是指陡峭斜坡上的岩体或者土体在重力作用下，突然脱离母体，发生崩落、滚动的现象或者过程。崩塌发生的前兆特征如下：

1. 崩塌的前缘掉块、坠落，小崩小塌不断。
2. 崩塌的脚部出现新的破裂形迹，能嗅到异常气味。
3. 岩质崩塌体偶尔发生撕裂摩擦声。
4. 崩塌体后部出现裂缝，这是崩塌即将发生的明显迹象。

(二)滑　坡

滑坡是指斜坡上的土体或岩体，受河流冲刷、地下水活动、地震及人工切坡等因素影响，在重力作用下，沿着一定的软弱面或者软弱带，整体地或者分散地顺坡向下滑动的自然现象。滑坡发生的前兆特征如下：

1. 滑坡前缘出现横向及纵向放射状裂缝，前缘土体出现隆起现象。

2. 滑坡体后缘裂缝急剧加长加宽，新裂缝不断产生，滑体后部快速下坐，四周岩土体出现松弛、小型坍塌现象。

3. 滑带岩土体因摩擦错动发出响声，并从裂缝中冒出热气或冷气。

4. 在滑坡前缘坡脚处，有堵塞多年的泉水复活现象，或出现水（水井）突然干枯、井（钻孔）水位突变等异常现象。

5. 滑坡体上有裂缝、房屋倾斜，出现“醉汉林”“马刀树”等现象。

6. 动物惊恐异常，如猪、狗、牛、羊惊恐不安，不入睡，老鼠乱窜等。

7. 滑坡上如有长期位移观测资料，无论是水平位移量，还是垂直位移量，均会出现加速变化的趋势。

（三）泥 石 流

泥石流是指山区沟谷或者山地坡面上，由于暴雨、冰雪融化等水源激发的、含有大泥沙石块的介于夹沙水流和滑坡之间的土、水、气混合流。泥石流发生的前兆特征如下：

1. 河流突然断流或水势突然加大，并夹有较多柴草、树枝。

2. 深谷内传来似列车轰鸣或闷雷般的声音。

3. 沟谷深处突然变得昏暗，并有轻微震动感等。

第二节　防洪抢险劳动安全风险辨识

铁路防洪抢险人员在参与抢险过程中，面临的物理、气象、化学及疲劳风险因素较多，易造成抢险人员人身伤亡事故，为此只有辨识出安全风险因素，才能有效控制或消除危险。根据事故致因理论，事故致因因素包括人的因素、物的因素、环境因素和管理因素四个主要方面。

一、人的不安全行为

1. 抢险人员安全意识淡薄，缺乏抢险安全知识和技能。

2. 抢险人员侵入机车车辆限界，盲目穿越线路。

3. 抢险人员擅自进入危险区域，如进入滑坡、崩塌等危险区域。

4. 防护用品、用具使用不规范，未正确使用安全带、安全帽等防护用品。

5. 进入电气化区段作业未使用绝缘护具和绝缘工具。

6. 在抢险过程中行走时打滑、踏空，踩中不稳定物件而滑倒摔伤。

7. 高处作业移动位置时，踏空、失稳或站位不当而坠落。

8. 在坡面作业一个安全桩拴两根及以上安全绳，或一根安全绳同时供两人及以上使用而坠落。

9. 江河水位监控巡查、防洪抢险等抢险人员未按规定穿戴救生衣、救生圈造成溺水。

10. 雷雨天气站在空旷高地上或大树下躲雨。

11. 抢险车辆司机因睡眠、休息不足而精神不振。

二、物的不安全状态

1. 脚手架的脚手板、架子管强度不足而弯曲变形。

2. 抢险机械故障，设备起吊重物的绳索不符合安全要求。

3. 抢险材料、料具等未按应急抢险方案的位置堆码放置。

4. 劳动安全防护用品存在缺陷，安全帽、安全带、安全绳、防滑鞋等防护用品存在破损、断裂等缺陷。

5. 安全防护设施损坏未及时修复。

6. 抢险现场电线电缆破损漏电，造成触电伤害。

三、作业环境恶劣

1. 在山洪、滑坡和泥石流等灾害发生后，地面和山体不稳定，导致岩石滑落、坍塌，危及抢险人员的生命安全。

2. 暴雨山洪、泥石流等灾害会带来巨大的水流，水流冲击力强大，可能卷走抢险人员，造成人员伤亡。

3. 在灾害发生后，可能会有化学品、燃料等有害物质泄漏产生有害气体，对抢险人员的健康构成威胁。

4. 灾害发生后，道路和桥梁可能被破坏，石块和碎片掉落，砸伤抢险人员，造成人员伤亡。

5. 隧道、涵洞、基坑等有限空间抢险作业，存在中毒窒息风险。

6. 暴雨洪水造成积水或泥泞，湿滑道路上行车、会车存在道路交通安全风险。

7. 在雷雨天气存在雷击安全风险。

8. 夜间进行防洪抢险作业没有足够的照明设备。

四、安全管理缺陷

1. 抢险预案不合理，应急响应不及时。

2. 抢险作业不设防护或防护设置不到位。

3. 安全教育缺失，安全风险研判不到位。

4. 个人防护用品、用具配置不全。

5. 未设置安全防护设施或警示标识。

6. 抢险机械未设置专人指挥人员。

7. 违章指挥强令冒险作业。

第三节　防洪抢险劳动安全控制措施

防洪抢险过程中，各种险情的发生存在持续性和突发性，只有通过科学管理，完善安全措施，掌握安全知识，执行抢险规定，做好防范工作，才能有效防止抢险人员伤亡事故发生，保障抢险作业人员的人身安全。

一、防洪抢险安全控制措施

防洪抢险前必须研判查明灾害情况，科学制定抢修方案，动态监测预警抢险区域天气情况，制定安全应急逃生方案和夜间照明方案，明确邻近线路行车安全条件。抢险人员、机械进场作业前，必须排除重大灾害源（如危岩落石、崩塌或滑坡不稳定体，堰塞体等）或对其采取监控预警措施。抢险作业过程必须建立安全防护体系，设置安全隔离措施，加强作业机械、人员、邻近线路行车间的安全防护，加强对灾害体的监测预警，发现异常抢险人员、机械应果断撤离至安全区域。

防洪抢险期间遵循“七不抢”“八必须”“九控制”安全控制措施：

1.“七不抢”：灾害情况不明不抢、坍塌落石不止不抢、暴雨重灾不停不抢、胜任人员不到不抢、抢险方案不定不抢、防护体系不全不抢、夜间照明不足不抢。

2.“八必须”：必须研判查明灾害情况、必须科学制定抢修方案、必须健全立体防护体系、必须优先采用大型机械作业、必须监测预警抢险区域天气、必须保证具备夜间抢险条件、必须制定安全应急逃生方案、必须全面检查确认开通条件。

3.“九控制”：抢险人员控制、安全隔离控制、邻线行车控制、机械作业控制、燃爆物品控制、环境监测控制、设备保护控制、舆情管理控制、后勤保障控制。

二、防洪抢险人员基本要求

1. 工务系统：在遇到险情时，工务人员应了解现场情况，根据情况做好必要的防护措施，按规定佩戴安全帽、安全带（绳）等劳动防护用品，做好抢险准备工作，并注意自身安全，避免滑倒摔伤。

2. 电务系统：电务人员在抢险过程中，需要检查电气设备是否带电，避免触电事故的发生，需要进行维修或更换电气设备时，应使用防水器材，并确保设备不会进水。

3. 车务系统：车务人员在抢险过程中，要注意自身安全，避让可能出现的滚石、泥石流等危险物，同时确保车辆处于安全状态。

4. 供电系统：供电人员在抢险过程中，应防止电气设备进水、进泥等情况，避免设备故障。同时注意避让危险物，确保自身安全。

5. 通信系统：通信人员在抢险过程中，应与其他工作人员保持良好的沟通，携带通信设备，以便在通信受阻时使用。同时，要注意防止通信设备进水、进泥等情况，避免设备故障。

6. 机务系统：机务人员在抢险过程中，需要了解机车状态，并确保机车处于稳定状态，在行驶过程中，应严格按照路况和信号指示行驶。

三、防洪抢险作业通用安全控制措施

1. 防洪抢险作业前，指挥人员应对抢险人员进行安全教育，讲清任务分工和安全要求，严格要求遵守纪律、服从指挥，防止伤亡事故。

2. 抢险人员作业前应对个人劳动防护用品和抢险工机具进行检查确认，确保劳动防护用品和工机具齐全有效。

3. 按规定设置驻站联络员和现场防护员，防护员间必须保持通信畅通和不间断联控，并确认通信良好。

4. 现场防护员应根据抢险作业现场地形条件、列车运行特点、施工人员和机具分布等情况确定站位和移动路径，并做好自身防护。

5. 抢险人员横越线路时，执行"一站、二看、三通过"，注意机车车辆的动态及脚下有无障碍物。

6. 抢险作业时，抢险人员必须注意抢修地点的稳固和自身安全，确认有无冲空、坍塌和其他异状，发现问题及时采取安全防护措施。

7. 在塌方的山坡上，应派有经验的职工在适宜的安全地点担任现场防护，不间断进行监护，发现异常立即通知山下清方人员暂停工作，在清方前要清除坡面上的松散危险土石。

8. 在陡坡和高处作业时，抢险人员必须戴安全帽、系安全带（绳），陡坡小路要设栏杆，倾斜脚手板要钉防滑条。

9. 抢险车辆在雨中行驶过程中，遇到积水路面时首先要观察积水的深度，确认安全后方可通行。

10. 遇山洪暴发、江河水位暴涨时，不得下水作业。水上作业应有救生圈、救生衣或救生船等设备。下水作业前，应观测水深及流速，并选派会游泳的人员担当水中作业，其连续工作时间应遵守以下规定：

（1）水温在 5 ~ 15 ℃时，不得超过 30 min。

（2）水温在 16 ~ 25 ℃时，不得超过 120 min。

11. 水上作业应准确判断环境是否具备作业安全条件，不得在未采取有效防护措施的情况下，进入水情不明的水域下水作业；不得使用强度不明的器材、材料，跨越、通过河流、沟壑；不得使用非专业人员驾驶的船舶、艇筏下水作业及浮渡。严禁独自涉水作业、下水游泳。

四、防洪抢险常见场景劳动安全措施

针对发生暴雨洪水、泥石流、崩塌落石等险情，在抢险过程中会面临雷雨天气、抢险机械、高处陡坡及有限空间等作业，铁路抢险人员应该掌握相关作业劳动安全预防常识，尽量减少人身伤害和物质损失。同时，抢险过程中需要保持沉着冷静，确保安全顺利完成任务。

（一）雷雨天气防洪抢险安全措施

1. 不得靠近避雷针、避雷器，雷电时（作业地点可见闪电或可闻雷声）禁止在接触网上进行作业。

2. 雷雨天气抢修作业时，在接触网锚段关节、隔离开关、分相等处所要适当增设接地线，接地线不得有断股、散股，要连接牢固，保证接地良好。

3. 雷雨天气巡视接触网、电力设备、线路设施时，必须走路肩，不得在高大建筑物、支柱及大树底下停留，巡视时不得打雨伞。

4. 雷雨天气时严禁在山顶、山脊或建筑物顶部停留。严禁在铁栅栏、架空金属体等附近停留。严禁在孤立的大树或烟囱下停留，雷电时尽量不使用手机，以确保安全。

5. 当在野外看见闪电几秒钟内就听见雷声时，说明正处于近雷暴的危险环境，应立即停止作业采取躲避措施，并注意不得奔跑，以防止雷击和跨步电压。

（二）预防触电伤害安全措施

1. 抢险人员安全防护工具、用品状态良好。未穿戴使用绝缘鞋（靴）、绝缘手套等绝缘用品，不得直接进行接触带电设备的操作和作业。

2. 抢险作业时，检查确认电线电缆绝缘良好无破损，水泵等电动工具电源线入水部分和操作触及部分的导线不得有任何形式的接头。

3. 抢险使用的各类发电设备、电动工机具均应良好接地，防止漏电造成人身伤害。

4. 抢险作业现场发电设备临时电源接入、引出点，应设置醒目的警示标志。

5. 发电、用电设备连接处带电部分不得外露，绝缘包扎必须良好，防止抢险作业人员误触碰带电部分造成人身伤害。

（三）预防机械伤害安全措施

1. 抢险机械操作人员必须正确佩戴个人防护用品，并持证上岗。

2. 抢险机械和抢险人员共同抢险时，须设专人负责机械防护工作，当抢险人员进入机械作业区域时要进行安全指导，并听从防护人员指挥，防止机械伤人。

3. 抢险机械指挥人员采取的指挥信号，必须规范、准确、明了，抢险机械操作人员必须服从指挥。

4. 抢险作业使用车辆（如平车、单机、机动车等）时必须精神集中，注意抢险人员和堆码料具，严格控制速度，防止撞人、脱轨。

（四）预防高处坠落安全措施

1. 抢险作业前要进行安全分析，制定安全技术措施并组织交底，向抢险人员交代作业任务和安全注意事项，详细了解抢险内容、抢险部位及周边状况。

2. 抢险作业前必须检查劳动防护用品穿戴情况，安全防护用具在使用前应相互检查，确保其性能完好，发现使用不当应及时纠正。

3. 在离地面 2 m 以上的高处及陡坡上抢险作业时，必须佩戴安全带（绳）、安全帽，使用前必须检查，发现安全带（绳）有破损、伤痕的禁止使用。

4. 坡面、陡坡抢险作业安全桩应设置稳固，严禁一个安全桩拴两根及以上安全绳，或一根安全绳同时供两人及以上使用，防止保护措施失效。

5. 安全桩打入地面的垂直深度，土质山坡不少于 1 m，石质山坡不少于 0.75 m，必要时适当加深，使用安全绳左右移动距离不得超过 5 m。

6. 登山、坡面等抢险作业人员应穿防滑鞋，扎好袖口、裤口，以免绊倒摔伤。

7. 在高处抢险作业所用的抢险材料应堆放稳固，随身携带的工机具应装入工具袋内，防止工机具坠落伤人。

8. 抢险现场所通过的陡坡和路滑处所应做成台阶，必要时设置临时栏杆。临时通过的陡坡和路滑处所应打安全桩并拴安全绳。

9. 抢险现场中的脚手板、斜道板、跳板和交通运输道，都应随时清扫，如有雨水、冰雪，要采取防滑措施。

（五）预防中毒窒息安全措施

1. 针对有中毒窒息危险作业的抢险人员，必须进行急救安全知识教育，其内容应包括所从事作业的安全知识、有毒有害气体的危害性、紧急情况下的处理和救护方法等。

2. 进入有限空间作业，首先要详细了解作业现场情况，有针对性地准备检测和防护器材。作业前必须对作业环境的氧含量、可燃气体含量、有毒气体含量进行检测，防止异常情况发生。

3. 对可能释放有害物质的有限空间应连续监测，情况异常时应立即停止作业、撤离人员，对现场进行处理、分析合格后方可恢复作业。

4. 在有毒或有窒息危险环境抢险作业，应制定应急救援预案，配备相应的防护器具。应急预案的内容应包括作业人员紧急情况时的逃生路线和救护方法，现场应配备救生设施等，作业人员应熟知应急预案内容。

5. 有限空间作业的现场要配备一定数量符合规定的应急救护器具（包括空气呼吸器、防护面具、救生绳等），出入口内外不得有障碍物，保证其畅通无阻，便于人员出入和抢救疏散。

6. 进入有限空间作业时，为保证空气流通和人员呼吸需要，可采用自然通风，必要时采取强制通风。

（六）预防溺水安全措施

1. 对所有参与防洪抢险的人员进行防洪防汛培训，内容包含防汛知识、紧急避险技能、溺水救援等知识，增强防洪抢险人员防溺水安全意识，提高自我保护能力。

2. 防洪抢险现场的水域周边设置醒目的警示标识和防护设施，严禁非专业人员进入危险水域或下水作业。

3. 在防洪抢险现场配置救生圈、救生衣等救生设备，参与河流、水库等监控巡查人员必须穿着救生衣，防止溺水事故发生。

4. 加强防洪抢险地段地质灾害的预测预报，动态掌握雨情、水情、台风和库情等变化，提前做好预警防范。

5. 下水作业应准确判断环境是否具备安全作业条件，遇山洪暴发、江河水位暴涨时，不得下水作业。

6. 下水作业前，应观测水深及流速。选派会游泳的人员担当水中作业，并配备救生圈、救生衣或救生船等设备。严禁独自涉水作业、下水游泳。

五、防洪抢险应急准备及自救常识

（一）防洪抢险应急准备

1. 在进行铁路防洪抢险作业之前，抢险人员需要了解水情、地形、气象等相关信息，并根据实际情况做好抢险准备工作，如携带必要的工具、器材和药品，保持良好的体力和精神状态。

2. 抢险人员需要掌握一些基本的自救技能，如遇到危险情况时，可以采取迅速转移、躲避、寻找避难所等方法，确保自身安全。此外，在铁路防洪抢险过程中，由于可能会受到电击、火灾等伤害，因此抢险人员还需要掌握相应的急救技能，如心肺复苏、止血、包扎等。

3. 抢险人员应互助合作，通过团队合作提高抢险效率和安全性。在铁路防洪抢险作业中，各专业领域的抢险人员需要协同配合，共同应对各种突发情况。例如，车务人员可以提供列车运行状况、安全技术等方面的支持，工务人员则可以提供铁路线路、桥梁、道岔等方面的支持，供电人员可以提供电力保障等支持，互相之间进行交流和支援。

（二）防洪抢险自救常识

1. 遇崩塌时自救：崩塌发生时，如果身处崩塌影响范围外，一定要绕行；如果处于崩塌体下方，应迅速向两边逃生；如感觉地面震动，也应立即向两侧稳定区域逃离。

2. 遇滑坡时自救：滑坡发生时，应向滑坡边界两侧之外撤离，绝不能沿滑移方向逃生。如果滑坡滑动速度很快，应迅速抱紧树木等固定物体。

3. 遇泥石流时自救：当处于泥石流区时，不能沿沟向下或向上跑，而应向两侧山坡上跑，离开沟道、河谷地带。严禁在土质松软、土体不稳定的斜坡停留，以防斜坡失稳下滑，应在基底稳固又较为平缓的地方暂停观察，选择远离泥石流经过地段停留避险。另外，不应上树躲避，因泥石流不同于一般洪水，其流动中可能剪断树木，造成人员卷入泥石流。应避开河（沟）道弯曲的凹岸或地方狭小高度不高的凸岸，因泥石流有很强的淘刷能力及直进性，这些地方可能被泥石流体冲毁。

4. 遇暴雨洪水时自救：要避免在低洼地带、山体滑坡威胁区域活动，当发现河道涨水，要迅速撤离，汛期河道涨洪时，严禁强行过河，要耐心等河水退去之后过河，或绕行过河。在发生暴雨洪水时，避雨要远离高压线路、电气设备等危险区域，雷雨时最好关闭手机。

第四节　典型事故案例

【案例一】抢险过程发生次生灾害造成人员伤亡

一、事故概况

2019 年 8 月 14 日中午，甲铁路隧洞附近突发山体崩塌险情，正在参与抢险清淤工作的 24 人遇险，11 人成功脱险，13 人失联。

二、事故原因

1. 针对山体崩塌造成的次生灾害风险研判不到位，未科学制定抢险方案和安全防范措施，抢险过程中未对山体崩塌重大灾害源进行排除，采取监控预警不到位。
2. 抢险作业前，安全教育和风险研判不到位，抢险人员应急准备和自救常识掌握不足。

三、事故教训

1. 防洪抢险前必须研判查明灾害情况，科学制定抢险方案，动态监测预警抢险区域天气情况，制定安全应急逃生方案和夜间照明方案，明确邻近线路行车安全条件。
2. 抢险人员、机械进场作业前，必须排除重大灾害源或对其采取监控预警措施，发现异常抢险人员、机械应果断撤离至安全区域。
3. 抢险人员需要掌握一些基本的自救技能，如遇到危险情况时，可以采取迅速转移、躲避、寻找避难所等方法，确保自身安全。

【案例二】抢险过程安全措施不到位造成人员中毒

一、事故概况

2021 年 6 月 25 日，甲铁路隧道附属排水洞发生淤积，组织人员机械钻孔疏通（利用内燃发电机发电）。抢险人员与内燃发电机混在狭小半密闭空间内，未设置通风排风设施，导致 5 名抢险作业人员出现头晕、乏力、恶心、呕吐等尾气中毒现象，后及时送医救治。

二、事故原因

1. 进入有限空间作业，未对作业现场进行风险研判，抢险人员与内燃发电机混在狭小半密闭空间内，未设置通风排风设施，造成抢险人员出现中毒现象。
2. 有限空间作业未携带检测和防护器材，未对作业环境中的氧含量、有毒气体含量进行连续监测，应急抢险预案制定不完善，抢险人员防毒急救安全知识教育不到位。

三、事故教训

1. 针对有中毒窒息危险作业的抢险人员，必须进行急救安全知识教育，其内容应包括所从事作业的安全知识、有毒有害气体的危害性、紧急情况下的处理和救护方法等。

2. 在有毒或有窒息危险环境抢险作业，应制定应急救援预案，配备相应的防护器具。应急预案的内容应包括作业人员紧急情况时的逃生路线和救护方法，现场应配备救生设施等，作业人员应熟知应急预案内容。

3. 进入有限空间作业，要详细了解作业现场情况，有针对性地准备检测和防护器材，对作业环境的氧含量、可燃气体含量、有毒气体含量进行检测，并采取强制通风措施。

复习思考题

1. 铁路防洪抢险的定义和原则是什么？
2. 铁路水害的定义是什么？
3. 泥石流的定义和前兆特征是什么？
4. 防洪抢险期间遵循的“七不抢”“八必须”“九控制”安全控制措施是什么？
5. 防洪抢险应急准备有哪些要求？

第四篇

专业劳动安全

第一章 车务劳动安全

车务系统是铁路运营核心部门，处在铁路安全的前沿。车务岗位作业人员主要有车站值班员、助理值班员、调车长、连结员等工种，作业过程中劳动安全风险较大，熟练掌握车务专业劳动安全知识，提高作业防护技能，是确保车务岗位作业人员劳动安全的前提。

第一节 行车作业人身安全通用规定

行车作业人身安全通用规定是对车务行车作业人员在调车、接发列车、上道等作业过程中的人身安全管控措施的具体要求，是有效确保车务行车作业人身安全的关键，有以下基本要求。

1. 班前、班中禁止饮酒。班前应充分休息；班中按规定着装，佩戴防护用品。

2. 室外作业人员严禁穿戴连体帽或无声孔防寒帽，防寒帽听声孔尺寸要符合标准并开放。

3. 上道作业应穿着铁路高可视性警示服（3 级），衣服穿戴整齐、鞋绳系扣牢靠，防止刮、擦、摔倒。禁止穿着高跟鞋、露脚趾的凉鞋、硬底等易滑鞋。

4. 顺线路走时，应走两线路中间，作业人员及所携带的工具不得侵入机车车辆限界，并注意邻线的机车车辆和货物装载状态。严禁在道心、轨枕头上行走。不准脚踏钢轨面、道岔连接杆、尖轨、辙叉心等。

5. 通过线路时，应走地道或天桥。必须横越线路时，应"一站、二看、三通过"，注意左右机车车辆的动态及脚下有无障碍物。

6. 横越停有机车车辆的线路时，应先确认该机车车辆暂不移动，然后在该机车车辆较远处通过。严禁在运行中的机车车辆前面抢越。

7. 必须横越列车、车列（组）时，严禁钻车。应先确认该列车、车列（组）暂不移动，然后由车辆通过台或两车车钩上越过；越过时勿碰开钩销，上下车时要抓紧蹬稳并注意邻线有无机车车辆运行；经车辆通过台越过应从车梯上下车。

8. 严禁在机车车辆底下坐卧，以及钢轨上、轨枕头、道心里坐卧或站立。

9. 严禁扒乘运行中的机车车辆，以车代步。

10. 任何人员及所携带的物件、作业工器具等须与牵引供电设备高压带电部分保持

2 m 以上距离，与回流线、架空地线、保护线保持 1 m 以上距离；距离不足时，牵引供电设备须停电。

11. 发现牵引供电设备断线及其部件损坏，或发现牵引供电设备上挂有线头、绳索、塑料布或脱落搭接等异物，均不得与之接触，应立即通知有关人员，在牵引供电设备检修人员到达未采取措施以前，任何人员均应距已断线索或异物处所 10 m 以外。

第二节　接发列车作业人身安全规定

接发列车作业需严格按照《铁路车站行车作业人身安全规定》、《铁路接发列车作业》标准、《铁路车号作业》标准等执行，主要包括车务行车作业人员在列车通过、到达及发车时，对货物装载状况、走行部、列尾装置等列车运行状态的动态检查等，其岗位作业的人身安全规定是铁路车务行车作业中接发列车作业的基本要求。

1. 应熟知站内作业区域、行走径路及两侧相关的设备设施，并随时注意使用情况，如遇设备设施、走行通道发生异状或变化时，应及时通知有关人员并采取安全措施。

2. 接发列车时，接发列车人员应站在规定地点，面向列车，随时注意邻线机车车辆动态。

3. 普速铁路人工向机车交递凭证时，须面向来车方向，精力集中，注意脚下有无障碍，停车交递后迅速回到安全位置。

4. 普速铁路相邻两线路间未设站台时，遇同时接车、发车或同时发接列车，严禁站在该相邻两线路间接发列车。

5. 上道作业时，应按照固定走行线路行走；作业时站在安全地点，并随时注意邻线机车车辆动态。

6. 安装、摘解货车列尾主机、中继器，吊起列车尾部软管时，应确认车列暂不移动方可进行作业。

7. 不准在列车、车列运行中涂打标记。

8. 车号作业人员作业时应站在安全地点，并随时注意邻线机车车辆动态及脚下有无障碍物。现场办理站车交接时，待列车（机车）停妥后，再办理交接手续。

第三节　调车作业人身安全规定

调车作业应遵守《铁路车站行车作业人身安全规定》、《铁路调车作业》标准等相关规章、制度要求，主要包括上下车、手推调车、带风作业、溜放调车作业、摘结制动软管、调整钩位、处理钩销、货物堆码和越区作业等。调车工作中的不安全因素严重地威胁着调车作业人员人身安全，作业人员必须熟知调车作业区的技术设备、作业环境和作业方法，以及接近线路的一切建（构）筑物的形态和距离，确保岗位作业安全。

1. 上下车时必须遵守以下规定：

(1)上车时，车速不得超过15 km/h；下车时，车速不得超过20 km/h。

(2)在高度不超过1.1 m的站台上上下车时，车速不得超过10 km/h。

(3)在路肩窄、路基高的线路上和高度超过1.1 m的站台上作业时，必须停车上下。

(4)登乘内燃、电力机车作业时，必须在机车停稳时再上下车(设有便于上下车脚蹬的调车机车除外)。

(5)上车前应注意脚蹬、车梯、扶手，平车、砂石车的侧板和机车脚踏板的牢固状态。

(6)上下车时要选好地点，注意地面障碍物。不准迎面上车。不准运行中反面上下车(牵出时最后一辆及《站细》等规定的除外)。

2. 在车列、车辆运行中，禁止下列行为：

(1)在车钩上，在平车、砂石车的端板支架上坐立，在平车、砂石车的边端站立。

(2)在棚车顶或装载超出车帮的货物上站立或行走。

(3)手抓篷布或捆绑货物的绳索，脚蹬平车鱼腹形侧梁。

(4)在车梯上探身过远，或经站台时站在低于站台的车梯上。

(5)在装载易于窜动货物的车辆间和货物空隙间站立或坐卧。

(6)骑坐车帮。

(7)跨越车辆。

(8)两人及以上站在同一闸台、车梯及机车一侧脚踏板上。

(9)进入线路提钩，摘结制动软管或调整钩位。

3. 手推调车时，必须在车辆两侧进行，并注意脚下有无障碍物。

4. 去岔线、段管线或货物线调车作业，须事先派人检查线路大门开启状态及线路两侧货物堆放情况；事先派人检查有困难时，应在《站细》中规定检查确认办法。

5. 带风作业时，必须执行一关(关折角塞门)、二摘(摘制动软管)、三提钩的作业程序。

6. 摘结制动软管、调整钩位、处理钩销、采取或撤除防溜措施时，必须遵守以下规定：

(1)必须等列车、车列(组)停妥并得到调车长的回示，昼间由调车长防护，夜间必须向调车长显示停车信号。

(2)调车人员须确认列车、车列(组)停妥，得到调车长同意，并使用无线调车灯显设备发出"紧急停车"指令后，方可进入车档。调车长进入车档作业时，由其本人向司机显示(发出)停车信号进行防护。

(3)使用手信号调车时，调车长须向司机显示停车信号进行防护后，方可同意作业人员进入车档；调车长得到所有作业人员均已作业完毕的汇报后，方可撤除防护。

7. 调整钩位、处理钩销时不要探身到两车钩之间。对平车、砂石车、罐车、客车及特种车辆，应特别注意端板支架、缓冲器、风挡及货物装载状态。

8. 溜放调车作业应站在车梯上，一手抓牢车梯，一手提钩，不准用脚提钩或跟车边跑边提钩(驼峰调车作业除外)，严禁在车列运行中抢越线路去反面提钩。

9. 使用人力制动机时(在静止状态下，站在地面或低于车钩中心水平线的人力制动机闸台上使用时除外)，必须使用安全带。要做到"上车先挂钩""下车先摘钩"。不能使用安全带的车辆，如平车、砂石车、罐车等，作业时必须选好站立地点。

10. 严禁使用折角塞门放风制动。

11. 使用铁鞋制动时，应背向来车方向，严禁徒手使用铁鞋，并注意车辆、货物状况和邻线机车车辆的动态。严禁带铁鞋叉子上车。

12. 使用折叠式人力制动机时，须在停车时竖起闸杆，确认方套落下，月牙板关好，插销插上后方可使用。

13. 如需调动正在进行装卸作业的车辆，必须通知货运员停止装卸作业，确认防护信号撤除后方可进行。

14. 调车作业人员不得扒乘机械冷藏车边门；严禁攀登机械冷藏车顶部或触摸连结软管，以防触电。

15. 调车作业中严禁吸烟。在机车车辆运行中应手抓牢、脚踏稳。严禁在机车前后端及两侧通道坐卧。

16. 调车人员在车列运行中，严禁携带除作业工具备品之外的其他物品；携带防溜器具时，应放置在不影响上下车的位置上。

17. 货物堆码距离不符合规定、堆码不牢，调车人员通过的处所有易滑撒落物时，不准进入该处所作业。

18. 调车人员在调车作业中使用无线电台时，应按规定使用皮套或背带。

19. 传达调车作业计划时，调车长要针对性地开展安全预想，提示作业中的安全注意事项。

20. 越区作业必须联系彻底，必须按规定做好防护后方可进入股道内进行作业，严禁在本股道溜放未完的情况下提前进入股道进行连结软管、调整钩位等作业。

第四节　电气化区段停留车作业人身安全规定

电气化区段停留车作业应遵守《电气化铁路有关人员电气安全规则》等规章、制度要求，主要包括列车到达车站后的车辆技术检查、防溜与撤除、货物装卸、货物装载状态检查、列车上水、保洁、施工等电气化区段岗位作业规定，以保障电气化区段作业安全有序可控。

1. 电气化区段有关作业人员，必须正确佩戴、使用、保管绝缘防护用品（具）。

2. 电气化铁路区段，接触网未停电、未接地的情况下，禁止到车顶上调车作业。

3. 严禁登上棚车、家畜车或机械冷藏车（含在区间登上敞车）使用人力制动机及进行其他作业。

4. 机车、动车及各种车辆上方的接触网设备未停电并办理安全防护措施前，禁止任何人员攀登到车顶或车辆装载的货物上。

5. 电气化区段列车上水、保洁、施工等作业，不得将水管向供电线路方向喷射，站车保洁不得采用向车体上部喷水方式洗刷车体。

6. 在带电的接触网线路上调车时，在接触网导线距轨面高度小于 6.2 m 的线路上，禁止登上敞车手闸台。在接触网导线距轨面高度为 6.2 m 及以上的线路上使用敞车人力制动机时,不准踏在高于人力制动机踏板台的车帮上或货物上。

第五节 清扫(扳道)等上道作业人身安全规定

清扫(扳道、扫雪除冰、普速铁路减速顶检修)等上道作业应遵守《铁路车站行车作业人身安全规定》《国铁集团铁路营业线施工管理办法》等规章、制度要求,主要包括普速铁路道岔清扫、上道保洁、减速顶的维修作业等施工、维修、养护、检查等岗位作业人身安全规定。岗位上道作业侵入铁路建筑限界,遇防护不到位、避车不及等,极易发生人身伤害事故。

1. 没有防护,不准进行道岔清扫、上道保洁等作业;作业时,防护人员不得参与除防护职责以外的作业,作业人员应提高警惕,注意来车情况,接到防护人员来车通知,应及时下道避车。

2. 遇大雨、大雾等恶劣天气时,禁止进行道岔清扫,上道保洁,减速顶的维修、养护作业。

3. 车站人员清扫道岔(含降雪天气清扫道岔积雪)前须得到车站值班员或有关人员的同意。清扫电气集中道岔或联动道岔,必要时应先将安全木楔置于尖轨与基本轨之间。清扫后及时将清扫工具、安全木楔等撤除,并向车站值班员或有关人员报告。

4. 普速铁路道岔清扫、上道保洁及减速顶的维修、养护等人员上道作业时,应按照固定走行线路行走,按照事先指定的地点避让列车或车列。

5. 普速铁路上道保洁作业中,作业人员原则上不得站在股道内、轨枕头上,遇道岔区等必须进入股道内作业时,防护人员应加强现场防护。正线有列车通过时,未隔站台的相邻线路应停止保洁作业。

6. 双岗及以上道口员清扫轮缘槽时,应做到"一人清扫、一人防护",单岗道口员及跨越正线、到发线的平过道看守员清扫轮缘槽时,应事先征得车站值班员同意,并采取开启报警装置、关闭道口栏门(杆)的防护措施。遇无报警装置及栏门(杆)的平过道,应在平过道两侧道路上放置反光防护锥进行防护。

7. 普速铁路上道保洁驻站联络人员须分作业区域(或作业股道)向车站值班员申请,得到允许上道作业的通知,方可通知现场作业人员上道作业。

8. 担当防护职责的人员必须熟悉站场设备、设施分布和设置特点,以及地形情况、作业组织,具备一定行车专业知识,并经培训考试合格后方可持证上岗。现场防护员应根据作业现场地形条件、列车运行特点、作业人员和机具布置等情况确定站位和移动路径,并做好自身防护。

9. 现场防护员与作业人员必须同出同归,在现场防护期间应加强瞭望,时刻注意前后左右列车和机车车辆动态,与驻站联络人员联系中断时,立即通知现场停止作业,组织所有作业人员携带工具立即下道,撤离到安全地点避车。

10. 在扳道作业时,应遵守扳道作业方法。除因作业需要必须进入道心外,均应站在安全地点。

11. 更换道岔表示器内灯泡时，必须切断电源，严禁带电作业。

12. 检修、更换减速顶及扒砟作业等，必须封锁线路，并执行“一人作业、一人防护”制度。

13. 使用机械设备、压力容器等对减速顶进行维修、养护时，应严格执行各项操作规程。

第六节 典型事故案例

【案例一】列尾作业员违章横越线路被机车碰撞

一、事故概况

2017 年 11 月 21 日，甲局乙车务段一名列尾作业员，由 4 道外侧横越线路去 11 道进行列尾装置换挂作业，当行至Ⅱ道外侧 K47 +406 处被通过的列车以 75 km/h 速度刮碰死亡，构成铁路交通一般 B 类（B1）事故。

二、事故原因

该列尾作业员在自西向东横越 4 道、准备穿越Ⅱ道正线到 11 道取列尾装置挂 17 道列车时，未认真确认列车运行状态，违反“横越线路时，应‘一站、二看、三通过’，注意左右机车车辆的动态及脚下有无障碍物”等规定，盲目违章横越线路导致与机车运行方向左侧刮碰死亡，是事故发生的直接原因。

三、事故教训

1. 基本规章制度不落实。当事列尾作业员没有执行“一站、二看、三通过”制度，作业中盲目横越线路，最基本的劳动安全规定不执行直接导致事故的发生。

2. 现场作业岗位互控失效。车站值班员在Ⅱ道有车通过的情况下，没有及时提醒列尾作业员注意并避车；列尾作业员在横越正线时没有询问行车室是否有列车通过。联控互控制度不落实，错失了防止事故发生的机会。

3. 惯性违章整治不力。事故暴露的问题，反映出车站对直接影响人身安全的劳动陋习问题整治效果不明显，惯性违章没有得到有效控制。

【案例二】调车人员领车站立位置不当被高站台挤压致死

一、事故概况

2015 年 7 月 27 日，甲局乙车务段一名学习连结员，在调车作业领车推进运行过程中，被挤在调车车列与高站台的缝隙间坠落车下，经抢救无效死亡，构成铁路交通一般 B 类（B1）事故。

二、事故原因

1. 该学习连结员在推进领车进入高站台作业时，上车前选车不当，没有站在安全位置，导致身体与高站台发生刮蹭挤压，坠下站台后被车辆碾轧，是造成事故的直接原因和主要原因。

2. 该学习连结员不具备领车资格而在第 1 位车上领车，其师傅扒乘在第 3 位车上，造成师徒分离，未能及时发现和制止徒弟站位不当的问题，未能起到师傅的监控职责，是造成事故的重要原因。

三、事故教训

1. 严重违反基本作业制度。一是没有严格执行高站台一侧作业一度停车并确认作业人员安全位置的规定，在车列没有停妥的情况下就发出继续推进的信令。二是学习连结员不具备领车资质，调车组违反规定安排其担当 1 号连结员领车任务。

2. 违反师徒合同相关规定。一是师徒二人选择扒乘位置不当，徒弟在车列前端第 1 位领车作业，师傅在车列前端第 3 位随车监控，师徒间有两个车的距离，造成师徒分离。二是师傅在发现异常情况后，没有及时发出紧急停车信令，应急处置不到位。

3. 安全管理存在漏洞。一是班组人员临时调配不合理。调车组共有 4 人，其中调车长临时替班，替班连结员定职第一班单独作业，学习连结员是未定职人员，仅一名连结员为本班固定人员，班组人员调配不合理。二是电台管理不严格。师徒二人使用编号相同的电台，不利于调车长掌握全组作业人员的动态，存在对作业人员监控不到位的安全隐患。

【案例三】连结员盲目进入车档连结制动软管被轧断腿

一、事故概况

2023 年 3 月 30 日，甲局乙站一名连结员，在进入停留的车档连结制动软管时，被驼峰溜放进入本股道与停留车列连挂后继续移动的车组碰轧并拖行 12.5 m，造成右小腿被轧断，构成铁路交通一般 B 类（B2）事故。

二、事故原因

当事连结员违反本站《站细》“现场确认本线车辆已全部停妥，方可开始作业”的规定，在没有现场确认本线车辆已全部停妥的情况下盲目进入车档连结制动软管，被继续移动的车组碰轧并拖行导致右小腿受伤，是造成事故的直接原因。

三、事故教训

1. 安全意识不强，作业标准落实差。一是连结员自我保护意识不强，没有预判到车辆移动可能造成的刮碰人身伤害风险，在未确认车辆全部停妥的情况下，盲目进入钩档间开始连结制动软管作业。二是师傅在与徒弟确认车辆是否全部停妥的过程中，提醒、指导、监督的职责没有发挥到位，共同简化确认程序和标准，只确认了本组车列，未确认本线全部车列，“确认”这一关键作业环节存在严重疏漏，失去了师傅对徒弟的安全保护作用。三是驼峰值班员在连结员联系确认是否具备作业条件时，联控回答直接告知“不给车”，回答内容没有准确反映现场实际情况，联控回答内容不全面、不准确，没有起到应有的提醒作用，失去了作业者之间的互控作用。

2. 安全风险排查不细，关键环节有漏项。乙站运转一车间未将“作业人员作业前，必须确认本线车列全线停妥”的项点纳入安全风险库进行管控，安全风险关键项点排查不全面，致使现场作业人员缺少调车场内本线作业联系、报告、确认方面的风险意识。

【案例四】连结员下车身体失衡手臂被轧

一、事故概况

2024 年 3 月 10 日，甲局乙站一名连结员在车组牵出跟车时，在停车器外方 1 m 处下车时不慎摔倒，被本线牵出车组车轮碾轧右臂及左手三根手指，造成重伤。

二、事故原因

连结员在跟车牵出时，下车过程中站立不稳，摔倒后身体侵入线路，被牵出车组车轮碾轧，是造成事故的直接原因。

三、事故教训

1. 现场劳动安全管控不到位。一是安全预想布置不到位。调车作业前，调车长没有根据调车作业计划，对作业中人身安全的卡控、编成车列的检查确认等安全事项进行重点布置传达，班前会议时间短，预想不充分，违反了《甲局调车作业补充规定》“调车领导人和调车指挥人应根据调车作业计划开展预想，合理进行作业分工，对作业中人身安全的卡控、防溜措施的采取和撤除、线路存车及编成车列的检查确认等事项进行重点传达”的规定。二是现场作业随意性大。1 号连结员在没有征得调车长同意的情况下，私自调整作业分工，安排 2 号连结员代替自己在 13 道监视车列运行，自己代替 3 号连结员在车辆尾部跟车，并没有针对分工变化强调现场安全控制。三是安全风险研判不到位。乙站对调车牵出作业中存在编尾车列在经过减速顶区后车列速度逐步提升容易造成超速下车的风险研判不到位，未针对作业下车环节制定联控、降速等有效安全卡控措施，导致该风险长期存在。

2. 安全培训和警示教育流于形式。一是培训过程管理不到位。乙站 2023 年度安全再教育培训，全站需参加培训 1 113 人，有 52 人未参培，车站未组织补培，未做到全员经安全培训合格后持证上岗。二是线上培训流于形式。乙站通过某App“云课堂”开展培训，其中 78 人未完成线上培训就参加考试，段职教部门对培训过程失管，培训质量不高。三是安全警示教育不到位。事发前一个月，下行一车间对“红牌”违章职工开展安全警示教育，在观看安全警示教育片后，车间职教专职组织劳动安全知识考试，但对考试过程中的抄袭行为监控不力，劳动安全警示教育不重视、走形式，效果不佳。

复习思考题

1. 顺线路走的基本安全要求是什么?

2. 横越线路的基本安全要求是什么?

3. 如何横越停有机车车辆的线路?

4. 调车作业时,对上下车时的车速有何要求?

5. 车站调车作业人员在车列、车辆运行中禁止的行为有哪些?

6. 车站调车作业人员摘结制动软管、调整钩位、处理钩销、采取或撤除防溜措施时,必须遵守哪些规定?

7. 电气化区段停留车作业人身安全规定有哪些?

8. 调车作业中,使用人力制动机时有什么要求?

第二章　客运劳动安全

客运劳动安全是指客运作业人员在生产劳动过程中的人身安全。严格执行客运劳动安全相关规定，深刻吸取典型事故案例教训，熟练掌握相关安全知识和防范技能，是保障客运岗位作业人员安全生产的基本前提。

第一节　客运作业人身安全通用规定

客运作业人身安全通用规定是从事客运作业的所有人员必须认真落实的劳动安全控制措施，是预防事故、确保安全的行为准则。

1. 作业人员应熟知作业区域内客运和涉及人身安全的设备设施，并随时注意使用情况；遇设备设施出现异状或发生变化时，应及时通知有关人员并采取安全措施。

2. 接班前必须充分休息，保持精力充沛。接班点名时，开展劳动安全预想预防活动，作业中携带和正确使用劳动安全防护用品。班前、班中禁止饮酒。除因工作需要的人员以外，工作期间严禁使用作业终端之外的手机或电子娱乐产品。

3. 作业人员禁止穿着高跟鞋、露脚趾的凉鞋、硬底等易滑鞋。禁止戴未设耳孔的双耳帽，禁止将双耳包裹；手套应五指分开。

4. 上下楼梯、行走及现场作业时，要注意察看脚下有无障碍物或坑、沟等，防止跌倒、绊倒或踩空摔伤。

5. 在线路股道中作业时，应从站台两端（或中部）平交道进入线路。不得从站台上直接跨入线路。作业中应按规定落实防护，随时注意线路列车通过情况。需穿越停有机车车辆的线路时，必须先确认机车车辆暂不移动，然后在该机车车辆较远处通过。严禁在运行中的机车车辆前面抢越。

6. 顺线路走时，应走两线路中间，人体及所携带的工具（料）不得侵入机车车辆限界，并注意邻线的机车车辆和货物装载状态。严禁在道心、轨枕头上行走、坐卧，不准脚踏轨面、道岔连接杆、尖轨、辙叉心等。严禁打闹、嬉戏、接打（玩）手机。雨、雪、霜等不良天气行走时，应防止滑倒。

7. 通过线路时，应走天桥或地道，严禁翻越栏杆。必须横越线路或通过平交道时，应“一站、二看、三通过”，注意左右来往机车车辆的动态及脚下有无障碍物。

8. 必须横越列车、车列（组）时，应先确认列车、车列（组）暂不移动，然后由通过台越过，并注意邻线机车车辆动态；严禁钻爬车底、跨越车钩。严禁扒乘机车车辆和行包、邮政拖车（行包装卸人员按规定执行），以车代步。

9. 冬季作业人员行走的露天通道及场所要及时清除积水、积雪，防止结冰，必要时应加铺防滑垫，保持平整，防止滑倒摔伤。

10. 车站客运人员除上道保洁、列车上水及另有规定的应急处置等情况外，禁止跳下站台或进入线路。

11. 电气化区段有关作业人员，必须正确佩戴、使用、保管绝缘防护用品（具），在电气化区段作业必须做到：

（1）在牵引供电设备未停电、接地的情况下，列车上水、保洁等作业不得将水管向供电线路方向喷射，严禁使用水流冲刷机车车辆上部，冲洗站台立柱面。

（2）在接触网未停电接地并采取安全措施的情况下，严禁攀登车顶或使用铁钎、长杆物品等疏通烟筒或调整通风口。

（3）任何人员及携带的物件等须与接触网带电部分保持 2 m 以上距离；不得在“有电危险”“切勿靠近”“严禁攀登”等警示标志处停留休息。

（4）遇雷雨天气，严禁在接触网下使用金属杆伞。通过靠近接触网的天桥或跨线桥时，严禁用竹竿、棍棒、铁线等非绝缘物件穿捅安全栅网。

第二节　车站客运作业人身安全规定

车站客运作业是车站客运服务的重要环节之一，也是贯穿整个旅客运输过程的作业，涉及安检查危、列车上水、上道保洁、行包装卸等作业内容，相关作业人员应全面掌握和严格遵守相关人身安全规定。

1. 列车上水、上道保洁等作业应按规定落实专人防护措施，未落实防护措施不得作业；作业时，现场防护员必须严格遵守“防护人员不作业、作业人员不兼任防护”的规定。作业时应携带无线电台（对讲机）并试验良好，加强联系，掌握列车运行动态，及时安全避车。

2. 列车上水、上道保洁人员作业时，应按照固定走行线路行走，按照事先指定的地点避让列车或车列（组）。必须按规定穿戴防护用品，穿着铁路高可视性警示服（3 级），衣服穿戴整齐、鞋绳系扣牢靠，防止刮、擦、摔倒。

3. 上道保洁须分作业区域（或作业股道），由现场防护员向驻站联络员申请，得到允许上道作业的通知后，方可通知现场作业人员上道作业。每名现场防护员监控一组上道保洁人员，前后控制距离按照各铁路局集团公司规定执行，作业中应加强瞭望，接到来车通知后及时组织所有作业人员下道，到安全地点避车。

4. 上道保洁作业必须安排在天窗时段内进行。遇大雨、大雾等恶劣天气时，禁止作业。上道保洁作业中，作业人员原则上不得站在股道内、轨枕头上，遇道岔区等必须进入股道内作业时，防护人员应加强现场防护。正线有列车通过时，未隔站台的相邻线路应停止保洁作业。

5. 上水作业人员要全面掌握本站旅客列车上水方案、上水列车时刻、进路、编组、作业区域、路线环境及邻线运行列车等情况，遇邻线机车车辆移动时，必须停止作业，待机车车辆驶过或停妥后方可进行作业。作业过程中，要做好相互防护工作。紧邻高速铁路(客运专线)正线且无隔离的到发线不得安排上水作业。

6. 每趟列车上水作业小组人员必须同出同归，做好互控，严禁单人作业；作业完毕，按照上岗作业行走固定线路，撤除工具备品，集体撤岗。

7. 行包装载要用绳索捆牢，不致被甩落。四周护栏拖车运行中，侧向护栏应锁闭。装卸超重、超大、超宽等货物时，要有专人指挥，装卸人员要互相配合、协调一致，防止人员伤害。

8. 行包装卸人员装卸作业，必须严格执行车停开始、铃响停止的作业规定，严禁车动时抢装、抢卸、抓车、跳车和随车奔跑。

9. 行包牵引车、行包拖车行驶过程中，只允许拖车上最后一辆的尾部站人，站立人员必须面向前方，双脚站立踩稳，双手紧握护栏，不得手抓捆扎绳索，不得飞乘飞降，其余拖车严禁坐、卧、站人，连接部位禁止任何人站立。除行包装卸作业人员按规定执行外，其他人员严禁扒乘行包、邮政拖车，以车代步。

10. 行包牵引车、行李电瓶搬运车和其他作业车辆在站内行驶时不超速、不抢越。严禁行包牵引车在坡道停留时司机离开驾驶室。

第三节　列车客运作业人身安全规定

旅客列车客运乘务人员在客运作业过程中，必须严格落实列车客运作业人身安全相关规定，确保自身安全。

1. 乘务员在站台候车时，必须站在站台安全标线以内的指定位置等候。乘务员在车厢车门处瞭望确认站台情况时，要紧握扶手，双脚不得伸出车厢车门处地面边缘。

2. 乘务员在上下车时，要紧握扶手，高站台要注意车门与站台缝隙，不得从车窗上下列车，防止踩空坠落、跌倒摔伤。严禁随车奔跑，飞乘飞降。

3. 冬季上下车及通过车厢连接处时，要注意脚梯、车梯扶手和连接处有无冰雪，防止滑跌。

4. 列车运行中严禁开车门乘凉、探身瞭望及向车外清扫垃圾，严禁向车外抛扔杂物，严禁列车工作人员在乘务途中下车给列车补水。

5. 配备燃煤锅炉设备的列车，列车乘务人员应落实防火防爆措施，使用设备前做好安全检查，使用中严禁缺水、干烧。

6. 列车客运乘务人员不得带电清洁和自行拆卸列车上的电气设备，不得用水冲刷地板、墙板及电气设备。

7. 行李车应保持正常行走通道，在行李车作业时要注意脚下滤水格，走平踏稳，防止扭伤。

8. 行包堆码应做到大不压小、重不压轻、方不压圆、长横短竖、箭头向上、标签向外、按批分区、堆码整齐。拆解货物堆码时，应自上而下，不得底部抽心导致货物堆码倒塌。

9. 发生旅客或行李物品掉落站台时，严禁在未通知司机并得到确认的情况下私自跳下站台对旅客施救及取出行李物品。

10. 列车乘务员需从反面下车作业或在区间停车需下车作业时，必须有专人进行防护，严禁在无安全防护或防护措施未到位的情况下下车作业。乘坐铁路通勤车人员严禁反面上下车。

11. 在客车整备所、动车所作业时，作业人员应按照一体化作业管理要求，加强联系沟通，提前掌握作业计划变化情况。严禁追逐未停妥的车底进行作业或向动态的车底抛扔作业工具、料具等。

12. 客运乘务人员集体出退乘，线路相对固定，有安全行走线路图。客运班组出退勤（包括折返站）由班组长带队，按规定路线集体列队出入车站（客车整备所、动车所），必须横越线路时应指定专人防护，并执行相关规定。

第四节　站台作业和客服设备作业人身安全规定

站台作业和客服设备的安全风险属于客运安全关键，直接关系铁路运营安全和旅客满意度。在站台作业中，环境、设备设施及火灾爆炸等风险隐患均可能对作业人员和旅客安全构成威胁。因此，确保站台作业的安全对于维护铁路运输秩序，保障人员生命安全至关重要。

1. 站台组织旅客乘降或接发列车时，非作业需要，不得侵入安全标线；作业过程中应密切关注列车动态。

2. 严禁在站台、平过道骑行自行车、电动自行车、三轮车、摩托车等车辆。行包、电瓶搬运车和其他作业车辆在站内通过平交道时必须派人引导，随车人员应下车步行，车辆行驶中不超速、不抢越。

3. 进出直梯应确认轿厢与候梯厅地面水平，电梯门未完全开启或有关闭迹象时，不得进出轿厢。不乘坐明示处于非正常状态、超过额定载重量的电梯。不采用非安全手段开启电梯层门，不拆除、破坏电梯部件及其附属设施。不做其他危及电梯安全运行或危及他人安全乘降的行为。

4. 搭乘自动扶梯前应确认扶梯运行方向，顺向乘梯。搭乘自动扶梯时，应留意前方并抓紧扶手，注意落脚，避免因踩在阶梯交界处而摔倒。保持与前后同行乘客的安全距离，避免相互碰撞、挤压。不得蹲坐在梯级上；不得倚靠扶梯侧面裙板；不得用脚踢扶梯端盖；不得让手和衣服碰触到两侧扶手带以下部位；不得将头部、四肢伸出扶手装置以外；不得在扶手带或内外盖板处攀爬；到达时确保快速稳步离开，不得停下交谈或四处张望。

第五节 典型事故案例

【案例一】列车员库内行走身体侵限被调车车列碰撞致伤

一、事故概况

2019 年 8 月 29 日，甲局乙客运段一名列车员在去往该局车辆段运用车间客 1 道，计划对新换挂车辆进行整备作业过程中，身体侵入邻线客 2 道，被客 2 道推进运行的调车车列第一位车辆刮碰，倾倒后右脚伸入线路被车轮轧伤，造成右足拇趾近节趾骨、二趾近节趾骨截肢，三趾、四趾、小趾不同程度骨折并伴有皮肤肌肉损伤，构成铁路交通一般 B 类（B2）事故。

二、事故原因

该列车员违反《铁路车站行车作业人身安全标准》①“顺线路走时，应走两线路中间，并注意邻线的机车车辆和货物装载状态。严禁在道心、枕木头上行走，不准脚踏钢轨面、道岔连接杆、尖轨等”规定，库内行走身体侵限被调车车列碰撞，是事故发生的直接原因。

三、事故教训

1. 未按固定走行径路行走。乙客运段与该局车辆段签订的“安全生产管理协议”一直存放在安全乘务科，未下发到各车队、车间，现场人员对协议约定的进入作业点的固定走行路线图不清楚。

2. 劳动安全管理制度未落实。乙客运段与该局车辆段签订的“安全生产管理协议”规定：“遇有列车出入库调车作业及甲方车辆段作业时，乙方在该股道作业必须停止，不得进入调车及甲方作业的股道间”。进入客车停留线作业的列车员对此规定不掌握，在非作业区域两线间行走、到达整备车辆处往车上搬运卧具时，无人进行防护，也未发现邻线有车列运行，导致侵限被车列刮碰。

【案例二】客运人员违反电气化安全规定导致触电

一、事故概况

2023 年 4 月 22 日，甲站外包合同单位保洁人员使用垃圾捡拾器在车站 1 站台捡拾股道垃圾过程中，因垃圾捡拾器侵入 1 道接触网安全距离，触碰接触网吊弦，造成保洁人员触电，左臂、左腿、右前臂烧伤，未影响行车。

二、事故原因

当事保洁作业人员违反《电气化铁路有关人员电气安全规则》“为保证人身安全，除牵

① 该版本为 TB 1699—1985 文件，现行规章为《铁路车站行车作业人身安全规定》（铁运〔2020〕135 号）。

引供电专业人员按规定作业外，任何人员及所携带的物件、作业工器具等须与牵引供电设备高压带电部分保持 2 m 以上的距离，与回流线、架空地线、保护线保持 1 m 以上距离，距离不足时，牵引供电设备须停电”的规定，电气化铁路违规作业是事故发生的直接原因。

三、事故教训

当事保洁作业人员严重违反电气化铁路安全规定，安全意识淡薄，在电气化区段违规使用可能侵入接触网安全距离的物品，缺乏电气化区段最基本的自我保护意识。

【案例三】列车员车开后违章飞乘飞降酿惨剧

一、事故概况

2012 年 8 月 5 日，××××次旅客列车运行至甲站 6 道停车办理客运业务，待避 K××××次列车后于 3 时 11 分 06 秒开车。××××次列车启动时，尾前第 2 位 2 号车厢列车员没有及时上车，而是手抓 2 号车运行前端车门扶手随车跑动，不慎跌入列车与高站台之间，造成重伤，构成铁路交通一般 B 类（B2）事故。

二、事故原因

当事列车员违反《铁路旅客运输服务质量标准》“车门管理应做到停开、动关锁，出站台四门检查”及《铁路旅客运输管理规则》“乘务员在上下车时，要紧握扶手，不飞乘飞降”的规定，在列车启动后盲目在运行中上车，是造成事故的直接原因。

三、事故教训

1. 车门作业违反作业标准。当事列车员在甲站作业过程中，在××××次列车出站信号开放、旅客乘降完毕、站台响铃停止后，且其他车厢列车员均已上车的情况下，没有按规定上车。

2. 盲目在运动中上车。××××次列车开车后，该列车 2 号车厢值乘的列车员违章手抓 2 号车厢前端车门扶手随车跑动上车，不慎跌入列车与高站台之间。

3. 班组联控互控缺失。该客运段值乘的各车厢列车员按照规定由软卧车厢向两端依次呼喊传递“乘降完毕”信息并上车，3 号车厢列车员与 2 号车厢列车员间的安全联控执行不到位，未能起到应有的安全提示作用。

4. 应急处置不果断。运转车长未执行《行车组织规则》有关规定，发现问题未及时显示停车手信号，在列车运行 48 s 走行 112 m 后才使用紧急制动，错失了防止事故发生的时机；车站工作人员安全意识不强，对发生的异常情况处理不及时。

【案例四】间休期间擅自离车，身体侵限被撞死亡

一、事故概况

2011 年 3 月 29 日，甲局乙段一名列车乘务员在丙站间休期间，因侵入线路被通过列

车刮碰，经抢救无效死亡。

二、事故原因

该列车乘务员在折返站待乘间休期间，违反了乙段《列车乘务员在折返站人身安全管理措施》“不准单独行动”及车队《折返站安全管理规定》“在站间休期间，乘务人员一律不准下车”的相关规定，没有向列车长请假，擅自开门下车，到车外接打电话，并在行走过程中侵入车站正线限界，被通过列车刮碰受伤致死。当事人违章擅自下车并侵入线路是事故发生的直接原因和主要原因。

三、事故教训

1. 班组管理不善，互控措施缺失。列车长在本班组工作结束后没有组织全体乘务人员召开完工会，对本班组人员动态底数不清，没有对当事人未与大家一起吃饭的原因引起重视，在乘务员间休期间没有及时提醒相关安全要求。与当事人在同一包房内休息的供水员也没有及时发现其下车的情况，班组互控有名无实。列车长管理不善及互控措施缺失是发生事故的重要原因。

2. 对重点人员的管理缺乏有效措施。当事人日常“两纪”松弛，对于这种安全上的重点人，车队没有采取有针对性的措施进行重点包保，而是安排其在短慢车上打零杂，长时间处于失控状态。车队对安全关键重点人员管理不到位是事故发生的又一重要原因。

3. 对列车乘务员在折返站待乘间休期间的安全管理措施制定不具体。乙段制定的《列车乘务员在折返站人身安全管理措施》中只是要求各车队要结合各次列车的实际，制定具体细化措施，而没有做出具体规定，而车队的具体细化措施没有报段备案，段内不掌握，对停留车乘务员待乘间休情况疏于检查，致使职工“两纪”涣散，班组管理不善，车队失职失察。段安全管理不到位、检查指导不力是发生事故的管理原因。

复习思考题

1. 横越线路或平过道时客运人员应执行什么措施？
2. 客运人员在横越停留的列车、车列（组）时的要求是什么？
3. 列车上水作业人员在作业前要掌握哪些重点事项？
4. 行包牵引车、行包拖车行驶过程中对站立人员有什么要求？
5. 乘务员上下车时有哪些安全规定？
6. 列车运行中乘务员应禁止哪些行为？
7. 客运人员进出直梯时的安全注意事项是什么？
8. 客运人员搭乘自动扶梯时的安全注意事项是什么？

第三章 货运劳动安全

铁路货运涉及货物受理、装卸车作业、途中货检等多个环节，存在上道作业、设备检修养护、场站管理、消防处置等多个作业场景，有效识别各环节、场景的劳动安全风险，制定并执行有针对性的措施，直接关系从业人员的健康与生命，也是保障货运安全、质量和效率的必要条件。

第一节 货运作业人身安全通用规定

货运、货检岗位及押运等货物运输涉及的各作业环节、场景中，存在机车车辆伤害、触电、火灾、季节性劳动安全等风险与隐患，应执行以下规定，强化现场作业控制，确保生产安全平稳有序。

一、一般安全常识

（一）着装和防护用品要求

1. 货运人员班中应按规定着装、佩戴防护用品。作业中不准穿高跟鞋、拖鞋、露趾凉鞋、硬底等易滑鞋，不准赤身作业；禁止戴未设耳孔的双耳帽，禁止将双耳包裹；手套应五指分开；电气化区段有关作业人员，必须正确佩戴、使用、保管绝缘防护用品（具）。

2. 上道作业应穿高可视性警示服（3 级）。遇大风、雨、雪、冰冻、雾等恶劣天气，应穿戴必要的劳动防护用品，做好防滑、防寒、防雨、防尘等工作。

（二）场站走行和站位要求

1. 货运人员行走过程中应注意邻近、上方、脚下的设备、作业及货物堆码状况，要看清路面、桥面、空中，站稳走稳，防止发生坠落、摔倒、碰撞等人身伤害事故。进入光线不明的涵洞及夜间作业或行走时，应使用照明用具。顺线路走时，应走两线路中间，作业人员及所携带的工具不得侵入机车车辆限界，并注意邻线的机车车辆和货物装载状态，严禁在道心、轨枕头上行走，不准脚踏钢轨面、道岔连接杆、尖轨、辙叉心等。

2. 横越线路时，应“一站、二看、三通过”，注意左右机车车辆的动态及脚下有无障碍物。

3. 横越停有机车车辆的线路时,先确认机车车辆暂不移动,然后在该机车车辆较远处通过;严禁在运行中的机车车辆前面抢越。必须横越列车、车列（组）时,严禁钻车。应先确认该列车、车列（组）暂不移动,然后由车辆通过台或两车车钩上越过;越过时勿碰开钩销,上下车时要抓紧蹬稳并注意邻线有无机车车辆运行;经车辆通过台越过应从车梯上下车。

4. 严禁在机车车辆底下坐卧,以及钢轨上、轨枕头、道心里坐卧或站立。严禁扒乘运行中的机车车辆,以车代步。

5. 避车时距钢轨头部外侧距离应不少于 2 m(另有规定除外),设有避车台(洞)的桥梁(隧道)应进入避车台(洞)避车。多线并行地段等特殊区段作业时应在指定的安全地点避车,不得随意跨越邻线避车。

6. 上车检查前应注意脚蹬、车梯、扶手、闸盘、低边车侧板及车辆上的其他扶、拉、踩配件的牢固状态,上下车时抓牢踩稳扶手、车梯,注意地面障碍物;禁止单手上下车;禁止在运行中的列车、车列中上下车。

(三)电气化铁路区段作业规定

1. 在接触网设备未停电接地并采取安全措施前,禁止货运人员攀登到车顶、敞车车帮或车辆装载的货物、集装箱上;禁止登上棚车、冷藏车、家畜车、毒品车、罐车、敞车上部闸台;禁止攀爬车梯探身超过棚车车顶高度;禁止使用长杆、直尺等物件测量货物装载的高度及手抛绳子等行为。

2. 在挂有接触网的货物线进行装卸作业时,应先断开隔离开关、停电接地、验明无电,并在指定的货物线安全区域标志(装卸线的分段绝缘器内侧 2 m 处)内进行装卸作业;装卸作业结束,确认所有人员已撤至安全地带后,方可合上隔离开关。

3. 装卸货物线的接触网隔离开关平时要处于合闸状态,雨、雪、雾、霾等恶劣天气下,严禁处于分闸状态。

4. 接触网隔离开关操作须遵守以下规定:

(1)隔离开关操作人员须经过培训并取得由供电设备管理单位颁发的安全操作证后,才能担任工作。

(2)隔离开关开闭作业时,必须执行一人操作、一人监护制度。

(3)隔离开关操作前,操作人必须按规定穿戴好绝缘靴和绝缘手套,确认开关及其操作机构正常,接地线良好,方可按程序操作。

(4)遇雷雨天气时,禁止操作隔离开关。严禁带负荷操作隔离开关。

(5)绝缘靴、绝缘手套等安全用品,应半年进行一次绝缘耐压试验,并存放在阴凉干燥、防尘处所,每次使用前用干布擦拭,并进行外观检查,发现有漏气、裂损等现象禁止使用。

二、货运作业人员人身安全规定

货运人员作业时要注意周围环境和装卸机械运行情况,禁止进入大型流动机械作业范围,防止被倒塌的货物砸伤,或被装卸机械伤害;高处作业时要采取安全措施,防止从货车上坠落。

1. 货运人员在货场进行监装卸、货物堆码检查等作业时，应站立或行走在安全地点；注意周围货物堆码状态和叉车出入库动态，防止被装卸机具、汽车、坠落货物伤害。

2. 货运人员进入起重机作业区域时，须佩戴安全帽。禁止进入正在作业的抓料机、扒料机、装载机、正面吊等大型流动机械作业范围。如因工作需要，确需进入作业区域，应通知停止作业后进入。抓料机、扒料机、正面吊运起重机、卸煤机、电动抓斗、电磁吸盘、装载机作业时，货运人员禁止进入车内作业。

3. 货运人员对车辆及其装载的货物状况进行上车检查、拍照、施封作业，须在线路上已安设防护信号或已确认车辆不会移动并安排人员采取防护措施后方可进行。敞车作业原则上应站在车辆闸台上或在车内进行，特殊情况下可站在停止作业的门式起重机扶梯上进行，不得站在敞车车帮上。如站在车辆闸台上时，应将安全带系挂在手制动机杆上；特殊情况下需攀登到车梯上检查时，应采取安全措施。进入敞车车内时，原则上应从敞车中门处进入，不得从车帮上跳下（使用梯子或货物装载高度基本平齐车帮除外）。罐车作业时应从车梯或装卸栈桥作业平台上下车，登上罐车顶部时应站（蹲）在安全护栏内。使用可移动平台检查集装箱货物时，必须按规定采取可靠的锁固措施。

4. 货运人员从事登高测量货物尺寸等离开地面的作业时，需使用梯子（有安全操作平台的除外）；使用梯子登高作业时，必须有防滑装置，放置稳固并有专人扶梯。

5. 货运员要对负责区域内的货物堆码状况进行巡视检查，发现货物堆码不稳固时，要及时通知并督促装卸作业人员进行整理。

三、货检作业人员人身安全规定

货检作业过程中，作业人员要按规定携带并正确使用无线电台或手持设备，按固定线路行走，注意货物装载状态和机车车辆动态，正确避车，防止伤害。

1. 货检人员上道作业时，不得在非作业区域线路上行走。上道作业应携带无线电台（对讲机）或手持机并试验良好，作业中加强与行车室或货检值班员联系，掌握列车运行动态，听从指挥，及时安全避车。作业过程中，行车室（或货检值班员）应及时将列车运行情况通知作业人员，作业人员接到通知后复诵，并及时至安全地点避车。

2. 作业人员应及时出务，按照固定走行线路行走，并随时注意邻线机车车辆动态及脚下有无障碍物。单人上道作业时，出发及返回到岗位时均应汇报行车室（或货检值班员）。作业中严禁吸烟，严禁携带手机。

3. 到达列车预检作业时，应站在规定地点，目视列车运行状态，以及货物装载、篷布苫盖情况，并随时注意邻线机车车辆状态，避免被篷布绳索及掉落物体等伤害。

4. 货检人员应在车列（辆）不移动的情况下进行人工检查作业，作业完毕后应及时报告车站调度员（车站值班员或货检值班员）。未接到货运检查作业完毕的报告，不准动车。

5. 拍照作业时，严禁侵入机车车辆限界。不准在列车、车列运行中涂打标记。

6. 检查装有易燃易爆等危险货物的货车时，严禁明火接近、敲打罐体或进入车（罐）内。

7. 相邻线路通过机车车辆时，作业人员在列车通过进路一侧的作业应提前停止，撤离到安全地点避车。避车时，应面向列车，注意监视运行中的车辆门窗及货物装载状况，避免被车门或坠落货物击伤。严禁在邻线车档里、车底下避车。

8. 在列整理时，应先确认货物装载加固状态及车门的关闭状态后，方可对车列内需整理货车进行整理。电气化区段，如发现篷布掀翻或绳索脱落，禁止随意掀翻复原或上抛绳索。

9. 人工向机车交递票据时，应站在安全地点，面向来车方向，精力集中，注意脚下有无障碍物，待列车（机车）停妥办理交接手续后，迅速回到安全位置。

四、押运人员人身安全规定

1. 铁路运输企业应当告知押运人押运注意事项，检查押运人员、备品、设施及押运工作情况，核发“押运人须知”，并为押运人员提供必要的工作、生活条件。

2. 押运人在押运过程中应遵守铁路运输的各项规定，穿着印有红色“押运”字样的黄色马甲，必须全程押运，不得擅离职守。

3. 押运人应熟悉所押货物的物理、化学特性和安全注意事项，懂得所押运货物发生异常状况时的应急处置方法，负责所押运货物的运输安全。押运危险货物时，应掌握货物危害特性、包装容器、载运工具的使用特性和发生意外的应急措施，配备应急处理器材、设备和防护用品。

4. 运输途中，押运人严禁擅自改变货物装载加固状态，严禁在货车顶部或货垛的高处坐卧、走动或停留。

5. 押运人要注意人身安全，横过线路要“一站、二看、三通过”，不得跳、钻车辆，不得在列车、车辆移动时爬车或跳车，严禁在货车下乘凉避雨，不得蹬坐车帮或探身车外，也不准在易于窜动货物的空隙间坐卧。通过铁路电气化区间，应严格执行铁路电气化区段运行的各项规定，严防触电。运行时，押运间的门不得开启。

6. 押运期间，押运人应定期向发站或托运人汇报情况，如遇特殊情况要及时联系车站，协助处理。

7. 严禁携带危险品，不准在货车内吸烟、生火。

五、货运消防安全规定

（一）货场仓库防火

1. 铁路货场、仓库等仓储场所内禁止吸烟、使用明火，严禁燃放烟花爆竹，并应设置明显的警示标志。

2. 汽车、拖拉机不应进入甲、乙、丙类火灾危险性物品的室内储存场所；进入甲、乙类火灾危险性物品室内储存场所的装卸机具应为防爆型；进入丙类火灾危险性物品室内储存场所的装卸机具应安装防止火花溅出的安全装置。

3. 危险货物应按性质要求存放在指定的仓库、雨棚等场地。遇潮或受阳光照射容易燃烧或产生易燃、易爆、有毒气体的危险货物，不得在雨棚、露天存放。存放保管危险货物应符合“铁路危险货物配放表”的要求。编号不同的爆炸品不得同库存放。

4. 库存及露天存放的货物应分类、分批、分垛码放。库内存放的普通货物每垛占地面积不大于 100 m^2，危险货物每垛占地面积不大于 50 m^2；垛与垛间距不小于 1.0 m，垛与墙间距不小于 0.5 m，垛与梁、柱的间距不小于 0.3 m，垛与照明灯之间的距离不小于 0.5 m，主要通道宽度不小于 2.0 m。货物堆码不得阻挡消防车通道，不得埋压、圈占、遮挡消防设施和器材。露天存放的货物垛与垛间距不应小于 4.0 m。室外存储区不应堆积可燃物，并应控制植被、杂草生长，定期清理。

5. 危险货物应按规定标准包装。在铁路货场仓库储存时，应严格检查包装，确保外包装符合铁路危险货物包装标准，外包装无破损、货物无泄漏方可入库。

6. 仓库内不得超负荷用电，不得使用电炉、电烙铁、电熨斗、电热水器、电暖器、电饭锅、微波炉等电热器具和电视机、电冰箱等家用电器。

7. 存放危险货物和易燃货物的仓库内不准安装使用移动照明灯具，应使用专用的防爆型库房灯具。装卸作业时，货车内使用的移动式照明灯具应采用安全电压，其变压器、开关、电源插座不准安装在库内。

（二）货物运输防火

1. 装载货物的车辆应保持门窗完好，顶棚严密，防火板符合相关标准。

2. 货物包装必须符合防火要求。

3. 零散货物快运、货物混装运输发送的办理站应按规定对货物进行安全检查，防止匿报、夹带危险货物。

4. 货物装载时应根据货物体积、重量、性质，合理确定装车顺序、装车区域，做到大不压小、重不压轻、稳固整齐，容易积热的货物距车顶部应留有适当空间。

5. 禁止运输腐朽木材。

6. 凡装运钢锭、焦炭、炉灰等易含有火种的货物和装车前温度较高、易发生自燃的货物，装车前应采取冷却、测温等措施。

7. 铁路货场货运员应认真执行监装、监卸责任制，防止普通货物中夹带易燃易爆危险物品。装卸作业中严禁明火照明和吸烟。

8. 货运员、货运检查员应按规定认真检查确认货物列车车辆门窗关闭（需通风的货物除外），危险货物车辆编组隔离，篷布苫盖、捆绑是否符合规定，以及罐车有无泄漏，罐盖是否关闭良好，并向押运人宣传防火注意事项。

9. 检查装有易燃易爆危险货物的车辆禁止用明火照明，检修装有可燃货物车辆时禁止使用电、气焊及其他喷火花的工具。

10. 在专用线（专用铁路）装载的列车（车辆）或托运人自行装载的车辆，车站应按要求做好交接检查。

第二节 装卸作业、装卸机械检修作业、附属作业人身安全规定

装卸作业及附属作业、装卸机械检修作业中存在机车车辆伤害、高处坠落、机械起重伤害、物体打击等风险隐患，作业标准、操作规范不执行，极易引发人身伤害，作业人员应积极参加安全教育培训，严守作业纪律、劳动纪律和作业标准，消除安全隐患。

一、一般安全常识

装卸作业人员应按规定着装，正确使用防护用品，按要求设撤防护信号牌，遵守开关车门要求，执行高处作业、电气化区段作业、机械作业区域规定，增强自保、互保安全意识。

（一）作业人员要求

1. 当班期间，按规定穿戴工作服装、使用防护用品。禁止赤膊、赤足和穿短裤、高跟鞋、拖鞋等进行作业。登高时，不得穿塑料硬底、有钉（铁掌）及鞋底有油垢的鞋。

2. 作业中，要严格执行铁路装卸作业标准和技术操作规程，禁止使用手机及其他与作业无关的电子产品。

3. 严禁在货垛上（旁）、线路上、车底下坐卧休息。保持间休室内外、工作场地、机具整齐清洁。

4. 作业工组出工、收工必须带齐工具和防护用品，按规定的行走路线集体出、退勤，做到缺人不走。

（二）作业线路安全要求

1. 在货物线上进行装卸作业，须按下列规定安设带有脱轨器的红色防护信号牌（夜间及昼间能见度较低时，为红色信号灯）。

（1）装卸作业前，装卸工组应在货物线两端来车方向左侧钢轨上设置带脱轨器的固定或移动式防护信号（尽头线路只在来车一端防护）。移动式防护信号设置在距离车列不小于 20 m 处；作业车停留位置距警冲标不足 20 m 时，防护信号设在与警冲标相齐处。如在同一线路上车辆分解后作业时，应在该线路的最前部与最后部车辆外端防护，分解间隔大于 40 m 时，可在间隔 20 m 以外处设置防护。

（2）同一线路上两个及以上工组同时作业时，应由最先开班作业的工组（或专人）设置防护信号，最后结束作业的工组（或专人）撤除防护信号。各作业工组（有专人负责设置、撤除防护信号除外）应在防护信号上锁挂工组标识，作业完毕及时摘除。除作业工组（或专人）外，其他人员无权撤除防护信号。

（3）移动式防护信号使用完毕，应存放在不影响人身和铁路交通安全的地点并加锁。固定式防护信号定、反位须加锁，钥匙由专人保管。

2. 在货物线附近进行装卸、搬运作业时，若装卸机械、货物、运输机具和人员进入距钢

轨头部外侧 1.5 m 以内的空间，或在地面上跨越线路进行装卸作业时，应设置防护信号。跨越货物线装卸作业时必须安设防护信号。

3. 对正在进行装卸作业的车辆中途调车时，装卸工组接到通知后须停止作业，整理好车内（上）货物，防止倒塌、坠落和侵限，关好车门和车窗，人员和机具全部撤出限界，撤除防护信号，经货运员确认后，方可进行调车作业。

（三）货物堆码规定

1. 货物堆码应按照货物性质、托运人要求和《包装储运图示标志》（GB/T 191）规定进行，做到轻拿轻放、大不压小、重不压轻、稳固整齐、标签向外、箭头向上、横竖成行、按批分清。怕湿货物露天堆码地面应进行防湿铺垫，随卸随铺，随装随撤，上部应起脊并苫盖严密。货垛码放形状应便于清点保管和下一道工序的装卸、搬运。各类货物按《铁路货物装卸安全技术要求》（TB/T 30009）附录 A 的规定堆码。

2. 货物距钢轨头部外侧应保持 1.5 m 以上，不应侵入轨行式机械走行安全警示线。站台上堆码货物，货垛与站台边沿距离不应小于 1 m。货垛之间应留出机械或人行通道，机械通道宽度不小于机身宽度 1.3 倍，人行通道宽度不小于 1 m。货垛距电源开关、消防设施等不应小于 2 m。

3. 易滚动的货物应垂直于线路堆放，平顺整齐，打掩挤牢，防止磕碰挤压，不应斜插交错，作业人员不应在货物上蹬爬、坐卧、站立和走动。

4. 作业中应随时注意货物堆码稳固状态，查看货物包装（裸装时查看货物），不应损坏货物标签。作业中要呼唤应答。发现有异状、异味时不入垛，及时通知货运人员处理。

（四）开关车门规定

1. 开关车门须按规定使用拉门绳或开门器。开关车门时，车门迎面禁止站人，禁止手扶、肩靠门框直接推拉车门，防止车门脱落或货物溜下砸伤人员。禁止用手推车、叉车等装卸机具顶撞车门。不得擅自拆卸车门、车窗。

2. 开启棚车车门前，要先检查确认门鼻、滑轮、轮槽有无损坏、出槽及其他异状，再用拉门绳将车门拉开小缝，检查车内货物有无倒塌，确认车门无脱落危险后再将车门开到最大，然后翻转门柱上的车门止铁，阻挡车门滑动；关闭车门时，也要先检查后再进行作业。

3. 敞车中门开启后，须固定牢靠。开启敞车下侧门时，应用拉门绳将其向上拉起，将下侧门折页上的挂环挂到上侧梁的挂钩上，或用支门器支开、车门卡卡牢，不准掩夹石块等易碎、易滚动物体，车上人员要防止车门开启后随货物滑落。开关敞车车门必须逐个进行开或关。开关下侧门时应做好呼唤应答，确认车上人员和货物安全以及门下无人后再开启或放下；关闭中门，须确认闭锁可靠。进出敞车车厢应从中门进出，不得从开启的敞车下侧门钻进或钻出。

4. 开关底开门车辆的车门时，车内禁止留人，关门时必须按搭扣定位逐个扣好。开关有联动装置的底车门，松放或拧紧摇柄时，注意防止摇柄返回伤人。遇不了解车门开关方法的车型时，应报告货运员联系车辆部门处理。

（五）高处作业规定

1. 高处作业必须蹬稳抓牢，多人联合操作时，应执行“呼唤应答、确认”制度，动作必须协调一致。

2. 装卸敞车装载的轻泡货物及苫揭篷布，上下时应用梯子，并有人扶护。梯子上有人时，不准移动梯子。梯子必须坚实，不得缺层，梯子底部应有防滑措施，梯阶间距不大于0.4 m。卸敞车顶层装载的轻泡货物时，应使用滑板、滑杆溜下或用绳索吊卸一部分，腾出安全操作地点再作业。禁止直接将货物从高处摔（抛）下。

3. 苫揭篷布时，车上作业人员应站在车顶部纵向中线位置，面向距车帮最近处的车外方向。苫盖篷布时，先将迎风面绳子放下拴好，随放随拉随拴。揭篷布时，由车的迎风端解开绳索卷起，两侧篷布随解随卷，车上作业人员应站在上风头。

4. 高处作业使用的工具要传递，不得扔上扔下。

（六）电气化铁路区段装卸作业规定

1. 作业人员须经电气化安全知识培训，考试合格后方可持证上岗。

2. 装卸作业应在货物线的安全作业标内进行。需停电装卸作业时，须断开隔离开关，停电并接地后，在指定的货物线安全区域内进行。

3. 作业人员、机具（旋转、伸缩功能的机械设备，其最大活动范围）、货物与接触网等牵引供电设备高压带电部分须保持2 m以上距离，与回流线、架空地线、保护线须保持1 m以上距离。距离不足时，作业前须将牵引供电设备停电。装卸机具、货物不得碰触接触网的任何部位和支柱。

4. 起重机械、抓（扒）料机、装载机、挖掘机不得在带电的接触网下进行装卸作业。在邻近带电接触网附近区域作业前，机械底盘应采取接地保护措施。

5. 在带电的接触网下，作业人员不得在敞车、平车、罐车等车辆（棚车、冷藏车、双层运输汽车专用车内除外）上进行装卸作业，严禁向上投抛篷布绳索（网）、加固材料和工索具，严禁用竹竿、量尺等测量货物高度、宽度，严禁用水冲刷车辆。

6. 装卸工组通过电气化铁路道口或进入带电接触网区域时，所携带的长形工具（如铁锹、撬棍、推拉杆等）一律保持水平状态，驾驶室外禁止坐（站）人。

（七）夏冬季作业安全

1. 暑期作业注意事项

（1）高温天气来临前，组织对高温天气作业人员进行健康检查，对患有心、肺、脑血管性疾病，肺结核，中枢神经系统疾病及其他身体状况不适合高温作业环境的人员，应当调整岗位。

（2）高温期间，按照“干两头、歇中间”的原则调整作业时间，增加高温工作环境下作业人员休息时间，减轻劳动强度，减少高温时段室外人力装卸作业。

（3）装卸机械司机室要有防暑降温设施。作业场所应备有清凉饮料和防暑药物，配备应急救援人员，制定中暑抢救预案。

(4)作业中,根据工作条件和作业特点,采取通风、防晒、降温等防暑措施。

(5)对大型露天装卸机械的防风、防雨、防雷、防触电设施进行全面检查、维护,使其保持状态良好。

2. 冬季作业注意事项

(1)冰冻及霜雨雪天气,作业前要及时清扫作业场地、通道、扶梯、车辆篷布和货物上的冰雪,道路上撒垫炉灰、锯末、融雪剂等防滑物品。在铁底敞车内作业时亦应采取防滑措施。

(2)装卸机械的梯子、扶手、踏板应采用防滑材料(结构)或采取防滑措施。冰雪天气作业前,应及时清除机械走行平台、踏板处的冰雪。

(3)冬季室外作业人员的防寒帽应留有透声耳孔,使用铁柄工具须戴手套或包扎棉布,装卸机械司机室和班组间休室要有取暖设施,禁止采用电炉取暖。

(4)冰雪天气,流动装卸机械作业或上下站台,应采取防滑措施,禁止高速行驶或沿站台边行驶。

(5)雪、雾、霾天作业时,防护信号牌(灯)模糊不清须及时擦拭或设专人防护;起重指挥信号识别不清时,应停止作业。

(八)机械作业区域规定

1. 装卸机械作业时,闲杂人员、非作业设备禁止进入作业区域。作业人员(司机除外)应站立在有足够退让余地的安全位置。防护人员及监管(检查、指导)人员应与装卸机械保持足够的安全距离。

2. 流动式装卸机械作业时,安全防护人员需划定作业区域,作业区外应设置醒目的安全警示标志或防护装置,防护人员穿高可视性警示服、配带口笛或对讲机,站立安全位置。作业人员应位于流动式装卸机械操作人员可视位置,与装卸机械保持安全距离,穿高可视性警示服。非作业人员、设备,不应进入作业区域。

3. 各种装卸机械操作前要鸣喇叭(铃)示意。桥(门)式等起重机械变换动作前要响铃示警。流动式装卸机械进出车门、库门、箱门,通过人员、设备通道,在坡道、转弯等视线不良地段或繁忙地带应减速鸣笛或停车避让。

4. 各种机械运行时,人员不应上下,不应从事检修作业,不应在桥(门)式起重机主梁或走台上行走。作业时,装卸机械上除司机室之外其他部位禁止站人,起重臂下、回转半径范围内、吊起的货物下面及货物上面禁止站人。不得扒乘装卸机械代步。

5. 流动式装卸机械在站台上应平行于线路停放,距站台边缘不小于 1 m;不应在站台边垂直于线路或在坡道上停放。

6. 流动式装卸机械在货场内行驶速度不得超过 15 km/h。站台上、仓库内行驶速度不得超过 10 km/h,在转弯、进出车(库)门及危险区域不得超过 5 km/h。

7. 同一线路上,两台及以上轨行式装卸机械,应安设防撞保护装置,保持 3 m 以上安全距离。顺向作业时,应隔车进行;相向作业至最后一辆货车时,应单台机械作业。同一区域,多台流动式装卸机械同时作业时,安全间距不应小于下列数值:

(1)集装箱正面吊、抓(扒)料机、汽车吊、轮胎吊为 30 m;

(2)装载机、5 t以上叉车为间隔1辆车；

(3)小型叉车为3 m。

8. 桥(门)式起重机(含抓斗、电磁吸盘)、装卸车机、装载机、抓(扒)料机等机械装卸散堆装货物时，辅助人员应与机械间隔至少一车作业，并在其作业车辆的醒目位置用红旗(灯)进行防护。

9. 露天桥(门)式起重机作业中突遇大风时，应立即停止作业，实施紧急制动。辅助人员施放锚定装置、夹轨器、铁鞋等，司机切断电源，关闭司机室门窗后离开。

10. 原木装敞车或折叠式台架集装箱时，底层应加衬垫，留有穿绳间隙或预垫钢丝绳，便于卸车；装汽车(含拖拉机)时，两侧严禁站人，装载高度超过车帮时，须使用插边立柱，严禁站车帮。捆绑加固时，装卸机械须停止动作。木材装载高度超过立柱时，须打捆加固后方可摘索。

11. 卸超出车帮的原木、毛竹或板材，应先挂索后剪断捆绑铁线。铰剪加固铁线时，必须从车梯或专用梯子上下，严禁站车帮，要剪一头起一头，卸一层剪一层，防止原木滚落窜出，有条件的可整垛吊起。外插边柱的车辆，必须将超出车帮的原木卸至与车帮相平后，方可抽取边柱。摘索应用司索钩，不能用抖绳的方法摘解。

12. 相邻连挂的竹、木货车，禁止同时作业。一车装两垛及以上原木，不得同时作业。

二、人力及附属作业人身安全规定

人力装卸作业时，要采用正确的搬运方式，按规定使用工具，执行装卸作业标准，防止扭伤，防止货物掉落、倒塌伤人，防止货物从货垛或车辆上坠落。

1. 扛、抬、搭、落等安全要求：

(1)肩扛：圆形、易滑货物每次限扛一件，小件货物两个及以上的可捆扎为一件。

(2)抬：多人伙抬时应喊号同起同落。捆绑货物的绳索夹角不宜小于30°，防止货物在绳套中翻动。

(3)搭、落：搬取前，货物的高度不应超过作业人员的头部，搭放堆码的高度也不应超过作业人员的头部，否则应有垫脚。易碎品、贵重品、箱装、桶装和纸袋类等怕摔的货物应有专人接肩。

(4)使用铁锹时，禁止以腹部顶推铁锹柄铲取物料。

2. 人力装卸搬运货物要双手拿稳、弯腰轻放，禁止砸、摔、抛、掷货物；拆解货垛应自上而下，禁止从底部将货垛推倒或抽心使货垛坍塌后搬运。人体搬运重量限值按国家有关规定执行。人力卸煤、砂、石碴、片石、生铁等货物，应从上向下层层挖(搬)取，禁止掏洞，防止倒塌滚动。对互相挤压不易搬动的货物应使用撬棍拨动，不得手搬或脚蹬。

3. 在跳板上行走要避免产生共振，同一跳板上行走人数不得超过2人。在货垛上不得蹬踏包装的易损部位。

4. 装载虎头车时，应从虎头车的车舌处依次往车把处装载(必要时要人扶车把)；卸货时相反。载货在坡道上行走时，人员不得位于虎头车的下方。

5. 人员或虎头车进出汽车作业前，须搭设渡板，汽车须拉紧手制动，采取防溜措施。人力在汽车上装卸、堆码货物，站立位置超出车帮且离地面2 m以上时，要使用防护围栏

(网)或拴挂安全带进行防护。

6. 手推调车作业有以下要求:

(1)手推调车须取得调车领导人同意后方可进行。线路、天气、货物品类等限制或禁止手推调车的,不得推车。

(2)手推调车不得少于4人。手推调车前,应在车辆移动范围外、来车方向左侧钢轨上设置防护信号(已将道岔锁闭于不能通往该线路的位置时除外),确认线路上无障碍物、车辆的人力制动机作用良好,由经培训合格人员负责制动(上闸台应佩戴安全带)。

(3)推车人员应在车辆两侧地面上推动车辆,禁止站在站台上推车,禁止在轨面高于地面0.4 m及以上的线路上推车。

(4)使用撬棍时,应把撬棍置于身体侧面,手掌向下,不得紧握或骑跨,禁止钻入车下撬动车辆。

(5)平车装载易滚动货物未装卸、加固完,或敞车装载货物高出车帮且未捆绑牢固的,禁止手推调车。

(6)严禁在带电的接触网下手推调车。

三、机械作业人身安全规定

装卸机械作业时,可能存在视觉盲区,存在操作失误安全风险,容易碰伤、撞轧周边人员,因此要严格执行操作规定,防止机械伤人。司索指挥人员要正确选择站位,防止发生货物吊运、机械伤害。

(一)装卸机械操作规定

1. 起重机械作业,吊钩和吊起的货物不应从人员或贵重物品上空通过,距运移线内的最高障碍物保持0.5 m以上距离,做到以下"十不吊":

(1)超重或埋藏地下物不吊。

(2)非信号人员指挥或信号不明不吊。

(3)重量不明不吊。

(4)吊钩没对准货物重心(歪拉斜拽)不吊。

(5)未试吊不吊。

(6)简化挂索、捆绑不牢不吊。

(7)6 m以上长大货物无牵引绳或司索钩不吊。

(8)货物上有人,有浮摆物或勾连其他货物不吊。

(9)吊索夹角过大不吊(不宜超过90°)。

(10)金属尖锐棱角货物吊索无衬垫不吊。

2. 集装箱正面吊运起重机作业应遵守以下规定:

(1)正向行驶时,吊具和集装箱应处于低位(不影响司机视线),箱体不准倾斜。倒车前,司机应仔细观察确认车后无人,并鸣笛示警。在坡道上行驶时,集装箱应位于上坡端,重载禁止转向。

(2)特殊情况下人员需靠近正面吊运起重机时,正面吊运起重机应先停止移动。

3. 叉车作业应遵守以下规定：

(1)叉车司机应正确使用安全带。在站台上行驶应距站台边缘0.3 m以上，不得长距离倒车行驶。叉运的货物遮挡司机视线确需长距离倒车行驶时，应有专人引导防护。

(2)负重时上坡正向行驶，下坡倒向行驶。叉车不得在5%以上坡道上作业，不得在10%以上坡道上转向，下坡时严禁熄火滑行。

(3)在棚车内作业外侧无站台时，车门开度不得超过叉车宽度，否则应加以防护。

(4)禁止人员将身体任何部位伸入已叉起的货物下面。叉车在坡道上遇有故障不能行走时，应拉紧手制动，以三角木掩住车轮后方可排除故障。

(5)叉车进入货运汽车内作业前，须确认渡板放置稳妥，汽车熄火，拉紧手制动，并用三角木从外侧掩住至少一组车轮，确保汽车不会发生溜移。

4. 装卸车机作业前，应确认皮带机上无人员。作业时禁止人员站在输送机下方和落货处等安全死角。禁止链斗在人员上空移动。

5. 抓(扒)料机作业中，禁止人员在料(铲)斗、动臂、履带或轮胎上站立或坐卧。料(抓)斗禁止从人员、汽车驾驶室或装卸机械上方越过。如遇特殊情况需在斜坡上短时间停车时，应拉紧手制动，将料斗落地并压紧地面，履带(或轮胎)用三角木等掩实。

6. 装载机倒车时要注意瞭望，鸣笛警示。超过40°转弯时，速度不得超过5 km/h。

7. 皮带输送机作业应遵守以下规定：

(1)移动或作业时，皮带输送机上面不准有人，人员不准从皮带输送机上方或下方穿越。输送堵塞时，须停机顺袋，严禁在运转的皮带输送机上整理货物。

(2)电动皮带输送机应可靠接地，并装设漏电保护装置，电气控制箱、电源连接线应完好无损，防止车辆直接碾压电源连接线。裸露旋转部件(皮带除外)应加装防护罩。电动皮带输送机严禁带电移动，内燃皮带输送机皮带旋转时严禁移动。

8. 起重电磁吸盘和抓斗作业时，禁止从人员和怕砸的物品上方通过。

(二)司索指挥规定

1. 应根据货物重量、形状选择专用索具或直径、长度适用的吊索。对长大笨重、不规则及箱装类货物，应根据重心位置、索点标记加索。重心、索点不明时，应在货运员指导下或经收(发)货人确认后再加索。

2. 起吊时应站在安全地点，与货物保持2 m以上的退让余地；起吊长大、易滑、柔性货物时，货物两端(侧)水平距离5 m内禁止站人。禁止站在货物上、下方或车内死角处。

3. 向车内吊装6 m及以上长大货物，退让余地不足3 m时，人员不得预先进入车内；待货物进入车内降至离车地板0.5 m以下，司索人员方可进入车厢。吊装8 m以上长大货物，货物进入车厢前，车内禁止留人。吊卸8 m以上长大货物，司索完毕，人员离开后方可起吊。

4. 出入车厢应从车梯上下或使用自备轻便人梯，车上车下使用的工具要传递。装卸长8 m以上的宽体货物时，应开启中门，供车内作业人员上下。

5. 起重机作业时，吊钩和吊起的货物禁止从人员或贵重物品上空通过，距运移线内的最高障碍物保持0.5 m以上距离。

6. 6 m以上长大货物或使用无动力吊架进行集装箱作业时，须使用牵引绳或长柄司索钩进行辅助作业。

7. 对易滚(滑)货物要采取有效防滑措施后方可起吊,禁止将身体任何部位伸入吊起或已起头的货物下。

8. 集装箱装卸车、进出货作业时,车辆及运输汽车上禁止有人(汽车驾驶室除外)。

9. 指挥人员应佩戴明显标志,站在司机和工组其他人员易看清的位置,发出的指挥信号必须清晰、准确。司机接到任何人员的紧急停止信号,均须立即停车。

10. 校正悬空货物位置时,货物底面距作业人员站立位置高差 1.5 m 以下且距落货位置高差 0.5 m 以下时不得用肩、身推靠;高差超过上述规定时应用司索钩或牵引绳。

11. 原木、钢管等易滚动货物,装入车中或码放地面应有衬垫以形成抽绳间隙,确认货物码放稳固、无滚动和倒塌危险后再摘索,不应强力抽取被压住的绳索。

四、装卸机械检修作业人身安全规定

装卸机械检修作业存在光电伤害、机械设备伤害、压力容器爆炸等风险,作业人员须按规定持证上岗,穿戴防护用品,严格执行设备操作规程和安全防护措施。

1. 检修人员须持有效操作证件,按规定穿戴劳动防护用品,正确使用各种检修工具。

2. 检修作业应在检修区域设置警示标志。高处检修时,地面要设围栏或专人防护。侵入铁路限界时,应在线路上安设防护信号。人员进入检修区域,须戴安全帽。

3. 检修动力设备前,应在动力开关处设专人监护,并设置“禁止动机、有人工作”的防护牌。非检修作业人员禁止进入检修作业警示区域内。

4. 高处检修,工具及零部件应用绳索(吊篮)传递,放置稳妥,严禁抛掷,防止高处坠落。严禁上下重叠进行检修作业(有隔层除外)。

5. 检修电气设备或电线(缆)前,应切断电源,在电源开关处设专人监护或锁闭电源箱(钥匙由维修电工保管),并设置“禁止合闸、有人工作”的防护牌。

6. 检修变频设备前,须切断电源不少于 5 min,用万用表检查确认变频器放电完毕后,方可进行检修作业。

7. 高压供电起重机电力检修人员应持有相应的特种作业操作证方可检修高压起重机高压部分的电气设备。

8. 检修装载机、叉车、抓(扒)料机、汽车吊、正面吊时,必须拉紧手制动,掩住车轮,将工作装置放在地面或固定支架上,确需举起工作装置时,须采用固定支撑(不准用千斤顶作为长时间支撑物),方可进行检修作业。

9. 检修臂架式装卸机械,须将吊臂放至最低位置,防止吊臂突然下降。装载机转向架未锁闭时,严禁在前后车架之间进行检修作业。

10. 检修内燃机械水箱,要在发动机停转、水箱冷却后进行。卸水箱盖时,检修人员不得面对水箱盖口。严禁用冷水注入水箱或泼浇发动机体的方法强制降温。拆卸气刹制动系统管件前,应先将贮气筒的余气放完。拆卸液压部件前,应先泄压。使用千斤顶顶压工件时禁止使用脆性物质衬垫。

11. 在机械上焊接、气割等动火作业前,须清除油污、棉纱等易燃物品,对油管、电线采取隔热措施。焊修液压油箱前,须放尽液压油并进行清洗。严禁焊修燃料油箱。电焊作业不得用金属管道、轨道及金属构件等作为回路地线，焊把及导线应绝缘良好。

12. 氧气、乙炔气瓶应分开放置，存放符合消防规定，氧气瓶禁止接触油脂，乙炔气瓶不得卧放。气焊作业前，须清理场地易燃物品，并备有灭火器材。氧气、乙炔气瓶应保持5 m及以上距离，与明火应保持10 m及以上距离，乙炔气瓶应安装回火防止器。严禁氧气、乙炔气瓶在烈日下暴晒。

第三节 货运轨旁设备维护保养作业人身安全规定

货运轨旁设备主要包含货车超偏载检测装置、货车装载状态视频监视系统、轨道衡、电子施封锁地面读出装置等。在货运轨旁设备检修、维护、保养中，存在机车车辆伤害风险，配齐补强驻站联络员、现场防护员，严格执行上道作业有关规定，可有效提升风险控制能力，消除安全隐患。

1. 货运轨旁设备的施工、检修作业(含天窗点外作业项目)，均应安排通过任职资格审核并经培训考试合格的人员担任现场防护员和驻站联络员(持证上岗)。

2. 上道作业实行事先联系防护机制，由设备管理单位胜任人员与行车部门联系确定上道时间，并担任防护工作。现场防护员应根据维修作业现场地形条件、列车运行特点、作业人员和机具布置等情况确定站位和移动路径，并做好自身防护。

3. 上道作业前，作业班组应向作业人员布置作业地点、内容、机具、相关设备情况及安全重点事项（包括明确作业人员上下工的固定行走线路)。

4. 施工(维修)负责人确认已做好一切施工(维修)准备，于开始前40 min由施工(维修)负责人(驻站联络员)在《行车设备施工登记簿》内完成登记。

5. 驻站联络员必须在作业人员上道作业前按规定时间提前到岗，密切注视、监听车站接发列车及调车作业情况，并随时与现场防护员保持联系，预告列车运行情况及调车作业动态；未得到现场防护员关于所有作业人员和机、工具已撤离线路或返回安全地点的报告，不得结束驻站防护。

6. 现场防护员与作业人员必须同去同归，禁止参与作业，应加强瞭望，时刻注意前后左右列车和机车车辆动态。作业过程中，驻站联络员与现场防护员必须保持通信畅通并定时联系，确认通信良好，一旦联控通信中断，施工(维修)负责人立即通知现场停止作业，组织所有作业人员携带工具立即下道，撤离到安全地点避车。

7. 施工(维修)人员、现场防护人员应按固定走行线路行走，并随时注意邻线机车车辆动态及脚下有无障碍物。

8. 施工(维修)人员应服从防护人员的管理，做到令行禁止。

9. 作业完成后，经施工(维修)负责人检查达到放行列车条件，由驻站联络员办理开通登记[施工(维修)销记]。

10. 天窗点外上线作业前，驻站联络员必须在车站《行车设备检查登记簿》内登记，车站值班员签认。设备管理单位应按规定设置驻站联络员、现场防护员，联系中断时必须停止作业。

第四节 货运有毒有害场所作业人身安全规定

货运有毒有害场所作业以危险货物作业为主，危险货物具有爆炸、易燃、毒害、感染、腐蚀、放射性等特性，在运输、装卸和储存保管过程中，容易造成人身伤亡、财产毁损和环境污染，因此需要作业人员根据危险货物特性做好防护措施，使用安全的装卸机械，按照作业标准进行装卸、搬运作业。

1. 危险货物装卸作业前应对车辆和仓库进行必要的通风和检查，向装卸工组说明危险货物的品名、性质、作业安全注意事项，并准备好消防器材和安全防护用品。

2. 具有易燃易爆性质的危险货物装卸作业使用的照明设备及装卸机具应具有防爆性能，并能防止由于装卸作业摩擦、碰撞产生火花。开关车门、车窗不得使用铁撬棍、铁钩等铁质工具，必须使用时，应采取防火花涂层等防护措施。装卸搬运时，不准穿铁钉鞋。

3. 危险货物作业时，应轻拿轻放，堆码稳固，不得摔碰、撞击、拖拉、翻滚。

4. 爆炸品装载和堆码高度不得超过1.8 m。车、库内不得残留酸、碱、油脂等物质。发现跌落破损的货物不得装车，应妥善处理。

5. 气体作业时应使用搬运车或抬架，并有防止产生火花、静电的措施，装卸搬运时，要防止撞击、拖拉、摔落、滚动。气瓶阀不得对准人身，要防止气瓶安全帽脱落或损坏瓶嘴。装卸搬运工具、工作服及手套不得沾有油脂。装卸有毒气体时，应配备防护用品，必要时使用供氧式防毒面具。

6. 易燃液体作业时，装卸机具应有防止产生火花、静电的防护装置。装卸前应先通风，开关车门、车窗时不要使用铁制工具猛力敲打。作业人员不准穿铁钉鞋。装卸搬运中，不能撞击、摩擦、拖拉、翻滚。装载钢桶包装的易燃液体，要采取防磨措施，不得倒放或卧放。

7. 易燃固体、易于自燃的物质、遇水放出易燃气体的物质作业时，装卸搬运机具应有防止产生火花、静电的措施。作业时不得摔碰、撞击、拖拉、翻滚，防止容器破损。特别注意勿使黄磷脱水引起自燃。雨雪天无防雨设备时，不能装卸遇水易燃物品。

8. 氧化性物质和有机过氧化物作业时，搬运工具上不得残留或沾有杂质，装卸搬运中不能摔碰、拖拉、翻滚、摩擦和剧烈震动，托盘和手推车要专用，装卸机具应有防止产生火花的防护装置。装车前，车内应打扫干净，保持干燥，不得残留有酸类和粉类可燃物。卸车前，应先通风后作业。

9. 毒性物质和感染性物质装卸车前应先通风。装卸搬运时要轻拿轻放，严禁肩扛、背负，不得撞击、摔碰、翻滚，防止包装破损。装卸易燃毒害品时，机具应有防止产生火花的措施。作业时必须穿戴防护用品，严防皮肤破损处接触毒物。

10. 放射性物质装卸搬运时严禁肩扛、背负、撞击、翻滚。作业时间按《铁路危险货物运输管理规则》要求控制。堆码时，应将辐射水平低的放射性包装件放在辐射水平高的包装件周围。在搬运Ⅲ级放射性包装时，应在搬运机械的适当位置上安放屏蔽物或穿防护围裙，以减少人员受照剂量。装卸、搬运放射性矿石、矿砂时，作业场所应喷水防止飞尘，作业人员应穿戴防护服、防护鞋，戴口罩和手套，作业完毕应全身清洗。

11. 腐蚀性货物作业前应穿戴耐腐蚀的防护用品，对易散发有毒蒸气或烟雾的腐蚀性货物，必须通风作业，并使用防毒面具。货物堆码必须平稳牢固，严禁肩扛、背负。装车前、卸车后，须清扫车辆，不得留有稻草、木屑、煤炭、油脂、纸屑、碎布等可燃物。

12. 装卸污秽货物，应避免人体直接接触。高温天气，不宜安排人力露天装卸生石灰、沥青及沥青制品、水泥、水泥熟料等，否则应做好防护措施，作业完了避免冷水冲击。

第五节 货运场站机动车辆人身安全规定

铁路货运场站作为货物集散地，各类小客车、货车、流动式装卸机械在货场内进出、行驶、停放，与现场作业交叉，给人身安全带来隐患，需要所有人员执行货运场站机动车辆管理规定，消除安全隐患，避免发生交通事故。

1. 货运场站内所有车辆在站台、货场等生产区域必须按交通标志、标线行驶通行，行驶过程中不得骑压安全标线，在转弯、后退、出入库，以及接近路口、平过道、货物时应减速慢行，必要时停车确认。

2. 机动车辆行驶不得超过货场内限速标志的速度，并按下列要求执行：

(1)路口、装卸作业区、人行稠密地段、下坡道、设有警告标志处或转弯、调头时，以及货运汽车载运易燃易爆等危险货物、笨重及超限货物时，最高行驶速度不得超过 15 km/h。

(2)结冰、积雪、积水的道路，以及恶劣天气能见度在 30 m 以内时，最高行驶速度不得超过 10 km/h。

(3)进出大门、厂房、仓库、停车场、平过道及危险地段，上下汽车衡，倒车或拖带损坏车辆时，最高行驶速度不得超过 5 km/h。

3. 在平行铁路线路路段上行驶或停放的车辆，严禁擅自侵入铁路限界，纳入施工管控或已与负责行车组织的车站(场)调度建立防护联系的除外。因作业需要，作业车辆必须侵入铁路限界时，有关作业人员必须提前准确掌握作业线路取送车计划，在作业线路设置防护信号后，方可作业。撤除防护信号前，必须确认作业车辆已退出铁路限界，严禁盲目撤除防护信号。

4. 瞭望困难的无人看守平过道、车辆通行量大的平过道，以及穿越多股道或者线路条件复杂的平过道，可设置栏杆(门)、接近报警装置、视频监控装置、派人监护等物防技防人防措施，在无人看守平过道两侧设置的警示标志上公告应急电话。

5. 作业车辆需在无人看守穿越多股道且瞭望困难的平过道上通行，以及需在平过道上停留、调头、转弯作业时，应纳入施工管控或与负责行车组织的车站(场)调度建立防护联系。

6. 平过道通行须执行以下规定：

(1)作业车辆通过有人看守平过道时，须听从看守人员指挥通过。

(2)作业车辆通过有加锁装置的活动栏杆(门)的平过道时，驾驶员须联系平过道管理人员，听从管理人员安排指挥，按要求通过。

(3)作业车辆通过栏杆开放定位，或无栏杆、无人看守的平过道时，应减速或者停车，在确认安全后方可通过。

(4)凡遇平过道栏杆(门)关闭、音响器发出报警或看守人员示意车列即将通过等情况时,作业车辆严禁抢行。

(5)铁路机车车辆占用、未全部通过平过道,作业车辆不得起步。

(6)作业车辆在平过道内发生故障或者装载物掉落时,应立即将故障车辆或者掉落的装载物移至铁路线路限界以外的安全地点。无法立即移至安全地点的,应立即报告平过道看守或管理人员;在无人看守或无现场管理人员时,应采取防护措施进行处置,并通知货运场站管理人员。

(7)作业车辆平过道通行,如《站细》中有具体规定的,按其规定执行。

第六节　典型事故案例

【案例一】货运人员违章横越线路被列车碰撞

一、事故概况

2015 年 2 月 26 日,甲车务段乙站一名货运员,从货场返回车站途中,在丙区段背朝来车方向横越线路时,被通过的列车碰撞,当场死亡,构成铁路交通一般 B 类(B1)事故。

二、事故原因

该名货运员从货场返回车站,背朝来车方向横越线路时,违反《铁路车站行车作业人身安全标准》①“横越线路时,应‘一站、二看、三通过’,注意左右机车车辆的动态及脚下有无障碍物”之规定,是事故发生的直接原因。

三、事故教训

1. 严重违反劳动纪律。当事货运员早上未按规定时间提前 15 min 到货场货运室进行交接班和点名,班组长也不闻不问,日常管理卡控不到位,缺少安全提醒和互控。

2. 未制定货物线作业门管理办法。乙站未制定站内货物线作业门管理使用办法,货运人员均有货物线作业门钥匙,且可随意打开大门进出站场。

3. 未绘制上道作业固定线路走行示意图。乙站未结合站场实际,绘制上道作业固定线路走行示意图。

4. 乙站未对货运作业人员随意横越站内线路的安全风险进行研判,也未采取有效的控制措施,致使作业人员长期横越站内线路的安全隐患一直未消除,最终导致事故发生。

5. 职工教育管理不到位。检查当事货运员的技术教育履历档案,仅有一份 2011 年 12 月从丁车务段并段到甲车务段的段级三级安全教育通知单和试卷,其他三级安全教育通知单和师徒合同均无。其从扳道员、连结员、调车员、客运员、货运员等多次转岗,均无培训

---

① 该版本为 TB 1699—1985 文件,现行规章为《铁路车站行车作业人身安全规定》(铁运〔2020〕135 号)。

教育考试记录。

【案例二】货装结合部失控导致货运员被挤压致死

一、事故概况

2024 年 1 月 17 日，甲物流中心乙营业室的一名货运员，在对 14 道 10 辆平车进行装车“前三检”作业过程中，被擅自提前进行装车作业的装卸业务外包企业的轮式装载机右前轮挤压在第四位平车南端第 2 个丁字铁处受伤，经救治无效死亡，构成铁路交通一般 B 类（B1）事故。

二、事故原因

装卸业务外包企业作业人员违反《铁路货物装卸安全技术规则》第十三条、第六十九条规定，在货运员尚未向装卸工组交代货物装载方案及注意事项的前提下，违章提前进行装车作业，装卸辅助（防护）人员在装车作业前，未检查发现并制止进入装载机作业区域的人员，是事故发生的主要原因。货运员违章进入流动机械作业范围且未通知装卸机械停止作业，是事故发生的重要原因。

三、事故教训

1. 装卸业务外包企业安全管理失控。一是装卸作业严重违反作业程序，在未得到货运员交代货物装载方案及注意事项的情况下，擅自提前开始作业。二是装卸作业区域防护失效，轮式装载机作业时非装卸作业人员进入作业区域，防护人员未采取有效措施。三是装卸业务外包企业基础管理薄弱，未按要求开好装车车前会、每班生产交班会、每月安全生产分析会，导致装卸作业人员失管。

2. 物流中心日常管理不到位。通过调查和回放前期作业记录仪视频发现，事发货场长期存在防护信号设置后货运员检查作业和装卸机械作业同时进行、混合交叉的情况，管理人员未检查发现并督促整改。

【案例三】巡视作业精神不集中坠落受伤

一、事故概况

2020 年 10 月 9 日，甲车务段乙站一名货运值班员在车站高站台巡视货场时，不慎摔倒掉入站内 1 道。经医院诊断右胸第 9 ~ 12 肋骨骨折，腰 1、2 右侧横突骨折，构成铁路交通一般 B 类（B2）事故。

二、事故原因

该货运值班员在货场巡视作业过程中，严重违反本单位货运管理细则“作业人员行走时保持与线路 1.5 m、站台边缘 1 m 以上安全距离”之规定，劝离蹲在站台边缘的闲杂人员时，未保持自身与站台边缘的距离，注意力不集中，不慎从站台跌下受伤。

三、事故教训

1. 严重违反劳动安全规定。货运值班员严重违反本单位货运管理细则关于固定走行径路的规定，责任人无视货运管理细则和人身安全标准的规定和要求。

2. 作业标准不落实。货运值班员出务作业前没有检查电筒是否电量充足，导致在现场巡视中电筒电量不足照明不够，未看清自身与站台边缘的距离，造成自己摔下站台。

3. 不按规定着装。当事人当天穿的是一双白色鞋，而非单位发放的防滑皮鞋。当事人作为一名货运值班员没有以身作则，带头遵章守纪。而车站有关管理人员未能及时发现并督促其立即更换，给滑倒摔伤埋下了安全隐患。

【案例四】货场内机动车管理不善，违章倒车造成伤害

一、事故概况

2019 年 7 月 2 日，甲货运中心乙车间一名货运员在丙站牵 3 线监装卸作业，被在同一作业区域进行卸车作业的丁运输站司机驾驶的运输型拖拉机在倒车中撞倒，右后轮从其身体右侧碾过，经送医后抢救无效死亡，构成铁路交通一般 B 类（B1）事故。

二、事故原因

丁运输站 1 号运输型拖拉机司机驾驶经改装的运输型拖拉机，在没有防护人员防护、后视镜盲区较大、车辆倒车语音提示装置失效的情况下倒车时，没有随时观察车后情况，没有及时发现倒车路径上的货运作业人员，导致当事货运员被运输型拖拉机撞倒，是造成事故的直接原因。

三、事故教训

1. 丁运输站承接戊公司到丙站牵 3 线的运输业务，未依法落实安全生产管理责任，配备的运输型拖拉机无牌无证，未对运输型拖拉机司机进行安全教育培训，安全管理人员不对现场进行检查。同时，没有落实“安全协议”关于牵 3 线机动车“倒车运行时，必须有防护人员指挥”的规定，对运输型拖拉机经过改装后后视镜盲区较大存在的安全隐患没有采取措施消除，对肇事运输型拖拉机倒车语音提示装置失效的问题没有及时发现解决。

2. 甲货运中心安全管理不到位，对丁运输站相关资质审查把关不严，没有及时发现该运输站运输型拖拉机无牌无证的问题；对丙站牵 3 线装卸作业点没有参照货场管理的规定实行封闭管理，没有对出入该作业点的作业车辆进行登记；对在丙站牵 3 线装卸作业点的运输型拖拉机作业检查、考核力度不足，没有及时发现、纠正车辆倒车无人防护、语音提示装置失效的问题。

【案例五】装卸作业人员被钢材轧伤致死

一、事故概况

2024 年 7 月 9 日，甲物流中心乙货场装卸外包企业作业人员在货 1 线中部外侧使用

汽车吊将作业场地堆存的建筑钢材吊装汽车出货作业过程中，一名辅助作业人员站在钢筋堆垛侧边进行司索作业时，被滑落的螺纹钢捆垛轧在双腿膝盖处，经抢救无效死亡，构成铁路交通一般B类（B1）事故。

二、事故原因

该司索工站在翘曲的螺纹钢筋垛斜面上，在翘曲高点下放入铁链吊索，增加了钢筋翘曲程度和受力，在摘去起头的钢筋捆吊钩后，钢筋捆失去约束，在新支点下瞬间滑落，司索工被钢筋砸落在邻垛的斜面上，导致动脉破裂失血死亡，是事故发生的直接原因。

三、事故教训

1. 货区存放的螺纹钢堆码不符合标准。违反《铁路货物装卸安全技术要求》（TB/T 30009）长大钢材应"顺向码放，分层隔垫，垛形整齐"的规定。

2. 吊装人员不满足要求。当天现场安排汽车吊装辅助作业人员两人，违反《铁路货物装卸安全技术规则》补充规定，汽车吊装卸笨重货物，作业人员不得少于4人/车（辅助人员不少于3人/车）的规定。

3. 装卸外包企业安全培训教育流于形式。外包企业培训考试存在代考、作业证造假等问题。作业人员在实际作业中安全意识不强，对安全风险研判认识不足，违章蛮干；作业人员的安全自控、互控未落实，未及时发现、制止辅助工的违章作业行为。

4. 对装卸外包企业安全监管不到位。营业室当前只有一名当班货运员，对外包装卸作业现场监管缺失。甲物流中心疏于对装卸外包企业的日常监督管理，对其人员、设备、作业标准执行等缺乏指导和检查。

复习思考题

1. 在挂有接触网的货物线进行装卸作业时，隔离开关操作有哪些要求？
2. 遇正在装卸作业的车辆需中途调车时，装卸工组应采取哪些措施后方可撤除防护信号？
3. 简述开关棚车车门作业要求。
4. 简述开关敞车车门作业要求。
5. 电气化铁路区段装卸作业，应遵守哪些规定？
6. 人员或虎头车进出汽车作业前，应采取哪些安全措施？
7. 手推调车作业有哪些要求？
8. 集装箱正面吊运起重机作业时应遵守哪些规定以防止人身伤害？
9. 氧气、乙炔气瓶存放、使用有哪些要求？

第四章 机务劳动安全

机务系统是铁路动力部门，处在铁路安全的前沿。机务作业人员主要包括机车运用、检修、整备作业人员，以及救援列车、设备维修等其他工种岗位的作业人员，岗位繁多，作业过程中安全风险较大，风险隐患源点较多，受外部环境、设备质量、人员素质等关键因素影响较为突出。机务系统作业人员必须认真落实相关安全规定，不断增强安全意识、自我保护意识和岗位责任意识，不越“红线”、守住底线。

第一节 机务劳动人身安全通用规定

结合机务系统各专业作业特点，综合作业过程中各方面安全风险和有害因素，形成机务劳动人身安全通用规定。

1. 禁止班前、班中饮酒。机车乘务员、整备司机、外勤值班员和信号员等行车关键岗位班前、班后应进行测酒。

2. 作业场所应按国家或行业标准设置安全标志，阶梯、台阶设置明显的安全标线。各种设备应有安全操作规程，设备的危险部位及附近危险区域应醒目设置或悬挂安全警示标志。安全警示标志和安全操作规程的正面不得有妨碍公共视读的障碍物。

3. 上下机车须面向机车，站稳抓牢，稳上稳下，防止滑跌。严禁单手下滑和负重攀爬。

4. 严禁在机车的电气室、动力室、冷却室、机械间、动车组司机室、救援列车、待乘室等禁烟场所内吸烟。

5. 作业人员进入检修库、整备场作业平台等作业场所必须按规定正确穿戴符合国家标准的劳动防护用品（包括安全帽、安全带、绝缘鞋、绝缘手套等），留有长发的职工必须将长发挽于工作帽内。

6. 作业人员在作业过程中，应当服从管理和指挥，按规定着装，正确佩戴和使用劳动防护用品、用具。

7. 设备操作者应熟悉设备，持有效证件上岗并严格遵守操作规程。

8. 一切工作开始之前均应首先检查作业设备、工具、防护用品及周围环境，如有不安全因素，应消除或采取安全措施后方可进行作业。禁止使用不符合国家标准的设备、工具和防护用品。工作完毕，应打扫清理干净工作场地，设备、工具等应定置管理。

9. 作业中自觉执行请销假制度，严禁脱岗、串岗、私自替班或换班，严格执行当班“五不准”（不准睡觉，不准离岗，不准喝酒，不准打牌下棋或使用非工作需要的电子产品，不准做与本职工作无关的事情）。

10. 凡在高处进行修、扫、抹、擦、吊、架设、堆物等作业时，均须采取有效安全防护措施（专人监护或采用防护设施等）；禁止穿高跟、硬底、带钉、易滑鞋；不得以抛掷方式传递工具、零部件和材料，不准探身过远。

11. 患有癫痫或晕厥史、肢体肌肉骨骼疾病及高处作业职业禁忌证者，不得从事高处作业。

12. 结合部作业应加强联系，统一号令。两人及以上同时作业时，须认真执行“呼唤应答、确认”制度。

13. 严格执行禁动牌摘挂制度（谁设置、谁摘除）。凡挂有禁动牌或设有安全防护标志的各种操纵握柄、闸刀、开关等处所严禁其他人员擅自触动。

14. 禁止在机车车辆、机械设备、线杆、铁塔、高柱信号机、接触网下面和有倒塌危险的地点及有毒气体处所休息、饮食、乘凉、避风雨。

15. 顺线路行走时，在站内应走站台、职工作业通道或两线中间；在区间、桥上和隧道内应走人行道，并须注意人行道盖板和车辆动态。禁止跨越地沟，禁止跳下、爬上地沟（站台）。

16. 机械设备运转中，不准手触运动部件，不准脚踏及跨越运动件防护装置，严禁打开防护罩。

17. 各种易燃易爆、有毒、有害等危险品要严格按规定保管、使用，严禁靠近（作业需要并落实安全控制措施除外）或抛入火源。使用完毕的空罐应及时回收，妥善处置。

18. 手持电动工具应安装漏电保护装置，使用前须检查确认绝缘状态。

19. 工作场所需装设临时用电线路时，必须先向配电箱管理部门提出申请，经批准后由专人负责安装，任何人不得随意装设；严禁私接、私藏熔断器的上插和熔芯；不得随意改变熔丝规格，不得私自更换熔丝。

20. 机械、电气设备、用电线路、接地线路、避雷线路应定期检查，发现接线柱松动、烧结、变色等现象要及时处理。

21. 机车移动中严禁进行外部作业。在车顶进行清洁或检查、检修作业时，必须按规定设置防护，安全带挂在牢固位置，佩戴安全帽要扣好下颚带，站稳抓牢，禁止靠边缘处行走，不得倒行，防止滑倒和坠落。

22. 轨旁设备检修时，作业人员必须按规定穿着高可视性警示服，须在作业设备两端设置防护标志，并安排防护人员进行防护。

23. 电气化区段运行的机车、动车、车辆及自轮运转设备在可以攀登到车顶或作业平台的梯子、天窗等处所，均应有“电气化区段　严禁攀登”的警告标志，并加锁管理或加装保险装置。

24. 站场单机挂车时，严禁靠正线一侧引导挂车，客车必须在有站台侧引导挂车。

25. 普速列车在高速铁路线路下车作业时，须汇报调度并得到准许下车的通知后方可下车作业。

第二节　机车运用人身安全规定

机车运用人员主要是指从事机车、动车组运用整备作业的岗位人员，在铁路运输作业过程中机车车辆伤害风险大，作业受天气变化、设备质量等不良因素影响较大。

一、机车乘务员人身安全通用规定

机车乘务员主要是指机车、动车组运行操纵岗位的作业人员，是铁路运输的主要技术工种，担负着驾驶机车、动车组，维护列车安全正点的责任。机车乘务员在作业过程中受机车车辆伤害风险较大。

1. 机车调度员对出勤机车乘务员要提示劳动安全预想和安全措施。

2. 库内整备、站接站交按规定的安全径路走行。

3. 机车检查、给油时，要严格按程序作业，认真检查各部的安全防护装置。列车管、供风管有风检查时应手握连接器，防止弹起。

4. 动车前，必须执行"检查、呼唤应答、确认"制度，确认车组人员到齐、其他作业人员处于安全位置后，先鸣笛、后动车(限鸣区段除外)。禁止边鸣笛边动车。

5. 严格执行"车动集中看、瞭望不间断"作业要求。运行中，必须关闭机车司机室两侧车门和中门，认真瞭望，按规定鸣笛(限鸣区段除外)。除确认信号显示外，途中停留期间严禁打开邻正线侧或有列车通过侧司机室侧门。遇危及人身和行车安全时，应立即采取减速或停车措施。

6. 在中间站或区间停车下车检查、处理故障、摘挂机车时，不得侵入邻线；邻线有列车通过时，不得在通过列车的一侧检查或上下机车。

7. 机车出入库、上下转盘、库内转线或驶进擦车台时，严禁站在脚蹬、司机室梯子处，车内不准探身车外；机车通过轨旁侵限附属设备必须关闭机车门窗。

8. 机车、列车停留时，须做好防溜措施；禁止向车上或车下抛掷铁鞋(或杂物)。

9. 更换机车照明灯、调整机车头灯焦距时，必须关闭电源。

10. 机车配备的安全防护用品应定置存放，加封管理。使用前应检查确认状态良好。

11. 严禁私存、私配、交叉使用车顶门窗钥匙及机车电钥匙；按规定位置攀登机车车顶，严禁从其他部位攀爬车顶，并在操纵端主手柄上挂好禁动牌；电气化区段机车车辆上方的接触网设备在未办理停电且可靠接地前，禁止任何人员攀登。

12. 机车乘务员(包括库内整备司机)出、退勤时应严格执行酒精含量测试，值乘前、值乘中严禁服用禁忌药品。

13. 配合电务车载设备人员进行车上检测作业时，机车在启机(升弓)状态下，严禁机车乘务员擅离机车。确认单阀在全制动位、制动缸压力不低于 300 kPa，机车控制开关在断开位，换向手柄在中立位，牵引(主)手柄在零位后，方可实施检测作业。

14. 机车风源系统故障时，在检查处置前应检查确认空气压缩机控制开关在断开位、切断风源,排除管路压力。

15. 当机车运行过程中发现火情时,机车乘务员应立即采取停车、停机(断电、降弓)措施(不得停于隧道、桥梁等,应选择便于旅客疏散的地点)。

16. 列车连挂端设置防护信号时,不得进行连挂作业。

二、内燃机车乘务作业人身安全规定

内燃机车乘务作业人员是指驾驶内燃机车承担铁路运输及其作业的相关人员,在履行机车乘务员职责的同时,需遵守以下人身安全规定。

1. 接班时,应检查机车各部防护网罩、司机室和动力室内地板、机车中门安装齐全牢固及登顶天窗锁闭状态。

2. 在机车走行部作业时应将主手柄置于零位,换向手柄置于中立位,断开机控,单阀制动,并按规定使用禁动牌。

3. 差示压力计动作后,禁止立即打开柴油机曲轴箱检查。

4. 制动机试验、柴油机甩车及启动前,必须呼唤应答,确认安全后方可进行。

5. 检查蓄电池时,应注意防止电解液溅到衣服、皮肤、眼睛等部位。严禁将金属物件搭放在蓄电池接线或极板上。

6. 更换闸瓦时,必须先采取防溜措施,再关闭相应台车制动缸塞门,按规定使用禁动牌,排除压力后方可进行。

7. 排放柴油机油底壳废污油时,保洁清洗使用的废汽油,必须排放入专用油桶内,并严格管理。

三、电力机车乘务作业人身安全规定

电力机车乘务作业人员是指驾驶电力机车承担铁路运输及其作业的相关人员,在履行机车乘务员职责的同时,需遵守以下人身安全规定。

1. 电力机车乘务员应熟知机车高压导线通过的地方和高压下工作的用电设备、测量仪表和其他机械。

2. 司机制动机及机能试验应确认本班和其他人员处于安全位置,鸣笛后(限鸣区段除外)方准进行。高、低压试验时严格执行试验程序及方法,做到一人试验、一人监护配合。

3. 机车在升弓受流情况下,司机在进行各种系统操纵试验前,须检查、呼唤应答、确认其他作业人员停止一切有关的检查维修工作。

4. 机车在未降弓情况下,禁止有关人员进行机械装置的检查调整及照明灯、低压熔断器、低压电位器等的更换、调整工作。

5. 处理辅助电机故障时应使用绝缘导线先行放电,再进行作业。

6. 必须在断电、降弓的条件下更换电力机车闸瓦,作业前必须按规定使用禁动牌进行防护。

7. 机车停于整备线“安全作业区”后,断电降弓,办理隔离开关使用手续,在隔离开关断开，采取验电并挂好接地线后，才能登顶作业。进入该线的其他机车按规定停车。

8. 升弓前，司机应亲自确认高压室、变压器室、高压室门及车顶门已关闭，停留下方地沟内或机车下部无作业人员，其他相关人员处于安全位置后，与本班人员呼唤应答，并鸣笛（限鸣区段除外）后方准升起受电弓。

9. 升弓时禁止开启防护高压用的护板、外罩和电机整流子孔盖；禁止检查与修理电力机车车体下面的电气设备、机械装置、通风装置。

10. 运行中发生弓网故障，司机如需登上车顶检查处理受电弓时，必须接到“接触网已停电，准许登上车顶作业”的调度命令，并验电、可靠接地后，方可登顶作业。

11. 运行中处理高压室故障，必须在断电降弓条件下进行，高压室门钥匙必须随身携带，不得关闭高压室门，禁止带电处理高压故障。

四、动车（高铁）乘务作业人身安全规定

动车组（动力分散、动力集中动车组）乘务作业人员是指驾驶动力分散、动力集中动车组承担铁路运输及其作业的相关人员，在履行机车乘务员职责的同时，需遵守以下人身安全规定。

1. 在车站折返换端时，应在接近靠本列一侧站台的安全线内行走；无站台时，应在动车组车厢内行走。

2. 值乘和添乘人员应从站台或登车台上下动车组；无站台或登车台时，应面向车门，手抓护栏登车上下司机室；重联动车组换端时，遇无站台或登车台情况时，应使用梯子，并注意观察邻线来车和车下地面状况，严禁跳下。

3. 上下动车组列车，做到站稳抓牢，跨越车门时，认真确认站台（固定台梯）与车列间的间隙和地面安全状况，防止踩空、坠落或滑跌。

4. 动车组列车在高速铁路区段或站内正线侧股道被迫停车后需下车检查或应急处理时，随车机械师及客运乘务组人员须向司机提出要求并听从其指挥。司机在接到列车调度员已发布相关调度命令的口头指示后，方准通知有关作业人员办理，相关人员未经司机同意，严禁下车。

5. 动车组、动集列车受电弓故障停车后需上顶检查处理时，根据机械师停电检查处理的请求，向调度员申请、办理停电手续，必须得到调度员接触网已停电的调度命令及其他相关调度命令已发布的口头指示后，方可通知随车机械师，并按规定进行升弓验电（网压为0）放电。

6. 动车组、动集升弓前须征得动车所调度或列车调度员（车站值班员）的同意，遇设有禁动红牌（止轮器）时，严禁移动车组。

7. 如有滚动试验、压实铁鞋、移动列车取止轮器等配合机械师作业时，应加强联系确认，防止配合失误导致人身伤害。

8. 动车组、动集停车后，由司机施加最大常用制动进行防溜。在进行设置、撤除止轮器等作业时，须在确认制动防溜已有效施加的条件下进行。

第三节 机车检修、整备作业人身安全规定

机车检修、整备作业是确保机车正常上线作业的重要环节，是保障机车可靠、稳定运行的基础。日常工作中涉及触电、高处坠落、起重伤害、机械伤害等方面安全风险较大，有害因素较多。

一、机车检修作业人身安全规定

机车检修作业人员按照工种一般分为钳工、制动钳工、机车电工等，各工种作业环境、工艺、流程不同，面临的安全风险差异较大。

（一）机车检修作业人身安全一般规定

结合机务检修专业特点，根据各工种作业环境、工艺、流程和管理要求，机车检修作业人员须遵守以下人身安全规定。

1. 检查、维修机车前，严格执行先联系后作业的制度，做好防溜措施，按规定使用安全防护标志。

2. 检修作业场所吊装作业时，专人指挥，信号明确，配合密切，按规定吊装运行路线走行；禁止站立在被吊起的物体上或下面用手校正被吊起的物体。遇有紧急情况时，无论何人发出停车信号，均须立即停止作业。

3. 禁止带电进行检修作业；禁止非专业人员带电拆装库内各种电源设备。

4. 库内进行各种电气试验或使用电动源（机具）工作完毕后，应及时切断电源，拆除临时线。

5. 电气化区段各种绝缘工具、防护用品要指定专人负责保管，定期进行试验，禁止使用未经试验、试验不合格或超过检验期的绝缘用品。电力机车检修时外接电源用的导线和电缆，要放在规定位置，并由专人保管。

6. 检修电力机车辅助回路需接入高压电源时，必须把辅助电路和主变压器隔离，在规定的外插电源位接入。严禁把电源接在接触器上。检修各辅助电机，应使用绝缘导线先放电后作业。

7. 机车上作业需接交流电时，机车停放指定位置，挂好禁动牌，做好防溜防窜措施。

（1）接入前检查机车库用插座状态良好，检查库用交流电源及电缆状态良好。

（2）电源接入后在规定处所使用禁动牌，严禁在使用过程中随意切断电源。

（3）机车交流负载试验由专人指挥，严禁闲杂人员进入司机室及机械室，试验完毕后及时恢复各设备位置。

8. 检查、维修充电元件或含有充电部件的各类装置前，应确认其进行残留电荷放电后，方可进行相关作业。

9. 机车内因部件拆除而出现的孔洞，应安放盖板或采取可靠的安全措施。

10. 禁止在机车的顶板、走板、外走廊等边缘处所放置工具或零件，以免坠落。

11. 动用电气焊作业时,必须准备性能良好的消防器材和充足的水源,清除作业场所易燃物料,采取安全防护措施后方可进行。

12. 使用油压或机械千斤顶作业时,应安放在坚固的地基上,保持垂直,顶面须垫入防滑垫板,严禁以铁垫代替木垫。禁止在千斤顶上面叠置千斤顶起高作业。

13. 发热部件有较高温度时,切勿手触,以防灼伤。轮对、车轴等处于旋转状态时,禁止手触摸、触碰检查。

14. 多项作业同时进行时,必须严格执行"检查、呼唤应答、确认"制度。

15. 严禁在机车上使用汽油及易燃清洗剂擦拭机车部件。

16. 使用防暑降温风扇前必须检查电线、开关和防护罩状态良好,电线不准有破损和中间接口,轴流风扇的电源线不准跨越钢轨。

17. 防寒期前,擦车台、卸油台、扶梯等各登高机具的走行板必须加装防滑垫。

(二)柴油机检修作业人身安全规定

柴油机是内燃机车重要核心部件,针对柴油机检修特点,作业人员须遵守以下人身安全相关规定。

1. 拆装机械间顶棚和空气滤清器时,两脚要站在安全稳固处所。

2. 调整缸头垫、橡胶垫时,必须吊下缸头或垫牢缸头方能作业;空气滤清器吊运上下机车前应拆下空滤单节。

3. 组装法兰时,不准用手摸孔检查校对。

4. 拆吊柴油机时,必须拆掉四个橡胶支撑后施吊。

5. 拆装连杆活塞销时,应放在专用架上,用铜棒砸销应先将活塞销平面擦干净。

6. 拆装气门时,须放在专用架上,压弹簧时,要放正再压。

7. 煮洗活塞、缸头时,要拴好挂牢,轻放轻吊,防止高温碱水或清洗液溅出。

8. 甩车时,应先确认动力室作业人员停止作业,全员处于安全位置后方准进行。严禁在柴油机未停止转动前处理故障。

9. 盘车作业时,应首先检查电气线路及传动部位无故障,并采取必要的防护措施后,方准进行。

10. 启机状态下,严禁处理油、水管路和传动部位及其周围的故障。

(三)牵引电机检修作业人身安全规定

牵引电机是驱动机车车辆动轮轴的主电动机,是动力传动的关键部件,作业过程中起重伤害、物体打击、机械伤害风险较大,作业人员须遵守以下人身安全相关规定。

1. 作业前应先检查翻转吊具的吊环和U形卡扣,确保状态良好。

2. 检查牵引电机各吊耳是否良好,无裂纹和开焊现象。

3. 作业时,牵引电机吊放于座板上时应平稳,应将吊具的U形卡扣牢固地拧紧在牵引电机吊耳上。

4. 牵引电机翻转作业应选在垫有厚胶皮的地面上,使用天车翻转时,应做好防护,其他人员应处于安全位置。

（四）制动装置检修作业人身安全规定

制动装置是机车的重要组成部分，直接关系到机车运行安全，作业过程中存在较大的车辆伤害、物体打击、高处坠落等安全风险，作业人员须遵守以下人身安全相关规定。

1. 拆装弹簧联轴节时，要确认周围作业人员处在安全位置。

2. 机车制动试验时，要用安全链拴好胶管，防止胶管摆动，试验前应先鸣笛（限鸣区执行呼唤应答）。

3. 拆装雨刷、风笛时系好安全带，并扣在牢固位置，搭渡板作业必须先停止作业再移动，确认后再移步。

4. 软管吹扫配件时，必须先握好软管再开阀，禁止开阀找管。

（五）耐压试验作业人身安全规定

耐压试验是检验电气设备、电气装置、电气线路等承受过压能力的方法之一，耐压试验过程中存在较大触电伤害安全风险，作业人员须遵守以下人身安全相关规定。

1. 基本要求：

（1）操作者应熟悉耐压试验设备（匝间耐压测试仪）的性能、操作规程，按规定检查穿戴符合规定的劳动防护用品（使用绝缘手套、绝缘垫、绝缘鞋等）。

（2）在高压试验前，必须悬挂醒目的“高压危险，请勿靠近”警示牌，检查确认人员处于安全位置、试验设备的安全保护装置（含插头、电线、线夹）等状态良好。

2. 配件地面耐压试验安全规定：

（1）实行两人作业，严禁单人使用耐压试验设备。作业过程中应将待测物置于规定的绝缘垫上并与其他物件保持足够空间。连接测试探头（或输出端）与待测物时应分步连接，身体不得同时接触两根高压输出线的金属裸露部分。

（2）设置防护。在距待测物周围 1 m 处设置物理防护，任何人不得与待测物接触。如需要进行漏电检查确认时，作业者必须穿戴好符合规定的防护用品（绝缘鞋、绝缘手套）。

（3）经两人共同确认安全后方可接通耐压试验设备电源，试验时一人站于绝缘垫操作设备，一人在距待测物 1 m 外实施防护。

（4）试验完毕，经两人共同确认设备输出电压为零、关闭电源后方可拆除高压输出线（身体不得同时接触两根高压输出线的金属裸露部分）。装有放电设备设施的场所，应使用工装对耐压件进行放电处理，在确认已断电并穿戴好符合规定的防护用品（绝缘鞋、绝缘手套）后再操作。

3. 机车主电路耐压试验安全规定：

（1）实行三人作业，一人操作、两人防护，严禁单人操作耐压试验设备。

（2）作业过程中应将待测机车停放于相对固定的处所，做好防溜措施，挂好禁动牌。

（3）连接测试探头（或高压输出端）与机车主电路时应分步连接，身体不得同时接触两根高压输出线的金属裸露部分。

（4）经呼唤、检查，共同确认所有人员处于安全位置。如需要上机车进行漏电检查确认时，作业者必须穿戴好符合规定的防护用品（绝缘鞋、绝缘手套）。

(5)防护人员分别站立于机车两端成对角线状并距机车保持 1 m 外的安全距离,严禁他人与机车接触。雨、雪、雾天气不得在露天进行试验。

(6)经防护人员同意后,操作者方可接通耐压试验设备电源、站于绝缘垫上操作设备。

(7)试验完毕,经操作者、防护人员共同确认设备电压为零、电源关闭后方可拆除高压输出线(身体不得同时接触两根高压输出线的金属裸露部分)。

(8)试验时相关分管技术人员必须在现场协调、指导工作并进行安全把关。

4. 耐压试验区内禁止存放与试验无关的物品。

(六)落轮检修作业人身安全规定

落轮作业主要是指机车更换轮对、牵引电机、检修轴箱拉杆等过程进行的作业,存在较大车辆伤害、高处坠落、物体打击、机械伤害安全风险,作业人员须遵守以下人身安全相关规定。

1. 与钢轨连接的固定销装置和防缓装置完好,安装牢固。

2. 落轮机车在落轮前,必须按规定挂禁动牌和采取止轮措施。

3. 落轮机在升、降、横移动作时,作业人员应站立在地面的安全位置,严禁作业人员站立在落轮机上。

4. 操纵人员在操纵落轮机升、降、横移动作前,必须先确认作业人员和转向架在安全条件下进行。

5. 落轮坑应做到"工作完,盖板严",落轮作业中使用渡板时,应将渡板摆放牢固,在一块渡板上同时进行工作的人员不得超过两人,且不得堆积摆放重物。落轮机结束工作后,应立即将落轮坑上方盖板盖好。

6. 严禁向落轮机上冲水。

(七)不落轮数控车床操作人身安全规定

不落轮数控车床主要用于机车、动车组在不落轮的情况下对轮缘和踏面的修理作业,操作不落轮数控车床作业过程中存在较大机械伤害安全风险,作业人员须遵守以下人身安全相关规定。

1. 严禁操作人员在机床里面停留。关门前,操作人员应确认没有人在机床里面。

2. 使用前检查各部是否完好,再空转 10 min 左右,确认各部运转正常后再开始工作。机床运行时不得关闭通风设备。在工作中如发现运转不正常,有异响或温升过高,应停车排除。

3. 移动机车时,应先检查刀架是否退回起始位置,活动钢轨是否连接到位,固定销是否插牢、锁紧。经确认完好后,方可动车。

4. 禁止一人同时操作两个刀架,两人同时操作时要做好呼唤应答(一个操作台控制两个刀架的车床除外)。

5. 切削刀具未脱离工件时不得停车。

6. 机床更换刀具或维护维修时,必须关闭并盖住碎屑器,避免人员踩到碎屑器的轮上造成伤害。防止工具、刀具等硬物掉落碎屑器内,如碎屑器内有硬质杂物,必须清理后方可开动，避免损坏碎屑轮。

（八）机务隔离开关操作人身安全规定

机务隔离开关操作是指机务库区电气化区段，作业人员需要操作高压隔离开关，在确认接触网停电后，登顶作业对车顶部设备进行检查和维护。隔离开关操作过程存在触电伤害安全风险，作业人员须遵守隔离开关操作人身安全规定。

1. 隔离开关操作人员必须经培训合格取得操作资格方能上岗，严禁无资格操作。一次手动隔离开关操作不得少于2人，一次安全联锁隔离开关操作不得少于3人。

2. 监护员负责隔离开关作业全过程的安全，监督、检查设备状况、防护用品质量、作业过程，发现不符合标准时，有权立即停止隔离开关操作。

3. 操作人员使用绝缘手套、绝缘靴（鞋）前，要对外观进行检查，查验有效期，绝缘手套按规定进行漏气试验，发现破损、漏气的一律停止使用。

4. 电力机车未完全进入安全作业区，不准办理隔离开关作业手续。

5. 机车未全部越过分段绝缘器，不准为后续机车办理隔离开关作业手续。

6. 主断试验时，禁止登车顶作业。

7. 隔离开关区内禁止两台机车同时进入作业。机车跨越分段绝缘器停放时，禁止进行隔离开关作业。

8. 隔离开关的钥匙和安全用具（绝缘手套、绝缘靴、绝缘鞋、安全帽、绝缘胶垫、接地线）由专人负责保管，绝缘用具应进行定期耐压试验，确保性能良好。

9. 各隔离开关的传动机构必须加锁。钥匙不得相互通用并有标签注明开关号码，存放于固定地点由专人保管。

10. 遇雷电、中雨及以上天气时，禁止操作隔离开关。严禁带负荷操作隔离开关。

二、机车整备作业人身安全规定

机车整备作业是在机车运行前或运行后进行的一系列维护和检查工作，日常工作中触电、高处坠落、起重伤害、机械伤害等方面安全风险较大，有害因素较多。

（一）机车整备作业人身安全一般规定

1. 内燃机车整备作业原则上在无接触网线路进行登顶作业。确需在接触网下登顶作业时，必须按规定办理停电、验电、装设接地线，确认安全后，方可登顶作业。

2. 作业中听到本车鸣笛时，必须立即停止作业，迅速撤到安全位置。机车制动机及机能试验时，严禁在车底作业。

3. 机车上油、上水作业时，必须防止跑油、水或喷向空中。上下擦车架禁止蹦上跳下；在擦车架上保洁机车时，应站稳抓牢；用水冲刷机车时，禁止对人喷射；机车在接触网下保洁作业时，不得将水管向供电线路方向喷射，不得采用向车体上部喷水方式洗刷车体。

4. 对打开运动件防护装置及相关部位的检查，必须在运动件停止运行后进行，检查后恢复原状态。严禁在转动的运动部件上跨越，严禁在转动部件罩盖上站立或行走。

5. 手持电磁铁检查自动过分相性能时，操作人员与检查人员要严格执行“检查、呼唤应答、确认”制度。

6. 在带电的接触网下，严禁在主断路器闭合、调压开关有级位的状态下升弓。

7. 调动电力机车时，连挂前必须确认机车蓄能制动装置处在制动位。

8. 防寒期，储油罐、卸油栈台扶梯踏板应防滑包扎。上下储油罐、卸油栈台或罐车时，严禁手拿工具。在储油罐、罐车顶作业时，必须系好安全带、戴好安全帽，站稳抓牢。装卸、搬运油桶时，应佩戴好防护用品，防止伤手、伤脚。

9. 燃油泵房电气开关作业处地面必须设置绝缘胶垫，以防触电。

（二）库区扳道员、道岔检查、清扫作业人身安全规定

1. 库区扳道员应站在固定位置立岗接车，发现有危及人身、设备安全情况时及时呼唤和显示停车信号。

2. 扳道作业严格执行扳道“四程序”[一看、二扳（按）、三确认、四显示]，随时注意线路上的机车动态。

3. 清扫道岔应与外勤值班员、邻近扳道员联系，做好防护措施后方准作业，并注意瞭望。

4. 道岔检查、清扫应走固定安全走行径路，人体及所携带的工具（料）不得侵入限界，并注意邻线机车车辆动态。

5. 电气集中道岔清扫需遵守以下要求：

（1）未得到外勤值班员的许可，严禁进行清扫作业。进入作业场地前，道岔清扫员应主动和外勤值班员取得联系，在确认许可后，携带防护用品和联系通信工具进入工作现场。

（2）未放置“安全防护栓”，严禁进行清扫作业。清扫作业前道岔清扫员应按规定在岔尖开口处插上“安全防护栓”。

（3）未设置监护人员，严禁进行清扫作业。清扫作业中应做到一人监护、一人作业（监护员随时保持与外勤值班员联系，时刻注意机车车辆动态，严禁擅自离岗，不得中途擅自换人和做其他与工作无关之事；清扫员作业中应使用专用工具，不得徒手擦岔；外勤值班员不得操动道岔）。清扫完毕或暂停作业，应及时向外勤值班员汇报，并两人共同确认“安全防护栓”撤除。遇降雾、暴风雨（雪）、雷电密集、扬沙等恶劣天气，确需上道作业时，必须指派车间干部现场防护。

（三）转盘司机作业人身安全规定

1. 禁止在转盘转动时上下，与工作无关的人员不得在转盘上停留或行走。

2. 上下转盘应注意防止踏入缝隙内，转盘上渡板及防护栏杆须保持良好。

3. 电动转盘操纵室地板须绝缘良好，电动机等处的熔丝等安全附件不得任意更换。

4. 清扫转盘、给油时，须切断电源、加锁，做好防护措施后，方准作业。冬季应及时清除转盘上的冰雪。

5. 转盘重载前，应空载绕行一周，检查是否存在侵限刮碰情况，是否存在漏油等异常状况，并确认轨道对位锁止功能是否良好。

第四节 救援列车作业人身安全规定

救援列车作为机务系统中相对独立的专业，承担应急抢险和紧急救援的重要职责。在作业过程中，可能存在起重伤害、物体打击、高处坠落等多方面的安全风险。此外，还存在其他多种人身伤害因素，对作业人员的安全构成威胁。

1. 救援列车救援抢险、施工作业、日常演练及救援机械检查、保养、维修、试验时，必须统一着装，规范穿戴安全防护用品，严禁穿钉子鞋、硬塑料底鞋。

2. 铁路救援起重机（简称救援起重机）严禁在带电的接触网或小于安全距离的架空输电线路下面作业。

3. 救援列车在出动和回送途中，禁止任何人站立、坐在救援起重机吊臂平车平台上。起重机司机室门窗应关闭。

4. 救援起重机外出大修、中修、小修及途停检查时，必须指定专人监护，救援机械司机必须与监护人同时看清下车位置及线路两端和邻线动态，确认无列车、机车车辆通过方可下车。下车时要面向救援起重机，站稳抓牢，稳上稳下扶梯；监护人没有到位，一律禁止下车作业；严禁从正线一侧下车；下车后严禁侵入邻线限界。

5. 救援起重机司机、起重指挥员必须经专业安全技术部门培训考试合格后，持证上岗。登顶作业时，起重机司机（救援机械司机）必须经现场指挥批准后方可进行。

6. 救援起重机检查、保养、维修、机能试验时，按规定戴安全帽；两侧检查时，严禁跳（跨）越检查坑；无检查作业平台，使用梯子检查时，必须有专人进行监护，监护人没有到位，一律禁止登梯作业；启机后，动力室检查，禁止手触任何运动部件。

7. 救援起重机挂、放活动配重需旋转作业时，必须先打好支腿，严禁无支腿挂配重旋转作业。操纵配重升降时要平稳缓慢，随时观察两油缸动作同步，以防油缸偏载发生事故。禁止在曲线上挂、放活动配重。

8. 救援起重机回转之前一定要检查确认回转锁定装置拆除、回转径路上无障碍物。操纵回转动作一定要平稳，避免急转急停。救援起重机无支腿工况下，只能在允许的角度范围内旋转。

9. 严禁在线路状态不明的线路上进行吊重自力走行、利用救援起重机自力走行进行调车作业。走行前必须锁定转台，防止救援起重机走行过程中发生旋转，造成起重机倾倒。伸缩臂起重机在吊重自力走行中，应严格限制起重吨位、起升高度和运行速度，防止重物发生摆动。自力走行速度不得高于其额定速度。坡度大于13‰时，严禁自力走行。吊重自力走行前，必须先将吊臂回转至与线路中心线一致的位置，并按规定速度运行。原则上不在曲线上进行吊重自力走行；必须在曲线上吊重自力走行时，额定起重量应降低40%以上。

10. 救援起重机禁止在风速大于七级及恶劣条件下作业。在夜间或雾天作业时，现场应有良好的照明条件。进入现场选位时必须确认回转半径范围内无障碍物。

11. 救援起重机司机一定要检查确认力矩限制器显示与实际支腿状态一致后，方可允许作业。起重机打支腿时，要使车轮踏面悬空，脱离轨面 15 mm 左右，扩大起重机支承面积，达到均重作用。操作支腿垂直油缸时，应注意按水平仪的指示将救援起重机平稳顶起脱离轨面，吊重方向应稍高于水平，支腿垂直油缸杆行程不大于规定值，防止造成油缸活塞杆受力弯曲。作业中每一个支腿都应指派专人监视，若发现支腿基础发生沉陷或异状，应立即停止作业，放下重物，重新加固、调整试验后，方可开始作业。起重机回转后受力支腿发生变化，对未受过力的支腿应重新检查、确认稳定性。

12. 不使用支腿作业时，必须使用闭锁油缸，吊臂旋转严禁超出"性能曲线表"规定的回转角度和吊臂仰角范围，并不得在曲线、坡道上作业。固定臂起重机不使用支腿时严禁使用主钩进行起重作业，使用副钩起吊时起重量不得超过限制吨位，吊臂必须在顺轨方向 ±10°范围内活动。

13. 救援起重机起重作业时，严禁关闭安全控制系统。起重机超载限动后，应立即停止作业，严禁解除限动强行起吊作业。起重机起重时，不得超出安全控制系统显示的起重量作业。起重机起重回转前，应将幅度变小，使吊臂仰起，在地形、地物允许的条件下，使重物内收靠近回转中心，并尽量放低重物，以增强起重机回转的稳定性和安全性。起重机幅度由小变大，将重物外放时，必须在起重曲线内进行，操作要缓慢，禁止盲目外放，造成超载。起重机作业，被吊重物靠近支腿附近时，要采取好防止撞击支腿的措施，绑好风绳，缓慢移动。起重机禁止起吊固定、冻结和埋在地下的物体。起重作业时，司机不得离开司机室，必须离开时应将重物放在地面上，关闭操纵台总控开关，并锁好门窗。起重机原则上禁止斜拉重物，防止起重机侧翻。起重机吊重物回转时，动作要平稳，以免发生负载振动，人为扩大工作半径。

14. 在高处作业或在高处走动作业时，有条件时必须佩戴安全带，安全带尽可能要固定在牢固位置。起重作业中，指挥信号应符合规定。

15. 起重作业前，应检查确认绳索、链条、挂钩等吊索具完好。

16. 起吊物件的重量不明时，禁止盲目起吊。起复工要与救援机械司机密切联系，动作协调，安全作业。

17. 所吊物件的重量不准超过起重机额定起重量和吊索具的负荷。指挥起吊车辆空中翻转时，应使其重心平稳变化。

18. 起重机每次起吊物件时必须试吊，当物件吊起地面约 50～100 mm 时，暂停起升，应立即检查所吊物件的索具是否正确牢靠、起重机支腿是否稳固（含支承垫木无破损变形）、起重机额定起重量是否满足、起升制动器是否可靠，经确认无危险时，方可继续发出起升信号。

19. 起重作业时，禁止作业人员在吊件下方或吊臂下方逗留或通过。

20. 起吊物件移动时，信号指挥人员须确认在吊件移动方向内没有人员或障碍物后，方可向司机发出操作指令。调整索具位置时，必须使用安全钩或安全绳，严禁用手直接调整。吊件接近地面停止降落后，作业人员方能接近吊件，禁止在降落中途用手推扶吊件，以防碰伤；吊件卸放后，摘钩抽绳时，抽出绳子一方不得站人。

21. 吊物件装车前应将车辆放好止轮器。吊物件装车时，物件未放入车厢之前车厢内不准有人，吊件落稳车厢底时，起重人员方能进入车厢进行摘绳；吊物件卸车时，物件挂妥吊索具、起重人员退出车厢后方能起吊。

22. 用钢丝绳、软吊带或链条捆绑吊件时，不得有结扣或拧绕。吊挂有棱角的物件时需用护绳铁（垫）。

第五节　机务设备使用维修及其他作业人身安全规定

机务设备安全管理对于保障系统内各种生产和生活设备设施的正常运用至关重要，在日常岗位工作中，可能存在触电、高处坠落、爆炸伤害、机械伤害等多方面安全风险和有害因素，对作业人员的安全构成威胁。

一、电工作业人身安全规定

电工作业是指从事电气设备、线路及相关系统的安装、维护、检修和操作的工作。

1. 必须经专业安全技术部门培训考试合格后持证上岗。

2. 经医生诊断有心脏病、精神障碍、癫痫病、色盲病、高血压等妨碍从事电力工作的病症，应及时调换其工作。

3. 电工常用的安全用具，应按国家现行标准进行定期试验。

4. 作业前必须对所检修的电气设备进行验电。禁止使用未经试验或试验不合格或超过试验期的绝缘工具。不准带电作业。

5. 严禁私拉乱接和超负荷用电。

6. 在厂房内使用的所有插座均应标明电压值。

7. 严禁在低压配电设施内部放置工具、棉纱、配件、螺栓、螺帽等杂物，不得用粘有油污的手套操作低压配电设施。

8. 在低压设备上不带电作业时，必须将停电设备各方面的电源彻底断开，包括中性线，并取下可熔保险器，在闸刀或开关的操作手柄上挂禁动牌；根据需要可在闸刀或开关装设接地线或现场派人看护。

9. 各级装置的停、送电操作者，在操作时，务必做到呼唤应答，相互确认，现场必须在做好安全防护后，方可进行后续作业。

10. 低压断路器跳闸后，再次合闸前，必须先查清故障原因，待排除后方可再次合闸运行。

二、机械钳工作业人身安全规定

机械钳工作业是一种常见的机械制造和维修工作，主要涉及使用各种手动工具和机械设备对金属和其他材料进行加工、装配和维修，日常工作中存在较大机械伤害安全风险。

1. 严格执行设备安全技术操作规程和设备检修程序及安全用电有关规定。

2. 作业场所应有良好的光线或照明，机床用照明必须采用 36 V 及以下安全电压。

3. 设备维修前认真检查各部防护装置安全可靠。

4. 设备维修必须在设备停止运转并断电的情况下进行，严禁触摸在运转的工件及测量尺寸。

5. 使用台钳拆卸工件时，两脚要躲开工件的下方。

6. 使用电钻、风钻在没有完全停止转动前，禁止用手摸钻头或擦拭金属屑；操作风钻时禁止戴手套；停电、休息或离开工作场所时，应切断电源或关闭风门。

7. 刮研工件时，禁止用手擦拭刀刃上的屑末，不准手持零件进行刮研。

8. 使用美工刀等锋利刀具对机车玻璃胶实施切割作业时，必须佩戴防割手套。

三、车床工（含各类加工车床）作业人身安全规定

车床工作业是指使用车床这一机械工具加工工件的过程。车床广泛应用于铁路机车部件、检修设备等各种轴类、盘类等旋转对称零件，日常工作过程中存在较大机械伤害安全风险。

1. 车床工必须经专业安全技术部门培训考试合格后，持证上岗。

2. 车床电气设备、开关装置及电线路必须绝缘良好，机体必须有良好的接地保护。

3. 切削下来的铁屑，应用钩子及时清除，严禁用嘴吹或直接用手清除铁屑。

4. 调整、更换刀具，装卸工件，注油，检查工作物粗糙度，清扫金属屑时，必须停车并退出刀具。

5. 旋转刀具装夹要牢固，机械加工设备的转动部件必须安装防护装置。

6. 操作人员必须在停车、退出刀具，同时切断电源后方准离开或进行修理。

7. 进行笨重工件加工时，装卸应使用起重设备。

8. 刨床、车轮车床的最大行程限界内不准站人和堆放任何物品，并须加设防护栏杆。

四、固定式空气压缩机作业人身安全规定

固定式空气压缩机作业是指使用安装在固定位置的空气压缩机产生压缩空气的操作。日常工作过程中存在较大压力容器爆炸伤害等安全风险。

1. 必须经专业安全技术部门培训考试合格后的固定式空气压缩机操作工，方能持证上岗。

2. 开机前，认真检查各部状态良好，空气压缩机各传动部分必须加防护罩（网）。

3. 空气压缩机运行中发现压力调整器作用不良时，应立即停止运转。

4. 空气压缩机运转中，禁止向曲轴油箱或气筒内加油或进行清扫、修理。

5. 储气筒、冷却器、油水分离器或管路冻结时，只准用热水或蒸气加热，严禁火烤。

6. 对储气罐的安全阀定期进行排气试验；禁止使用棍、锤等物敲击安全阀、未泄尽压力的空气管路。

7. 压缩机工作状态下，人员应减少近距离接触或滞留时间，防止听力受损。

五、锅炉司炉作业人身安全规定

锅炉是关键特种设备，机务锅炉司炉岗位操作的安全风险隐患极大，发生问题后的影

响不可预估,锅炉司炉岗位作业人员须遵守以下人身安全规定。

1. 锅炉司炉岗位必须经专业安全技术部门培训考试合格后持证上岗,严禁无资格作业。

2. 锅炉(含燃油、燃气锅炉)值班人员不准擅离工作岗位或兼做其他工作。

3. 使用中的各蒸汽管路,应以隔热材料隔离,以防烫伤。供汽时按规定操作,防止造成水击。

4. 司炉人员必须严格遵守《锅炉安全技术监察规程》等作业有关规定。

5. 锅炉点火前,锅炉司炉必须认真检查锅炉辅机各部状态良好。

6. 在点火过程中,应巡视检查压力表、水位表指示压力和水位。炉火生起后,如有漏泄时,严禁带气进行修理。

7. 锅炉运行中,水位不准低于最低水位线或高于最高水位线。

8. 锅炉热态放水时,应在出口处设置防护。不准面对放水装置,禁止用手锤或杠杆等工具开放排水阀。

9. 运行锅炉发生异常现象危及锅炉安全时,必须按规定紧急停炉。煤炉禁止以向火室浇水的方式进行熄灭。

10. 进入锅炉和烟道内进行修理作业时,照明电压须符合安全规定。

11. 锅炉运行前,必须对给水系统、供油(供汽)系统、安全附件及自动联锁保护系统进行检查,在确保符合安全的前提下方可点火投入运行。

第六节 典型事故案例

【案例一】机车乘务员违章横越线路被调车车列碰撞

一、事故概况

2020 年 6 月 11 日,甲局乙段 DF4C-5171 机车在丙站Ⅳ场 5 道计划开×××××次列车。在等开过程中,一名值乘司机从机车Ⅰ室下车穿越线路,由南向北横越 3 道过程中被自西向东推进的调车车列以 11 km/h 速度碰撞碾轧致死,构成铁路交通一般 B 类(B1)事故。

二、事故原因

当事司机横越线路时,违反甲局《机务系统劳动安全管理办法》中,横越线路“一站、二看(确认左、右侧无来车)、三确认(呼唤)、四通过(手比),垂直行走穿越”规定,被调车推进车列前端碰撞碾轧致死,是造成本起事故的直接和主要原因。

三、事故教训

1. 基本规章制度不落实。当事司机没有执行横越铁路线路必须“一站、二看、三通过”的制度，作业中盲目横越线路，最基本的劳动安全规定不执行，直接导致事故惨剧的发生。

2. 惯性“两违”未得到有效控制。事发车间仅2020年1～5月就检查发现横越线路违章24起，占劳动安全风险类29.6%，车间对待惯性“两违”问题以考核代替整治，未针对性采取有效的整治措施，同类问题屡查屡犯、屡禁不止。

3. 异地车间管控不到位。乙段对异地车间日常检查盯控不到位。职能科室检查考核责任车间问题明显少于段本部所在其他运用车间，暴露出乙段对异地车间日常检查监督存在薄弱环节。

【案例二】起重作业吊耳断裂造成检修人员伤害

一、事故概况

2014年8月18日，甲局乙段丙车间在柴油机分解库内，使用电动双梁桥式起重机吊运装有柴油机配件的专用煮洗筐时，因煮洗筐吊耳断裂导致煮洗筐坠落，造成在库内作业的一名内燃机车钳工头、胸部受伤，经医院抢救无效死亡，构成作业人员起重伤害死亡铁路交通一般B类(B1)事故。

二、事故原因

1. 乙段自制煮洗筐吊耳存在质量缺陷，突发断裂致煮洗筐坠落，是事故发生的直接原因。

2. 司索人员未按规定使用配有4根钢索、4只吊钩的煮洗筐专用吊索，违章使用1根钢索、2只吊钩的动力总成专用吊索起吊煮洗筐，违反《起重机械安全规程》“有关人员在指挥起吊作业时应采用合适的吊索具”的规定，是事故发生的主要原因。

3. 起重机司机违反《起重机械安全规程》，没有有效避开吊物下方作业人员，违反起吊安全作业制度，在吊索具不符合规定的情况下未停止作业，是事故发生的重要原因。

三、事故教训

1. 班组管理重任务、轻安全。现场作业层对段、车间制定的防起重伤害相关规定和安全措施没有有效落实，类似吊索具选择使用不当、起重辅助机具检查不彻底、司索人员违规作业、起重机司机凭经验操作等问题在部分作业人员中已成习惯。

2. 起重辅助机具管理不到位。车间虽然制定了煮洗筐类起重辅助机具检查制度，建立了日常检查记录台账，但检查标准和范围不明确。日常检查确认要求不高、标准不严，未能及时发现和处置煮洗筐吊耳质量隐患。

3. 安全隐患排查整治不彻底。乙段在日常安全管理中，对机车检修作业过程中的安全隐患，尤其是对检修作业使用的类似煮洗筐等承载吊物的起重辅助机具管理现状分析与隐患排查治理重视不够，分析治理不到位，对车间制定的起重辅助机具日常检查管理制度缺乏可操作性、检查方法缺乏针对性等问题没有强化专业指导与帮促，安全隐患没有得到有效整治。

复习思考题

1. 上下机车应如何保证人身安全?
2. 内燃机车司机接班时,有哪些安全注意事项?
3. 机车动车前,应采取哪些安全措施?
4. 重联动车组换端时,遇无站台或登车台情况时,如何安全处置?
5. 机车出入库、上下转盘、库内转线或驶进擦车台时,有哪些安全注意事项?
6. 在中间站或区间停车下车检查、处理故障、摘挂机车时,应遵守哪些安全规定?
7. 内燃机车更换闸瓦时,必须采取哪些安全措施后方可进行?
8. 电力机车司机制动机及机能试验时,有哪些安全注意事项?
9. 检修机车对打开运动件防护装置及相关部位的检查时,必须执行哪些安全规定?
10. 吊物件装车前应执行哪些安全规定?
11. 机车上检修作业需接交流电时必须执行哪些安全措施?
12. 在机车顶部进行清洁或检查、检修作业时,应采取哪些安全措施?
13. 配合电务车载设备人员进行车上检测作业时,应执行哪些安全措施?
14. 配件地面耐压试验设置防护有哪些安全规定?
15. 隔离开关监护员的职责有哪些?
16. 简述转盘司机作业人身安全规定。
17. 铁路救援起重机登顶作业时,必须执行哪些安全规定?
18. 轨旁设备检修时,应执行哪些安全措施?
19. 工作场所需装设临时用电线路时,如何安全处置?
20. 电气集中道岔清扫应遵守哪些要求?

第五章 车辆劳动安全

铁路车辆操作岗位的人员应具备必要的劳动安全知识，熟悉安全生产权责、职业环境风险隐患和劳动安全控制措施，规范作业行为，防止惯性伤亡事故，确保劳动安全。

第一节 车辆劳动安全通用规定

针对车辆专业岗位作业特点，车辆作业人员在运用、检修、调车、施工维修等生产活动中，必须严格遵守车辆劳动安全有关规定，严格执行作业防护措施，避免造成伤害。

1. 上班前，严禁饮酒，车辆乘务员、现场检车员、调车人员、随车机械师、调度员、驻站联络员、现场防护员等行车主要岗位人员未经酒精检测或酒精检测不合格严禁上岗；要充分休息，保证工作时精力充沛，思想集中。

2. 工作前，要按规定穿戴好防护用品，检查确认所使用或交接的工具、设备的技术状态良好；工作中，严格执行安全技术操作规程，作业场所禁止穿着高跟鞋、拖鞋、露趾凉鞋、硬底等易滑鞋；禁止戴未设耳孔的双耳帽，禁止将双耳包裹；服装穿戴整齐、鞋绳系扣牢靠，防止刮、擦、碰、挤、摔；要保持场地整洁，行进通道畅通。

3. 作业中，必须保证精力集中、严守“两纪”，不准做与本岗位工作无关的事情；下班前，要关闭风、气、水、电等开关，工具、材料要收拾整齐，打扫周围环境，做到“工完、料净、场地清”。

4. 车辆作业人员要熟悉本站所内线路、设备、建筑物，以及列车运行、调车作业、车辆取送等情况。严格执行整队出发、列队归所制度，严禁单独行动。

5. 在站场上作业和行走时，要随时注意两邻线来往的机车车辆，防止被车上坠落物品、篷布绳索等击伤；严禁在轨枕头、轨道心、车底下、车端部和站台边坐、立、闲谈、休息、避雨或乘凉；顺线路行走时，不走轨道中心和轨枕头。

6. 横过线路和道口时，注意瞭望机车车辆，执行“一站、二看、三确认、四通过”制度和“手比、眼看、口呼”有形化措施。严禁抢道、抓车、跳车、钻车；横越停留车辆的线路时，应先确认无调车作业及车辆无移动可能，再由车钩上方通过，手抓牢，脚踩稳，严禁踩上锁销、钩颈和折角塞门把手。从停留车辆的端部横过线路时，要留有足够的安全距离，迅速通过，不得在道心停留。

7. 在作业场所，人员、机动车辆移动时必须按规定路线行走；交叉作业时，应采取可靠防护措施。

8. 作业人员避车时应距钢轨头部外侧不少于2 m(另有规定除外),设有避车台(洞)的桥梁(隧道)应进入避车台(洞)避车。多线并行地段等特殊区段作业时应在指定的安全地点避车,不得随意跨越邻线避车。

9. 在线路上作业时,禁止戴妨碍视觉的色镜和妨碍听觉的帽子;冰冻天气应采取防滑措施,以防滑倒摔伤。

10. 车辆检修作业场要保持场地平整,道路通畅,无积水结冰,按规定设置安全警示标志;站场须设灯桥或灯塔,照明范围须覆盖全部作业区域,照度符合相关规定;夜间及光线较暗的作业时间内,灯桥或灯塔应处于照明状态。

11. 客货车辆检修作业场相对固定的作业线路须安装具有防护功能的固定脱轨器,动车组库内固定检修线路尽头应安装防撞止挡。

12. 作业开始前和结束后,严格执行插、撤防护信号联锁传递办法,按规定防护距离设置安全防护信号,严禁在无防护信号的情况下进行检修作业,严禁在未设防护装置的列车(车列)中进档作业或接摘延长软管、车辆软管。

13. 接发列车时要提前到达接发车地点,位于安全地点,目迎目送,并注意车辆运行、货物装载、篷布绳索状态;线间距小于规定标准的线路或邻线上、下行同时到发列车时,要在两线外侧接发列车。遇有旅客列车通过且无防护设施时,严禁对相邻线路的列车进行现场技术作业。

14. 两人以上从事同一作业时,必须指定专人指挥,统一行动,相互配合,呼唤应答。搬运材料、配件应在两线间行走,不得紧靠线路侵入机车车辆限界。两人以上扛抬物品时,应同肩同步、同起同落。

15. 分解组装较大较重车辆或机械设备配件时,应密切注意其连接情况,研判安全风险,在没有采取有效安全防护措施的情况下,严禁拆卸。组装需吻合对孔的部件,严禁用手指探摸孔槽,必要时应以工具拨动;不得抛掷零部件、工具、材料。

16. 处理车辆制动故障时,要先关闭截断塞门,排净副风缸、工作风缸余风后方可进行,作业结束后恢复开通位置;调整活塞行程时,严禁用手指探摸圆销孔;拆卸制动缸盖螺母时,头部须注意避让;更换折角塞门时,要关闭本车另一端及邻车的折角塞门;更换闸瓦、闸片时严禁将手伸入闸瓦、闸片与轮对踏面间;更换大型配件时,班组长或安全员要亲自组织指挥和负责安全工作。

17. 必须贯彻禁电优先原则,严格执行停电检修、挂牌和监护等制度。检查配电柜电气设备时,禁止手触各电气设备触头,除蓄电池等储能装置检修或特殊工艺要求,严禁带电检查、处理故障或接触高压带电部件。因储能设备检修或特殊工艺需要带电检修时,应穿戴相应等级的绝缘手套、绝缘鞋,使用对应耐压等级的绝缘工具,严格实施一人作业一人防护原则。严禁私拉乱接,应规范配备、使用电气设备。

18. 动车组维修或存放停留时,必须采取有效防溜措施;客车、货车的车辆防溜按照各铁路局集团公司关于站段职责分工执行。

19. 进行室内或车辆内部油漆作业时,大面积喷漆与明火作业不得同步进行,应保持通风良好;喷漆、喷油、吹尘作业不得与其他检修作业同时进行;使用脱漆剂在车内脱漆时,要在车辆两端挂上标志牌,严禁明火靠近。对车体进行电气焊作业,应按规定拆除四周易燃物并即时浇水防燃,同时确保周围 10 m 以内不得有易燃、易爆物品。在焊割物未完全冷却并无人看守时,应对焊割物做好隔离防护措施,焊割余料有尖角余边时应及时处理。已切割完毕或待焊的把手、脚蹬和配件等不得浮摆形成假象,防止其他工作者攀登、踏脚时发生意外。

20. 车辆乘务人员途中检查车辆时,应掌握停留时间和上车地点。在电气化区段作业时,要保证随身携带的物品与接触网的距离符合安全规定;在无法确认车体上方接触网无电和无法保证作业期间接触网可靠接地时,严禁登顶作业。

21. 严禁在列车中实施危及列车运行安全和人身安全的故障处理。

22. 高处作业之前,应检查确认登高辅助设备器具完整良好,设有防滑、固定等装置,并采取有效防护措施;作业时,要思想集中,不得用力过猛、探身过远或高处跨越;升降台在上下升降或左右移动时,必须瞭望确认安全后才能开动;高处作业时,应佩戴安全带、安全帽和采取有效防护措施,安全带应定期检验合格;露天工作场所遇有六级以上大风(不含六级)时禁止高处作业。

23. 电气化铁路区段车辆作业人员除遵守上述规定外,还必须执行以下规定:

(1)严禁直接、间接地与接触网导线接触,以及攀到车顶、罐顶、冷藏车工作台上和装载的货物上面;携带的任何物件与接触网设备的带电部分应保持 2 m 以上距离。

(2)车辆运用作业设备的安装,工具、材料、配件的堆放,必须与电气化有关设备隔开 0.5 m 以上的距离。

(3)接触网导线折断下垂搭在车辆上或其他物品与接触网接触时,作业人员不得随意进行处理,应保持 10 m 以上距离,同时对现场进行防护,并及时通知有关人员处置。

(4)接触网下的车辆安全运行监控系统装置和电气信号设备必须保持良好绝缘状态,有关地线的埋设要与接触网导线隔开一定距离;严禁任何人员在电气设备处所倚靠或坐卧。

24. 在电气化区段运行的机车、动车、车辆及自轮运转设备可以攀登到车顶或作业平台的梯子、天窗等处所,均应有“电气化区段　严禁攀登”的警告标志。

25. 需要动火作业时,须严格办理动火审批手续,办理相应等级的动火作业许可证,动火作业过程中按相应等级要求做好现场防护和动火作业后的现场监控。

26. 起重机械作业应做到“十不吊”,吊运作业过程坚持“三不越过”,即不从人头上越过;不从汽车、机车上方越过;不从设备上方越过。

27. 使用天车、平衡吊吊送配件时,须有专人指挥,吊索具须符合吊装要求并经定期检验、探伤合格,起吊动作平稳,严禁在吊起的工件下方进行任何作业。

28. 叉车作业要做到“五不叉”:物件重心超过货叉的载荷中心,使纵向稳定性降低时不叉;单叉偏载不叉;物件堆码不稳不叉;叉尖可能损坏物件时不叉;超重或重量不明不叉。

29. 进行打磨、焊接及其他飞溅粉尘等作业时,须按规定佩戴护目镜等安全防护用品,同时要严格落实消防管理相关要求。

30. 有限空间作业参见第二篇第七章“预防中毒和窒息”相关内容。

第二节 车辆(动、客、货)运用作业人身安全规定

车辆运用作业人员所处的作业环境比较复杂,包括动车所、客整所、临修库房、列检所,以及车站、乘务值乘途中等,车辆运用作业人员在站场与线路上行走侵入限界、高处作业防护不当、未按规定设置防护号志、车辆供断电程序执行不严等,容易造成人身伤害,掌握车辆运用作业人身安全规定,对保障车辆运用作业安全具有非常重要的作用。

一、动车运用作业人身安全规定

动车运用作业主要指随车机械师出库、始发、途中、折返、终到过程中的巡检作业和故障应急处置,作业地点、作业环境、作业内容的不确定性要求随车机械师需全面掌握各工况下的人身安全规定。

1. 随车机械师在出库作业时,应注意行走路径及邻线动车组移动情况,并在动车组出库端司机室牵引手柄设置禁动标志。

2. 动车组运行途中停车处理故障时,随车机械师要与司机呼唤应答,在高速铁路区段还应确认得到列车调度员已按规定发布邻线限速或扣停的调度命令的口头指示,并做好安全防护工作后方可下车。

3. 动车组运行途中停车处理故障时,随车机械师下车作业前须按照有关规定办理作业申请。随车机械师仅在非列车交会侧作业,并按要求申请邻线列车限速;作业需侵入邻线限界时,申请封锁邻近线路。下车前将禁动标志设置在司机室牵引手柄上,下车行走及应急处置过程中要注意安全避车。

4. 遇雷电、大雪、暴雨、冰雹,以及六级以上大风等恶劣天气时,原则上不在线路上登顶作业。

5. 电气化铁路区段,当动车组在运行途中发生故障,动车组随车机械师需上车顶作业时,严格按照相关规定办理停电手续,与司机共同确认接触网停电调度命令,在得到已停电通知,做好安全防护措施后,方能作业。

6. 随车机械师接到登顶作业通知后,与司机共同确认停电命令无误,通知司机升起无故障的受电弓验电(CRH2A/B/C/E、CRH380A/AL 型动车组须闭合主断路器),确认车载信息监控装置或网压表显示接触网网压为零后,按规定穿戴好防护用品,在列车非会车侧就近车门下车,使用验电器确认接触网已停电,将接地杆挂设在登顶作业范围以外附近的接触网支柱腕臂上后,方可登顶作业,登顶作业严禁超出两端挂设的接地杆。

7. 遇铁鞋压住不能撤除时,随车机械师通知司机稍作移动动车组,确认车轮与铁鞋分离时立即通知司机采用最大常用制动停车,动车组总移动距离不得超过 2 m,动车组未停稳时禁止进行撤除铁鞋作业。

8. 在高架车站的轨道梁与站台梁间隙处所、高架桥步行板、桥梁接缝、拼缝等处所作业时,必须确认线路及间隙情况,并采取可靠安全措施或避开间隙;检查高架桥步行板等作业行走路径的设施无缺损、松动、移位等异状。

9. 动车组运行时，严禁打开边门、活动窗，严禁带电检修电气设备。

10. 设置登车台的动车所、动车存车场，作业人员上下动车组须手扶护栏，规范使用登车台，严禁站在无护栏登车台的边缘。

11. 动车组重联作业时，按照作业指导书要求操作，与动车组保持安全距离，连挂过程中注意人身安全；途中应急救援时要按规定从救援列车开来方向做好防护。

12. 机车救援动车组过程中，搬运、安装过渡车钩过程中应注意防止砸伤。

二、客车运用作业人身安全规定

客车运用作业人员所处的作业环境为客整所、临修库房、客列检所在车站、乘务值乘途中等，涉及风、水、电等作业内容多，客车带风作业安全卡控、规范的送断电流程、区间作业呼唤应答、按标摘解连挂车辆等都是车辆劳动安全重点盯控的环节。

（一）库列检作业人身安全规定

1. 在线路上检查、修理、整备车辆时，应在列车（车列）两端来车方向的左侧钢轨上设置带有脱轨器的固定或移动信号进行防护，前后两端防护距离应不少于20 m。

2. 在作业开始前和结束后，严格执行插、撤防护信号联锁传递办法，按规定防护距离设安全防护信号，并确认车列防溜状态。

3. 客车电气装置检修作业、发电车检修及使用外接电源供电等作业时，作业人员需持证上岗（操作），按规定穿戴绝缘防护用品；准备作业前，必须检查工具、测量仪表、防护用具状态良好。

4. 严格执行停电检修、挂牌和监护等制度。作业时按规定执行工作票和监护制度，挂“禁止合闸，有人作业”牌；作业临时中断后恢复前，均须重新检查确认电源处于断开状态；送电前，应确认所有作业人员已停止作业并在安全位置。

5. 非作业车辆（私家车、私人电瓶车、自行车等）禁止驶入客整所作业股道、检修库等作业场所。

6. 禁止在客整所、客车存放点的停留客车车厢内吸烟或违规动火作业；客车检修需要动火作业时，须严格办理动火审批手续，不得人为降低动火防护等级，动火作业过程中按相应等级要求做好现场防护和动火作业后的现场监控。

（二）客列检作业人身安全规定

1. 客列检作业人员在线路上作业时，要做好安全预想，做到同出同归、相互照应，随时注意车站及列检值班员对讲机预报内容，及时掌握列车运行情况。作业过程中，遇邻线有列车通过时，必须停止作业，避让到安全区域。

2. 客列检作业人员在摘挂机车、站折作业及进入车辆限界内检查处理车辆故障时，须设置防护号志，防护号志白天为红色信号旗，夜间为红色信号灯。进行机车摘挂作业时，须在列车首尾车辆插设防护号志，其中机次第一辆设置在客车前端非站台侧，尾部最后一辆设置在客车后端站台侧。

3. 客列检作业人员在接发列车、蹲式接车时，须在线路安全位置，人身、工具设施等不得侵限。

4. 机车供电列车进行电力连接线摘结作业前,客列检作业人员须与车辆乘务员、司机办理供电钥匙交接手续,电力机车还须确认受电弓降下后,方可进行摘结作业。

(三)车辆乘务作业人身安全规定

1. 车辆乘务员出库作业时,应注意行走路径及邻线车辆移动情况,并按规定确认脱轨器的防护状态正常;在客列检等异地交接班(含站内交接班)的乘务人员必须从旅客通道(站台天桥、地下通道等)行走,不得在车站内横越线路。

2. 车辆乘务员在巡视作业过程中,应站稳扶牢,列车运行过程中,严禁探身瞭望,严禁将头、手伸到窗外。车辆乘务员途中作业应做到列车开动前上车,停稳后下车,严禁飞乘飞降。列车未停稳前,不得打开车门;下车时要注意地面落脚处有无障碍物、坑洼,要注意积冰、积雪、积水和气、风、水井,防止滑倒跌伤。列车运行中禁止打开车门处理车体外部故障。

3. 车辆乘务员在摘挂机车、站折作业及进入车辆限界内检查处理车辆故障时须按规定设置防护号志。防护号志白天为红色信号旗,夜间为红色信号灯。

4. 机车供电列车进行电力连接线摘结作业前,车辆乘务员须与司机、客列检办理供电钥匙交接手续,电力机车还须确认受电弓降下后,方可进行摘结作业。

5. 车辆乘务人员区间停车需下车进行应急处置时,要提前与司机联系,司机同意后方可下车作业。

6. 空调客车供电系统检修作业、发电车检修、使用外接电源供电等情况,禁止发电车启机向车列供电;作业申请人须签字登记,发电车乘务员在相关位置悬挂"禁止供电"红色警告牌,并签字确认。作业结束后,由申请人签字销记,发电车乘务员摘除警告牌并签字确认。接到供电申请须启机供电前,发电车乘务员须查看供电防护登记记录,若有供电防护登记,禁止向列车供电。

7. 发电车乘务员作业须遵守以下安全要求:

(1)启机前首先检查机油位、水位、燃油位。确认蓄电池状态、各阀门开闭位置,不得盲目开机。

(2)启机前先检测确认全列车绝缘符合技术要求,检查各开关状态和各仪表正常显示;送电时严格执行发电车停、送电签字换卡制度,正确挂放停电、送电及禁止送电牌,按规定正确、合理、均匀供电。

(3)不得带电处理电气故障。非正常情况下需带电作业的,必须有人监护,并做好灭磁或紧急停机准备工作;列车拆、挂电力连接线,必须停电、确认后方可作业。

(4)列车运行中,停站下车作业时,不得侵入邻线线路限界;上车顶或车底下作业时,必须按规定插设、撤除安全防护信号。

(5)电气化区段严禁上车顶作业;应急处置需要登顶作业前,须严格执行电气化区段断电、确认等程序后,方可登顶作业。

三、货车运用作业人身安全规定

铁路货车运用维修工作是确保铁路运输安全和畅通的重要环节。货车运用作业场须配备生产生活设施，满足作业和人身安全要求。

1. 列检作业场的作业线路应满足列检作业需要，两侧无站台及障碍物。作业线路间及线群外侧（距线路中心 3.0 m）应以水泥预制板铺平至与轨枕上平面同高，宽度 1.0 m 左右，长度应铺至两端脱轨器所在位置，并具备良好的排水条件，线路应铺设混凝土平头轨枕，线群外侧设挡砟墙；作业线路间（包括两轨间）及线群外侧（距线路中心 3.0 m）水泥预制板未铺处应以细道砟填平至轨底面。

2. 列检作业需穿越正线或邻近正线作业的列检作业场，须安装列车接近语音报警提示装置和隔离设施；遇有穿越正线的作业场，使用小推车上道配料作业，须制定防控措施。

3. 列检作业场的作业线路须安装具有安全防护功能的固定脱轨器。固定脱轨器应具备抗恶劣天气干扰和防雷功能，安装位置应根据本股道的信号机、警冲标及机车停车位置标的位置，机车长度等情况确定。根据站场实际情况，还须配置一定数量的移动脱轨器，实行定置管理。应备足红旗、红灯等防护用品并指定专人保管交接，保持状态良好。

4. 列检作业手信号须依次逐段显示传递，昼间能见度能满足要求的须使用检查锤，夜间或昼间能见度不能满足要求的须使用白色灯光检车灯。禁止使用红旗（红灯）代替检查锤（检车灯）显示传递。遇恶劣天气、曲线线路及显示距离不可视等特殊情况时，信号传递可采用无线对讲机等辅助手段。

5. 传递安全防护插设信号时，由车列（列车）首部检车员依次逐段传递至尾部检车员，尾部检车员接到信号后，依次逐段向首部检车员传递确认信号；传递安全防护撤除信号时，由车列（列车）尾部检车员依次逐段传递至首部检车员，首部检车员接到信号后，依次逐段向尾部检车员传递确认信号。具体安全防护信号显示方式，按各铁路局集团公司相关规定执行。

6. 在作业线路上检查、修理、整备车辆时，应在两端来车方向的左侧钢轨上设置带有脱轨器的固定或移动信号牌（灯）进行安全防护，前后两端的安全防护距离均应不小于 20 m，插设固定脱轨器安全防护距离不足 20 m 或固定脱轨器不能正常使用时，应使用移动脱轨器进行安全防护；防护距离不足时，应使用连接语音记录功能的通信设备通知车站将道岔锁闭在不能通往该线的位置，现场应在车列首尾车辆端部来车方向的左侧车体上设置停车信号（昼间红旗，夜间频闪红灯）进行安全防护，车列中部不得设置停车信号。在旅客列车到发线上进行列检作业时，其安全防护办法和前后两端防护距离不足 20 m 时锁闭道岔及道岔锁闭要求，按各铁路局集团公司规定执行。

7. 列检作业摘解机车或连挂机车进行简略试验时，应使用停车信号进行安全防护，停车信号应按以下规定设置：

（1）到达、中转列车摘解机车时，应在机后一位车辆前端列车运行方向左侧车体上插设停车信号，关闭机后一位车辆前端和机车的折角塞门，摘解制动软管后撤除停车信号，方可摘解机车。

（2）连挂机车进行简略试验时，待机车与车列连挂后，在机后一位车辆前端和列车尾部最后一辆车后端列车发出方向左侧车体上插设停车信号，制动机试验结束后，及时撤除停车信号。

8. 插撤脱轨器时，应确认股道正确，列车（车列）、机车停留位置符合规定，同组检车员之间、检车员与列检值班员之间要做好联系和互控；移动脱轨器应按规定存放和使用，要做到脱轨器插撤有监督、反馈有记录，禁止无安全防护作业。

9. 在沿线调查、处理故障和事故时，要在车站登记，通知车站将道岔锁闭在不能通往调查处置线路的位置，并在车列首尾端部来车方向的左侧车体上设置停车信号进行安全防护后，方可进行检查处理；作业结束并撤除防护信号后，通知车站。

10. 列检作业时，检车员还须遵守以下安全规定：

（1）熟悉本站内线路、设备、建筑物及列车运行、调车作业、车辆取送等情况。列检作业要严格执行"整队出发，列队归所"制度，严禁单独行动。平行作业时，前后不超过一个转向架，并保持相互联系。

（2）列检作业在开始前和结束后，要严格执行插、撤安全防护信号的传递办法，严禁在无安全防护的情况下进行车辆检查和故障处理，严禁在列车运行中处理车辆故障，严禁在未设安全防护的列车（车列）中摘结长风管或车辆制动软管。

（3）接发列车要目迎目送，并注意车辆运行、货物装载、篷布绳索状态，防止意外伤人。接车时要提前到达接车地点，蹲在两线中间安全位置接车。狭窄线路邻线上、下行同时到发列车时，要在两线外侧安全位置接发列车。

（4）检查罐车及装有易燃易爆品的铁路货车时，严禁明火接近、敲打罐体或进入车内、罐内。

（5）处理制动故障时，要先关闭截断塞门，排净副风缸余风后方可进行，作业结束后开通截断塞门；调整制动缸活塞行程时，严禁用手指探摸圆销孔；拆卸制动缸盖螺栓时，头部要闪开；更换折角塞门时，要关闭邻车及本车两端的折角塞门；摘解制动软管，缓慢开放折角塞门，排出本车制动主管余风后方可进行。

（6）遇有动车组、直达、特快旅客列车通过时，严禁对相邻线路的列车进行现场技术作业。有列车通过、调车作业时，邻线作业人员要注意避让。线间距小于规定标准的线路，邻线上、下行同时到发列车时，要在两线外侧接发列车。

（7）在修理铁路货车上部时，应确认装载货物状态及车门的关闭状态，确保安全后，再进行作业。

（8）使用各种镐类、千斤顶起重时，重心要找准，底座安放平稳牢固，镐体垂直，金属与金属接触部要加防滑垫，其行程不得超过全长的3/4（或镐体安全刻度线）。使用两台及以上千斤顶同时顶起一个重物时，要有专人指挥，平衡起落，防止倾倒。在起重过程中，被顶起的重物尚未垫妥架稳前，操纵人员不得离开岗位，身体任何部位不得侵入被顶起的重物下方。

（9）对列检使用的轨边设施进行检修作业时，必须设专人防护，不得单人作业；在列检作业现场，如遇施工、堆放路料等影响列检作业和人身安全时，应停止该线路的列检作业。

第三节　车辆（动、客、货）检修作业人身安全规定

在动车、客车、货车检修过程中，涉及人身安全伤害的因素比较多，车辆、轮对防溜不

到位，高处作业安全防护不当，起重伤害防控措施执行不严，车辆供断电程序未落实，动火作业未按规定执行，检修用机具设备未按规定使用等，容易造成人身伤害，掌握并执行好车辆检修作业人身安全规定，对保障车辆检修作业安全起着非常重要的作用。

一、车辆（动、客、货）检修通用作业劳动安全规定

车辆（动、客、货）检修通用作业涉及专业设备操作、起重操作，作业环境复杂，作业协同度较高，检修作业人员在操作过程中须严格遵守作业人身安全规定，避免对自己或他人造成伤害。

（一）车辆常规检修作业安全要求

1. 检修架落车作业前，应组织对架车负重量及基地状态进行技术检查，并做好防滑、防溜措施。以下情形禁止进行架落车作业：①装载液体的罐车；②装载不均衡货物的重车；③在非指定可架重车的地面；④有大风雨时；⑤镐顶与窄车体的侧梁搭载量不足 100 mm 时；⑥少于三名作业人员时；⑦车顶、车内、车下有人时（不包括架车人员）等。

2. 转向架检修作业须遵守以下安全要求：

（1）分解、组装转向架时，应使用专用机具或起重机械吊运大型配件，并由两人以上操作；要专人指挥、呼唤应答，吊具牢靠、防止误动，严禁在吊起配件下方进行任何作业。

（2）分解、组装转向架，应根据不同型号的转向架按各自的作业顺序进行，分解的零部件应及时定位放置；对各类零配件、工具严禁抛、掷，不得遗留在转向架上。

（3）使用活动工作台作业时，要加强呼唤应答，防止误操作；走行轨道要保持平稳畅通，防止颠翻；采用地下流水线应有报警装置或设人看护。

（4）分解组装各部螺栓，要选用合适的扳手；使用电动工具时，精力要集中；更换套筒时，双手要紧握套筒中部；使用螺栓固定防翻卡时，要停机安放，防止挤手或滑落砸脚。

（5）作业过程中禁止在悬挂的转向架下方站立、通过；禁止在悬挂的转向架移动前方站立、通过；禁止在悬挂的转向架移动过程中进行检修作业；禁止在转向架悬挂状态下检修交叉支撑装置。

3. 制动装置检修作业须遵守以下安全要求：

（1）拆装、检修制动装置配件时，必须先截断风源，排净余风，方能作业；作业结束后要恢复开通位置；吹扫各种储风缸、制动管，其风压须符合规定；开放折角塞门吹尘时应紧握制动软管连结器，防止反弹造成击打伤害。

（2）使用单车试验器或集控装置试验前，要呼唤应答或鸣笛确认车下无人后方可进行；车体未落稳前禁止施行单车试验，因故暂时离开区域，要关闭截断塞门；试验结束，要全面排风。

（3）制动软管、制动阀等制动配件在检修试验时，严禁在有风压的情况下处理故障；同时，制动软管试压时管堵要安装正位，进风要缓慢，风、水压力不得超过规定；制动阀试验时，严禁两人在一台制动阀试验台上同时进行作业。

（4）分解组装制动缸、副风缸应使用专用工具，两人操作时应做到呼唤应答；分解制动缸前盖螺母前，要在活塞杆上套好安全圈，插上安全销，头部要偏离活塞杆伸出方向。

(5)登高检修人力制动机前,要先检查扶手、脚踏板、制动台的安装螺栓是否牢固,工具配件要摆放好,防止坠落伤人;上下踏板、制动台时要手抓牢、脚踩稳,做到稳上稳下。

(6)分解制动软管要卡紧。试压时管堵要安装正位,进风要缓慢,软管风水压试验时压力不得超过规定,须在无压力的情况下处理故障。

4. 在车体上部作业时,作业人员必须站稳并注意周围情况,用力要适当,防止倾倒磕碰;进行车体作业需撑起车门时,应使用规定的专用工具或吊钩;在车顶作业时,禁止骑在车帮上或悬空俯身作业。

5. 对包括木工机械在内的机械设备作业中,周围木料应码放整齐,保持操作通行的空间;刀具安装时必须卡牢、紧固好,试运转正常后,方可进行工作;操作中遇有异常状况时,应立即停止作业并检查处理。

6. 检修暖气、给水装置必须确认管内无水、无气后方可作业;检验、调试各阀门时,不得用力敲打,送气前要通知周围有关人员做好安全防范,缓慢开启阀门。

7. 轮对检修作业时,不得脚踩钢轨,要随时注意前后轮对的动态,设好防溜器具,严禁骑跨钢轨推送轮对;堆放车轮和车轴时,要采取防滑、防滚动和倾倒措施。

8. 抛丸(打砂)除锈作业开机前须确认抛丸室内无人,检查待抛配件悬挂牢靠。吊钩运行过程中,严禁任何人员进入吊钩运行轨道下方;抛丸器没有完全停止时,严禁打开抛丸室门;抛丸设备运行状态出现异音、振动异常时,应停止使用。

9. 起重作业司机和指挥人须按规定持证操作,执行起重作业安全操作规程。起重作业必须实行单一指挥,严禁无人指挥、多人指挥。指挥人员应佩戴明显标志,站在使司机和工组其他人员都易看清的安全位置,指挥信号必须清晰、准确,不得简化作业。

10. 落实起重绳索、吊钩等机构检查养护制度,严禁使用不符合标准、规格和伤损超限的钢丝绳、吊钩等机构。吊钩应有防脱钩装置。不准用吊钩直接缠绕重物,不得将不同种类或不同规格的吊索、吊具混合使用。

11. 起吊作业前必须先检查被起吊物件与其他部件的连接状态,响铃后起吊;指挥人员与司机起吊必须保持密切配合;起重作业时,有关人员听到铃声应及时避开吊物。每班作业前应对各机构进行试吊检查,确认正常后方可吊装。

12. 起重作业时,作业人员必须正确佩戴安全帽,安全站位,严禁站立在吊物(吊臂)下方、死角及运移路线(吊臂旋转半径)内,严禁站在吊起的货物上,严禁将手或脚伸入吊起的货物下方取放垫物或传递索具。严禁有人在工作状态的起重机械下行走、打闹、休息。作业过程中,严禁指挥员擅离岗位。

13. 进入施工现场、检修库、起重作业区等存在物体打击风险的生产作业场所,应按规定使用符合标准的安全帽等劳动防护用品。

14. 生产场所的工位器具、工具、模具、夹具要放在指定的部位,工件、物料应摆放平稳,堆码整齐,不得超高、超重,不得放在临边、缝隙、洞口等附近,不得妨碍通行;滚动物件设置垫块牢固,堆垛支撑稳妥、间距合理,防止坠落和倒塌伤人。

15. 高处和双层区域作业时,应将携带的工具、零星物料等放在工具袋内或绑扎牢固,工具、材料不得抛掷传递;无隔离设施时,严禁双层同时垂直作业;不准站在滚动物件上作业。

16. 搬运、装卸易燃易爆气瓶的机械、工具,应具有防爆、消除静电或避免产生火花的措施。装卸气瓶应轻装轻卸，避免气瓶相互碰撞或与其他坚硬的物体碰撞，不得用抛、滚、滑、摔、碰等方式装卸气瓶。氧气瓶与乙炔瓶必须按规定存放，严禁混放，间隔距离不得少于5 m；气瓶严禁靠近明火或在阳光下暴晒，距明火不得少于10 m。

17. 易燃易爆性质的危险货物装卸作业使用的照明设备及装卸机具，应具有防爆性能。装卸搬运各类危险品作业，应轻拿轻放，禁止摔碰、撞击、拖拉、翻滚及剧烈震动。

18. 轮对等旋修作业时，操作人员必须持证上岗，按规定穿戴防护眼镜等劳动防护用品；作业时禁止人员或物品靠近转动的轮辐，严禁机床内、监控站台有人或者碎片防护网打开时开启设备，严禁在机床运行时关闭通风设备。

19. 驾驶、操作使用设备时应落实操作培训，持证上岗。严格执行设备操作安全规定，使用设备前需确认设备、吊具吊索及工装器具状态良好。严禁无证驾驶、操作或擅自交由他人驾驶、操作。

20. 在检修作业横越股道时，严禁在运行的机车车辆（车列）前抢越线路或穿越两车间隙。

21. 上道作业须设置安全防护。上道吸污上水作业，作业人员一律佩戴防护帽，穿着高可视性警示服（3级），以提醒各种机车车辆操纵、瞭望人员注意，及时采取措施，防止机车车辆伤害事故的发生；严禁防护员兼做其他工作，严禁违章上道作业。

（二）车辆重点检修项目的作业安全要求

1. 装卸轮对、车轴、车轮时，吊具挂妥后，要呼唤应答，周边人员须及时避让，防止滑动、坠落。

2. 架落车作业须遵守以下安全要求：

（1）架落车时，禁止手扶心盘销；使用电动架车或千斤顶架车，必要时，须在两侧旁承上垫200 mm以上厚的硬木防护垫方准进行。任何情况下不准将头部和身体探入枕梁和摇枕之间。

（2）架车作业时，缓慢启动塞门手把，严禁猛起急落或两端同时起落。车体架起后，应立即插好固定架车器圆销或架好铁马，保持车体平稳，注意车辆动态（固定架车器圆销应定期探伤）。

（3）车体架起后，待插好固定架车器圆销或架好铁马后再将转向架推出；落车时，必须将转向架心推到车体下部后，方可撤除固定架车器或铁马。推动转向架时，头和手不得超过轮缘高度（架好铁马或安插好固定架车器圆销后除外）。

（4）调整旁承间隙时，应架好铁马或插好固定架车机圆销后方可进行。使用风镐架落车时，风镐升降过程中人员应与风镐保持一定安全距离，不准将身体任何部位探入风镐回落处或与车体搭接处。

（5）架车作业人员应于车辆架妥垫稳后，进行安全检查，关闭给风塞门或电源，收拾好电线、工具，方可离开。

（6）使用桥式起重机架落车时，还须遵守起重机械作业安全规定。

3. 车钩缓冲装置检修作业须遵守以下安全要求：

（1）分解、组装车钩缓冲装置，应使用专用工具，严禁直接落地。在没有拧妥前后托板螺栓的情况下,必须要有架起的车钩顶镐。

(2)分解组装钩舌时,双脚站稳,将钩舌贴胸拢抱,钩舌入位后立即穿上钩舌圆销;拆卸钩舌销时,注意提开钩锁后防止钩舌落下砸脚。

(3)遇有车钩及钩尾框不能自然落下时,应使用工具压缩缓冲器弹簧,不得打入铁楔。

(4)分解检修各型缓冲器时,要安装好防护装置,禁止敲打、震动;卸下缓冲器时应检查弹簧压缩状态。

(5)使用电、风动扳手装、卸托板螺栓时,要佩戴护目镜,遵照操作过程调整好倒、顺位置,严禁用手扶防转卡具。

二、动车检修作业人身安全要求

(一)动车组运用检修安全要求

动车组现场作业须坚持"安全第一、预防为主、综合治理"的方针,加强技术管理、规章制度、生产监控、作业执标的管理,确保动车组检修作业人员在运用修、高级修、临修作业、登顶作业、调车作业、接触网供断电作业等过程中,严格执行相关防护措施,避免造成人身伤害。

1. 作业前应执行职工健康问询制度,防止职工精神不佳,带病带伤上岗。严禁安排无资质人员担当安全防护员,或安排低职代高职人员作业。

2. 作业时应严格遵守库区安全标识、标记、标牌等安全标志,按照标识、标线行进在安全区域。

3. 动车组运用修无电作业开始前,须确认接触网断电及接地杆设置、防溜设置、动车组放电完成;有电作业开始前,确认设置防护号志、防溜设置。

4. 动车组库内登顶作业人员须按规定办理手续并填写记录,领取和交还隔离门钥匙(或门禁卡、人脸识别进出)。登顶作业前须确认接触网已断电并实施可靠接地,严格执行一人一卡制度;作业时应佩戴安全带,在防滑带行走,防止坠落。

5. 对车下高压设备、变压器、变流器进行检查维修工作时,禁止升弓。安全接地保护开关闭合时间符合放电时间规定后,方可进行作业;作业期间,始终闭合安全接地保护开关;作业结束后,须断开安全接地保护开关。对带有电容器的设备进行作业时,必须确认电容器已完全放电。必须在动车组放电完毕后方可进行车顶检修作业。

6. 对供风及制动系统、受电弓、脚蹬、前罩开闭机构、自动车钩及转向架等供风、用风设备进行维修作业时,须采取截断风源、排风等安全措施;车上车下、车内车外应建立联控制度,必要时在设备操作处设置禁动标志。

7. 动车组车下作业前须采取动车组防溜和人员防触电措施,作业中重点防止碰伤、砸伤和电机、风机等设备运转引起的伤害。

8. 禁止通过非平台侧车门探身对动车组外部进行检查作业,在检查维护非平台侧车门时,应使车门处于关闭状态,确需打开时,应规范穿戴安全带,身体应与车门保持安全距离,并做好自身防护。动车组进行车门开关试验时,应先广播通知作业人员,防止坠落;进行通电试验,须确认车下设备检修完毕。

9. 动车组临修库作业人员须确认侧移式接触网、隔离开关状态，临修库设备不侵限，动车组受电弓升弓状态等。

10. 动车运用所（检修车间）接触网供断电作业必须由动车所调度员、操作员、监护员共同进行，做好呼唤应答，操作员、监护员必须具备上岗资格，并按规定穿戴好防护用品；供断电作业前须确认是否具备供断电条件。作业人员必须办理申请和签认手续。

11. 动车组库内外皮保洁作业时需在接触网断电情况下使用专用外皮清洗机进行；严禁用水冲洗车顶受电弓、高压电缆头连接器和头罩开闭部位。

12. 供断电作业时，操作员要提前确认高压防护用品状态良好、未超期，操作时要穿戴好绝缘手套、绝缘靴，站在绝缘垫上使用验电棒及接地杆操作接触网供断电（远程操作除外）。严格落实一人操作、一人防护，执行安全联控标准化用语。暴风、雷雨天气不得操作隔离开关。供断电作业及动车组放电时，严禁登顶、钻越地沟。

13. 进地沟作业应采取必要的防滑措施，需穿戴好劳动防护用品。钻越地沟或从检修地沟进出时，应走专用通道，注意动车组停止状态。

14. 动车组重联作业时，作业人员须与动车组保持安全距离，连挂过程中注意人身安全。

15. 在三层作业平台进行作业时，不得向下抛掷料具、配件等物品。作业人员应佩戴工具包，使用的小型工具及小型材料、配件等必须装入工具袋内，防止坠落伤人。

16. 检修作业时，未关门排风不处理制动故障，严禁将手指放入闸瓦与制动盘之间，以及夹钳杠杆的活动机构中，防止夹伤。

17. 严禁带电维修配电柜（盘）、设备舱各设备风机等，防止触电伤害。进行蓄电池检查维护时，应佩戴绝缘手套、使用绝缘管工具，在蓄电池附近必须防止爆炸伤害，禁止明火。

18. 高处作业须佩戴检验合格的安全带，在车顶作业时须在防滑带内行走，无防滑带的要在车顶中部区域行走；检修作业时要选择安全地点站立，作业过程中需要移动时要注意安全，避免踏空、跌倒；在车顶吊装、更换大型配件或在风挡处处理故障时，作业人员要集中精力，防范物体打击等伤害。

19. 在检查、处理雨刮器、头罩、头车玻璃、头灯等需登高处置的故障时，须执行双人作业制度，做好现场安全防护。

20. 非平台侧作业高处作业（含车门作业），须规范佩戴安全带、安全帽。

21. 使用地面电源向动车组供电时，作业人员必须持证上岗，严格按照操作标准进行操作，操作前应确认该供电设施是否受到电气化接触网电源或其接地的影响。

（二）动车组高级修检修安全要求

1. 定期对动车组高级修检修配套专用设备、特种设备进行检查维护保养，确保设备状态良好。做好操作人员培训，考试合格后方可持证上岗。

2. 高级修检修库内严格执行定置管理，设备配件合理放置，保持通道畅通。机械起重、清洗、压装等设备操作区域要设置安全区，设备动作时人员不得进入安全范围。

3. 操作架（抬）车机时要严格遵循现场操作防护制度，架（抬）车机应使用警示信号，作业过程中人员不得接近。作业时应保证整车同步抬升、落车,防止倾斜。

4. 运输动车组大型配件时应严格按照指定线路运输,运输途中做好防护,严禁运输时人员进入运输线路。

5. 吊运装卸动车组配件前要对设备工装吊索具进行检查。严格执行起重设备操作规程,做到一人防护、一人操作。严格落实“五不叉”“十不吊”。作业过程中要时刻观察吊运装卸物件行进线路状态,严禁人员靠近。

6. 动车组登顶作业时应对登车梯进行检查,确保固定及防滑有效。车顶作业应按要求佩戴安全带,工具材料应采用腰带背包等携具妥善携带,操作时谨慎小心作业,防止高处坠物伤人。

7. 高级修车下检修作业时,人员不得钻入设备舱内进行吹灰扫尘作业。

8. 接触网区域严禁吊装作业,通过接触网区域车辆应严格遵守限高规定。严禁携带长大物品通过接触网区域。

9. 蓄电池检修时应佩戴绝缘手套、绝缘鞋,使用绝缘工具,防止触电。蓄电池废液应妥善处理,防止腐蚀灼伤。蓄电池充电时要选定安全区域,使用符合规定的充电设备,做好巡视检查。

(三)专用设备操作检修

1. 卸污上水单元检修、5T 设备检修时要严格落实营业线施工管理要求,严格落实天窗修作业计划逐级审批,作业负责人、驻站联络员、现场防护员到场后方可作业。严禁擅自扩大范围检修。

2. 用电设备维修时,应落实一人作业、一人防护措施。严禁带电操作检修电气设备。设备断电后要验明无电方可作业,在无法确认是否有电的前提下一律按照有电处理。

3. 在维修不落轮旋床、风机、水泵、吊机、抬车机、压力机等存在运转的机械设备时要等到运转机械设备完全停止后方可作业,设备停转前不得拆装或将身体任何部位侵入正在运转的设备部件内。在维修过热设备时,要注意设备温度降至安全范围内方可作业。

4. 操作洗车机、喷砂抛丸清洗机等设备时,应确认作业区域内无人方可操作。洗车作业时要与司机做好联控,限速通过洗车区域。

5. 卸污上水作业时,要做好安全防护,按规定穿戴高可视性警示服,夜间佩戴警示灯。作业前要确认车辆停放状态,作业完毕后及时转移至安全区域方可联控动车。穿越股道时要注意邻线过往来车,严格执行“一站、二看、三确认、四通过”规定。

三、客车检修作业人身安全规定

在客车检修过程中,涉及人身安全伤害的因素较多,在电气装置分解检修试验、客车上部设施检修、车内车外高处作业等生产活动中,应执行作业相关防护措施,避免造成人身伤害。

1. 有动车组、动集存放或装设接触网的客整所,库内车辆外皮保洁作业时须在接触网断电情况下使用专用外皮清洗机进行;严禁用水冲洗车顶受电弓、高压电缆头连接器和头罩开闭部位。

2. 严禁带电维修配电柜(盘)等设备,防止触电伤害;进行蓄电池检查维护时,应佩戴绝缘防护手套、使用绝缘工具,防止蓄电池酸碱腐蚀伤害。

3. 检修客车内顶灯、配线,要使用专用登高设备,不得脚踏座椅靠背,要做好隔离防护,保证作业人员安全。

4. 对电气设备进行维护工作时,应断开相应的断路器、闭锁开关,设置接地连接、短路、放电回路,使用绝缘工具进行操作,采取必要措施防止触电伤害。

5. 电气设备的接插件、电线等,必须保持完整和绝缘性能良好。电气设备的金属外壳必须接地(接零),接地线要符合标准,有电设备不准断开外壳接地线。严禁使用未安装触电保护器的各种手持式电动工具和移动设备。

6. 严格执行停电检修、挂牌和监护等制度。电力设备作业前,须确认工具、测量仪表、防护用具完好。作业时按规定执行监护制度,挂"禁止合闸,有人作业"牌。作业临时中断后恢复前,均须重新检查确认电源是否断开。送电前,应确认所有作业人员已停止作业并在安全位置。

四、货车检修作业人身安全规定

铁路货车定期检修作业包括分解、检查、检测、修理、组装、试验等主要检修过程和运输、储存等辅助过程,涵盖了焊接、起重、铆接、调修、装配等工艺,现场环境复杂,作业繁杂交叉,须配齐配强安全生产设备设施和作业人员,满足作业和人身安全的要求。

(一)罐车洗刷作业的安全要求

1. 各型罐车清洗和入罐检修作业按有限空间作业办理,作业人员按规定穿戴防护用品,严格遵守"先通风、再检测、后作业"原则。未经通风和检测合格,任何人不得进入有限空间作业。

2. 洗罐作业人员应佩戴好规定的安全防护用品,防护用品作用及状态应良好,禁止使用化纤制品防护服;凡进入罐体内作业的人员,应先确认罐内残留货物的性质,当无法确认时,应取样品进行化验,待确认后再进行洗刷。

3. 洗罐作业应有两人以上进行,罐内有人作业时,罐上部出入口应有专人监护,监护人应按规定的适当联系信号和联系方法与作业人员联系,以保证罐内人员的安全。

4. 罐车清洗作业要明确装载货物品类,采用溶剂洗刷时,应确保溶剂与罐内残留物不致产生有剧毒、爆炸、起火或其他危及人体安全的气体反应;入罐清理残油、残液、残渣时,采取通风降温措施,罐口专人监护瞭望,使用专用作业工具,严禁携带火种及其他能引起火星的铁制品进入罐内;清洗完毕后,使用气体检测仪检测气体浓度,测爆合格后送至指定地点进行明火试验,班组长负责做好安全质量检查验收。

5. 洗刷装有乙基汽油(含铅汽油)、苯,以及其他不溶于水的液体罐车时,应将罐内残余物取出后,在通风良好的条件下,敞开罐盖进行清洗、蒸洗或冲洗;各阀体分解、清洗时应注意消烟排毒。

6. 洗刷装运过腐蚀或有毒品的罐车时要实行轮换工作制,进入罐内作业一次最长时间不得超过 30 min,并采取通风措施。低压送风机、皮管、面具要完整,作用须良好。

7. 作业人员应做好个人卫生保健,作业完毕及时进行洗漱;不得将食品带入毒物污染区,不在有毒物地点、罐内进食。

(二)罐车检修作业安全要求

1. 各型罐车在施修前必须先确认清洗、测爆和明火试验合格证明记录,再进行二次测爆、明火试验,试验合格后方可作业;入罐检修时,要持续或定时检测罐内气体浓度,发生异常立即停止作业并紧急撤离;未经清洗、测爆、明火试验合格的罐车,严禁进入检修线,也不得进入罐内进行修理作业,严禁入罐掏油,以防中毒窒息。

2. 油罐车在入段修理前,必须经过蒸洗,除去罐内油垢,并将进入孔盖(或空气包盖)打开排出油气并经测爆不超量和试火,并签发试火单据;对于装有化工产品的专用罐车,修理前须取得化工厂的洗涤消毒安全证明后方准入段施修;对需要焊修罐体的车辆,在焊修前进行引火试验,确认无火焰产生时才能施焊修。

3. 罐体检修钳工、熔接工、铆工在工作前要复查确认"洗罐完""已试火"标记。发现异状或有浓厚气味,要先做试爆,超过测爆极限时,不得施修。未经洗刷过的罐车,不得进入检修线。

4. 在罐体内部施焊、熔割作业时,要有良好的通风和绝缘设备,身体各部不得接触罐体,有人下罐作业时,罐口要设专人监护、瞭望,时刻注视罐内作业人员动态,罐内人员未出来前,监护人员不得中断监护瞭望,发现动作异常,要及时救护,以保证罐内作业人员安全。

(三)敞车检修作业安全要求

敞车下侧门需要撑起时,应确认前方无人,用规定的专用工具或吊钩撑牢。关闭下侧门时,要确认车门下方区域无人。更换车门时,要确认车门圆销作用良好,车门未被托举前禁止拆除圆销,采用气割方式分解侧开门圆销时严禁切割上部圆销销帽。仅更换车门圆销时,确认车门锁闭稳固,圆销应逐个更换,禁止全部拆除,注意防止圆销飞溅伤人或松弛受震脱落伤人。

第四节　车辆设备使用维修及其他作业人身安全规定

铁路车辆检修运用工作贯彻"以工装保工艺、以工艺保质量、以质量保安全"的方针,作业过程中使用了大量机械设备、检修专用设备。为确保作业安全,各设备使用人员要严格按照设备操作规程进行作业。

一、车辆设备使用人身安全规定

车辆设备包含车辆检修专用设备、机械动力设备及特种设备等,设备种类多、操作风险大,车辆设备使用人员须持证上岗,熟练掌握安全操作规程、禁忌事项和防护措施。

1. 各种机械设备须有切合实际的安全操作规程,操作人员须培训合格后方可持证上岗。使用各类机械时,按规定穿戴防护用品,严格执行安全操作规程及使用说明书要求。机床操作人员必须按规定着装,领口、袖口、下摆必须紧扎,长发须挽束于工作帽内。

2. 各种机械设备转动的外露部分均须设有安全防护装置,做到“有轮必有罩、有轴必有套”;手持电动设备线缆不得老化、破损、线芯裸露,插接的电源处必须有漏电保护装置。

3. 严禁机械设备带病或超负荷运转。机械设备开机前,操作人员应认真检查设备状态、安全保护装置良好,防止机器零部件、工件、夹具等飞出伤人。机械设备维护保养时,必须停机并切断电源(风源、气源),并设专人进行监护;需手动转动皮带轮、齿轮给油等作业时,应避免用力过猛挤伤手指。

4. 设备运行中,禁止身体任何部位靠近、接触设备转动部件和加工工件,工件必须夹紧、卡牢,禁止进入设备动程范围。禁止伸手越过转动的部位或工件进行取件、传递物品。严禁从无防护设施的机械设备、传动流水线上方翻越。中断或停止作业时要切断电源或关闭风门,防止误碰按钮或开关。两人及以上作业时,应明确分工,呼唤应答。

5. 操作木工机床时刀具必须安装牢固,试运转正常后,方可进行工作;须站在侧面操作,不得用腹部顶推木料;锯湿的或松脂很多的长木料如有夹锯现象时,必须在锯口上加木楔。锯片如被木块、木片等物挤住造成闷车时,应立即停车、停稳后才能处理。木工机械作业中,周围木料应码放整齐,保持操作通行的空间。

6. 使用砂轮机时,操作者必须佩戴防护眼镜,身体应站立在侧面,并待砂轮转速稳定后方可开始工作;不得使用砂轮侧面磨削,不得两人同时使用一台砂轮机;大型工件不得用固定式砂轮磨削,过小工件不得直接用手把持研磨。

7. 操作普通车床时,必须侧身站在操作位置,严禁身体正面对着转动卡盘。切削刀具未脱离工件时严禁停车。

8. 操作牛头刨床时,必须侧身站在操作位置,严禁身体正面对着刨刀进出面。

9. 使用卷板机时,禁止一切人员在轮轴正面逗留。机器工作时,手不能靠近轮轴。

10. 使用剪板机、折边机时,送料时要注意手指安全,严禁将手垫在板料下送料或将手指送入刃口。严禁两人在同一机床上同时折切两件材料。机器工作时严禁在机床下拾料。

11. 使用移动式升降作业平台时,须支架稳固,确定平台下方区域没有人员和障碍物时,才能降下平台。

12. 动车检修三层平台工作人员登顶要穿防滑绝缘鞋,戴安全帽,防止接触网磕碰等危险。

13. 动车组不落轮旋修过程中,严禁升弓通电、严禁隔离开关合闸、严禁移动车辆。

14. 使用微控软管水压试验台时,要保证软管连接好时再进行充风,防止软管在没连接好时充风崩出伤人。

15. 使用轮对磁粉探伤机时,如果有轮对或探伤人员在道轨内,严禁按上下料按钮。

16. 使用轮对退卸机时,退卸过程中作业人员必须侧身站立操作台前,严禁靠近轮对退卸受压部位。

17. 使用轮轴磨合试验机时,操作人员要立岗看护,防止其他人员进入作业区域。

18. 使用转向架正位检测机时,操作人员只允许站在侧架两端,手扶侧架引导侧架落入定位座导框内,在放置枕架半成品过程中,检测台内部禁止有人员停留,在任何情况下严禁将手伸入侧架导框和定位座导框内。

19. 使用架车机时，严禁交叉作业，架车前应先确认车辆已做好防溜，确认车顶、车上、车下无人后方可进行作业。

20. 使用车体整形机时，须确定车底无人，严禁指挥者及其他人员位于机具框架与车体侧面进行指挥与作业。严禁顶镐前方站人，调直过程中，应检查安全梁链是否挂牢，顶镐位置是否正确。

21. 使用车门拆装机时，叉板的正下方和货物正下方投影区范围内，除有护顶架保护的司机位置，其余区域严禁站人、行走。严禁车门在叉板内未翻转（呈水平状态）行驶，严禁超载。严禁与架落车、车体整形同步作业。

22. 使用整车移动平台时，须确认主梁和平车轨道上无人时方可移动。

二、车辆设备维修人身安全规定

为确保铁路车辆各类设备技术状态良好、运行安全可靠，各车辆检修运用单位要配齐配强设备维修作业人员，做好设备维修保养工作，强化设备作业人身安全的管控。

（一）机械设备维修作业安全要求

1. 电气设备维修人员须经培训合格，持证上岗。

2. 作业前设备维修人员应按规定穿戴防护用品，检查工具器具状态良好，确认周边环境，严格执行设备检修维护作业指导书要求。使用各类机械时，严格执行安全操作规程及使用说明书要求。

3. 机械设备检修时，必须停机并切断电源（风源、气源），在电源开关处悬挂禁动牌；进入设备内维修时，须做好安全防护并派专人监护；需手动转动皮带轮、齿轮给油等作业时，应避免用力过猛挤伤手指。

4. 有压设备拆装、检修时，必须切断压力来源，排净余压，严禁锤击各类承压设备。

5. 试验设备运行状态时，禁止身体任何部位靠近、接触设备转动部件，禁止伸手越过转动的部位或工件进行取件、传递物品。严禁从无防护设施的机械设备、传动流水线上翻越。中断或停止作业时要切断电源或关闭风门，防止误碰按钮或开关。

6. 两人及以上作业时，应明确分工，呼唤应答；高处作业按规定佩戴安全带、安全帽，并严格执行专人防护制度。

7. 进入存在易燃易爆气体、粉尘场所和危险品存放仓库进行设备检修时，严禁吸烟、使用手机或动用明火。

8. 转向架悬挂检修线维修作业，必须停机、关闭电源，禁止在悬挂的转向架移动过程中进行检修作业。

9. 风动架车机检修作业时，做到专人指挥，有车辆架起时，严禁进行架车机检修作业。活塞杆从缸套中抽出后，远离缸体位置，防止跌落伤害。保压试验时，应将活塞杆升至第三个定位孔，切勿将活塞杆升至顶部位置。严禁带压拆卸缸盖螺栓，检修结束时，应重点检查缸套螺栓是否拧紧。

10. 焊接人员必须持证上岗，作业时应穿戴好规定的防护服装及防护用品。严禁无证人员使用、操作电、气焊,气割工具,或进行电、气焊,气割作业。

(二)轨边设备上道维修作业安全要求

1. 铁路营业线施工维修等上道作业时须设驻站联络员和现场防护员,驻站联络员、现场防护员必须经培训合格,持证上岗。防护人员必须严格遵守“防护人员不作业、作业人员不兼任防护”的规定。

2. 作业人员要按规定穿戴好劳动防护用品,防护人员须有明显的防护员标识。

3. 作业开始前,驻站联络员提前到指定地点进行登记,与现场防护员进行呼叫试验,确保通信畅通。作业时驻站联络员须加强与现场防护员的联系,做好来车预报、确报和临时变更通知,及时将列车运行位置及线路来车方向告知现场防护员。作业完毕,驻站联络员必须在得到作业人员已全部安全撤回的通知后方能销记离开。

4. 驻站联络员必须与现场防护员、作业负责人保持联系,一旦联络中断,现场防护员必须立即通知作业负责人组织所有作业人员携带机具、工具迅速撤离至安全地点避车。

5. 防护人员严禁做与工作无关之事,严禁擅自离岗,严禁中途擅自换人;确因特殊情况临时离开岗位时,必须通知人员停止作业,人员机具下道至安全地点。

6. 群体作业人员不得单人脱离防护范围。作业人员上下工必须集中往返,不得单人或部分人员分散前往作业工地或返回。作业人员应在安全距离内列队依次行走。

7. 前往作业地点及作业完毕返回时,应在作业负责人的带领下列队顺规定线路(或限界以外其他专门通道)行走,加强瞭望,现场防护员随队进行专人防护。

8. 严禁无计划、无命令、未登记、未设置防护上道作业或进入封闭区域。横越线路、道口及平交道时,必须严格执行“三不走”“三禁止”(“三不走”:轨枕、道中央不走,两车安全距离不够不走,车底下不走;“三禁止”:严禁抢越列车、钻车或穿越两车间隙;严禁在道心或轨枕头上行走;严禁扒乘机车车辆,以车代步),执行“一站、二看、三确认、四通过”制度和“手比、眼看、口呼”有形化措施。

9. 设备维修和故障抢修时,现场防护员必须在作业前后分别与驻站联络员联系,通报作业内容、作业人员和作业情况等。严禁违反规定利用列车间隔进行施工、维修作业。

第五节 段内调车作业人身安全规定

车辆系统是调车作业劳动安全风险防控的重要部门,规范执行调车作业指导书,严格执行要道还道制度,严格控制调车速度等措施,对保障调车作业安全起着重要作用。

一、调车作业基本安全要求

调车作业涉及编组、解体列车,车列调动等工作内容,调车作业不规范可能造成车辆伤害,调车作业人员需严格执行基本安全规定。同时,调车相关作业人员应定期参加培训,资质符合规定,调车人员分工明确,调车指挥人、司机、连结员等互相配合,对保障调车作业安全有序尤为重要。

（一）调车基本安全要求

1. 调车作业人员须按要求进行拟任岗位资格性培训，并经职业技能认定和考试考核，取得相应职业资格证书和岗位培训合格证书后，方可任职。任职期间，应定期参加岗位适应性培训和业务考试，合格后方可继续履职，安全培训不合格不得上岗。

2. 调车人员必须熟知生产场所的设备设施、作业环境、危险因素、作业方式、信号显示方法、防范措施等。

3. 调车作业人员严禁师徒分离，不得安排实习生、见习生单独作业；调车作业人员独立作业前须经过不少于 120 h 的跟班学习，掌握作业范围、作业线路（含线路长度、道岔、信号机、警冲标等）、作业流程、设备设施等基本情况。

4. 班前应充分休息，保证班中精力充沛；班前、班中严禁饮酒，酒精测试不合格不得上岗。

5. 按规定穿戴好劳动防护用品，佩戴的手套要五指分开，不得佩戴妨碍视觉、听觉的色镜、帽子，高处作业必须使用安全带。

6. 作业前检查确认所使用或交接的工具、设备的技术状态良好；作业过程中禁止携带、使用手机。

7. 调车作业过程中，必须确保精力集中、严守“两纪”；执行停车上下机车车辆；调车作业人员严禁抢道、跳车等违章行为。

8. 调车人员顺线路行走时，不得走道心、轨枕头，不得在道心、机车车辆端部站立。

9. 车列（车辆）挂有调车设备时，进入车档或档下进行摘结制动软管、调整钩位、施撤防溜等作业前，必须使用无线调车灯显设备的紧急停车键进行防护，严禁动态进档作业。

10. 调车作业实行调车长（调车指挥人）单一指挥，规范信号联络，不得使用无线对讲机指挥调车。

11. 调车人员应在同侧作业。特殊情况下须临时到另一侧进行作业时，必须向调车指挥人说明原因，并经同意后方可进行。

12. 采用分区调车作业时，同一调车区内，严禁两台调车设备同时作业。

13. 调车设备应按规定配备灭火器等消防用具。消防用具实行定置管理，明确负责人，定期检查，发现失效立即更换，确保齐全有效。

14. 调车设备内放置的安全防护用品、工机具、备品备件应定置管理，装载的物品应采取防止滑、滚、倒、掉落、飘撒的安全措施。

（二）调车作业过程安全要求

1. 调车作业须严格执行作业标准，严禁超速调车，无信号或信号不清动车，违反单一指挥原则，无计划或擅自变更计划进行作业，以口头方式变更超过三钩计划，简化要道还道程序，无防护信号进档作业，无人领车推进作业、溜放作业。

2. 调车作业进入设有检修作业平台、装卸作业平台、车辆限界架、门框门架、端墙等处所时，严禁调车人员在该处攀附车辆通过或跟随移动的机车车辆；司机应提前关闭车窗，严禁探身窗外。进入设有龙门吊等起重设备的区域，调车人员须提前确认起重设备停止作业。

3. 库内调车作业应采用声、光等警示设施，通道门、平过道应采取隔离措施。当防护设备设施发生故障时，须立即启动应急预案。

4. 司机（操作员）离开调车设备时须拔取钥匙，锁闭车门，并妥善保管钥匙（遥控器）。

5. 手推调车（不含库内车辆进行手推对位等作业）须取得调车领导人的同意，并设置专人进行指挥及安全监督；人力制动机作用必须良好，由胜任人员负责制动；人员须在车辆同侧，手推调车速度不得超过 3 km/h；禁止跨线手推调车作业。

（三）准备调车进路安全要求

1. 在调车作业中，单机运行或牵引车辆运行时，前方进路的确认由司机负责；推进车辆运行时，前方进路的确认由调车指挥人负责，如调车指挥人所在位置确认前方进路有困难时，可指派调车组其他人员确认。

2. 人工驾驶公铁两用车单机运行或牵引车辆运行时，前方进路的确认由操作员负责；推进车辆运行时，前方进路的确认由领车员负责，如领车员所在位置确认进路有困难时，可指派其他调车人员确认。无线遥控操纵公铁两用车调车时，前方进路的确认由领车员负责；装备视频监控装置的，领车员可通过视频监控装置确认前方进路。

3. 调车作业时，调车人员必须正确及时地显示信号。没有得到调车指挥人的起动信号，禁止动车。无扳道员和调车信号机时，调车指挥人确认道岔开通正确（如为集中操纵的道岔，还须与操纵人员联系）后，向司机显示起动信号。

4. 调车有关人员要认真执行要道还道制度；在扳动道岔时，应执行“一看、二扳（按、点击）、三确认、四显示（呼唤）”制度；扳动道岔准备调车进路时，先确认道岔开通位置，再扳向所需位置，确认闭止块（锁闭块）落槽、手柄正确（弹簧道岔确认手柄落实）、调车进路上的道岔开通位置正确后，执行要道还道制度。

5. 单机或牵引运行时，由司机要道；推进车辆运行时，由车辆前端的调车人员要道；还道时扳道人员必须在确认进路准备正确、道岔尖轨密贴后，方可显示道岔开通信号；扳道人员在显示道岔开通信号时，应先显示股道号码信号（有股道号码表示器装置的除外）。

6. 调车作业人员在连挂车辆时禁止进入车档用手推或脚蹬直接调整车钩连接状态；调车作业时须执行停车上下要求，在运行中的机车车辆前不得抢越线路。

7. 要道还道可以通过无线调车设备进行，作业中，扳道人员应按调车作业计划的作业钩序进行扳道；扳道员、调车指挥人、连结员、调车司机在每钩调车作业计划完成后，应立即抹销。

二、调车作业速度及安全距离要求

使用轨道车单机牵引、推进或公铁两用车调车运行要严格执行速度规定；车辆定检调车作业时，同时要按规定使用无线调车灯显设备。

1. 在空线上牵引运行时，不应超过 40 km/h，推进运行时，不应超过 30 km/h；瞭望距离不足 100 m，在空线上牵引运行时，不应超过 15 km/h，推进运行时，不应超过 10 km/h。遇天气不良等非正常情况，应适当降低速度。

2. 距停留车位置十、五、三车时，速度分别不应超过 17 km/h、12 km/h、7 km/h；接近被连挂的车辆时，不应超过 5 km/h。

3. 蓄电池公铁两用车调车时，速度不得超过 5 km/h；内燃公铁两用车调车时，速度不得超过 10 km/h。调车作业在进入作业位置、停留位置、接近被连挂车辆或安全警示牌 10 m 范围内，速度不得超过 3 km/h。

4. 尽头线停留车辆须与车挡（有挡车器时，为挡车器）保持 10 m 以上安全距离，遇特殊情况需进入距线路终端（挡车器）10 m 以内或挂取距线路终端（挡车器）不足 10 m 的车辆时，必须在距线路终端（挡车器）或停留车 10 m 处一度停车，通知司机，速度不得超过 5 km/h。

5. 电力机车、动车组在有接触网终点的线路上调车时，应控制速度，距接触网终点标应有 10 m 的安全距离；遇特殊情况近于 10 m 时，应严格控制速度。

6. 调动装载爆炸品、气体类危险货物、超限货物的车辆时，不应超过 15 km/h。

7. 使用中间体过渡车钩只准许在站内或段内（厂内）调车时使用，不得在区间内使用（因车辆故障、事故等特殊原因确需区间调车时除外）；一次连挂不得超过 4 辆，运行速度不得超过 15 km/h。

三、使用无线调车灯显设备的安全要求

1. 使用调车机车、轨道车进行调车作业时，应使用无线调车灯显设备，频率和显示方式符合有关要求。

2. 无线调车灯显设备应与列车运行监控装置配合使用；无线调车灯显设备故障时，应改用调车手信号进行作业，禁止使用对讲机指挥调车作业。

3. 使用无线调车灯显设备指挥调车作业时，应执行单一指挥的原则，指挥机车的调车指令和用语只能由调车长发出。

4. 使用无线调车灯显设备调车作业时，不准许发出与调车作业无关的用语；其他无关人员不准许使用；不准许私自变更频率；调车长不准许向连结员（制动员）放权使用；调车作业人员不到位，不准许指挥动车或作业；不准许简化调车作业程序。

5. 调车长于接班后（作业前）应认真组织调车组、司机等有关人员对无线调车灯显设备信令、通话等功能进行试验，确保工作状态正常。

6. 调车作业中，需进入车档或车下进行摘结软管、调整钩位等作业前，连结员（制动员）应使用无线调车灯显设备及时向调车长汇报，得到同意后按下紧急停车按钮，方可进行作业。当发现危及人身和行车安全时，调车人员应及时发出停车信号（紧急停车指令）或用语，司机接收到停车信号（紧急停车指令）或用语后应立即停车。作业完毕或紧急停车原因消除后，发出紧急停车指令的人员应及时向调车长汇报并“解锁”。

7. 安全提示标牌设置须遵守以下规定：

（1）无人看守道口应设置一度停车标识牌。

（2）车挡表示器设置在线路终端的车挡上，昼间显示红色方牌，夜间显示红色灯光。

（3）人行通道、平交道口应设置安全警示标识或安全防护栏杆；距离线路较近的房屋，门前道路与轨道交叉处，应设置安全栏杆或装设警铃、警告牌等。

（4）有分区作业的车辆段，应在分区位置设置“分区限界”标识牌。

四、公铁两用车调车作业安全要求

1. 公铁两用车仅适用于动车所、动车高级修场、客整所及客车检修车间内的调车作业，使用时应明确调车作业区域，并纳入《动车所行车工作细则》或相关安全协议。

2. 调车作业前，领车员确认调车人员、操作员均已到位后，向调车领导人申请调车作业开始，调车领导人确认调车线路无占用后，方可通知领车员开始作业。动车段内调车作业需占用车站线路，调车指挥人须提前取得车站值班员的同意。

3. 调车作业时，领车员须先确认线路已清道、车辆已试拉、导向轮已到位、防溜已撤除，具备调车作业条件后方可通知操作员动车，操作员未接到领车员通知，不准动车；在距作业位置或停放位置 10 m、2 m 及不断接近过程中，领车员、操作员须加强联络。

4. 调车作业结束后，公铁两用车、车辆及相关设备停妥、归位后，领车员应向调车领导人报告作业结束；占用车站线路时，作业结束后调车领导人还须告知车站值班员车站线路占用情况。

5. 因特殊原因需要停止调车作业时，调车指挥人接到车站值班员停止调车的通知后，立即通知领车员停止作业。停止作业后，调车指挥人应告知车站值班员。

6. 公铁两用车调车转线时还需遵守以下安全规定：

(1)作业开始前，调车领导人须向车站值班员申请转线进路，在接到车站值班员转线进路准备完毕的通知后，方可通知领车员开始作业。

(2)动车组高级修调车转线时，应严格执行排列长进路作业要求，禁止采取无线遥控方式操作公铁两用车。

(3)通过信号机前，领车员在确认(或接到操作员已确认)进路信号开通后，方可通知操作员动车通过。信号确认禁止以视频监控代替人工确认。

五、车辆停留及防溜安全要求

1. 车辆停留时，机车车辆必须停在警冲标内方。调车作业中，车辆临时停在警冲标外方时，一批作业完了后，应立即送入警冲标内方。

2. 调车作业摘车时，必须停妥，按规定采取好防溜措施，方可摘开车钩；挂车时，没有连挂妥当，不得撤除防溜措施；使用人力制动机防溜时须拧紧制动机；使用止轮器、铁鞋防溜时，止轮器、铁鞋鞋尖应紧贴车轮踏面，牢靠固定。

3. 防溜器具管理须遵守以下安全要求：

(1)防溜器具应按照“谁使用、谁负责”的原则，在有关处所设置防溜揭示板(簿)，对现场停留车辆防溜措施和防溜器具使用情况按规定进行动态登记揭示。撤除的防溜器具应按照“谁撤除、谁负责”的原则，由撤除人负责及时归位，并动态修改防溜揭示板(簿)。

(2)防溜器具应分类编号、固定存放、实行档案化管理，使用时应严格执行器具编号、存放对号、使用按号、用后销号、交接点号“五号制”要求；防溜铁鞋应按照防溜器材和反恐要求等实施专项管理。

(3)投入生产现场使用的防溜防撞专用器材，应建立专用台账，纳入交接班内容，实行清点登记。使用不具备防盗功能的防溜防撞专用器材时，应采取铁链锁闭等措施予以防护，定时进行巡查，防止器材丢失被盗。

第六节　典型事故案例

【案例一】检车员违章钻车档被列车碾轧致死

一、事故概况

2020 年 6 月 1 日，甲局乙车辆段丙下行运用车间下发作业场下发四班计划对 13 道××××6 次列车进行列检始发作业。15 时 35 分，一名检车员穿越 1～9 道线路行至 10 道停留的××××2次货物列车机后第 37 和 38 位间，违章自列车运行方向右侧两车间车档底部钻越线路，被起动的××××2 次货物列车轧断右腿及右手臂，送医院经抢救无效死亡，构成铁路交通一般 B 类（B1）事故。

二、事故原因

当事人违反《甲局货车运用维修管理工作细则》关于"横越无安全防护的停留车辆的线路时，应先确认无调车作业及车辆无移动的可能，再由车钩上方通过，手抓牢、脚踩稳，严禁钻越线路上无安全防护设置的列车"等规定，在 10 道信号开放的情况下，违章钻越××××2次待发列车机后第 37 和 38 位间车档，被货物列车碾轧，是造成本起事故的直接原因和主要原因。

三、事故教训

1. 基本规章制度不执行。事故当事人违反《甲局货车运用维修管理工作细则》有关"严禁钻越线路上无安全防护设置的列车"之禁令性规定，钻越线路上无安全防护的停留车辆车档，直接导致事故发生。

2. 惯性"两违"未得到有效控制。事故当事人当日 8 次作业中就有 2 次钻越车档，日常惯性违章已成常态，乙车辆段对类似的惯性"两违"未针对性采取整治措施，现场惯性"两违"屡禁不止。

3. 车间劳动安全管理薄弱。车间日常对劳动安全管理工作部署针对性不强，未结合实际针对车辆伤害重大风险提出具体落实措施，日常检查督促不到位。

【案例二】段管线内调车违章致作业人员死亡

一、事故概况

2022 年 2 月 28 日，甲局乙车辆段调车机车在段管线内执行××号调车计划，作业至第 8 钩时，L6 道牵引 13 辆车以 27 km/h 的速度运行至 7 号手扳道岔处时，一名调车长从调车车列运行方向左侧机车后端脚踏板处下车时失稳摔倒，与机后第一位平车及第二位棚车转向架外侧刮碰后当场死亡。

二、事故原因

当事调车长违反乙车辆段《调车作业指导书（调车长）》“段内为平面调车，要停上停下”的规定，未按规定停车上下，在调车车列以 27 km/h 速度牵出时从运行方向左侧机车后端脚踏板处下车时失稳摔倒，与机后第一位、第二位车辆转向架外侧刮碰，是造成本起事故的直接原因。

三、事故教训

1. 调车作业现场劳动安全失控。通过事发地点附近高架桥下一个摄像头的视频回放，车辆段调度科调车组飞乘飞降等惯性违章成常态，甚至雨雪天气情况下，仍不乏在调车车列相对高速行驶状态下的飞乘飞降。乙车辆段调度科的近一年考核记录中未发现对飞乘飞降违章问题的记录和考核，对惯性违章“干惯了、看惯了、习惯了”。

2. 调车作业专业管理薄弱。车辆段调车专业管理人员业务能力与调车安全要求存在差距，乙车辆段制定的《段调车工作管理实施细则》中“上下车时，应选择平坦无障碍的适当地点。允许在调车机车、车辆运行中上下车时，车速不得超过 10 km/h”与该车辆段《调车作业指导书（调车长）》中“段内为平面调车，要停上停下”的规定不一致。

3. 技防手段未发挥保安全作用。乙车辆段调度科调车组日常调车作业过程中用调车无线电台对讲功能代替无线调车灯显设备（手信号）进行调车作业，违反《段调车工作管理实施细则》中“未装无线调车灯显设备或设备故障时，改用手信号作业，严禁使用无线对讲设备指挥调车作业”的规定。同时，日常对调车监控视频抽查分析发现的问题也没有记录并纳入考核。

【案例三】设备隐患造成车轮倒溜坠落致人死亡

一、事故概况

2022 年 5 月 17 日，甲局乙车辆段车轮车间轮对组装班一名轮轴车工在轮对组装库房内进行车轴轮座测量时，因位于右侧上层的轮对组装单元车轴输送线的车轴在输送传动过程中倒溜坠落，被击中头部抢救无效死亡。

二、事故原因

乙车辆段车轴输送线存在安全隐患，当日作业的第 6 根车轴滚动进入上层车轴输送线时，车轴中心线偏离轴架中心线较大，滚动至对中分轴机构过程中，因累积误差导致车轴北侧轴颈端部被对中机构圆顶块阻挡而停止滚动未进入分轴机构卡槽内，车轴南侧继续向前滚动碰触对中分轴机构的行程开关，并启动了对中动作，同时，车轴输送线端部翻轴臂落下。对中机构动作结束后，分轴机构翻转，翻转过程中顶起未进入卡槽内的车轴（此时南侧分轴机构拨片后肩与车轴接触点正好位于车轴中心线略靠前方，分轴机构转动后产生对车轴向后上方的推力)，致使该车轴向后倒溜至车轴输送线端部落下，击中正在下层车轴输送线旁边进行轮座测量作业的轮轴车工头部致其死亡，是造成本起事故的直接原因。

三、事故教训

1. 关键项点没有进行技术交底。丙技术开发有限公司没有向乙车辆段提供进入车轴传输线车轴允许的偏心、偏移角度范围，以及车轴传输线日常检修维护必需的尼龙轨道坡度、左右侧水平允许高度差等参数，设备使用安全警示不到位。

2. 设备设计源头存在隐患。丙技术开发有限公司设计、生产、安装的车轴输送线违反技术协议“输送线、上下料机构涉及安全防护的关键部位具有硬性的安全保障措施”的要求，在事发地点没有设置防止车轴窜出、下落的防护装置。

3. 安全风险研判存有疏漏。乙车辆段车轴轮座复测工位设置不合理，邻近高处移动车轴下方，没有研判出可能存在的车轴坠落风险，从而划分出危险作业区域并进行有效隔离，安全风险研判管控存在不足。

【案例四】设备使用违章操作致作业人员伤害

一、事故概况

2022 年 4 月 7 日，甲局乙车辆段修制车间机钳班组一名机床工，在机钳作业间使用开式固定台压力机冲压货车色票插作业过程中不慎将右手挤伤，诊断为右手断指，右手开放性骨折，构成铁路交通一般 B 类(B2)事故。

二、事故原因

该机床工使用压力机进行货车色票插冲压作业，在用右手拿取压制成型的色票插过程中因左脚失控踩下脚踏式开关，造成压力机误动作挤伤右手食指、中指、无名指和小手指，是发生该起事故的直接原因和主要原因。

三、事故教训

1. 没有建立完善的安全技术操作规程。对于使用开式固定台 1 600 kN 型压力机，按照《甲局劳动安全监督管理实施办法》规定，“每台设备必须建立完整的《安全技术操作规程》”，但乙车辆段没有按照规定进行制定，而是用段 2018 年 1 月制定的缺少安全操作规范的《开式单点压力机技术操作规程》代替《安全技术操作规程》，由于开式固定台 1 600 kN 型压力机为老旧设备，至今没有找到该设备的说明书，这些制度规范的缺失为本次重伤事故埋下安全隐患。

2. 人身安全隐患识别和安全风险评估严重漏项。《甲局劳动安全监督管理实施办法》规定，“《安全技术操作规程》内容要符合设备本身的安全技术特性要求，对可能发生的事故隐患制定出预防措施和操作要求”，乙车辆段没有按照铁路局集团公司要求排查开式固定台1 600 kN 型压力机可能发生的事故隐患，也没有制定安全卡控措施和作业指导书，甚至在违背“肢体不能进入上下模具之间”规定后不给现场准备拿取冲压件的辅助工具，段、车间和班组不能发现压力机操作人员用手拿送冲压件存在的人身安全隐患，人身安全隐患识别和安全风险评估严重漏项。

3. 专业技术管理亟待提高。乙车辆段技术科设备专职和安全科管理人员，没有人使用过开式固定台 1 600 kN 型压力机，对该压力机的技术参数、安全性能和存在的安全隐患了解得少之又少，专业技术管理亟待提高。在调查中还原压力机操作过程中还发现，脚踏式开关极其不灵敏，用脚踩下去超过五分之四高度后压力机才勉强启动，缺少专业技术指导和维护。

【案例五】接车时身体失衡摔倒侵限致伤害

一、事故概况

2022 年 12 月 6 日，甲局乙车辆段丙运用车间丁列检作业场二班 2 组一名检车员，在戊站 1、2 道间，面向来车方向与列车呈 45°半蹲式接 1 道货运列车的作业过程中，突然向右后方仰倒，导致左足侵限被列车刮伤，构成铁路交通一般 B 类（B2）事故。

二、事故原因

该检车员在面向来车方向与列车呈 45°半蹲式接 1 道货运列车的作业过程中蹲立不稳，身体失去平衡向右后方仰倒，导致左足侵限被列车刮伤，是事故发生的直接原因。

三、事故教训

1. 人身伤害事故教训吸取不到位。针对当年车辆系统连续发生的人身伤害事故，乙车辆段虽然开展了安全形势任务大宣讲和劳动安全专题反思活动，但部分车间、班组未能入脑入心，未能举一反三吸取教训，没有起到警示作用。

2. 重点人群盯控不够。乙车辆段没有结合近期气温骤变的情况，对患有高血压、心脑血管疾病的人员做到有针对性的重点掌握，作业过程中也没有重点关注和做好盯控。

3. 现场关键作业组织还存在漏洞。通过对丁列检作业场当年值班室作业计划检查，还存在个别现场作业组工作量分配不均衡，造成连续接车和接车晚到位现象，作业组织不合理，工作量分配不均衡，易形成作业安全隐患。

【案例六】违章检修设备致作业人员伤亡

一、事故概况

2020 年 12 月 25 日，甲局乙车辆段设备车间机电三班两名机械钳工在丙检修基地 3 线库辆 4 道 14 台位检修东头北侧风镐，当拆除风镐活塞与缸体联结 7 个自攻螺栓（共计 8 个，剩余 1 个锈死未拆）和 4 个基座固定螺栓的螺母（共计 4 个）后，风镐活塞伴随着巨响突然脱离缸体向上冲出，将两人击伤倒地，导致一人死亡、一人受伤，构成铁路交通一般

B 类(B1)事故。

二、事故原因

乙车辆段设备车间作业人员在检修 14 台位的风动架车机东头左侧风镐时,在未确定活塞气缸压力情况下带压操作,直接拆卸风镐缸体联结螺栓和基座固定螺栓,气缸内压缩空气泄压导致风镐活塞脱离缸体向上冲出,违反《铁路车辆安全管理规则》“分解组装车辆或机械上的配件时,应密切注意其连接情况,在没有采取有效安全防护措施的情况下,严禁拆卸”的规定。检修人员违章作业是导致该起事故发生的直接原因和主要原因。

三、事故教训

1. 班组劳动安全管理混乱。一是安全警示标志缺失,控制 14 台位检修东头北侧风镐的进气阀门(右侧阀门)没有悬挂禁动牌,将“有人作业,禁止合闸”禁动牌错误悬挂在左侧进气阀门。二是现场防护不到位,事故发生时负责防护的职工兼职准备吊具等工作,没有认真落实防护职责,监督作业者检查架车机工作状态,确认是否有风压,也没有进行安全提醒,未认真履行安全防护职责。三是机电三班班前劳动安全预想不到位,对风动架车机检修每日班前安全预想内容雷同,措施没有针对性。

2. 设备车间管理失控。一是未认真吸取本车间类似事故教训,全面研判设备维修中存在的劳动安全风险,对带压设备维修风险研判缺失,未做到超前防范、分级管控。二是维修作业安全隐患排查不到位,对风动架车机维修长期没有作业指导书作业;维修中安全警示标志缺失,将“有人作业,禁止合闸”当作进气球阀禁动牌等问题未落实整治。三是作为风动架车机设备采购具体实施部门,对采购施工验收管理失控(采购合同未明确具体型号规格,生产厂家私自转包,验收没有产品合格证、图纸等技术资料)。四是对异地班组安全管控不力、监督检查不到位,查询安全管理信息系统事故发生前两个月的写实和考核信息,车间本部管理人员对丙片区异地班组仅两人有检查写实,考核 2 件 B 类、1 件 C 类问题,且检查覆盖面、均衡性不达标。

3. 车辆段安全管理不到位。一是安全管理规章制度缺失。没有制定风动架车机维修作业指导书,风动架车机维修没有作业规范,造成风动架车机维修作业无章可循。二是设备采购施工验收等环节失管失控。采购合同未明确采购设备规格型号;中标单位不具有制造能力、私自转包采购,在安装施工调试验收中没有发现;设备验收把关不严、形同虚设,设备验收没有分管领导、部门责任人参加,设备验收交接单设备型号和制造厂均与实际不符;设备现场无产品铭牌,也未提供设备产品合格证、设备竣工图、使用维护操作说明书等技术资料,但仍然通过验收申报结算。三是未制定设备车间防护员的岗位安全生产责任制。四是对设备车间年底设备整修计划安排指导不力,整修计划审核流于形式,未指导车间结合现场实际,研判设备整修中可能存在的安全风险,未对风动架车机维修作业安全进行重点监控和检查。

4. 产品(风动架车机)设计存在缺陷。没有对缸体内气压状态的监测显示装置,作业人员无法掌握缸体内气压情况;缺少风动架车机进气导致缸体内部超压情况下保证安全的控制装置。

复习思考题

1. 在站场上作业和行走时有哪些注意事项？
2. 随车机械师运行途中停车处理故障时有哪些人身安全规定？
3. 车辆乘务员在巡视作业过程中有哪些人身安全规定？
4. 货车运用作业人员在沿线调查、处理故障时有哪些人身安全规定？
5. 断电作业时对操作员有哪些人身安全规定？
6. 架落车作业有哪些安全要求？
7. 使用起重设备时对起重司机和指挥人有哪些作业安全要求？
8. 调车作业速度及安全距离有哪些规定？
9. 防溜器具管理有哪些要求？

第六章 工务劳动安全

工务专业负责铁路线路及桥隧设备的保养与维修。作业过程必须认真贯彻执行“安全第一、预防为主、综合治理”的方针，建立健全安全生产规章制度，主动研判劳动安全风险，制定并落实管控措施，有效防范作业人员人身伤害事故，确保从业人员安全与健康。

第一节 工务作业人身安全通用规定

随着铁路运输生产和技术条件不断发展变化，劳动安全已经成为工务安全生产过程管控的关键，车辆伤害、机械伤害、高处坠落、触电、火灾爆炸、中毒窒息、溺水等无时无刻不在影响工务的安全生产和职工的人身安全。因此，掌握必要的安全预防知识和作业防护技能，是确保铁路劳动安全的前提。

1. 所有上道作业人员必须按规定穿着高可视性警示服(3 级)。夜间作业应具备足够照明条件。

2. 作业人员在桥梁作业通道上应避免集中走行。作业通道钢支架(钢横梁)承载力不足、步行板破损的应及时整治，整治前在相应位置喷涂红色警示标识，防止作业人员坠落。

3. 尽量减少单岗作业，必须单岗作业时，应配备便携式实时监控设备，明确作业人员走行径路和站位(道口看守人员除外)。

4. 作业人员下道避车时应面向列车认真瞭望，防止列车上的抛落、坠落物或绳索伤人。作业人员下道避车的同时，必须将作业机具、材料移出线路，放置、堆码牢固，不得侵入建筑限界。严禁作业人员跳车、钻车、扒车和由车底下、车钩上传递工具材料。休息时严禁坐在钢轨、道心、轨枕头及道床边坡上。绕行停留车辆时其距离应不少于 5 m，并注意车辆动态和邻线上开来的列车。

5. 劳务派遣工由劳务派遣单位进行必要的安全生产教育和培训，用工单位应当将被派遣劳动者纳入本单位从业人员统一管理，对被派遣劳动者进行岗位安全操作规程和岗位安全操作技能的教育和培训，并记录备案；业务外包用工由业务承包单位负责施工安全培训，用工单位可提供师资支持。劳务派遣工、业务外包用工培训合格后，持证上岗。参加营业线施工的劳务派遣工和业务外包用工应由具有带班资格的正式职工（即带班人员)带领,不准上述劳务人员单独上道作业。上述劳务人员不准担任营业线施工的施工安全防护员和带班人员等工作,不准单独使用各类作业车辆。

6. 焊轨基地应在辊道线和设备、工作装置移动范围内设置封闭防护装置,作业过程中封闭防护装置应始终处于关闭状态。作业人员跨越生产线时必须走安全通道、安全梯,严禁从钢轨下、设备旁边等处钻越。容易造成人身伤害处所应设置安全警示标志,设备停机检修或处于封存停用状态时应设置设备状态标识。

7. 易燃、易爆及有毒物品必须由专人保管,储存时应与建筑物、烟火及水源隔离;搬运、装卸及使用时,应严格按规定程序操作,按规定穿戴防护用品,严防起火、爆炸和中毒。

8. 野外作业遇雷雨时,作业人员应放下手中的金属器具,迅速到安全处所躲避,严禁在大树下、电杆旁、停留的列车底部和涵洞内躲避。酷暑、严寒季节,应采取措施防止中暑、溺水、冻伤或煤气中毒。

9. 作业人员接触职业病危害因素的,应按照国家规定开展职业病防治工作。接触粉尘、有毒、易燃、易爆物品的作业,使用电气、机械作业,以及在长大隧道、高处作业等,必须按规定采取相应保护措施并使用劳动防护用品。

10. 高速铁路区间维修作业综合利用开行路用列车时,天窗内所有影响路用列车运行的维修作业必须在路用列车通过后方可进行,并须在路用列车返回前结束;固定设备上线检查、检测、维修工作应在天窗时间内进行,天窗时间外不得进入桥面、隧道和路基地段栅栏范围内,以及车站站台安全线股道一侧;因救援抢险等需要,必须在非天窗时间内进行作业的,在《行车设备检查登记簿》内登记,必须同时提出对本线封锁、邻线限速 160 km/h 及以下或封锁的请求,得到列车调度员许可的命令后方可上道作业。

11. 电气化区段作业须遵守以下要求:

(1)在电气化区段通过或使用各种车辆、机具设备不得超过机车车辆限界。任何人员及所携带的物件、作业工器具等必须与牵引供电设备带电部分保持 2 m 以上的距离,与回流线、架空地线、保护线保持 1 m 以上距离,距离不足时,牵引供电设备必须停电。在电气化区段作业时,长轨列车必须安装屏蔽装置,轨道吊必须安装限位装置。

(2)高压水清洗钢梁,使用限界架检查限界,以及在距接触网带电部分不足 2 m 或距回流线、架空地线、保护线不足 1 m 进行作业时必须停电,按规定办理接触网停电申请手续,得到许可停电施工命令,并由供电部门采取停电防护措施后方准施工。

(3)在距离接触网带电部分 2 ~ 4 m 的建筑物上施工时,接触网可不停电,但应加强监护,确保人员、机具、材料等与接触网带电部分的距离不小于 2 m。

(4)发现牵引供电设备断线及其部件损坏,或发现牵引供电设备上挂有线头、绳索、塑料布或脱落搭接等异物,不得与之接触,应立即通知附近车站,在牵引供电设备检修人员到达未采取措施以前,任何人员均应距已断线索或异物处所 10 m 以外。

(5)距牵引供电设备支柱及牵引供电设备带电部分 5 m 范围以内的金属结构物均必须接地,在与接触网相连的支柱及金属结构上,若未装设接地线或接地线已损坏时,严禁人员与之接触。

(6)使用发电机、空压机、搅拌机等机电设备时,应有良好的接地装置。在可能带电部位,应有“高压危险”“禁止攀登”的明显标志和防护措施。各种机械与车辆不得用水冲洗;施工用的水管不得跨越接触网,不得用射水方式进行圬工养生。严禁向接触网抛掷物品。

(7)清除危石、危树、爆破作业有碍接触网及行车、人身安全时,应有供电部门人员配合,先停电后作业。

12. 长大隧道、有限空间作业须遵守以下要求:

(1)长大隧道作业

①应根据隧道长度、通风条件、内燃机械(含机车、自轮运转车辆、小型养路机械、工程机械等)数量制定作业方案,合理确定作业时长,优化作业方式,并采取以下措施防止一氧化碳中毒、粉尘吸入、氧气不足。

②应配备移动式或便携式一氧化碳、氧气监测报警仪,作业时安排专人监测一氧化碳、氧气指标,满足条件方可作业,并做好记录;作业中遇报警时,施工(维修)负责人应立即组织人员撤离作业现场。

③应根据需要配备防毒面具、呼吸器、供氧装置等防护用品。

(2)有限空间作业

空心墩、倒虹吸等有限空间作业要求参见第二篇第七章"预防中毒和窒息"相关内容。

第二节 作业防护和避车人身安全规定

施工作业过程中的防护员是"保命员",是确保作业人员人身安全的一道重要防线。施工作业中,如果不设防护或防护措施不到位,会严重威胁铁路行车安全和作业人员的人身安全,甚至造成严重后果,给国家和人民的生命财产带来重大损失。因此,正确设置各种防护,既是施工作业的要求,更是保障铁路运输和国民经济发展的需求,具有十分重要的意义。

一、作业防护规定

1. 施工和维修作业必须设置防护员(驻站联络员、现场防护员),日作业计划下达后不得擅自调换,特殊情况需调换时,由车间主任(副主任)批准,报段指挥中心核备,并通知所在作业组负责人、驻站联络员、现场防护员等。施工(维修)负责人、驻站联络员、现场防护员必须携带列调对讲设备,并做好音频记录。作业期间任何人不得随意占用列车无线调度电话频点。现场防护员或驻站联络员改变通信工具、通信方式时,必须经施工(维修)负责人同意,通知相关人员后方可改变。

2. 普速铁路天窗、高速铁路在线间距不足 6.5 m 地段(两线间已有站台、栅栏等设施的除外)V 形天窗区段和开行路用列车的垂直天窗,每名现场防护员应只承担一个防护单元的防护任务,每个防护单元长度原则上不超过 100 m,瞭望不良地段应适当缩短;垂直天窗、单线天窗点内无作业车辆及两线间已设置隔离的无缝线路应力放散和调整、成段更换钢轨、成段更换轨枕、道床清筛等施工可适当延长。

高速铁路 V 形天窗、应急处置上道、作业区段有路用列车开行的垂直天窗时,必须设专职防护,现场防护员不得兼职其他工作。

3. 防护员必须由经培训考试合格的人员担任,持证上岗。驻站联络员必须由从事现场防护工作满6个月及以上的现场防护员中选出,经培训考试合格后持证上岗。

4. 现场防护员应根据作业现场地形条件、列车运行特点、作业人员和机具布置等情况确定站位及移动路径,并做好自身防护。在通信不畅或瞭望条件不良地段作业时,应增设中间联络防护员。现场防护员应以瞭望防护为主,并掌握驻站联络员通报的信息,每3~5 min联系确认一次;垂直天窗、单线天窗点内无作业车辆时,防护员应加强瞭望,保持通信畅通,严禁擅自离岗或从事与防护无关工作。在区间线路、站内线路、道岔上维修时,现场防护员应站在维修地点附近且瞭望、通信信号、监听条件较好的安全地点进行防护,在天窗内作业时,显示停车手信号。

5. 驻站联络员负责与车站值班员办理施工(维修)登销记手续;向施工(维修)负责人、现场防护员传达调度命令;向现场防护员通报列车运行情况。施工(维修)负责人负责下达设置或撤除防护、开始或停止作业、下道避车等命令。

6. 如防护联系中断,驻站联络员应向车站值班员报告,请求拦停列车;现场防护员应立即通知施工(维修)负责人停止作业;施工(维修)负责人应立即采取防护措施,并组织人员、机具、材料撤离至安全地点。

7. 普速铁路在区间线路上天窗点外进行的作业,驻站联络员与现场防护员、施工(维修)负责人联系程序如下:

(1)施工(维修)负责人应通过驻站联络员与车站值班员保持密切联系,设置好防护后方可作业。在作业过程中应密切注意来车预报、确报等信号。

①预报:车站对作业区间办理闭塞(预告)时,驻站联络员应立即向现场防护员、施工(维修)负责人发出预报;如系通过列车,则应提前一个车站(即邻站向本站发车时)发出预报。

②确报:车站向作业区间发车时,驻站联络员应立即向现场防护员、施工(维修)负责人发出确报。

③作业地点距车站较近或作业条件较复杂,需提前预报、确报时,施工(维修)负责人应事先与驻站联络员商定明确并告知全体防护员及作业人员。

④变更通知:预报、确报有变化时,驻站联络员应向现场防护员、施工(维修)负责人发出变更通知。

(2)现场防护员接到驻站联络员发出的预报、确报、变更通知后应加强警戒,注意瞭望,监视来车与作业情况。

(3)驻站联络员应加强与车站值班员的联系,双线区段反方向来车时,驻站联络员应及时通知现场防护员、施工(维修)负责人。

8. 普速铁路线路上作业设置或撤除移动停车信号防护的程序如下:

(1)设置移动停车信号

①驻站联络员确认作业调度命令,并向施工(维修)负责人、现场防护员传达。

②施工(维修)负责人向现场防护员下达设置移动停车信号命令。

③施工(维修)负责人确认已按规定设置好移动停车信号后,发出作业命令。

（2）撤除移动停车信号

①施工（维修）负责人组织确认线路达到放行列车条件（外单位施工的还需工务段安全监督员确认）。

②施工（维修）负责人向现场防护员下达撤除移动停车信号命令，并确认已经撤除。

③施工（维修）负责人通知驻站联络员办理线路开通手续。

9. 普速铁路线路慢行地段设置、更换、撤除移动减速信号的程序如下：

（1）设置移动减速信号

①施工负责人确认慢行地段具备放行列车条件后，通知驻站联络员办理线路开通手续，同时向移动减速信号设置人员下达设置命令。

②移动减速信号设置人员按防护示意图设置移动减速信号，并向施工负责人报告，同时通知驻站联络员。

（2）更换移动减速信号

①施工负责人组织确认慢行地段具备提速条件后，通知驻站联络员。

②驻站联络员向车站值班员确认后，向施工负责人传达更换命令。

③移动减速信号设置人员根据施工负责人的命令更换移动减速信号，更换后，向施工负责人报告，并通知驻站联络员。

（3）撤除移动减速信号

①施工负责人确认慢行地段具备恢复常速条件后，通知驻站联络员办理销记手续，调度命令下达后，向移动减速信号设置人员下达撤除命令。

②移动减速信号设置人员撤除移动减速信号后，向施工负责人报告，并通知驻站联络员。

二、下道避车规定

（一）普速铁路下道避车规定

1. 线路作业和巡检人员必须熟悉管内的线桥设备情况，列车运行速度、密度和各种信号显示方法，作业和巡检时应注意瞭望，及时下道避车。

2. 步行上下工时，不得在道床范围内行走，注意前后瞭望；通过桥梁、道口或横越线路时，必须由现场防护员与驻站联络员联系确认，并严格执行“手比、眼看、口呼”制度，做到“一站、二看、三通过”，严禁来车时抢越。在瞭望不良、噪声干扰大的处所及夜间天窗、跨越两条及以上线路（含股道）时，应在跨线地点安排专职防护员。严禁在施工作业车辆前后 10 m 范围内跨线。必须走道心时，应设置专人防护。进路信号辨认不清时，应及时下道避车。

3. 作业人员下道避车时，应遵守以下规定：

（1）距钢轨头部外侧距离不小于 2 m，设有避车台（洞）的桥梁（隧道）应进入避车台（洞）避车。

（2）本线来车按下列距离下道完毕：

①v_{max}≤60 km/h 时，不小于 500 m。

②60 km/h < v_{max} ≤120 km/h 时，不小于 800 m。

③120 km/h < v_{max} < 160 km/h 时，不小于 1 400 m。

(3)邻线(线间距不足 6.5 m)来车下道遵守以下规定：

本线不封锁时：

①邻线 v_{max} ≤60 km/h 时，本线可不下道。

②60 km/h < 邻线 v_{max} ≤120 km/h 时，来车可不下道，但本线必须停止作业。

③120 km/h < 邻线 v_{max} ≤160 km/h 时，下道距离不小于 1 400 m。

④瞭望条件不良，邻线来车时本线必须下道。

本线封锁时：

①邻线 v_{max} ≤120 km/h 时，本线可不下道。

②120 km/h < 邻线 v_{max} ≤160 km/h 时，本线可不下道，但本线必须停止作业。

(4)在站内其他线路作业，躲避本线列车时，下道距离不小于 500 m，与本线相邻的正线来车时，按本条第(1)项和第(3)项规定办理，与本线相邻的其他站线来车时可不下道，但必须停止作业。列车进路不明时必须下道避车。

(5)人员下道避车时应面向列车认真瞭望，防止列车上的抛落、坠落物或绳索伤人。

(6)人员下道避车的同时，必须将作业机具、材料移出线路，并放置、堆码牢固，不得侵入建筑限界；线间距不足 6.5 m 地段，正线两线间不得停留人员和放置机具、材料。

4. 普速铁路与高速铁路并行地段，作业必须遵守以下规定：

(1)进出高速铁路防护栅栏门、桥隧疏散救援通道门，执行高速铁路登销记制度。

(2)本线与相邻高速铁路线间距不足 6.5 m 且天窗不同步地段，两线间应设置物理隔离，所有作业均纳入普速铁路天窗。作业时，相邻高速铁路列车限速 160 km/h 及以下，可不下道，但本线必须停止作业。

(3)人员和工机具严禁侵入高速铁路建筑限界，需侵入高速铁路建筑限界时，封锁相邻高速铁路。

(4)与高速铁路同时封锁时，确认设好防护且高速铁路无路用列车通过时，可以跨越高速铁路，但应制定相应的安全措施。

5. 在线间距不足 6.5 m 地段（两线间已有站台、栅栏等设施的除外）施工维修而邻线行车时，更换道岔、道岔清筛等人员集中的作业应根据作业风险、作业面条件等因素设置软硬隔离，大型养路机械移动作业（钢轨、道岔打磨及钢轨铣磨除外）时应设置移动的软隔离对大型养路机械前后的集中作业人员进行防护。

6. 遇有降雾、暴风雨(雪)、扬沙等恶劣天气影响瞭望时，应停止上道作业；必须作业时，应采取特殊安全措施，保证来车之前按规定的距离及时下道。

7. 普速线路 v_{max} 大于 120 km/h 的区段，巡查、巡守人员不得在道床范围内行走。

8. 作业人员原则上应从本线一侧上下道，确需横越线路时，应明确防护措施并纳入作业方案。

（二）高速铁路下道避车规定

1. 作业人员应熟悉管内的线桥设备情况和各种信号显示方法。作业过程中加强瞭望、注意警示信号、及时避车。

2. 作业人员避车应遵守以下规定：

(1)距钢轨头部外侧不小于 2 m。

(2)本线来车避车：

①V 形天窗，严禁在两线间及邻线避车。

②垂直天窗邻线有路用列车运行，严禁在两线间及邻线避车。

(3)邻线(线间距小于 6.5 m)来车避车：

①邻线 v_{max}≤120 km/h 时，本线可不下道。

②120 km/h < 邻线 v_{max}≤160 km/h 时，本线可不下道，但本线必须停止作业。

(4)人员下道避车的同时，必须将作业机具、材料移出线路，并放置、堆码牢固，不得侵入铁路建筑限界。

第三节　线路作业人身安全规定

铁路线路工岗位作业人员要充分休息，保持精力充沛，班前一律不得饮酒，发现饮酒者坚决禁止上道；在生产过程中，必须按规定着装，正确佩戴、使用劳动防护用品，严格服从指定的施工(维修)负责人指挥，上线作业按要求设置好防护，严格做好车辆伤害、机械伤害、触电伤害风险防范，确保人身安全。

1. 作业前，机具使用人员应对机具进行检查、试验，机具状态不良或安全附件失效的机具严禁上线使用。

2. 线路作业必须由符合规定的施工(维修)负责人指挥。施工(维修)负责人应根据人员、作业项目、天气等情况，具体布置安全控制措施。作业地段不宜过长，并不得指派人员到防护单元以外的线路上作业。

3. 在线路上进行下列作业时，应遵守以下规定：

(1)多人一起作业时应统一指挥，相互间应保持一定的安全距离，防止工具碰撞伤人。

(2)多组捣固机械同时捣固时，前后距离不得小于 3 m，走行应保持同步。

(3)在道岔地段作业，未采取安全措施情况下，人员不得将手、脚放在道岔尖轨与基本轨、可动心轨与翼轨间，避免道岔扳动时被挤伤。

(4)木枕、木岔枕改道打道钉时严禁锤击钢轨，不得用捣镐打道钉。分组打道钉时，前后距离应不小于 6 根木枕。在无作业通道的桥面上作业时，起钢轨外口道钉，应站在道心内侧，并使用专用起钉器或弯头撬棍等特制工具。

(5)翻动钢轨时，必须使用翻轨器，不得使用撬棍翻动钢轨。使用撬棍拨道时，应插牢撬棍，听从指挥，统一行动，严禁骑压或肩扛撬棍拨道。

4. 普速铁路下列维修作业可在天窗点外进行，但严禁利用速度 160 km/h 及以上的列车与前一趟列车之间的间隔时间作业。其他维修项目必须纳入天窗，严禁利用列车间隔时间作业。

(1)使用轨道检查仪、钢轨探伤仪(双轨探伤仪除外)等随时能撤出线路的便携设备进行上线检查、检测作业；预卸路料的加固；标志涂刷；整理道床；清理垃圾或弃物。其他在道床坡脚以外不影响线桥设备正常使用的作业。

（2）本线施工限速小于等于 60 km/h 的地段或除正线外允许速度小于等于 60 km/h 的站内线路，允许使用单人能随时撤出线路的轻便小型机具进行螺栓涂油、捣固、改道、补充或紧固轨道联结零件、垫入或撤出垫板作业，但严禁利用旅客列车与前一趟列车之间的间隔时间作业。

同一区间或站内安排天窗内施工维修作业时，天窗时间内上述作业不准按天窗点外维修作业实施。

5. 在电气化铁路更换钢轨，应遵守下列规定。

（1）普速铁路

在自动闭塞的电气化区段上更换钢轨时，应遵守以下规定。

①在同一地点同时更换两股钢轨时，无论该地段接触网是否停电，换轨前必须在被换钢轨两端的左右轨节间横向各设一条截面不小于 70 mm^2 的铜导线，在被换一股钢轨两端轨节间纵向安装一条截面不小于 70 mm^2 的铜导线，如图 4-6-1 所示。铜导线两端用夹子牢固夹持在相邻的轨底上，夹持位置应除锈。作业完毕后方准拆除接地线和铜导线。

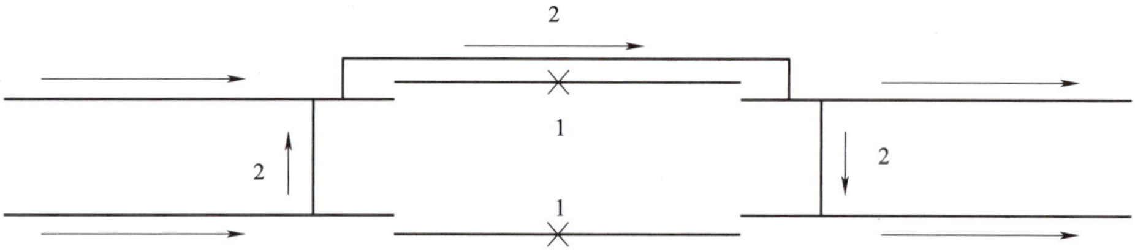

1—被更换钢轨；2—铜导线。

图 4-6-1　自动闭塞区段同一地点同时更换两股钢轨铜导线设置示意

②更换一股钢轨时，换轨前应在被换钢轨两端的左右轨节间横向各设一条截面不小于 70 mm^2 的铜导线，如图 4-6-2 所示。铜导线两端用夹子牢固夹持在相邻的轨底上，夹持位置应除锈。

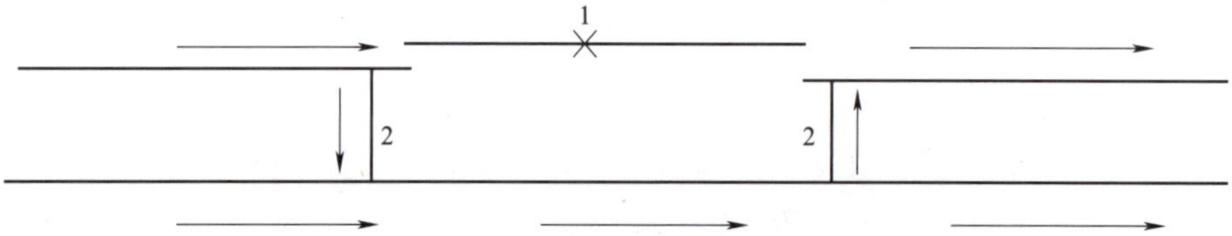

1—被更换钢轨；2—铜导线。

图 4-6-2　自动闭塞区段更换单股钢轨横向铜导线设置示意

或换轨前应在被换钢轨两端轨节间纵向安设一条截面不小于 70 mm^2 的铜导线，如图 4-6-3 所示。铜导线两端牢固夹持在相邻的轨底上，夹持位置应除锈。作业完毕后方准拆除铜导线。

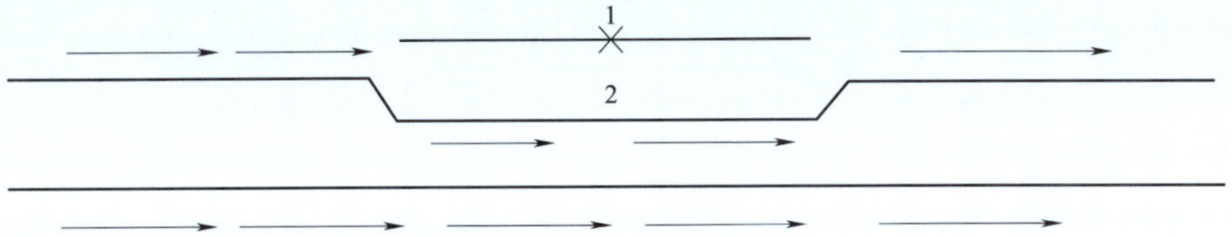

1—被更换钢轨;2—铜导线。

图 4-6-3　自动闭塞区段更换单股钢轨纵向铜导线设置示意

在非自动闭塞的电气化区段上更换钢轨时,应遵守下列规定:

①在同一地点同时更换两股钢轨时,无论该地段接触网是否停电,换轨前必须在被换钢轨两端轨节间纵向各设一条截面不小于 70 mm^2 的铜导线,如图 4-6-4 所示。铜导线两端牢固夹持在相邻的轨底上,夹持位置应除锈。作业完毕后方准拆除接地线和铜导线。

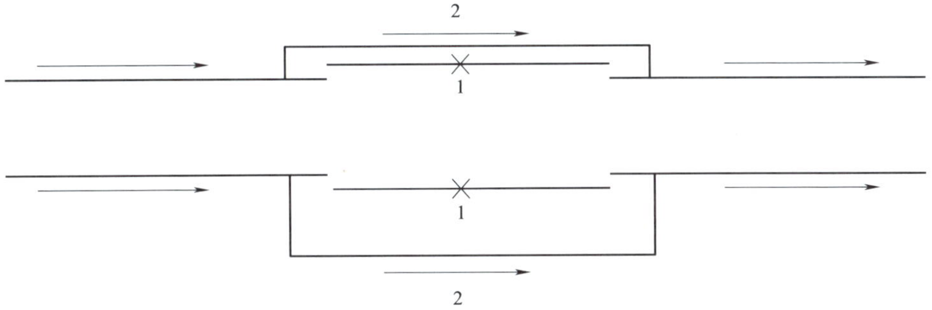

1—被更换钢轨;2—铜导线。

图 4-6-4　非自动闭塞区段同一地点同时更换两股钢轨铜导线设置示意

②更换一股钢轨时,换轨前应在被换钢轨两端轨节间纵向安设一条截面不小于 70 mm^2 的铜导线,如图 4-6-5 所示。铜导线两端牢固夹持在相邻的轨底上,夹持位置应除锈。作业完毕后方准拆除铜导线。

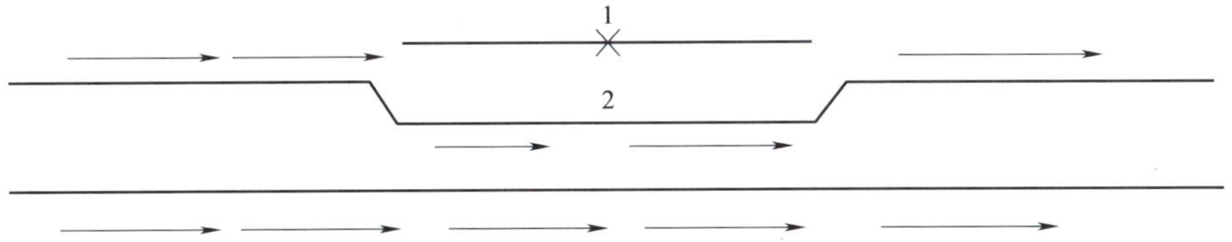

1—被更换钢轨;2—铜导线。

图 4-6-5　非自动闭塞区段更换单股钢轨纵向铜导线设置示意

(2)高速铁路

①在同一地点同时更换两股钢轨时,换轨前必须在被换钢轨两端的左右轨节间横向各设一条截面不小于 70 mm^2 的铜导线,在被换一股钢轨两端轨节间纵向安装一条截面不小于 70 mm^2 的铜导线,如图 4-6-6 所示。铜导线两端用夹子牢固夹持在相邻的轨底上,夹持位置应除锈。作业完毕后方准拆除接地线和铜导线。

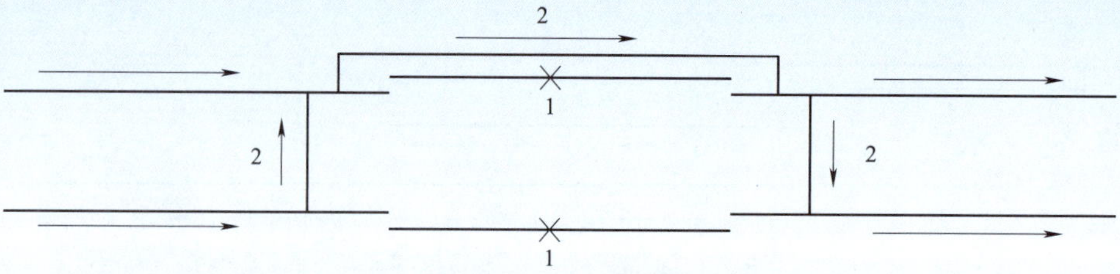

1—被更换钢轨;2—铜导线。

图 4-6-6　同一地点同时更换两股钢轨铜导线设置示意

②更换一股钢轨时，换轨前应在被换钢轨两端的左右轨节间横向各设一条截面不小于 70 mm^2 的铜导线，如图 4-6-7 所示。铜导线两端用夹子牢固夹持在相邻的轨底上，夹持位置应除锈。

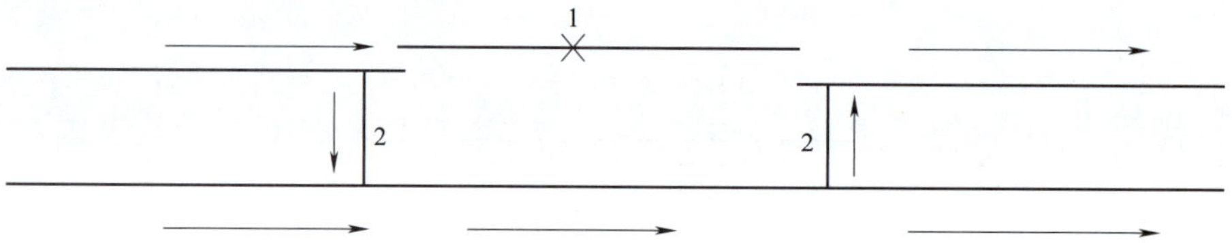

1—被更换钢轨;2—铜导线。

图 4-6-7　更换单股钢轨横向铜导线设置示意

或在被换钢轨两端轨节间纵向安设一条截面不小于 70 mm^2 的铜导线，如图 4-6-8 所示。铜导线两端用夹子牢固夹持在相邻的轨底上，夹持位置应除锈。作业完毕后方准拆除铜导线。

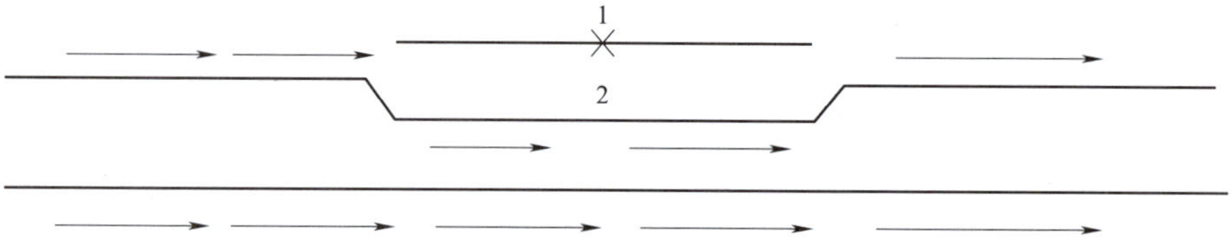

1—被更换钢轨;2—铜导线。

图 4-6-8　更换单股钢轨纵向铜导线设置示意

(3)其他要求

普速铁路、高速铁路整组更换道岔作业，分别按第(1)项第①段、第(2)项第①段规定办理，施工单位还必须提前通知供电、电务等设备管理单位进行配合；更换完毕必须经供电、电务人员检查符合要求后，方准撤除临时安全设施。

更换钢轨需拆装扼流变压器钢轨引线时，应有电务单位现场配合，拆装作业由电务人员完成；未设置好分路电缆之前，不得将扼流变压器钢轨引线从钢轨上拆开；如需拆开扼流变压器吸上线时，还应有供电单位配合。

更换带有吸上线的钢轨，必须先通知供电单位采取安全措施后，方准作业。

在站内更换钢轨或夹板时，铜导线的连接方法必须考虑轨道电路和车站作业的要求。可使用钢轨替代纵向铜导线。

第四节 桥隧作业人身安全规定

桥隧工岗位作业人员在生产过程中,必须按规定设置防护,来车时按规定下道,迅速撤离桥隧或进入避车台(洞)。在高处、陡坡作业时,必须按规定做好个人防护,严格做好车辆伤害、高处坠落、机械伤害风险防范,确保人身安全。

1. 在高处及陡坡上作业,必须按规定戴好安全帽、系好安全带或安全绳,不得穿带钉或易溜滑的鞋。安全帽、安全带、安全绳应符合国家标准,应在有效期内使用。安全带、安全绳每次使用前,使用人必须仔细检查。使用单位每半年对安全带、安全绳做一次检测。

2. 隧道内组织多项目、多台机械同时作业时,必须互相通报作业地点、作业内容。自行机械应低速运行,以免互相碰撞。

3. 在隧道内处理松动衬砌、危石及翻修衬砌时,必须有预防塌落伤人的安全措施。浇筑混凝土作业或其他起重作业时,严禁用手拨动钢丝绳或起重索。

4. 临边作业应设置防护围栏和安全网。悬空作业应有可靠的安全防护设施。未设置隔离设施的高处作业,人员不得垂直施工。使用移动式梯子时,梯脚应坚实,梯子上端应有固定措施。

安全桩的埋深不得小于0.75 m,土质山坡不得小于1 m,必要时适当加深。安全桩距陡坡边缘不得小于3 m。在悬崖陡壁处工作,必要时应打两个安全桩(即护桩)。每次施工前安全桩必须有专人检查,施工中应派人看守,以防安全桩松动造成人身伤害。

安全绳左右移动距离不得大于5 m。安全带、安全绳应挂在牢固的物体上并拴绑牢固,安全桩应一桩一绳。安全绳应一绳一人,严禁在一个物体上拴挂几根安全带或安全绳,严禁一根安全带或安全绳上拴挂多人。

5. 脚手架必须符合国家标准。脚手架搭设应配合工程进度,不宜搭设过高。应有专人负责搭拆脚手架安全和日常检查整修工作。搭拆脚手架时,脚手架下不准人员停留或通过。靠近架空电线搭拆脚手架时,应严格按照供电安全规定留出安全距离(动力线2 m以上,照明线1 m以上);作业中严禁碰触架空电线。脚手架应搭设牢固,脚手板外伸悬臂应有专人负责,经常检查整修,不得浮起活动。脚手架搭设完毕,必须经施工(维修)负责人全面检查验收合格后方能使用。

6. 在无作业通道桥上拧动护木螺栓及钩螺栓时不得向桥外方向用力。桥面及作业通道上,不得有露尖的铁钉。钢梁喷砂除锈、喷漆、喷铝和圬工梁灌化学浆液时应戴防护面具或口罩、护目眼镜及手套。喷砂嘴或喷射嘴不得对着人、车、船;不得带风、带砂修理喷砂设备和更换零件。

7. 使用移动作业架时,特别是移动作业架钩挂在桥梁作业通道栏杆上时,应仔细检查作业通道、托架U形螺栓和作业架,同时应检算作业通道受力控制点的强度和梁体倾覆稳定性。未经检查或检算及检算结果不符合有关安全规定时,不得上架作业。人员攀登时应扶牢、踩稳。未设置隔离设备时,严禁双层作业。

8. 桥涵大维修作业,遇山洪暴发、江河水位暴涨时,不得下水作业。水上作业应有救生圈、救生衣或救生船等设备。下水作业前，应观测水深及流速，并选派会游泳的人员担当水中作业，其连续工作时间，应遵守以下规定：

（1）水温在 5～15 ℃时，不得超过 30 min。

（2）水温在 16～25 ℃时，不得超过 120 min。

冬季需在冰上作业时，施工（维修）负责人应针对江河水面宽、深程度及地理条件、作业繁简等情况，制定安全措施。

9. 普速铁路下列维修作业可在天窗点外进行，但严禁利用速度 160 km/h 及以上的列车与前一趟列车之间的间隔时间作业：①栏杆油漆；②不移动桥枕进行钢梁上盖板涂装；③不影响行车安全的隧道除冰；④清理垃圾或弃物；⑤其他在道床坡脚以外不影响线桥设备正常使用的作业。其他维修项目必须纳入天窗，严禁利用列车间隔时间作业。

同一区间或站内安排天窗内施工维修作业时，天窗时间内上述作业不准按天窗点外维修作业实施。

第五节　路基作业人身安全规定

路基工岗位作业人员在生产过程中，必须严格履职、不得擅自离岗，必须戴好安全帽、穿好防护服和防护鞋；施工现场应实行封闭管理，必须设置专门的出入口，必须设置明显的安全警示牌和标识；施工设备、工具和材料应符合国家安全标准，做好定期检测和维护；严格做好车辆伤害、坍塌风险管控，确保人身安全。

1. 封锁时间内进行隧道作业，除按规定防护外，还应分配好作业组，进出隧道由小组负责人清点人数；作业结束后，施工（维修）负责人进行全面检查，确认设备达到放行列车条件，人员、机具、材料全部撤出建筑限界，方可开通线路。

2. 在高处及陡坡上作业，必须按规定戴好安全帽、系好安全带或安全绳，不得穿带钉或易溜滑的鞋。安全帽、安全带、安全绳应符合国家标准，应在有效期内使用。安全带、安全绳每次使用前，使用人必须仔细检查。使用单位每半年对安全带、安全绳做一次检测。

3. 隧道内组织多项目、多台机械同时作业时，必须互相通报作业地点、作业内容。自行机械应低速运行，以免互相碰撞。

4. 在隧道内处理松动衬砌、危石及翻修衬砌时，必须有预防塌落伤人的安全措施。浇筑混凝土作业或其他起重作业时，严禁用手拨动钢丝绳或起重索。

5. 开挖建筑物基坑或刷坡时，应遵守以下规定：

（1）开挖基坑时，边坡的坡度必须按照设计的要求，按放好的边线从上向下开挖，不得任意放陡坡度，严禁掏底挖土。

（2）遇有滑层、裂纹、浸水等情况，基坑壁必须用支撑木（钢管、型钢等）支撑或改缓边坡。

（3）靠近基坑上方不得堆土及放置料具等重物，挖出的土石方和施工材料堆放位置应距坑边不小于 1 m，高度不宜超过 1.5 m。

（4）在同一坡面的垂直线上，不得上下同时开工，上层挖土时下层不得运土。

(5)圬工凿除或人工打眼两人配合作业时,应佩戴防护眼镜,严禁面对面或戴手套打锤,掌钎时应佩戴防护手套。

(6)拆除开挖坑支撑应按回填顺序自下而上逐步拆除,拆除高度视坑壁土质而定。

(7)下穿框构,顶进挖土作业时,严禁超挖,工作面坡度符合规定,过车时严禁开挖,工作面下严禁站人。

6. 路堑或山体边坡刷方、清石作业时,应遵守以下规定:

(1)每天开工前应检查坡面有无裂缝及可能坍塌的迹象,危石、危土是否已清除干净。凡可以处理的应立即处理,不能处理且对安全有威胁时,必须及时上报并妥善处理。开挖土方应自上而下,严禁挖悬空土。多人同时在坡面上开挖作业时,应大致在同一高度自上而下进行,严禁上下重叠作业。开挖作业人员相互间距不得小于 2 m。

(2)撬石作业时,作业人员站立点必须稳固,不得站在活动的石块上。多人同撬一石必须统一指挥。对于可能损坏行车设备、危及行人安全的石块应分解放下,必要时按规定防护或封锁施工。在有可能发生落石的路堑内作业,应戴安全帽。作业过程中,严禁在危岩边上和边坡脚下休息,严禁将工具任意抛掷或放在危岩下面。

(3)开挖过程中,如发现有瞎炮的残药、雷管,应立即停止作业,采取防护措施并妥善处理。

第六节　机具使用人身安全规定

机械设备在使用前,操作者应了解其基本知识,包括工机具的结构、原理、性能参数、使用规范等,并熟悉操作过程。操作时应穿戴好个人防护装备,按流程正确操作。操作者的不安全行为、机械设备的不全状态等方面原因,往往容易引发各种机械伤害事故,严重的将造成人员伤亡。因此,为了防止和减少事故的发生,必须采取各类安全防护措施。

1. 机具使用前应确认油、水、电、连接件是否符合使用要求,防护装置是否齐全可靠,显示仪表是否正常,整机是否符合现行的安全使用办法。使用中发现故障需紧急处理时,应先停机,切断电路、风路、动力油路等,撤离铁路建筑限界以外进行处理,在未确认故障已得到处理的情况下,不得继续使用。

2. 皮带轮、皮带、链轮、链条、齿轮、砂轮、砂轮切割片和风扇等露出机体的传动和转动部件,应有符合设计图纸规定的防护设施。转动部件应标有旋转方向指示标识,只允许一个方向旋转的设备,应设置有反转自锁装置。

3. 切轨机、打磨机、电焊机等机具操作人员应按规定穿戴劳动防护用品。机具应按规定安装漏电保护装置。使用切轨机、打磨机作业时,机具前方与两侧一定范围内严禁站人,防止砂轮片碎裂或钢轨碎屑伤人;焊补钢轨、辙叉时,电焊机应采取接地措施,防止人员触电灼伤;钢轨焊接时,应严格按操作规程操作,防止烫伤。

4. 使用气焊、气割设备时,操作人员必须持证上岗,按规定穿戴劳动防护用品,其他人员应远离喷嘴前方,防止烧伤。气瓶不得靠近热源和电气设备。乙炔瓶(丙烷瓶)和氧气瓶间的工作间距不得小于 5 m,气瓶与明火的距离不得小于 10 m。

5. 多台机械配合作业时,应明确施工(维修)负责人与机组负责人之间、机械操作人员之间的联系方式，并由施工（维修）负责人现场指挥。除突发情况外，任何一台机械的启动或停机，都应提前通知施工（维修）负责人和机组负责人，并及时通知相关机械的操作人员。在无作业通道栏杆的桥梁上操纵动力机械时，应采取可靠安全措施。

6. 风动工具使用的空气压缩机必须设置有安全阀、气压表、压力调节器、动力离合器和动力机械上的各种仪表，在阀、表齐全，工作可靠的情况下，方可启动使用。风动工具应有保安套（环），保证工具头连接牢固。试风或放出残余冷风时，工具头必须向下；过冲或打击栓销时，两侧应联系好，防止冲头伤人。

7. 压力容器必须按国家规定进行检验，未经检验或检验不合格的严禁使用。压力容器操作人员必须具有授权单位颁发的有效操作证。压力容器上应安装压力表和安全阀，并按规定进行压力试验，未经试验或超过试验期的容器不得使用。安全阀应保证该压力容器的安全系数符合设计规范。压力容器应放置在通风阴凉处，在规定的距离范围内不得进行金属切削、焊接及其他加热工作。

8. 电动工具电池充电设备及环境应符合相关消防要求。运输、使用过程中应避免磕碰引发短路、损坏，防止爆炸、起火伤人。

第七节　施工列车、养路机械、轨道作业车、作业小车、工程机械车使用维修人身安全规定

工务施工作业中使用大量施工列车、养路机械、轨道作业车、作业小车、工程机械车，大大提高了施工质量、生产效率、经济效益。正确使用上述路用列车、工程机械设备对保障施工人员的生命和财产安全至关重要。在使用机械设备过程中，应尽可能减少风险隐患，通过适当安排和合理控制，可以有效保证设备和人员安全，同时提高工作效率。

一、基本要求

1. 自轮运转车辆调车作业时，停车位置距前方信号机不足 10 m 且瞭望不清时，副驾驶下车确认，应注意避让邻线列车。推进附挂车辆运行时，应指定胜任人员登乘车组前端安全位置，认真瞭望，及时与司机联系，必要时通知司机停车或使用简易紧急制动阀停车。

2. 自轮运转车辆在电气化区段需登顶作业时，应申请办理接触网停电手续，停电后方可作业。

3. 自轮运转车辆及附挂车辆收、放工作装置及作业、调试设备时，应统一指挥，做好车上与地面人员协调。在封锁区间运行或作业时，司机要加强瞭望，掌握地面人员动态，控制运行速度，随时做好停车准备。

4. 自轮运转车辆及附挂车辆需解列作业时，应明确解列地点、各自作业范围、连挂时间及地点、防护措施、联系方式等。大型养路机械、轨道作业车等在同一区间作业时，应做好各车之间的防护。

5. 自轮运转车辆车顶两端应安装黄色警示灯或声光报警设备，遇有降雾、暴风雨（雪）、扬沙等恶劣天气及夜间运用时应开启。在夜间或隧道作业时，现场应有充足的照明。

二、施工列车作业人身安全

施工列车作业前，作业负责人应掌握施工作业地段的线路设备状态，制定相应的安全措施及风险注意事项，对轨道作业车机组人员及相关配合人员进行有针对性的安全教育。

1. 路用列车进入封锁区间的行车凭证为调度命令（包括列车车次、停车地点、到达车站的时刻，需限速运行时在命令中一并注明），路用列车在封锁区间内作业，不得超出调度命令准许的作业范围。路用列车进入施工地段时，应在现场防护员显示的停车手信号前停车，根据施工负责人的要求按照调车办法进入指定地点。

2. 高速铁路维修作业综合利用开行路用列车，作业车及车列由车站开往区间后，由主体作业单位统一组织协调，划分各作业车的作业范围及分界点，各作业单位必须严格按规定分别设置防护。站内维修作业使用作业车时，原则上应分咽喉或者分上下行线进行；不使用作业车时，可根据需要划分不同作业区域作业，由主体作业单位统一划分各单位作业范围及分界点，作业单位必须按规定分别设置防护。

三、养路机械作业人身安全

（一）大型养路机械作业人身安全

1. 大型养路机械应逐步安装声光报警装置，遇邻线列车通过时，应提前开启声光报警装置，提示地面作业人员及时下道避车。

2. 大型养路机械或工程机械作业，如不超出机车车辆上部限界，且作业人员所持机具、物品与接触网带电部分保持 2 m 以上距离时，接触网可不停电。不符合上述条件时，由供电单位按照规定办理停电手续并做好安全防护措施后，方可作业。使用大修列车、路基处理车在电气化区段作业时，接触网必须停电。

3. 大型养路机械编组运行及无动力挂运时，应遵守以下规定：

（1）必须明确一名负责人统一指挥。

（2）解列作业时，各车必须保持不小于 10 m 的安全间距。

（3）押车人员应留在驾驶室内并关好车门，身体不得探出车外；在电气化铁路区段，不得擅自登上车顶，停车检查时应注意与接触网带电部分保持足够的安全距离，同时注意邻线来车。

4. 清筛机作业时，操作人员要远离挖掘导槽位置，以防飞出道砟等杂物伤人。

5. 钢轨切入、切出时，操作人员要远离车辆，防止钢轨回弹造成人身伤害。

6. 使用风动卸砟车卸道砟时，严禁照明不足卸砟，严禁一人同时卸两辆车。

（二）小型养路机械作业人身安全

1. 凡上道使用涉及行车安全的小型养路机械，必须符合有关技术标准。小型养路机械、机具及防护设备应加强日常检修和定期检查，经常保持良好状态。未设置安全装置、不符合有关技术标准或状态不良，严禁上道使用。高速铁路上道使用涉及行车安全的小型养路机械，应经过铁路产品认证，并在天窗点内使用。

2. 各种小型养路机械的操作人员，必须经技术业务培训并考试合格后，方可持证上岗。

3. 小型养路机械、机具作业中如发生故障，应停机下道进行检修。成组机械作业时，应由作业负责人统一指挥送、断电工作。

四、轨道作业车人身安全

轨道作业车包含轨道车和接触网作业车等，是用于铁路基础设施检测维修、应急抢险等工作的重要装备。轨道车包括重型轨道车（含隧道检修车）、起重轨道车、发电轨道车、轨道平车、起重轨道平车、收轨平车及轻型轨道车等。

1. 轨道作业车运用时，轨道作业车上安装的起重装置等设备的使用管理应严格执行国家和国铁集团有关规定，起重装置操作人员按规定取得相应资质。起重机、作业平台应设有限位装置，并确保限位装置状态良好。

2. 使用作业平台时，应遵守以下规定：

（1）司机接到施工（维修）负责人接触网停电、接地线设置完成的通知后，方可打开平台电源控制开关。

（2）在双线区段或站场内作业时，应正确使用限位装置，并经平台作业人员和司机共同确认，严禁向有电侧或未封锁线路侧旋转作业平台。

（3）平台上有作业人员时，车辆移动速度不得超过 10 km/h，平台上人员作业时，严禁移动车辆；平台升降、旋转时严禁作业人员上下作业平台；作业平台严禁超载、偏载；严禁使用平台顶、拽固定设备设施。作业人员在作业平台上控制车辆移动时，必须取得操作权限，并与司机做好联控。

（4）作业结束，平台作业人员必须将平台及平台上的装置复位，清理料具，与司机、现场指挥人员共同确认后方可动车。

3. 使用起重轨道车、随车吊进行起重作业时，应遵守以下规定：

（1）作业前应确认力矩限制器、制动器、吊钩、绳索等工作状态良好，遇有大雨、大雪、大雾或风力达到六级及以上时，严禁起重作业。

（2）吊装时按规定使用支腿，严禁超载、偏载作业。所有人员不得站在起重臂回转范围内，起重臂下严禁站人。

（3）两台或多台起重装置配合作业时必须同步动作，升降、回转、变幅操作必须分步进行。

4. 装卸作业时，应指派熟悉路料性质和装载加固技术要求的胜任人员担任装卸车负责人，并指定专人防护。邻线来车时，应停止装卸作业。

5. 运送易燃、易爆等危险品时，司机与押运人员应密切配合，了解其危险性质，严格执行运送易燃、易爆等危险品的安全规定。

五、作业小车使用人身安全

作业小车是指轨道检查仪、钢轨探伤仪、单轨小车、吊轨小车、推运工机料具的小平车（含四轮平车）等。

1. 作业前应明确小车作业范围、走行径路、使用安全风险及防范措施，使用时应明确负责人和随车防护员，携带列调对讲设备及防护信号。

2. 四轮平车应有制动和防溜装置，不得有动力，严禁载人。

六、工程机械使用人身安全

1. 挖掘机在线路上作业时，应设专人指挥，注意斗臂高度及回转半径，防止刮碰作业人员。

2. 复线或电气化区段作业的挖掘机必须安装限位装置，限制其举升高度、回转角度等。

3. 对大型高耸机械设备，应采取可靠的防倾覆侵限措施。

4. 走行及作业时应防止侵限和刮碰电缆、接触网、信号机等设施。在桥上走行及作业时应防止桥梁偏载造成倾翻。

第八节　典型事故案例

【案例一】轨道车调车进档作业不防护导致车辆伤害

一、事故概况

2015 年 11 月 15 日，甲局乙段丙轨料基地进行轨道车车组解编作业，作业至 16 钩 10004 号轨道车推进 10014 车加 4 个平板车从 8 道进入 6 道向西运行，因速度控制不当，与 6 道停留的 10005 轨道车车列（10005 车加 10010 车和 5 个平板车）发生撞重钩，致使 10005 车车列向西移动 1.2 m。被撞移动的 10005 车车列与 6 道西端另一停留车列（10008 轨道车车列）发生连锁撞钩，导致在 10005 车列和 10008 车列间提钩提销准备连挂作业的吊车司机被挤伤，构成铁路交通一般 B 类（B2）事故。

二、事故原因

1. 调车指挥人未正确及时显示信号、轨道车控速不当是事故发生的主要原因。10004 轨道车车组从 8 道到 6 道与存车连挂作业中，头部领车指挥人员与轨道车司机间联系不彻底，未按规定显示“十、五、三车”距离信号，未执行 10 m 处一度停车制度，接近连挂时速度过高，违反《铁路技术管理规程》“调车作业时，调车人员必须正确及时地显示信号”“推进车辆连挂时，要显示十、五、三车的距离信号，没有显示十、五、三车的距离信号，不准挂车”“调车作业要准确掌握速度及安全距离……接近被连挂的车辆时，不准超过 5 km/h”等规定，导致轨道车组制动不及将作业人员撞伤。

2. 负责摘挂的调车人员联系不彻底，盲目进入股道调整钩位是事故发生的又一主要原因。在 6 道东端存车口等待连挂的吊车司机违反《铁路车站行车作业人身安全标准》①，行车作业人身安全通用标准中“调整钩位、处理钩销时，不要探身到两车钩之间。对平车、

---

① 该版本为 TB 1699—1985 文件，现行规章为《铁路车站行车作业人身安全规定》（铁运〔2020〕135 号）。

砂石车、罐车、客车及特种车辆，应特别注意端板支架、缓冲器、风挡及货物装载状态”的规定，未经联系、未确认来车位置盲目进入股道内两车钩间调整钩位，在来车未一度停车、超速连挂的情况下躲避不及导致被撞倒受伤。

3. 轨道车司机在推进轨道车组运行中，在对6道停留车位置掌握不清的情况下盲目推进，且车速控制不当，是造成该起事故的重要原因。

三、事故教训

1. 作业人员违章蛮干。该段运输车间轨道工区相关作业人员无视规章制度和作业标准，作业过程中存在无证驾驶轨道车并超速运行、不执行调车联控、不按规定显示信号、不按规定开启安全监控设备、未做好防护擅自进档作业等一系列严重违章作业问题，作业人员有标不依、有章不循，最基本的作业标准不执行，岗位自控、互控、他控严重失控。

2. 现场作业组织混乱。事故发生当天，该轨料基地共有3组轨道车组（共计6台轨道车、16辆车辆）和原停留的6辆车辆均在轨料基地，当日的调车作业计划共计23钩，涉及所有轨道车和车辆，在轨料基地仅有两股道（6、8道）的情况下，整个调车作业没有时间节点安排，也没有制定安全防护措施，人员分工不明确，多台轨道车同时进行作业，整个调车作业无组织、无布置、无安全预想。

3. 日常教育培训针对性不强。该运输车间按照段教育培训计划要求，虽然每月对轨道车司机下达月度业务学习计划，但对教育培训的质量把关不严，轨道车司机培训以工区培训和职工自学为主，如检查发现工区事发当月第2、3周的业务学习记录为空白。从培训的内容来看，涉及岗位作业标准、调车作业规定等方面的内容少，特别是段管线调车作业方面的培训缺乏，造成作业人员岗位必知必会不掌握，作业标准没有得到有效落实。

4. 专业管理存在短板。轨道车的专业管理力量不足，从段、运输车间二级专业管理人员的工作经历分析，专业管理人员缺乏行车、调车和轨道车司乘人员管理方面的专业知识。对轨道车的调车作业在安全管理制度上有明显缺项，段没有制定该轨料基地段管线管理细则，对轨道车组段管线内调车作业计划编制、传达，调车组织、指挥、安全防护以及扳道作业、要道还道等作业方式等均没有明确规定。对同一区域多个作业车组同时作业，没有明确是否许可，更没有明确作业时的联系方式方法。这些都造成轨道车组在段管线内所有作业均由轨道车组人员自行负责，基本处于无章可循的状态。

【案例二】误判作业线路防护员失职导致群死

一、事故概况

2024年6月4日，甲局乙工务机械段按施工计划，在丙线A站Ⅱ道及其两侧岔区至B站间上行K353+363至K311+518间进行线路整理Ⅲ级施工作业时，负责道床整理的清筛一组作业人员错误判断作业线路，在该区间下行线K330+599处被C站Ⅰ道通过的货物列车撞上，造成6人死亡，构成铁路交通较大事故。

二、事故原因

1. 甲局乙工务机械段机械化清筛一车间工长、班长，未落实岗位安全责任，在组织清筛一组作业人员跨越上行线时，未与驻站联络员进行联系确认，在未辨别线路行别、未确认作业位置的情况下违规组织，带领作业人员到未封锁的下行线上道作业，违反《普速铁路工务安全规则》“横越线路时，应与驻站联络员联控确认”的规定，是事故发生的主要原因。

2. 涉事工程局现场防护员未履行防护职责，跨越上行线时，未与驻站联络员联系确认，盲目跟随作业负责人到未封锁的下行线作业；现场防护员未站在安全地点防护，在接到驻站联络员和相邻作业组发出下行通过列车接近预报、确报信息后，盲目认为作业组位于已封锁的线路，未坚持认真瞭望，未认真确认列车运行情况。违反《普速铁路工务安全规则》“横越线路时，应与驻站联络员联控确认”“现场防护员应根据作业现场地形条件、列车运行特点、作业人员和机具布置等情况确定站位及移动路径，并做好自身防护”“现场防护员接到驻站联络员发出的预报、确报、变更通知后应加强警戒，注意瞭望，监视来车与作业情况”的规定，是事故发生的重要原因。

三、事故教训

1. 车间对变化风险管控不到位。该工务机械段机械化清筛一车间变更施工内容后，发生事故的作业组由原来跟随机械破底清筛后整理线路，改为单独进行线路整理作业，未针对施工内容变更带来的安全风险进行研判，未制定管控措施，也未安排干部跟班盯控。

2. 违规安排劳务人员担任现场防护员。该工务机械段没有及时研究解决本单位防护人员数量不足的问题，各作业组现场防护员均由涉事工程局劳务人员担当，违反《普速铁路工务安全规则》“参加营业线施工的业务外包人员……不得担任营业线施工的施工安全防护员和带班人员等工作”的规定。

3. 车间施工点前布置会不规范。该工务机械段机械化清筛一车间利用车间生产交班会代替安全技术交底会、施工点前布置会，在会上安排线路整理工作时，未由施工负责人布置工作，而是由车间副主任对线路整理布置分工并进行施工安全和技术交底，但未明确现场作业组到达作业位置后具体上道地点和走行路径，施工安全交底不彻底。

4. 施工负责人履职不到位。该项目施工负责人车间副主任在施工作业期间参加工电联合调查作业，未履行施工负责人职责，由另一名副主任负责施工现场的组织指挥工作。违反《普速铁路工务施工安全管理有关规定》中关于施工负责人“八亲自”的规定。

5. 现场防护示意图缺失。该工务机械段机械化清筛一车间编制的施工作业方案中以施工防护工单代替现场防护示意图，未制定现场防护员站位及防护范围、上下道位置及走行路径、避车及跨线位置等关键措施。段线路技术科组织安全科、运用科对车间“一日一案”审核不认真，对上述问题没有纠正。违反《普速铁路工务安全规则》“施工作业方案……包括日施工方案示意图、现场防护示意图、施工及车辆运行计划表、人员分工及安全关键卡控表”的规定。

6. 违反法律规定和双方约定擅自转包。工程局与丁公司签订了“劳务分包合同”，将工程分包给仅具有施工劳务资质等级的工程公司。违反《安全生产法》“施工单位应当加强对施工项目的安全管理，不得倒卖、出租、出借、挂靠或者以其他形式非法转让施工资质，不得将其承包的全部建设工程转包给第三人或者将其承包的全部建设工程支解以后以分包的名义分别转包给第三人，不得将工程分包给不具备相应资质条件的单位”的规定；违反甲局“业务外包预算调整审批表”中“外包企业资信要求具有铁路工程施工总承包一级资质”的规定；未履行与乙工务机械段签订的“营业线施工合同”中“未经甲方书面同意，乙方不得将该工程施工委托第三方完成”的约定。

7. 未履行安全管理职责。该工务机械段与工程局签订的“营业线施工合同”中约定，工程局“应配备安全生产管理人员，每日施工现场安全生产管理人员不得少于2人，履行施工安全管理和日常检查的职责”“施工负责人在作业前组织全体施工作业人员召开二次分工会，确保施工作业内容、范围和注意事项传达到每名员工”。但工程局施工负责人当日未组织召开二次分工会，也未在现场履行职责，现场仅由工程公司一名劳务人员（包工头）管理。

8. 外包人员培训流于形式。查阅被撞轧致死的5名业务外包人员参加的工程局劳务工岗前安全培训考试试卷，仅有评卷，未评分且无考试日期。3名现场防护员虽然参加了营业线施工安全培训并考试合格，但在实际作业中违反现场防护规定，没有达到培训目的和效果。

【案例三】防护员站位错误未注意瞭望被撞轧死亡

一、事故概况

2024年4月21日，甲局乙段在丙线下行K268＋300—K277＋700间进行路用车卸路料、倒运路料、机具、焊接钢轨、处理胶接绝缘接头Ⅲ级施工作业，客站线路车间一名现场防护员，在丙线下行K269＋240处，被顶送的焊轨作业车撞轧，经抢救无效死亡。

二、事故原因

该现场防护员违反《普速铁路工务安全规则》“现场防护员应根据作业现场地形条件、列车运行特点、作业人员和机具布置等情况确定站位及移动路径，并做好自身防护”“现场防护员应以瞭望防护为主，并掌握驻站联络员通报的信息”之规定，被顶送的焊轨作业车撞轧死亡，是造成事故的直接原因和主要原因。

三、事故教训

1. 基本作业制度不落实。一是现场防护员未落实防护制度，未认真瞭望确认股道列车运行情况，做好自身防护。二是轨道车推进作业时，地面引导人员未在推行车辆运行前端引导。三是施工负责人、领车员、司机间的联控用语不规范，施工负责人越过领车员直接指挥行车，司机无领车员引导提速推进，现场领车员作用未发挥。

2. 施工组织不到位。一是施工负责人临时变更现场防护方案，指派现场防护员远离作业群体，单人由南向北走行333 m至散料地点防护，增加了安全风险。二是施工组织混乱，多单位、多工种及轨道车运行作业，没有建立有效的联系沟通防护机制，轨道车作业过程中，只有一名司机退行操纵，无法掌握前方进路情况。

3. 班前布置会流于形式。可视化班前布置会由段施工科业务指导采用线上视频会议形式组织,相关车间多人共用一个账号听会,无法掌握实际参会人员情况。施工负责人班前分工会未发言,而是由车间副主任对施工流程、工作量、走行径路、质量控制等进行了简单布置。各级盯控干部和施工组织人员均未对轨道车作业任务、施工地点进行布置,尤其是针对多车间作业区段轨道车推进作业这一最大的风险源,没有提出运行安全措施。

4. 施工方案不严谨。施工方案中无列车解体作业流程及安全卡控措施,未明确动力车间、线路车间结合部的安全卡控措施,存在列车编组表与实际不符等多处错误。

5. 专业管理不到位。该工务段首次使用焊轨车作业,安全关键环节卡控不到位,未开展风险研判,制定相关作业办法,工务部未针对焊轨车推进、引导员作业等关键风险项点给予指导,对施工方案制定审核把关不严格。

【案例四】施工违规作业造成避车台失效致使避车人员坠落

一、事故概况

2023 年 12 月 12 日,甲局乙工务段在丙线下行线 K275 +949 丁桥进行病害整治施工作业,6 名施工及监控人员进入丁桥下行右侧 1 号桥墩避车台避车时,所在避车台突然垮塌,避车台连同 6 名避车人员经桥下竹林缓冲后坠落至地面,造成 1 人死亡,5 人受伤,构成铁路交通一般 B 类(B1)事故。

二、事故原因

施工单位作业人员未按照“施工组织方案”组织施工,将 1 号墩避车台与两侧人行道栏杆连接的穿条切断后,未及时恢复,造成避车台框架结构强度严重不足、承载力下降。现场避车台周边既没有设置安全警示标志、采取防护措施,也没有停用该避车台。现场作业人员得到下道避车信息后,6 名作业人员习惯性进入 1 号墩避车台,该避车台在荷载作用下外倾垮塌,造成进入避车台的作业人员坠落桥下,是事故发生的直接原因。

三、事故教训

1. 施工组织存在漏洞。一是降低施工等级。该段将本应由施工单位按照“丙线下行 K275 +949 丁桥病害整治工程施工组织方案”中明确的点外Ⅲ级施工降级为点外维修作业进行组织。二是未按规定上报施工计划。施工单位未编制月度施工计划,也未通知设备管理单位代为提报月度施工计划和施工日计划。违反《甲局普速铁路营业线施工管理实施细则》“路外工程单位等不具备提报施工计划条件的,可委托有关设备管理单位代提报施工计划,施工计划中须注明代报单位。铁路局集团公司项目管理机构负责管理的施工,由项目管理机构代报施工计划,并注明代报项目管理机构,项目管理机构要严格审核把关”的规定。三是施工方案编制有疏漏。施工单位编制的施工组织方案,未细化更换桥梁人行道托架、栏杆、支座除锈油漆、横向铁盖板除锈油漆等主要施工项目的工艺流程,没有明确安全注意事项。该段编制的更换桥梁托架作业指导书中缺少对施工过程中切断穿条,造成避车台框架结构强度不足、承载力下降后应采取的安全防护措施。四是“一日一案”编制不细。施工单位事发前五日制定的“一日一案”中缺少安全防护措施,未明确避车位置,也没有停用1号墩避车台。

2. 施工管理不到位。一是未按方案组织施工。事发前五日,施工单位施工负责人指挥切断1号桥墩避车台穿条后未落实“施工组织方案”中“栏杆穿条解锁后必须恢复方可使用,未更换完毕必须焊接恢复,否则应设置封闭警示绳”的要求,形成安全隐患。事发当日,施工负责人对该避车台安全风险掌握不清,仍未采取安全措施,造成作业人员多次在该避车台涉险避车。二是施工培训内容不全。施工人员上岗前安全教育培训针对性不强,培训内容缺少安全避车、病害桥梁步行板承重等关键内容。违反《铁路从业人员安全培训管理办法》“委外(外包)业务作业人员由承揽单位承担安全培训主体责任,发包单位承担培训监督检查责任。承揽单位及发包单位应按照上述培训规定要求,在业务外包合同中明确双方培训职责,确保落实安全培训100%”的规定。三是施工管理人员随意委托。施工单位委托的项目经理不具备相应资质,乙工务段在审核中也未发现。四是监督作用发挥不好。该段事发前5天每日现场监控人员、每日检查干部均未发现1号桥墩避车台存在的安全隐患。

3. 专业管理有待加强。一是隐患排查不彻底。该段对桥梁附属设备检查不认真,未及时发现该桥托架锈蚀病害,直至2023年秋检才将其评定为A级劣化。二是桥梁劣化整治推进缓慢。该段管内共有桥梁842座,至今已运营50余年,其中桥梁托架锈蚀严重的42座,2023年仅安排大修整治15座。三是段作业派工单审核制度有漏洞。该段未明确生产调度指挥中心审核职责及流程,造成车间申请的作业派工单仅由主管科室审批同意,安全生产指挥中心未参与审核管控,违反段《工务系统安全生产调度指挥中心建设标准》“生产指挥中心审核、批复作业派工单”的要求。

【案例五】防护失效防护员参与作业致人死亡

一、事故概况

2022年6月24日,甲局乙段丙车间检查工区两名作业人员在丁站进行防胀巡查作业转场时,一名作业人员在四场××号道岔尖轨尖部被戊机务段调车机车撞轧死亡。

二、事故原因

乙段现场作业人员超范围在丁站四场进行防胀巡查作业,驻站联络员不确认现场作业人员实际位置,未盯控通报单机走行径路,防护职责不落实;现场防护员参与作业,间断瞭望,防护体系失效,是导致作业人员被单机撞轧死亡的直接原因。

戊机务段司机、副司机间断瞭望,未发现运行径路上的工务作业人员,也未采取鸣笛、制动措施,是导致事故发生的另一直接原因。

三、事故教训

1. 带班人违章指挥。丙车间检查工区班长中午回工区吃饭休息后,考虑当日气温超过35 ℃,在未申报丁站四场点外作业计划的情况下,随意变更作业地点对四场道岔设备进行防胀巡查检查。同时,车间大部分点外作业时段为09:00—16:00,上报作业时间段过长且随意，也未按要求在上午回工区、下午重新上道前，与乙段指挥中心拍照联控，暴露带班人“重生产、轻安全”思想严重。

2. 防护员履职不到位。一是防护员严重失职。现场防护员知道去四场作业超出计划的情况下未予以制止；驻站联络员在接到现场防护员通报的上线作业走行路径后，明知无点外作业计划，也未制止违章行为；驻站联络员在接到防胀巡查道岔位置后，未认真核对道岔径路上是否有车列通过，也未通过监控台实时进路排列情况，未及时将来车情况向现场防护员通报，基本作业制度不执行，违反“驻站联络员及时准确地掌握列车、机车、车列运行情况，并及时准确依次将列车、机车、车列运行动态情况通知现场防护员”之规定。二是现场防护员未严格落实瞭望制度。在防护过程中过度依赖驻站联络员报车，没有严格落实“瞭望为主、监听为辅”的规定，且兼做防胀巡查，违反安全防护相关规定。

3. 现场作业严重失控。一是安全生产调度指挥中心审核计划流于形式，对提报作业时段过长的情况，没有进行综合考虑、认真审核，在上、下线监控方面存在漏洞。二是车间批准的点外作业方案派工单中未对大站场咽喉区点外防胀巡查作业人身安全风险进行研判，未对现场防护设置、容易发生侵限等风险提出具体的管控措施。三是检查工区当日班前预想中，未针对现场复式交分道岔多、防胀巡查作业地点变化快、机车车辆运行繁忙且径路复杂等容易造成人身伤害的风险进行重点提示。四是对单兵记录仪监控不力，对现场不开机、违章作业等情况没有进行有效制止和通报。五是段相关科室干部对车间、班组执行制度情况检查不到位、力度衰减，不能针对较为复杂的作业条件中存在的问题及时进行纠违。丙车间干部2022年以来虽发现了该车间其他工区类似问题，也进行发牌考核，但追踪整改不到位，暴露出干部履职不到位，对现场关键作业的检查管控不力，惯性违章问题长期得不到整治。

4. 大站场防护制度不细。《乙段上线作业安全防护相关规定的通知》中，虽然对多方向大站场作业的防护员任职条件、培训要求、联络用语、固定走行径路、避车等五个方面进行了明确，但仍然执行一名驻站联络员防护不超过三个作业组的规定，未考虑这三个组可能分布在不同车场的情况，一名驻站联络员能否兼顾多个站场的问题；也未考虑调车场咽喉区机车车辆运行径路复杂的问题，未考虑需要增设现场防护员的措施。

5. 简化作业有标不依。戊机务段该机班乘务员单机运行精力不集中，间断瞭望，没有发现运行径路上的作业人员，将其撞轧致死，未落实《铁路机车操作规则》“调车作业中，彻底瞭望，确认信号”制度；该机班此次作业多处信号、道岔、脱轨器漏确认、不呼唤，仅有的几次呼唤应答也含糊不清，未落实《铁路机车操作规则》、《调车机车乘务员一次乘务作业标准》“调车作业中对调车信号、道岔、脱轨器，必须逐个进行手比确认、呼唤”的规定。段、车间对调车乘务员标准化作业管控缺失，致使部分乘务员作业标准不落实形成习惯。

6. 调车视频管理缺失。戊机务段规定调车机车视频每周全覆盖转储一次的规定没有得到有效落实，事故机车视频自事发前8天就已经故障，由于未按时转储没能及时发现此故障，造成无法通过视频还原事故现场。该车队其他13台机车中有1台机车视频故障已提报，但尚未修复；其他12台机车也存在不按照转储标准落实的情况，6月有的机车视频仅转储一次，段对车间调车机车视频管理情况督导不力，规章制度流于形式。

复习思考题

1. 作业小车是指什么？

2. 普速铁路防护联系中断如何应急处置？

3. 普速线路慢行地段设置、更换、撤除移动减速信号的程序是什么？

4. 普速铁路与高速铁路并行地段作业有何规定？

5. 长大隧道作业要求有哪些？

6. 普速铁路在区间线路上天窗点外进行的作业，驻站联络员与现场防护员、施工(维修)负责人联系的程序是什么？

7. 防护员任职有哪些要求？

8. 步行上下工时有哪些安全注意事项？

第七章　电务劳动安全

电务(含信号、通信)专业是铁路运输生产的主要工种之一,电务作业人员应掌握电务作业人身安全通用规定,在上道作业过程中,应避免机车车辆伤害,明确涉电、带电作业的安全规定、防护措施,规范作业行为。

第一节　电务作业人身安全通用规定

电务作业人员应掌握预防人身伤害事故的安全知识和作业技能,规范从业人员作业行为,加强作业人员劳动保护,确保从业人员劳动安全。

1. 全员必须经过劳动安全知识培训,经考试合格后方可持证上岗。

2. 特种设备操作人员、特种作业人员按国家要求经过专业培训,考试合格,取得相应资格后持证上岗。新职人员必须经单位、车间和班组三级安全教育,并按要求取得上岗资质后,方准上岗作业。学徒工、实习人员不准单独作业。营业线施工单位“四员一长”(安全员、防护员、联络员、带班人员和工班长)须经施工安全知识培训,考试合格后,方可持证上岗。

3. 驻站联络员、现场防护员必须经过岗位培训,考核合格取得相应资格后,方可持证上岗。

4. 新设备开通使用前,段应组织设计、施工部门和产品供应商,对维护人员进行技术培训,考核合格后,方可持证上岗。

5. 从业人员应严格遵守常见事故预防及人身安全各项规定。严格遵守劳动纪律和作业纪律,班前、班中禁止饮酒,按规定时间休息。严禁脱岗、串岗、私自替班或换班,不得做与工作无关的事情。

6. 班中按规定着装,正确使用劳动防护用品和安全防护装备设施,严格执行安全技术操作规程。作业场所禁止穿着高跟鞋、拖鞋、露趾凉鞋、硬底等易滑鞋;禁止戴未设耳孔的双耳帽,禁止将双耳包裹;衣服穿戴整齐、鞋绳系扣牢靠,防止刮、擦、碰、摔等伤害。

7. 作业场所须按国家(或行业)标准准确、规范设置安全标志。危险场所(地)、地段和重要设备、设施处,须设置醒目的安全警示标志。

8. 作业人员、管理人员应熟知作业环境、行走径路及相关设备设施,并随时注意使用情况,如遇设备设施、走行通道发生异状或变化时,应及时报告有关单位采取安全措施。

9. 铁路站场、区间应按固定线路行走，并注意周边机车车辆动态和货物装载、设备设施状态，注意脚下有无障碍物。非作业需要，不准脚踏钢轨面、道岔连接杆、尖轨、辙叉心等。邻近线路行走时，人体及所携带的工具(料)不得侵入机车车辆限界。

10. 有限空间作业必须严格实行作业审批制度，严禁擅自进入；必须做到“先通风、再检测、后作业”，严禁通风、检测不合格作业；必须配备个人防中毒窒息等防护装备，设置安全警示标识，严禁无防护监护措施作业；必须对作业人员进行安全培训，严禁教育培训不合格上岗作业。

作业过程中应当采取通风措施，保持空气流通，禁止采用纯氧通风换气。发现通风设备停止运转、有限空间内氧含量浓度低于或者有毒有害气体浓度高于标准限值时，必须立即停止作业，清点人员，撤离现场。

11. 铁路站场、区间行走及上道施工、维修、检查等作业时，作业人员必须按规定穿高可视性警示服(3 级)，防护人员必须有明显的防护员标识。

12. 各种工机具使用人必须按规定穿戴劳动防护用品。各种有动力的工机具使用人员必须经过专业技术培训，考试合格后，方可持证上岗。电动工具、机械的电压在 50 V 以上的，要采取保护性接地或接零措施；使用手持电动工具时，必须安装漏电保护装置。夜间作业应配有足够的照明设备，配备到个人的移动照明灯具的电压不得超过 36 V，灯泡应有防护罩。同时，制定人身安全防控措施。

13. 野外作业遇雷雨时，作业人员应放下手中的金属器具，到安全处所躲避，严禁在大树下、电杆旁、停留的列车底部和涵洞内躲避。酷暑、严寒季节，应采取措施防止中暑、溺水、冻伤或煤气中毒。

14. 作业人员接触职业病危害因素的，应按照国家规定开展职业病防治工作。接触粉尘、有毒、易燃、易爆物品的作业，使用电器、机械设备，以及在有限空间、高处作业等，必须按规定采取相应保护措施并使用劳动防护用品。

15. 易燃、易爆及有毒物品必须由专人保管，定置存放，储存时应与建筑物、烟火及水源隔离；搬运装卸及使用时，应严格按规定程序操作，严防起火、爆炸和中毒。

16. 检修工具及安全防护用品(包括绝缘工具)，应定期检查试验，使用前必须进行检查。发现超过安全期限或质量不良的，及时更换。

17. 工区(驻站点)应备有急救药箱，所有职工应掌握作业伤害、触电、中暑、摔伤、蛇虫咬伤和外伤处理等知识。

第二节　作业防护和避车人身安全规定

电务作业人员上道作业过程中，机车车辆伤害的风险和有害因素较多，加强营业线施工、检修作业安全防护，规范作业人员行为，是预防机车车辆伤害的基础保障。

一、作业防护规定

建立完善的防护体系，确保电务作业人员的劳动安全，防护人员必须取得相应资质，掌握防护知识，确保防护信息的安全传递。上道作业必须设置专人防护，驻站防护、现场安全防护、特殊区段作业安全防护、应急防护必须遵守相应的规定。

（一）作业防护基本要求

上道作业必须设置专人防护，所有上道人员必须按规定着装，佩戴防护用品。驻站联络员上岗时必须按规定穿戴工作服，佩戴标志，携带驻站防护记录本、通信工具。现场防护员上岗时须穿有明显标识的防护服，携带通信工具、作业记录仪、口哨或喇叭等防护用品。遇作业人员较多、通知困难等情况时应携带电喇叭。

1. 室内设置驻站联络员，室外设置现场防护员。当作业组较多时，应增设驻站联络员、现场防护员。

2. 驻站联络员必须认真执行有关规定预告列车信息。不得随意离开行车室，确需离开时必须通知室外作业人员下道避车，并确认作业人员下道完毕后方可离开。

3. 现场防护员不得做与防护无关的事。执行定时通信联系制度，发现联系中断，应立即组织作业人员停止作业并下道避车。

4. 防护员应持证上岗，按规定穿着防护服，佩戴标志和防护用品。作业负责人不得兼任防护员。

5. 安全防护信息传递，应使用标准用语，执行呼唤应答和复诵制度。防护期间防护员不得临时调换，不得与他人聊天、参与作业，不得做与本职工作无关的事项。

6. 未按规定建立防护体系，作业人员有权拒绝上道。

7. 驻站联络员、现场防护员均应参加班前会，掌握防护对象、作业内容、作业区域、行走路线和安全卡控措施等，检查互试通信工具良好。

（二）防护资质

1. 防护员包括驻站联络员、现场防护员等负责现场人身安全的专职防护人员。

2. 防护员应经本专业职业技能认定，并经铁路局集团公司许可的具有培训资质的机构培训考试合格，取得相应职业和岗位资格证书。

3. 实习生、临时工不得担任防护员。

（三）驻站防护的规定

1. 驻站联络员须掌握防护对象、作业内容、作业区域、行走路线和安全卡控措施等，与作业负责人、现场防护员和作业人员互试通信工具良好。驻站联络员应掌握室外各组作业人员动态及现场防护员的位置，实时掌握现场人员作业地点转移等信息。

2. 驻站联络员应随时确认控制台显示，实时掌握列车运行、调车作业动态及作业车移动情况，及时准确地把本线及邻线列车和车列信息通知到作业负责人或现场防护员，掌握现场人员停止作业、下道避车情况。

3. 高速铁路驻站联络员要主动掌握列车运行状态，严格执行高速铁路作业门管理相关规定，按规定通知现场作业人员进出作业门，防止现场作业人员盲目擅自上道。

4. 开通编组站综合集成自动化系统的车站驻站防护须遵守以下规定：

(1)施工(维修)及天窗点外作业时,由驻站联络员根据施工监控室设置的站场平面复示终端显示,将调车或列车运行情况及时通知现场防护员;遇施工监控室设置的站场平面复示终端无法显示信息,以及办理反方向接发列车(图定反方向列车除外)或接发区间返回列车时,驻站联络员进入调度大厅在车站值班员处负责驻站防护工作。

(2)因施工(维修)作业需联系车站值班员进行道岔操纵、开放信号试验等作业和行车设备故障时,驻站联络员进入调度大厅,在车站值班员处进行驻站防护。

5. 普速铁路 CTC 区域集控区域安全防护须遵守以下规定:

(1)管理站作业防护体系,应在管理站行车室安排驻站联络员,室外根据作业具体情况设置相应的现场防护员,安全防护标准与既有要求一致。

(2)无人站作业防护体系,应在管理站行车室安排驻站联络员,无人站行车室安排驻站联络员,室外根据作业具体情况设置相应的现场防护员。

(3)无人站驻站联络员承担主体防护责任,管理站驻站联络员承担辅助防护责任,双方应互相通报每一趟列车运行情况。

(4)无人站作业时,既有的无线电通信设备不能满足长距离双工通信要求的,应给管理站的驻站联络员和无人站的驻站联络员配备基于无线网络的通信对讲机。

(5)集控台管辖范围内有天窗作业时,应设置一名驻站联络员。当集控台存在 2 个以上无人站同时作业期间(不含垂直天窗转站控),集控台需增设一名电务人员联系协调。

6. 驻站联络员定时与现场防护员进行联络。遇驻站联络员与现场防护员联系中断(包括未按规定时间进行联络)时,驻站联络员应立即采取站场广播或其他通信方式通知现场作业人员停止作业、下道避车。待恢复联络后,应确认现场作业人员安全情况。

7. 两名及以上驻站联络员共同执行防护任务时,应明确防护范围、分工,不得互相干扰。

8. 驻站联络员须遵守行车室有关工作制度和纪律,不得妨碍行车工作。作业过程中驻站联络员须严格执行作业标准,密切监视列车运行情况及调车机车动态,与车站值班员加强联控。驻站联络员应主动了解防护时段内其他作业单位的施工、维修作业计划内容及安全注意事项,及时通知作业负责人或现场防护员。

(四)现场防护的规定

1. 现场防护员应根据防护要求和作业现场地形条件、作业人员和工机具布置等情况,合理确定站位及移动路径,选择瞭望条件较好、位置醒目、不侵限,便于确认来车及人员作业情况,便于通知作业人员,并与作业者保持规定距离的处所进行防护,不得与作业人员扎堆。

2. 现场防护员与驻站联络员、作业负责人随时保持联系,转移作业地点时必须先联系行车动态,确认安全后再转移。

3. 当接到来车通知或发现来车时,现场防护员应立即通知作业负责人、作业人员下道避车,确认作业人员、工机具、材料处于安全地点。

4. 现场防护员应定时与驻站联络员进行联络。遇现场防护员与驻站联络员通信联络中断(包括未按规定时间进行联络)时,现场防护员应立即通知作业负责人和作业人员下道至安全地点，同时采用其他通信手段与驻站联络员（或车站）取得联系。

5. 现场防护员在作业人员下道避车时做到“三看”：一看作业人员下道完毕；二看使用的工具带到安全处所；三看机具、材料未侵限，并报告驻站联络员。

6. 现场防护不得超过规定距离，超过时应增设现场防护员。转移作业地点时，现场防护员应向驻站联络员通报下一作业地点。

7. 现场防护员不得擅自离岗，特殊情况需离开作业现场、中断防护时，必须先征得作业负责人同意，通知并确认现场所有作业人员停止作业、下道至安全地点，报告驻站联络员后方可离开，返回时须重新通知驻站联络员和作业负责人。

8. 在通信不畅、瞭望距离不足、隧道等特殊地段作业时，应增设现场防护员。

二、避车人身安全规定

电务作业人员在桥梁和隧道、普速铁路与高速铁路并行地段作业过程中，为防止车辆对人身安全造成伤害，应有效避让至安全区域，作业人员需执行下列作业要求。其他有关避车的基本要求和下道避车规定参见第二篇第一章“预防机车车辆伤害”相关内容。

1. 设有避车台的桥梁，应进入避车台避车；无避车台时，应在桥梁外方避车。

2. 设有避车洞的隧道，应进入避车洞避车；无避车洞时，应在隧道外方避车。

3. 避车时，人员应分散进入就近避车台、洞，避免人员过度集中、拥挤，并注意桥上护栏的稳固状态。

4. 在桥梁步行板、隧道水沟盖板等人行道板上行走时，应时刻注意脚下，及时躲避障碍物和失效、断裂、缺失的道板等。

第三节　电务轨旁设备施工及维护作业人身安全规定

电务（含信号、通信）作业人员在轨旁设备施工及维护作业等生产活动中，违反安全规定，不执行劳动安全风险管控措施，是造成人身伤害事故的直接原因。

一、作业登、销记规定

电务轨旁设备施工及维护作业中，应遵守作业防护要求。作业前（障碍隐患处置前）在车站进行登记，建立防护体系。施工、检修作业完毕，试验良好，履行销记手续。

1. 上道作业和影响行车设备（行车通信业务）正常使用的作业必须在车站《行车设备检查登记簿》或《行车设备施工登记簿》内登记，经车站值班员（列车调度员）签认或由扳道员、信号员取得车站值班员同意后签认，方可开始。必须按规定设置驻站联络员、现场防护员，联系中断时必须停止作业。

2. 电务设备发生故障时，应首先在《行车设备检查登记簿》内登记停用相关设备，经车站值班员（列车调度员）签认同意后，方可进行处理。

3. 发现危及行车安全的设备隐患时，应立即通知车站值班员（列车调度员）及电务

(通信)段调度,并在《行车设备检查登记簿》内登记停用设备。经车站值班员(列车调度员)签认同意后,方可进行处理。

4. 故障处理完毕,应进行检查试验,其结果应记入《行车设备检查登记簿》,履行销记手续;施工、检修作业完毕,应进行检查试验,其结果应记入《行车设备施工登记簿》,履行销记手续。

5. 联系应使用标准用语,语意应简明、确切,做到相互复诵。联系、登(销)记办法及标准用语,由铁路局集团公司制定。

二、电务轨旁设备作业人身安全规定

电务轨旁设备作业涉及站内、区间上道、电气化区段、高速铁路、普速铁路、车载设备、登高、立杆、撤杆、道岔、轨道电路、长大隧道、有限空间等作业内容,按照不同场所和不同作业内容,应遵守相应的人身安全规定。

(一)站内、区间上道作业

1. 电务系统各类上道维修,以及高速铁路各类轨旁作业按照"行车不施工、施工不行车"的原则,必须全部纳入施工计划或维修天窗计划内实施。所有上道作业必须安排在有计划的施工天窗点、维修天窗点内实施。遇重点设备检查、隐患处置等可按"临时要点"申报批准流程,向车站值班员或列车调度员联系要点。

2. 作业人员进通道门必须按规定设置防护,必须得到现场防护员与驻站联络员联系确认防护人员已到位并在岗履责后,方可进入。各类作业前,必须得到驻站联络员已按规定登记、列车调度员或车站值班员(车务应急值守人员)已签认同意和驻站联络员已告知没有来车的信息。作业人员上道前,必须得到铁路局集团公司调度所同意施工(维修)作业的调度命令和本单位调度指挥中心调度同意作业的许可。

3. 在站内作业时要随时注意瞭望列车运行,根据站场线路布置,明确作业安全区域。

4. 在区间行走时应走路肩;在道床上行走或工作时,应不断前后瞭望;在复线区间,应迎列车运行方向行走,并不断前后瞭望,禁止在邻线和两线中间躲避列车。

5. 横越线路时,须执行"一站、二看、三通过"制度。禁止从车辆下部或车钩处通过。在停留列车、车辆前部或尾部通过时,应与其保持 5 m 以上距离。

6. 禁止在钢轨、轨枕上和车辆下部休息。

7. 雷雨天气,禁止修理避雷器、地线。

8. 挖坑、沟时,应了解地下设备情况,土质松软处所应有防护和加固措施,以防坍塌。坑、沟一般不应过夜,不得已时,须采取防护措施。

9. 在线路两侧电缆槽、排水沟盖板上行走时,要注意避开盖板缺损处、桥梁伸缩缝及锯齿孔和接触网支柱及拉线,防止绊倒、坠落。在桥上行走、施工或休息时,身体不能倚靠桥梁护栏,避免发生高处坠落。

10. 天窗结束后,作业人员、工机具应立即撤离线路至安全地点,沿固定行走路线返回。作业人员往返作业现场时,应由防护员组织按固定路线列队行走,现场防护员随队防护。

（二）电气化区段作业

1. 作业人员身体和携带物件（如长杆、导线、工具等）与接触网设备带电部分必须保持2 m以上的距离，与回流线保持1 m以上距离。

2. 在距离接触网带电部分不足2 m的处所作业时，接触网必须停电，由接触网工区人员安设可靠的临时接地线并验电确认后，方可开始工作。作业时应有接触网工区人员在场监护。拆除临时接地线后，严禁再进行作业。

3. 禁止攀登接触网支柱，不得在支柱上搭挂物品。

4. 严禁向接触网上搭挂绳索等物，发现接触网上挂有线头等物，不准接触。当发现接触网导线断落时，要远离该处10 m以外，将该处加以防护，并立即通知有关部门处理。

5. 电务设备的地线必须连接牢固，接触良好，接地电阻应符合要求。电务人员作业时应确认地线接触良好。

6. 电务人员作业时，应按规定使用耐高压的绝缘防护用品，如高压绝缘手套、绝缘靴、绝缘垫等。

7. 更换扼流变压器，中心连接板，轨道电路送、受电的扼流变压器引接线，站内横向连接线等器件时，应按规定采取相应的安全防护措施，保证牵引回流畅通后，方可进行作业。

8. 更换轨道电路绝缘时，应在确认扼流变压器连接线各部连接良好后，方可开始作业。

9. 整修电缆时，应先确认电缆外皮与电缆屏蔽地线连接牢固，接触良好，同沟内数条电缆外皮焊接良好，方可开始作业。

10. 电气化铁路区段在切割电缆外皮或打开电缆套管之前，要将电缆切割点（不含全塑电缆）钢带两端连通并临时接地，在作业地点铺设干燥的橡胶绝缘垫或作业人员穿高压绝缘靴进行。

（三）高速铁路作业

高速铁路各类轨旁作业，必须安排在天窗内进行，不得利用列车间隔时间作业。施工（维修）作业时，施工单位、设备管理单位应采取措施，保证施工（维修）作业人员和邻线列车安全，并执行以下规定：

1. 天窗或封锁时间以外，禁止任何人员进入高速铁路封闭设施、桥面或隧道范围内。

2. 因救援抢险等需要，必须在非天窗时间内进行作业的，作业单位在提报计划和作业申请时，必须同时提出对本线封锁、邻线限速160 km/h及以下或封锁的请求，得到列车调度员许可的命令后方可上道作业。因作业人员从邻线侧作业通道进入线路封闭设施后需短时间穿越非封锁线路时，必须设专人防护，经现场防护员与驻调度所（驻站）联络员联系，确认没有来车后，方准快速组织通过。

3. 进入高速铁路封闭设施前，作业负责人应在作业通道门外清点登记作业人员、工机具、材料数量；作业结束后开通线路前，作业负责人必须再次清点人员、工机具、材料数量，确认人员、工机具及材料已全部撤至封闭设施以外、作业车辆已返回指定停车地点后，方可通知驻站联络员销记。

（四）普速铁路作业

1. 凡影响营业线行车的维修作业均应纳入天窗，不准利用列车间隔进行。天窗内无法完成的维修作业，必须纳入铁路局集团公司月度施工计划。

2. 上道作业必须设置驻站联络员和现场防护员。

3. 驼峰设备检修实行“停轮修”。局部封锁时，应将封锁区域前端分路道岔置于隔开状态并单锁。

4. 普速铁路下列维修作业可在天窗点外进行，但严禁利用速度 160 km/h 及以上的列车与前一趟列车之间的间隔时间作业。其他维修项目必须纳入天窗，严禁利用列车间隔时间作业。

（1）信号部门：光电缆径路检查、室内外设备巡视检查及道岔转换试验。

（2）通信部门：在道床坡脚以外进行不影响行车通信业务正常使用的通信设备、线路及附属设施的日常维修、业务办理和保护试验。

5. 普速铁路天窗点外作业须纳入作业计划管理，天窗点外维修作业计划由车间或段批准，具体审批程序由铁路局集团公司规定。

（五）车载设备作业

1. 电务车载设备作业基本规定

（1）禁止在机车行驶中检修机车外部的电务设备，机车入库或在车站停车检修机车外部的电务设备时，应挂红色信号旗或红灯防护，并在操纵手柄上悬挂红色禁止操纵牌。

（2）内燃机车、轨道车在柴油机启动状态及电力机车在升弓状态时，如相关单位配合人员未在现场，严禁上车作业，严禁操纵制动机、换向手柄、主控制手柄等非电务车载设备。

（3）电务车载设备登顶作业须在机务段（折返段）、动车段（所）、轨道车日常停放地点等库内特定地点进行。电气化区段，在办理接触网停电手续且已设好地线前，禁止攀登机车、动车组、轨道车顶部进行设备维修作业。

（4）电务车载设备车底检修、检测须在机车、动车组、轨道车进入库内地沟停稳后，确认在制动状态下，并设置防护人员后方可进行。

（5）机车、动车组、轨道车车载设备检测、重点检查、检修、问题处置、设备整治作业前，应确认机车、动车组、轨道车制动手柄在制动位，遇机车、动力集中动车组、轨道车列车管处于无风状态时还应确认人力制动机在制动状态，并设置防护标志和禁止操纵牌后方可作业。

防护标志和禁止操纵牌的设置规定如下：

①防护标志：机车、轨道车的防护标志为展开的红旗或红色稳定灯光，设置在任一端左侧车体外侧；动车组的防护标志为红牌，在检修库内作业时设置在动车所规定位置。

②禁止操纵牌：为红底标有“禁动”的长方形警示牌，设置在机车、动车组、轨道车作业相关司机室操纵手柄位置。

（6）上下机车、动车组、轨道车应面向车体，双手紧握扶手，沿踏板上下，严禁飞乘飞降，设有检修台架处所应经台架扶梯上下车。

(7)内燃机车启动状态严禁踩踏、跨越变速箱、风泵、传动等运动部件；严禁碰触柴油机、热交换器等高温部位；内燃、电力机车严禁进入高压室；严禁在通电状态下触摸接线端子、连接器触点等外露电气线路；内燃机车、轨道车在柴油机启动状态，电力机车、动车组在升弓状态，严禁进入车底部作业；严禁在吊物下行走、站立或作业。

(8)作业前应穿戴好安全防护用品。车底部作业、登顶作业及运用单位规定处所应戴好安全帽；登顶作业应系好安全带；车上或电气化区段作业应穿好绝缘鞋；库外进入营业线作业按规定着装。

2. 电务车载设备库内作业规定

(1)在库内固定作业地点，有相关单位配合人员在场，允许单人进行检修、检测、检查、交验等作业。

(2)登顶作业应在库内进行。作业前电务车载车间(班组)应通报相关机务(辆)段、动车段(所)、轨道车运用单位，按规定办理相关手续，并取得本单位调度作业许可，车间(或由指定人员)到场把关后方可进行。机车、轨道车登顶前，原则上应在库内无网区域内进行，把关人员、作业人员应确认作业处所处于无网区域；特殊情况作业处所处于有网区域时，立即汇报本单位调度，经领导批准后，把关人员、作业人员应会同机务部门或轨道车运用部门确认接触网已停电并设好接地后方可登顶。动车组登顶前，把关人员、作业人员应确认接触网处于无电状态，按照动车所要求办理相关手续，申领门禁卡，方可登顶。

(3)电务段应根据相关库内线路的具体情况，明确作业固定行走路线、等待区、穿越线路地点等，作业人员应熟知并严格执行。

3. 电务车载设备非库内作业规定

(1)非库内作业应由段调度指挥中心核发作业许可。

(2)严禁进行登顶和底部作业。

(3)作业人员前往作业地点、车体外部作业、作业完毕返回应指派驻站联络员和现场防护员。遇全体作业人员进入机车、动车组、轨道车内部作业时，现场防护员允许同时参与车内作业，但不得中断与驻站联络员联络。

(4)遇机车、动车组、轨道车移动时，作业人员应上车或按规定下道避车；禁止攀爬机车扶梯、护栏等设施；严禁在机车、动车组、轨道车移动状态下进行无关的车载作业。

(六)高处作业

1. 高处作业必须采取防滑、防坠、防坍塌等措施，正确佩戴安全帽，正确使用安全带(绳、网)，严格执行专人防护制度。严禁患有禁忌证人员高处作业。高处作业禁止使用手机接打电话。

2. 禁止在大雾、大雨(雪)、雷电密集、扬沙及六级以上大风等恶劣天气时露天高处作业。因抢修等特殊情况必须高处作业时，应采取可靠的安全技术措施，加强现场把关。

3. 高处作业之前，应检查确认登高辅助设备完整良好，设有防滑、固定等装置，并采取有效防护措施。作业时，不得探身过远或高空跨越。升降台在上下升降或左右移动时，必须瞭望确认具备条件后方可开动。

4. 在桥梁地段进行临边作业时,应设置防护围栏和安全网。悬空作业应有可靠的安全防护设施。未设置隔离设施的高处作业,人员不得垂直施工。

5. 移动式梯子在使用中应符合规定,梯脚底应坚实,梯子上端应有固定措施,人字梯铰链必须牢固;在同一梯子上不得两人同时作业,涉电作业使用绝缘梯。

6. 冬季在寒冷地区,信号机、杆、塔上的工作时间不宜过长。

7. 在高柱信号机上作业时须遵守以下规定:

(1)在高处作业时,应按规定使用安全带、佩戴安全帽或采取安全防护措施。离开信号机梯子或站在梯子架外侧工作,必须使用安全带。

(2)禁止上下同时作业,梯子上有人时下方不能站人;不得将工具、材料放在信号机上。

(3)列车通过时,禁止在该股道两侧信号机上停留。

(4)不准肩扛、手提笨重物品攀登信号机。不准上下抛递工具、材料,上下传递物品必须用吊绳。

(5)遇大风(六级及以上)、暴雨等恶劣天气禁止高处作业,特殊情况落实现场把关。冬季作业应穿防滑绝缘鞋,登梯前注意梯子结冰湿滑。

(6)严禁患有禁忌证人员高处作业。高处作业禁止使用手机接打电话。

(7)电气化区段作业前,应事先检查梯子接地线接触良好,作业人员必须戴安全帽。必要时应按规范穿戴绝缘手套、绝缘靴。

8. 通信专业登高作业时须遵守以下规定:

(1)铁塔作业人员必须经过培训合格,持有效的高处作业证书后方可上岗。严禁未取得证书人员进行登塔作业。

(2)高处作业人员必须戴好安全帽,按规定使用安全带(绳、网),作业前必须确认机具、设施和用品完好。

(3)高处作业不宜上下重叠,确需上下重叠作业时,应在上下两层中间用密铺棚板隔离或采用其他隔离设施。严禁将工具或材料放在杆顶或线担上,材料、工具不准上下抛递,应用绳索绑牢上下吊送。

(4)登杆作业前应检查电杆的各部位强度和质量,电杆未回填夯实前不得登杆作业。禁止手持工具、零件,携带电线登杆或在角杆内侧利用拉线上下电杆。

(5)杆、塔上有人工作时,在杆、塔下的“可能坠落范围半径”内不得有人逗留,杆、塔下防护人员应戴安全帽并保持安全距离。

(七)立杆、撤杆作业

1. 根据地形配足人员,并设专人统一指挥。

2. 登杆作业前,应检查电杆的各部位强度和质量,禁止手持工具、零件,携带电线登杆或在角杆内侧利用拉线上下电杆。

3. 竖立过长或过重电杆时,应使用叉杆或绞车等工具。

4. 新立电杆未回土夯实时,不得盲目登杆或拆除支撑物、拉绳等。

5. 立杆、撤杆危及行车安全时，应登记要点，并采取防护措施。

6. 安装和拆除杆柱附属设备时，拆除前应检查绳索、滑轮或机具的强度和结扣牢固。吊运、安装拆卸杆柱附属设备时，要听从统一指挥，动作协调；安装杆柱附属设备的固定螺栓未拧紧不得放松绳索；拆卸时，要拉紧绳索，下落动作要缓慢，在安装、拆卸（包括提升、下落）过程中，下方严禁有人逗留。

7. 拆除杆柱时，应固定其倾倒方向，尽可能避免倒向股道，任何人不得逗留在倒下方向杆柱长的1.5倍距离内。人工竖立杆柱时，事先要制定完善的安全防护措施，立柱或移设时，必须停止坑内作业，正确使用吊杆和滑车进行；必须人工立柱时，叉杆、撑杆、拉绳等设备应完备可靠，严禁用铁锹、木棍等代用或用人体支撑叉杆等。

（八）道岔作业

1. 检修电动（电空、电液）转辙机时，应打开遮断器。

2. 在道岔动作杆（锁闭框）附近或基本轨之间进行检修、清扫、注油工作时，应按规定使用安全木。

3. 在道岔区域作业时，不得将手脚置于尖轨、基本轨之间。严禁手扶、脚踏道岔转辙部位。

4. 在道岔设备检修、拆装作业时，不得将手指伸入袖套、空动距离、锁钩、挤切销、孔、齿条、油缸等活动部位，不得用手指探试销子孔或用手确认其吻合状态。

5. 电务驻站联络员操纵道岔或交付车务使用前，应经现场作业人员许可。

6. 搬运、拆装道岔及转辙设备时，每人负重一般不得超过50 kg，做到单一指挥、呼唤应答、同起同落。

7. 活动扳手不准随意加装套管，扳手不准咬合使用或代替手锤，应规范使用。使用大锤、手锤时禁止戴手套。

（九）轨道电路作业

1. 在轨道电路钻孔和使用冲子时，作业人员必须佩戴护目镜；在更换导接线作业时，塞钉、手锤击打范围内不得站人。

2. 使用的各种锤、铲、锉、冲、斧等手动工具应状态良好。使用大锤、手锤时禁止戴手套。

3. 工务搬运钢轨或轨排时，电务配合作业人员应与其保持一定的安全距离，防止物体打击伤人。大机清筛作业时，电务配合作业人员应在安全区域等候，配合作业人员应按规定佩戴、使用安全帽。

4. 电气化区段更换扼流变压器、中心连接板、轨道电路送受电端的扼流变压器引接线、站内横向连接线等器件时，应按规定采取“两横一纵”安全防护措施，保证牵引电流畅通无阻后，方可进行作业。

5. 更换轨道电路绝缘时，应确认扼流变压器连接线和相邻两轨道扼流变压器中心连接线等各部位连接良好后，方准开始作业。

6. 电气化区段配合工务部门更换钢轨时，应由工务负责加装“两横一纵”线，电务确认已加装并接牢后，方可开始作业。

（十）长大隧道作业

有自轮运转设备在长大隧道内作业时，电务原则上不安排同隧道内作业。若因大机换枕（轨）、大机钢轨打磨、大机捣固配合或应急处置等必须与自轮运转设备同在长大隧道内作业时，应严格落实下列措施。

1. 隧道内因空间限制，空气流动不畅，在自轮运转设备连续作业时，会造成废气聚集、氧气含量降低，在工作安排上应缩短连续作业时间，休息时作业人员应撤离至隧道外休息。

2. 作业过程中应加强与自轮运转设备运用单位相关人员的联系，随时接听自轮运转设备运用单位人员的通知，注意观察自轮运转设备运用单位人员动向。

3. 接到自轮运转设备运用单位人员气体检测结果异常信息报告，或发现自轮运转设备运用单位人员停止作业、人员紧急撤离或者作业人员身体不适时，必须立即停止作业，组织人员向最近方向隧道口撤离。撤离时必须确认人员情况，防止人员掉队未撤离到安全区域，能使用轨道作业车作为交通工具进行撤离时应使用轨道作业车快速撤离。排除险情后，方可安排作业人员重新进入隧道作业。

4. 长大隧道发生事故后，应立即启动应急预案，必须穿戴相应的防护用品，携带规定的救援设备设施，不得盲目施救。在具备救援条件的情况下将作业人员救助至安全处所，根据伤者情况进行现场救治或及时送往医院。

（十一）有限空间作业

电务专业有限空间场所主要包括各类风管沟、压力容器、电缆井/间、蓄水池、涵洞、地下管廊（封闭型或者半封闭型）、通风不良的长大隧道等。有限空间的基本特征是空间环境有限，自然通风较差，常伴有不明有害气体和易燃易爆气体。有限空间作业对人身安全构成较大威胁，主要存在的安全风险包括中毒、缺氧窒息等，且具有隐蔽性和突发性，处理不好、防范不力可能造成人身伤亡事故。电务作业人员有限空间作业参见第二篇第七章“预防中毒和窒息”相关内容。

第四节　电务电源设备施工及维护作业人身安全规定

电务（含信号、通信）作业人员与电气设备设施接触比较广泛、频繁，各种外在因素，如接触不良、接线松脱、绝缘老化破损、漏电、短路等会引发电气事故，甚至导致触电伤害或电气火灾事故。为了防止可能发生的触电伤亡事故，确保安全生产和从业人员的生命财产安全，保证运输生产经营的顺利进行，应严格遵守电源设备施工及维护作业人身安全规定。

一、涉电作业安全规定

电务作业人员涉电作业需遵守安全规定，检查仪表工具的防护，按规定穿戴绝缘防护用品，作业过程中检查电气设备的接地、缆线的紧固、各器件的绝缘性能良好，电气设备附近不准放置危险品，严格落实安全规定。

1. 工作前必须检查工具、测量仪表、防护用具完好，按规定穿戴绝缘防护用品。

2. 任何电气设备未经验电，一律视为有电，不准身体触及。

3. 每次维修结束时，必须清点所带工具、零件，以防遗失和留在设备内造成事故。

4. 电气设备的金属外壳按规定接地（接零），接地线要符合标准，有电设备不准断开外壳接地线。

5. 电气或线路拆除后，可能来电的线头必须及时用绝缘胶布包扎好。

6. 临时装设的电气设备必须将金属外壳接地，严禁将电动工具的外壳接地线和工作零线拧在一起插入插座；必须使用两线带地或三线带地插座，或者将外壳接地线单独接到地干线上，以防接触不良引起外壳带电；用软电缆连接移动设备时，专供保护接零的芯线上不许有工作电流通过。

7. 配电箱、开关、变压器等各种电气设备附近不准堆放各种易燃、易爆、潮湿和其他影响操作的物件。

8. 电气设备的接插件、电线等，必须保持完整和绝缘性能良好。严禁使用未安装触电保护器的各种手持式电动工具和移动设备。

9. 不准私接电源、乱拉电线。电气或线路拆除后，裸露的线头必须采取绝缘包扎措施。

二、带电作业安全规定

电务设备检修、应急处置等作业过程，涉及低压线路和设备带电作业，需做好防触电措施。

1. 在低压线路、设备上进行带电作业，应由有一定实践经验的人员担任工作，要经过严格的审批程序，并指定专人监护；工作时要戴工作帽，穿长袖衣服，扣紧袖口，应使用合格的绝缘工具，戴绝缘手套，穿绝缘鞋或站在干燥的绝缘垫上进行。

2. 线路上带电作业，应在天气良好的条件下进行，雷雨时应停止工作。

3. 要保持人体与大地之间，人体与周围接地金属之间，人体与其他相的导体或零线之间有良好的绝缘和适当的距离。

4. 严格执行停电检修、挂牌和监护等制度。电力设备作业前，必须检查工具、测量仪表、防护用具完好。作业时按规定执行监护制度，挂“禁止合闸，有人作业”警示牌。作业临时中断后恢复前，均须重新检查确认电源断开。送电前，应确认所有作业人员已停止作业并在安全位置。

5. 两路电源供电的设施应有防反送电措施。大电容设备、电容器及高压电缆作业时，应充分接地、短路放电。现场使用照明、发电机等设备，应具备防雨防水功能，杜绝漏电造成触电伤害。

6. 停送电操作人员须按照规定穿戴绝缘靴、绝缘手套等劳动防护用品。邻近带电作业、间接带电作业、停电作业等须落实安全作业要求。

7. 对带有220 V及以上电压的电务设备进行作业时，一般应切断电源或一人监护一人作业。需停电进行检修作业时，应指派专人负责断电，并在电源开关处悬挂警示牌。恢复供电时，应确认全体工作人员作业完毕，脱离带电部件后，方可合闸，摘除警示牌。

8. 对高于36 V电压的电务设备进行带电作业时，应遵守以下规定：

(1)使用带绝缘的工具，穿绝缘胶鞋(室内应站在绝缘板上)；

(2)不得同时接触导电和接地部分；

(3)未脱离导电部分时，不得与站在地面的人员接触或相互传递工具、材料。

三、电务电源设备作业人身安全规定

电务作业人员检修整流、变流、磁饱和及高频开关电源时，设备放电会给作业人员带来伤害，应严防电流互感器产生高压击穿设备，杜绝检修误碰、短路等造成人身伤害。

1. 检修整流、变流及磁饱和等电源设备时

整流、变流及磁饱和等电源设备中安装的电容能量储存元件在电源关闭后，电容两极间仍会保持原有电压，如果不及时进行人工放电，盲目检修，极易造成短路，伤及作业人员。另外，特殊电源设备中安装的电流互感器为升压结构，且一、二次绕组匝数比值很大，二次电压会非常高，使用中如果二次回路开路，人体接触也会造成电击伤害。

(1)电压高于220 V的设备应关闭电源，并通过人工放电，释放电容器电能后，方可开始工作。

(2)不准将电流互感器二次线圈开路，以免产生高电压击穿设备和危及人身安全。

2. 高频开关电源带电作业时

高频开关电源主要由交流配电部分、整流器、直流供电部分组成，由于设备内部空间狭小、元件紧凑，带电作业时，检修工具和身体容易误碰带电部位或短路电源器件正、负极，造成人身伤害和设备损坏。

(1)检修工具金属裸露部位，应进行绝缘处理或使用带绝缘柄的工具。

(2)作业中应穿绝缘鞋，站在绝缘垫上。

第五节　典型事故案例

【案例一】信号工违章提前进入通道门被施工列车碰撞

一、事故概况

2021年8月30日，甲局乙电务段丙信号工区一名信号工计划配合当日下行线A站—

B站间大机线路捣固及综合养护施工作业，在施工调度命令未下达前，于23时05分在距K133通道门约200 m的路口下车后，独自从K133通道门提前上道（其他作业人员在K129通道门外等候施工命令下达）。23时29分，该信号工站立在下行线K132+340处外侧轨枕头时，被下行线反方向运行的列车以73 km/h速度碰撞死亡，构成铁路交通一般B类（B1）事故。

二、事故原因

1. 当事信号工未得到当日营业线施工配合作业开始的通知，独自提前打开通道门进入铁路封闭线路，站立在下行线外侧轨枕头处身体侵限，与下行线反方向运行的列车相撞，违反《安全生产法》《铁路电务安全规则》《甲局电务安全管理办法》《乙电务段上道作业劳动安全管理实施细则》等有关规定，是本起事故发生的直接和主要原因。

2. 作业负责人信号工区副工长将原计划三人成组的施工配合作业拆分成两组，当事信号工一人提前打开通道门上道时，现场无人掌握其动态并予以制止，是本起事故发生的间接和次要原因。

三、事故教训

1. 现场施工配合作业惯性“两违”整治不力。经查，事发前一周上行线同类型配合施工，同样存在电务人员单人进入封闭区段、横越线路、上道作业的问题。同时，工区通道门钥匙箱日常处于常开状态，钥匙随意取用且不登记，惯性“两违”未能得到有效遏制，为事故的发生埋下严重隐患。

2. 施工配合作业与预案要求不符。当日作业预想会明确现场作业人员为一组，同进同出，由K129通道门进入封闭区段。但实际现场三名作业人员分成两组，分别由K129、K133通道门进入封闭区间，造成事故当事人无人防护，单人上道。

3. 跨车间配合施工失管失控。当日施工涉及跨车间配合作业，参加施工预备会、点名会的为丁信号维修组，实际现场配合施工为丙信号工区，相互间缺乏沟通联系，大机下行线反方向运行等重要会议内容没有转达传递。乙电务段未研判跨车间施工风险，没有明确对接流程及卡控措施，安全管理存在盲区。

4. 封闭区段通道门基础管理薄弱。按照《乙电务段铁路通道门管理实施细则》规定，丙信号工区管辖通道门应比照高速铁路管理，须建立高速铁路应急通道钥匙管理台账和钥匙使用登记簿，但工区未建立相应台账，电务段、车间日常检查未予指出。当日作业负责人没有在通道口对作业人员及通道编号进行拍照，也未将照片传至段安全生产指挥中心，当班调度在未收到照片的情况下，盲目下达进入通道门命令。

【案例二】电务人员扫雪应急处置防护制度不落实酿惨剧

一、事故概况

2019年12月24日，甲局乙段丙站值守点两名作业人员在丁线4号道岔处清理积雪时，一名作业人员被下行1道通过的旅客列车刮碰后死亡，构成铁路交通一般B类（B1）事故。

二、事故原因

现场防护员违反《铁路营业线施工安全管理办法》①规定，在接到驻站联络员来车信息通报后，未组织作业人员下道避车，是造成事故的主要原因。

三、事故教训

1. 除雪组织管理存在漏洞。本次除雪作业使用风力除雪机，没有针对其噪声较大的特点采取确保人身安全的防护措施，且利用160 km/h列车间隔进行作业，严重违反《铁路营业线施工安全管理办法》①相关规定。同时，电务除雪作业的驻站防护工作由车务值班员担当，既不能保证驻站联络员及时准确掌握现场作业人员动态，也违反防护员不得兼职的要求。

2. 上道作业防护组织混乱。负责室内防护的车务值班员严重违反规定，将防护职责交由工务驻站联络员代为履行，安全意识极为淡薄。工务驻站联络员在列车到达前1分钟多才将来车信息通知现场防护人员，且没有对现场作业人员下道避车情况进行确认。

3. 现场作业违章行为突出。事故发生时，电务工区指定的现场专职防护员在进行除雪作业，负责现场防护的是除雪作业人员，两名作业人员在现场擅自互换工作，严重违反《铁路营业线施工安全管理办法》①规定。现场防护员在接到驻站联络员来车信息通报后，臆测行事，盲目回复且未提示作业人员下道避车，同时作业中精力不集中，没有做到认真瞭望，没能及时发现来车。

【案例三】通信工电气化区段违章登顶被电击死亡

一、事故概况

2012年5月30日，甲局乙通信段丙车间丁出入库工区一名通信工在对厂修回段停留在戊机务段丁库区机16道的机车进行列车无线调度通信设备天线检修作业时，盲目从机车天窗登顶，被接触网高压电弧击伤，摔落到机车电器间，送医院抢救无效死亡，构成铁路交通一般B类(B1)事故。

二、事故原因

当事通信工在处理机车无线调度通信设备天线故障作业时，违反了《电气化铁路有关人员电气安全规则》②“在接触网没有停电并接地的情况下，禁止到内燃机车、电力机车和车辆的车顶上进行任何作业”和《甲局电气化铁路安全实施细则》“在接触网未停电、接地的情况下，从业人员严禁攀登机车车辆顶部或站在货物上进行任何作业”等规定，盲目登顶被高压电弧击伤致死，是本起事故发生的直接原因。

---

① 该版本为铁运〔2012〕280号文件，现行规章为《国铁集团铁路营业线施工管理办法》(铁调〔2021〕160号)。

② 该版本为(79)铁机字654号文件，现行规章为《电气化铁路有关人员电气安全规则》(铁运〔2013〕60号)。

三、事故教训

1. 电气化区段违章盲目登顶作业。当事通信工在未确认机车停于无电区、未办理登顶相关手续并确认安全的情况下，违章盲目登上机车顶部准备进行机车无线列调电台天线维修作业，电气化区段基本的劳动安全规定不执行直接导致事故惨剧的发生。

2. 班组生产组织无序。丙车间丁出入库工区当日正常班次应有 5 人，但实际到岗仅有 2 人，在实际作业上岗人数严重不到位情况下组织生产，未按《450 MHz 机车无线列调通信设备、列尾控制盒出入库检测作业指导书》规定执行登顶作业“一人作业、一人防护”的安全生产作业要求，违章蛮干。

3. 管理制度不落实。工区临时负责人对登顶作业未按规定向车间报告，在车间监护人员未到位、不具备安全作业条件的情况下，擅自单人进行机车无线列调电台天线维修作业，违反《450 MHz 机车无线列调通信设备、列尾控制盒出入库检测作业指导书》中“作业时由车间主管及以上职务人员到场指挥，并设立安全防护员进行防护，确保人身安全”的规定；车间对该班组登顶作业实施监督把关制度长期不落实，日常对该班组检查考核不严格；通信段对车间、班组长期存在的问题也未及时发现和纠正。

【案例四】处理故障不登记，上道作业不防护

一、事故概况

2021 年 11 月 7 日，甲局乙段丙信号车间丁信号工区两名信号工，在戊线己线路所 1 号道岔岔尖 K152 + 835 处进行道岔故障处理作业时，被回送动车组以 152 km/h 速度撞上，当场死亡，构成铁路交通一般 A 类事故。

二、事故原因

乙段作业人员在未办理运统 46 登记手续、未与驻站联络员取得联系并得到允许、未进行有效现场防护的情况下，违章上线检查设备，是造成事故的直接原因。

三、事故教训

1. 违章擅自上道作业。一是己线路所电务作业人员发现 1/3 号道岔出现异常后，未执行《铁路电务安全规则》登记、联系制度，在尚未登记运统 46 的情况下，违章进入护网上道作业。二是违反《铁路电务安全规则》规定，上道前没有联系驻站联络员，也未得到上道许可，盲目上道作业。

2. 现场防护员不按规定履行职责，防护作用缺失。现场防护员没有与驻站联络员取得联系，不了解列车运行状况，没有选择不侵限的安全处所进行防护，防护中中断瞭望，未起到防护作用。

3. 通道门钥匙管理存在漏洞。丁信号工区严重违反《普速铁路防护栅栏管理办法》的规定，为方便工作，私自配备了己线路所通道门钥匙，安全关键风险失管失控，现场作业人员可以随意进出护网。

【案例五】设备存隐患，措施有漏洞，安全无保证

一、事故概况

2019 年 7 月 17 日，甲局乙段丙通信车间组织在丁公司中心机房安装监控设备时，一名通信工在穿线过程中触电，经抢救无效死亡。

二、事故原因

该通信工在交流配电屏后穿线过程中，起身时身体失稳前倾，导致触电。丁公司机房的交流配电屏无锁闭装置，带电部位呈裸露状态，存在安全隐患。

三、事故教训

1. 生产组织无计划管理。查看丙通信车间生产计划安排，仅在当月 1 日车间周交班会上要求完成此项工作，但没有对该项目做出具体的生产安排，作业计划存在较大的随意性。作业组织的不确定性，导致作业人员不固定，安全风险研判不可能有效进行。作业环境安全隐患没有全面排查，布线方案中需经由交流配电屏底部线槽的安全风险、隐患不掌控，进入机房布线作业存在极大的盲目性。

2. 车间没有落实劳动安全管理职责，缺少保障从业人员职业健康和人身安全的措施或制度。没有组织开展车间安全检查，对安全问题没有组织专题分析。制定的"触电伤害"风险控制措施和管控措施为《电务作业安全作业标准》，起不到防控风险的作用。

3. 安全风险没有研判。事发当日丙通信车间技术员在组织工区相关人员进行动环监控设备加装前，没有结合作业现场制定加装方案，作业前没有对作业环境进行勘验，尤其是交流配电屏下半部分防护罩缺失后，对作业过程中可能引发触电伤害事故的安全风险没有进行研判，没有采取严格的防控措施。

4. 高压设备安全保护设施缺失。丁公司机房的交流配电屏无锁闭装置，机柜背面下部防护罩自事发前 1 个月损坏后没有配备到位，配电屏汇流排带电部位一直呈裸露状态。违背交流配电屏设备生产厂家提供的使用说明要求"防护罩采用绝缘材料，分为上、下两部分。防护罩的作用是将带电体与外界隔离，防止触电（防止触及或过分接近带电体），防止短路，保障操作人员安全，日常安全防护罩应保持完好"。丁公司对这一双方公用设备存在的重大安全隐患不重视，设备的本质安全保护设施长期缺失，可能导致人员触电的安全隐患时时存在。

复习思考题

1. 电务作业人员规定着装有哪些要求？
2. 有限空间作业必须严格落实哪些要求？
3. 普速铁路 CTC 区域集控区域安全防护规定有哪些？

4. 电务车载设备作业基本规定有哪些？
5. 电务作业人员桥梁和隧道下道避车时，应注意什么？
6. 电务作业人员使用劳动防护用品的要求是什么？
7. 电务电源设备作业人身安全规定有哪些？
8. 对高于36 V电压的电务设备进行带电作业时，应遵守哪些规定？

第八章 供电劳动安全

供电专业主要负责电气化铁路电力牵引供电，通信、信号，以及站场电力供电，有着高处坠落、触电、中毒窒息、机械伤害等安全风险。供电作业人员应掌握岗位安全基本规定和操作技能，不断增强安全风险意识，有效防范作业人员人身伤害事故，确保从业人员安全与健康。

第一节 供电作业人身安全通用规定

为了切实保证作业人员在操作供电（电力）设备时的生产安全，有效防范常见伤亡事故，避免淹溺、灼烫、火灾、坍塌等事故发生，在作业中要严格落实相关防控措施，确保人身安全。

1. 从业人员应严格遵守劳动纪律和作业纪律，班前、班中禁止饮酒，按规定时间休息。严禁脱岗、串岗、私自替班或换班，不得做与工作无关的事情。

2. 班中按规定着装，正确使用劳动防护用品和安全防护装备设施，严格执行安全技术操作规程。作业场所禁止穿着高跟鞋、拖鞋、露趾凉鞋、硬底等易滑鞋；禁止戴未设耳孔的双耳帽，禁止将双耳包裹；衣服穿戴整齐、鞋绳系扣牢靠，防止刮、擦、碰、挤、摔。

3. 行车人员、特种作业人员、特种设备作业人员和机械设备操作人员，须取得相应作业资格。新职人员必须经单位、车间和班组三级安全教育，并按要求取得上岗资质后，方准上岗作业。学徒工、实习人员不准单独作业。营业线施工单位“四员一长”（安全员、防护员、联络员、带班人员和工班长）须经施工安全知识培训，考试合格后方可持证上岗。电力工须取得电力安全合格证，方可从事作业。从事牵引供电设备运行和检修工作的有关人员，必须实行安全等级制度，经过考试评定安全等级，取得安全合格证之后，方准参加牵引供电设备对应等级的运行和检修工作。

4. 作业场所须按国家（或行业）标准准确、规范设置安全标志。危险场所（地）、地段和重要设备、设施处，须设置醒目的安全警示标志。

5. 作业人员、管理人员应熟知作业环境、行走径路及相关设备设施，并随时注意使用情况，如遇设备设施、走行通道发生异状或变化时，应及时报告有关单位采取安全措施。

6. 工作场所不得违规安装、使用大功率电器。各生活、生产场所按规定配置完好的消防器材，并定期进行检查维护。生产作业场所动火作业，应按规定进行审批。

7. 上下楼梯、行走及现场作业时，要注意察看脚下有无障碍物或坑、沟等，防止跌倒、绊倒或踩空摔伤。冬季作业人员行走的露天通道及场所要及时清除积水、积雪，防止结冰，必要时应加铺防滑垫，保持平整，防止滑倒摔伤。

8. 开挖沟、槽深度超过 1 m 时，必须采取防塌方措施，不得一人单独作业，严禁在沟槽内坐卧休息。

9. 接触各类锋利刀具、锐器时要精力集中，避免划伤、割伤或刺伤，必要时应佩戴防切割手套。

10. 夏季野外作业时应检查作业场所屋檐、设备、树木等处蜂窝情况，发现蜂窝及时采取措施。夏季野外作业应携带蛇药，进入既往有蛇区应着长袖上衣、长裤，扎紧裤腿、袖口，必要时持棍棒在前方左右拨草驱蛇。

第二节　上道作业和防护人身安全规定

上道作业是指携带作业机械、工具、仪器（统称机工具）的人员，上道进行巡视、施工、维修、养护、检查等作业。上道作业应贯彻执行“安全第一、预防为主、综合治理”的方针，坚持“行车不施工，施工不行车”的原则。上道作业必须严格落实上道计划审批制度、安全预想制度、线路封锁命令卡控制度、作业防护制度、通道门管理制度、上下道清点制度。

一、作业人员规定

1. 从业人员应经包括上道作业劳动安全管理规定在内的规章制度培训，考试合格并取得作业资格后，方可上道作业。

2. 安全员、防护员、联络员、带班人员和工班长（“四员一长”），进行以上道作业安全规章制度、防护作业标准、施工车辆及机工具操作要点、电气化安全知识等为重点内容的施工安全知识培训，经考试合格后，方可持证上岗。对考试不合格、考核不称职的人员应及时进行调整。

3. 要严格把控上道作业防护人员的任职条件、上岗资格。防护人员应身体健康，无眼疾、耳疾、心血管疾病。

4. 所有参加作业的从业人员均应按本岗位的配备标准，正确使用劳动防护用品和安全防护设备、设施。防护人员必须有明显的防护员标识。

5. 上道作业人员应熟知上道作业的各项劳动安全标准和防范措施，涉及上道作业的“三新人员”须经专项安全培训教育并考试合格后方可上岗，未经专项的劳动安全培训和考试合格的人员，不得参与上道作业。

6. 高速铁路主要行车工种应严格执行岗位准入制度。高速铁路主要行车工种应具备相应岗位基本素质要求，岗位人员的选拔必须严格按任职条件、选拔程序进行。

7. 高速铁路开通运营前，相关单位应对该高速铁路的所有从业人员进行劳动安全相关知识培训，经考试合格后，方可持证上岗。所有参加作业的人员应熟知高速铁路上道作业的劳动安全风险、岗位作业标准（作业指导书）、相关规章制度和风险控制措施。

二、防护安全规定

1. 防护人员应持证、佩戴标志上岗,并按规定携带灯旗音响信号、通信设备等必备的防护用品。

2. 作业人员进入铁路两侧封闭设施(进入高架桥下封闭设施除外,非封闭区段为进入路肩或桥梁、隧道范围内)、站内线路、侵入站台安全线进行施工,设备养护维修、检查(检测),天窗点外作业,应急处置等作业,都必须按规定设置驻调度所(驻站)联络员、现场防护员进行防护。

3. 在瞭望条件不良的曲线地段、长大区间、通信不畅等特殊地段作业,必须按规定增设防护人员。对高速铁路与普速铁路线路并行、多线并行、区间线路与站内线路并行、未设通过信号机的自动闭塞区间等特殊地段,应明确特殊防护要求。

4. 防护人员应参加作业前的安全预想,明确作业地点、内容、机工具分布及相关设备情况。因实行委托登销记、委托防护,天窗时间临时提前等情况,驻调度所(驻站)联络员不能集中参加作业前安全预想的,应由施工、作业负责人单独对其进行作业地点、内容、机工具、相关设备情况及安全重点事项布置,携带工作计划并按规定的提前时间到车站行车室上岗。

5. 驻调度所(驻站)联络员、现场防护员不得随意更换(连续作业按固定班次交接时除外),遇特殊情况必须临时更换时,必须由施工、作业负责人报经本单位调度指挥中心调度同意,通知驻调度所(驻站)联络员、现场防护员相互确认,并由施工、作业负责人对新担任的防护人员重新布置相关事项后,方能更换。

6. 遵守防护人员不作业的规定。驻调度所(驻站)联络员必须在作业人员上工前,按规定时间提前到岗并登记,掌握列车运行信息,并随时与现场防护员保持联系。现场防护员应随时与驻调度所(驻站)联络员联系,并密切注视来车情况。

7. 现场防护员应根据作业现场地形条件、作业人员和机工具布置等情况,合理确定站位及移动路径,选择瞭望条件好、位置醒目、不侵限,便于确认来车及人员作业情况,便于通知作业人员,并与作业者保持规定距离的处所进行防护,不得与作业人员扎堆。远端防护员、中间联络员往返防护地点途中,不得在线路上行走,不得随意穿越线路。

8. 遇驻调度所(驻站)联络员与现场防护员联系中断(包括未按规定时间进行联络)时,驻调度所(驻站)联络员应立即报告列车调度员(车站值班员)。现场防护员必须立即通知作业负责人组织所有作业人员携带机工具迅速撤离至安全地点避车。恢复联络时,驻调度所(驻站)联络员应立即报告列车调度员(车站值班员)。

9. 现场防护人员与作业人员必须同去同归同转场。驻调度所(驻站)联络员必须得到现场防护员关于所有作业人员、机工具及材料已撤离线路或返回安全地点的报告后,方可结束驻调度所(驻站)防护作业。

三、作业安全规定

1. 必须明确作业人员上下工的固定行走线路,并根据生产组织变化,实时进行调整。

2. 作业人员上道前，应确认防护体系、调度命令、登销记等制度已落实到位，否则不得上道作业。

（1）进入通道门必须按规定设置防护。作业人员进入作业通道门（无封闭设施为路肩、桥面或隧道范围内）前，必须得到现场防护员与驻调度所（驻站）联络员联系确认防护人员已到位并在岗履责后，方可进入。

（2）各类作业前必须按规定登销记。各类作业前，必须得到驻调度所（驻站）联络员已按规定登记、列车调度员或车站值班员（车务应急值守人员）已签认同意和驻调度所（驻站）联络员已告知没有来车的信息。

（3）上道必须凭命令。作业人员上道前，必须得到铁路局集团公司调度所同意施工（维修）作业的调度命令和本单位调度指挥中心调度同意作业的许可号（点外作业仅需本单位调度指挥中心调度同意作业的许可号；上道应急抢修作业必须经设备管理单位值班领导批准）。

（4）施工（维修）作业要有计划。每次施工（维修）作业必须按日计划下达的内容和范围进行，严禁无计划、随意变更计划、超范围上道作业。

（5）应急处置要有指导。凡需上道检查处置设备故障或其他突发情况，都必须先按规定程序报告，本单位调度指挥中心必须有应急值守或指定的胜任人员依据相关应急预案、作业指导书要求，对现场作业人员进行指导，并对处置过程进行全程把关盯控。

3. 现场作业人员必须听从作业负责人的统一指挥。驻调度所（驻站）联络员与施工（维修）作业负责人应确保通信畅通，及时了解施工（维修）进度及施工机械的作业情况。驻调度所（驻站）联络员与施工（维修）作业负责人联系中断或联系困难时，严禁盲目销记，必须待联络恢复，得到现场施工（维修）作业负责人确认同意后方准办理销记。

4. 上道前或跨越线路时，必须严格执行“一站、二看、三通过”和“手比、眼看、口呼”有形化措施，严禁作业人员随意穿越线路。

5. 野外作业中遇有雷雨天气时，必须停止作业，作业人员应放下手中的金属器具，迅速到安全处所躲避。严禁在大树下，接触网支柱、铁塔旁和涵洞内躲避。必须在雷雨天气巡视检查设备时，作业人员应远离接触网支柱、综合接地及其引接线，防止电击或触电伤害。

6. 铁路站场、区间应按固定线路行走，并注意周边机车车辆动态和货物装载、设备设施状态，注意脚下有无障碍物。非作业需要，不准脚踏钢轨面、道岔连接杆、尖轨、辙叉心等。顺线路行走时，人体及所携带的工具（料）不得侵入机车车辆限界。

7. 严禁在运行中的机车车辆前面抢越线路；严禁扒乘运行中的机车车辆，以车代步；严禁钻车底；严禁在机车车辆底下坐卧，以及在钢轨上、轨枕头、道心里坐卧或站立；严禁在站场区间行走时或侵入限界时使用手机。

8. 作业人员避车时应距钢轨头部外侧距离不少于 2 m（另有规定除外），设有避车台（洞）的桥梁（隧道）应进入避车台（洞）避车。多线并行地段等特殊区段作业时应在指定的安全地点避车，不得随意跨越邻线避车。

第三节 接触网、牵引变电、电力设备施工及维护作业人身安全规定

铁路供电作业主要分为接触网、牵引变电、电力作业三种，作业过程中应遵守下列规定。

一、接触网作业

铁路接触网作业指接触网设备上进行的各项作业，包括停电作业、间接带电作业、远离作业。停电作业指在接触网停电设备上进行的作业；间接带电作业指借助绝缘工具在接触网带电设备上进行的作业；远离作业指距离接触网带电部分 1 m 及以外的处所进行的作业。高速铁路接触网检修作业一般不开展远离带电作业，相关任务在天窗点内进行；如需远离作业时，各段应制定可靠的安全措施。

（一）作业人员规定

1. 作业人员符合岗位标准要求，1 ~2 年进行一次身体检查，符合作业所要求的身体条件。

2. 接触网作业人员应身体健康且无禁忌证。禁忌证涵盖心脏病、精神障碍、癫痫病、高血压、色盲病，以及不适合高空作业的残疾等病症。

3. 经过普（高）速铁路接触网作业安全培训，考试合格并取得相应的安全等级。

4. 熟悉触电急救方法。

5. 从事高速铁路接触网作业的人员应该取得相应的资质。

（二）接触网作业安全规定

1. 普（高）速铁路所有接触网设备，自第一次受电开始即认定为带电设备。之后，接触网上的一切作业，必须按“普（高）速铁路接触网安全工作规则”严格执行。

2. 从事普（高）速铁路接触网运行和检修工作的人员，实行安全等级制度，经过考试评定安全等级，取得“普（高）速铁路供电安全合格证”之后，方准参加与所取得的安全等级相适应的工作。每年定期进行一次安全考试并签发“普（高）速铁路供电安全合格证”。

3. 遇有雷电时（在作业地点可见闪电或可闻雷声）禁止在接触网上作业。

4. 在进行接触网作业时，作业组全体成员须穿戴绝缘鞋和高可视性警示服、安全帽。作业组有关人员应携带通信工具并确保联系畅通。在夜间、隧道内或光线不足处所进行接触网作业时必须有足够照明灯具。作业人员应备有手提式强光灯或可安装在安全帽上的照明设备。工区配置照明用具应满足夜间 200 m 范围内照明充足，4 h 内连续使用条件，接触网作业车作业平台照度值应不小于 40 lx。所有的工具和安全用具，在使用前均须进行检查，符合要求方准使用。

5. 在普（高）速铁路接触网上进行作业时，除按规定开具工作票外，还必须有列车调度员准许停电的调度命令和供电调度员批准的作业命令。除遇有危及人身或设备安全的紧急情况，供电调度员发布的倒闸命令可以没有命令编号和批准时间外，接触网所有的作

业命令，均必须有命令编号和批准时间。

6. 普速铁路接触网步行巡视工作要求：

（1）巡视不少于两人，其中一人的安全等级不低于三级。

（2）巡视人员应携带望远镜和通信工具，一般情况下应面向来车方向。

（3）任何情况下巡视，对接触网都必须以有电对待，巡视人员不得攀登支柱，并应时刻注意避让列车。

（4）必须上道查看设备时，两人必须一人防护，一人上道检查。

7. 高速铁路利用接触网作业车或专用车辆进行接触网巡视或检测时，应申请行车计划或安排在施工维修天窗时间内进行，同时执行以下规定：

（1）邻线未封锁时，应在办理邻线列车限速 160 km/h 及以下手续后进行。

（2）需要升起作业平台或人员登上平台时，须在接触网停电、巡视或检测范围内按停电作业要求设置接地线、作业车运行速度不大于 10 km/h、作业平台设置旋转闭锁的条件下进行。

8. 停电作业时，作业人员（包括所持的机具、材料、零部件等）与周围带电设备的距离不得小于下列规定：500 kV 为 6 000 mm；330 kV 为 5 000 mm；220 kV 为 3 000 mm；110 kV 为 1 500 mm；25 kV 和 35 kV 为 1 000 mm；10 kV 及以下为 700 mm。

9. 检修各种电缆及附件前应对电缆导体、铠装层及屏蔽层两端进行安全接地，并充分放电。当断开电缆导体、铠装层、屏蔽层，以及检修隔离（负荷）开关、绝缘锚段关节、关节式分相、分段绝缘器、分相绝缘器时，应采取防止感应电及穿越电流人身伤害措施。

10. 利用 V 形停电作业时，应遵守下列要求：

（1）接触网停电作业前，须撤除向相邻线供电的馈线开关重合闸功能，断开相应可能向作业线路送电的所、亭开关。

（2）作业人员作业前，工作领导人（监护人员）应向作业人员指明停、带电设备的范围，加强监护，并提醒作业人员保持与带电部分的安全距离，确保人员、机具不侵入邻线限界。

（3）为防止动车组（电力机车）将电带入停电区段，列车调度员（车站值班员）应确认禁止动车组（电力机车）通过的限制要求。

（4）在断开导电线索前，应事先采取旁路措施。更换长度超过 5 m 的长大导体时，应先等电位后接触，拆除时应先脱离接触再撤除等电位线。

（5）检修吸上线、PW 线、回流线（含架空地线与回流线并用区段）、避雷线等附加导线时不得开路，如必须进行断开回路的作业，则须在断开前使用不小于 25 mm^2 铜质短接线先行短接后，方可进行作业。在变电所、分区所、AT 所进行断开吸上线、电缆及其屏蔽层的检修时应采用垂直作业。吸上线与扼流变压器中性点连接点的检修，不得进行拆卸，防止造成回流回路开路。确需拆卸处理时，须采取旁路措施，必要时请电务部门配合。

（6）V 形作业检修支柱下部地线、避雷引下线等，可在不停电情况下进行，但须执行第三种工作票并做好行车防护，不得侵入限界；开路作业时应使用短接线先行短接后，方可进行作业。遇有雨、雪、雾、风力在五级及以上恶劣天气一般不进行 V 形作业。必须利用 V 形作业进行检修和故障处理或事故抢修时，应增设接地线，并在加强监护的情况下方准作业。

（7）检修隔离开关、电分段锚段关节、关节式分相和分段绝缘器等作业时，应用不小于 25 mm^2 的等位线先连接等位后再进行作业。

(8)两接地线间距大于1 000 m时,需增设接地线。

(9)一般情况下,接触悬挂和附加导线及同杆架设的其他供电线路均须停电并接地。但若只在接触悬挂部分作业,不侵入附加导线及同杆架设的其他供电线路的安全距离时,附加悬挂及同杆架设的其他供电线路可不接地。

(10)在电分段、软横跨等处作业,中性区及一旦断开开关有可能成为中性区的停电设备上均应接地线,但当中性区长度小于10 m时,在与接地设备等电位后可不接地线。接地线应可靠安装,不得侵入邻线限界,并有防风摆措施。

11. 间接带电作业,应遵守以下安全规定:

遇有雨、雪、重雾、霾等恶劣天气,或空气相对湿度大于85%时,一般不进行间接带电作业。间接带电作业人员在接触工具的绝缘部分时应戴干净的手套,不得赤手接触或使用脏污手套。间接带电作业时,作业人员(包括其所携带的非绝缘工具、材料)与带电体之间须保持不小于1 000 mm的距离,当受限制时不得小于600 mm。

间接带电作业工作领导人不得直接参加操作,必须在现场不间断地进行安全监护。工作领导人在作业前要检查工具良好,确认联络员和行车防护人员已全部就位,通信联络工具状态良好,间接带电作业命令程序办理完毕,所采取的安全及防护措施全部落实后,方可向作业组下达作业开始的命令。

二、牵引变电作业

牵引变电作业是对铁路牵引变电所内电气设备进行运行维护及检修试验,主要包括开关设备调试、保护装置试验、电气设备的试验等相关工作,可分为以下五种:

(1)高压设备停电作业:在停电的高压设备上进行的作业及在低压设备和二次回路上进行的需要高压设备停电的作业。

(2)高压设备带电作业:在带电的高压设备上进行的作业。

(3)高压设备远离带电部分的作业(简称远离带电部分的作业,下同):当作业人员与高压设备带电部分之间保持规定的安全距离条件下,在高压设备上进行的作业。

(4)低压设备停电作业:在停电的低压设备上进行的作业。

(5)低压设备带电作业:在带电的低压设备上进行的作业。

(一)作业人员规定

1. 从事牵引变电所运行和检修工作的有关人员,必须实行安全等级制度,经过考试评定安全等级,取得安全合格证之后,方准参加牵引变电所运行和检修工作。

2. 从事牵引变电所运行和检修工作的人员,每年定期进行一次安全考试。属于下列情况的人员,要事先进行安全考试:

(1)开始参加牵引变电所运行和检修工作的人员。

(2)当职务或工作单位变更,但仍从事牵引变电所运行和检修工作并须提高安全等级的人员。

(3)中断工作连续3个月以上仍需继续担当牵引变电所运行和检修工作的人员。

3. 运行检修人员应掌握紧急救护法,特别要学会触电急救;具备必要的消防知识,特别要具备电气设备消防知识。

4. 牵引变电所的运行和检修人员,要每年进行一次身体检查,对不适合从事牵引变电所运行检修作业的人员要及时调整。

5. 从事高速铁路作业的人员应该取得相应的资质。

(二)牵引变电作业安全规定

1. 牵引变电所的电气设备自第一次受电开始即认定为带电设备。

2. 牵引变电作业应该严格执行工作票制度,工作票是在牵引变电所内进行作业的书面依据,要字迹清楚、正确,不得涂改,可打印,不得用铅笔书写。高速铁路工作票按供电调度要求提前申报。

3. 雷电时禁止在室外设备以及与其有电气连接的室内设备上作业。遇有雨、雪、雾、风(风力在五级及以上)的恶劣天气时,禁止进行带电作业。

4. 牵引变电所发生高压(对地电压为250 V以上,下同)接地故障时,在切断电源之前,任何人与接地点的距离:室内不得小于4 m;室外不得小于8 m。必须进入上述范围内作业时,作业人员要穿绝缘靴,接触设备外壳和构架时要戴绝缘手套。作业人员进入电容器组围栅内或在电容器上工作时,要将电容器逐个放电并接地后方准作业。

5. 牵引变电所要按规定配备消防设施和急救药箱。当电气设备发生火灾时,要立即将该设备的电源切断,然后按规定采取有效措施灭火。

6. 在牵引变电所内搬动梯子、长大工具、材料、部件时,要时刻注意与带电部分保持足够的安全距离。

7. 除牵引变电所值守人员和工长、安全等级不低于四级的检修人员、技术人员和主管领导干部有权单独巡视外,其他人员无权单独巡视。

8. 值守人员巡视时,要事先通知供电调度或另一值守人员;其他人巡视时要经值守人员同意。在巡视时不得进行其他工作,禁止移开、越过高压设备的防护栅,并与带电部分保持足够的安全距离。在有雷、雨的情况下必须巡视室外高压设备时,要穿绝缘靴、戴安全帽,并不得靠近避雷针和避雷器。

9. 对停电作业的设备,必须从可能来电的各方向切断电源,并有明显的断开点。若无法观察到停电设备的断开点,应有能够反映设备运行状态的电气和机械等指示。断路器和隔离开关断开后,及时断开其控制电源和合闸电源。与停电设备有关的变压器和电压互感器,应将设备各侧断开,防止向停电检修设备反送电。上下行并联的回流线当一侧带电运行时,视为带电设备。

10. 使用携带型火炉或喷灯时,不得在带电的导线、设备及充油设备附近点火。作业时其火焰与带电部分之间的距离:电压为10 kV及以下者不得小于1.5 m,电压为10～220 kV不得小于3 m,330 kV不小于4 m。

11. 在二次回路上进行作业时,人员不得进入高压防护栅内,同时与带电部分之间的距离要等于或大于规定的距离;当作业地点附近有高压设备时,要在作业地点周围设围栅和悬挂相应的标示牌;所有互感器的二次回路均要有可靠的保护接地;直流回路不得接地或短路;根据作业要求需进行断路器的分合闸试验时,必须经值守人员同意方准操作。试验完毕时,要报告值守人员。

12. 在带电的电压互感器二次回路上作业时,注意防止发生短路或接地。作业时作业人员要戴绝缘手套,并使用绝缘工具,必要时作业前撤除有关的继电保护;连接的临时负荷,在互感器与负荷设备之间必须有专用的刀闸和熔断器。

13. 在带电的电流互感器二次回路上作业时,严禁将其二次侧开路;短路其二次侧绕组时,必须使用短路片或短路线,并要连接牢固,接触良好,严禁用缠绕的方式进行短接。

14. 拆装高压熔断器必须一人操作,一人监护。操作人和监护人均要穿绝缘靴、戴防护眼镜,操作人还要戴绝缘手套。带电更换低压熔断器时,操作人要戴防护眼镜,站在绝缘垫上,并要使用绝缘夹钳或绝缘手套。

15. 遇有危及人身安全的紧急情况,值守人员可先行断开有关的断路器和隔离开关,再报告供电调度,但再合闸时必须有供电调度员的命令。

16. 牵引变电所工长和值班员要随时巡视作业地点,了解工作情况,发现不安全情况要及时提出,若属危及人身、行车、设备安全的紧急情况,有权制止其作业,收回工作票,令其撤出作业地点;必须继续进行作业,要重新办理准许作业手续,并将中断作业的地点、时间和原因记入值班日志。

三、电力作业

铁路电力作业是指运营铁路电力设备上的各项作业,目的是确保铁路电力供应的稳定和可靠,包含电力设备进行定期检查和维护,以保证线路的正常运行和安全。

(一)作业人员规定

1. 电力工作人员应严格遵守各项安全规章制度,服从命令,克服麻痹侥幸心理,努力钻研技术业务,熟练掌握本职工作,坚决克服各种不安全因素,防止事故发生。

2. 经医生诊断无妨碍从事电力工作的病症,如心脏病、精神障碍、癫痫病、色盲病、高血压等,体格检查一般两年一次。

3. 具备必要的电力专业知识,熟悉电力安全规程有关内容,并经考试合格,取得“电力安全合格证”。

4. 具备必要的安全生产知识,掌握触电急救法。

5. 从事高速铁路电力作业的人员应取得相应的资质。

(二)电力作业安全规定

1. 电力、电气设备维修人员必须持证上岗(操作),按规定穿戴绝缘防护用品。在电气化区段作业时,所有人员均须严格执行电气化铁路有关人员电气安全规则,正确佩戴、使用、保管和定期检测绝缘防护用品(具)。

2. 在电力设备上工作,必须严格执行下列组织措施:工作票制度(包括口头命令或电话命令)、工作许可制度、工作监护制度、工作间断和转移工地制度、工作结束和送电制度。

(1)电力作业应该严格执行工作票制度。事故紧急处理可不签发工作票,但必须采取安全措施。

(2)电力作业严格执行工作许可制度。工作许可人(值班员)应审查工作票所列安全措施是否完备,是否符合现场条件,完成停电、检电、接地封线等安全措施。会同工作执行人检查安全措施,以手触试证明检修设备确无电压;对工作执行人指明带电设备的位置、接地线安装处所和注意事项。

(3)电力作业严格执行工作监护制度。在作业过程中,工作监护人和工作执行人都应在现场认真监护工作组员的安全,工作组员应服从工作执行人和监护人的指挥。对工作条件复杂、有触电危险的工作,应设专职监护人,专职监护人不得兼任其他工作。

3. 暂时中断电线路作业时,如工作人员已离开现场,应派人看守工地,恢复工作前,工作执行人应检查接地线等安全措施。

4. 电力作业完工后工作组应清理工具、材料,工作执行人详细检查工作质量,工作人员全部由作业设备上撤离后,方可按程序恢复送电,送电后,应检查设备运行情况,正常后方可离开现场。

5. 巡视电线路时,可由有实际工作经验的电力工单独进行。未经技术安全考试合格的人员不得单独巡线。巡线人员如发现导线断线,应设置防护物,并悬挂"止步! 高压危险"警告牌,防止行人接近断线地点 8 m 以内。

6. 高压电缆检修时,首先仔细核对电缆回线名称和标示牌是否与工作票所写内容相符,然后从各方面断开电源。在电缆封端处进行检电及设置临时接地线时,挂警示牌。锯高压电缆前,必须核对无误,并验明电缆无电压后,用接地的带木柄的铁钎钉入电缆芯后方可工作。扶木柄的人应戴绝缘手套,并站在绝缘垫上。

7. 高速铁路在天窗点进行电力设备的状态维修与保养工作应在以下停电范围内进行:

(1)高速铁路贯通线及所带设备(包括箱式变电站)状态维修与保养作业,设备所属的一级、综合贯通供电臂应全部停电。供电调度负责远程操作变、配电所贯通线高压馈出开关,并将三工位开关置于接地位置,然后发布作业命令。

(2)特殊情况下,整个供电臂或一级、综合两条贯通线不能同时全部停电时,应经过供电调度批准,按照特殊作业办理。但应保证停电范围比作业范围向两方向各扩大延伸一个停电区间,并保证每个可能来电方向有 2 组及以上高压开关处于断开位置。供电调度负责远程操作贯通线高压开关,然后发布作业命令。现场作业人员作业前应确认最邻近作业区段贯通线路高压开关状态,并现场操作三工位开关置于接地位置。贯通线路以两个可以远程操控的箱式变电站(或车站变电所)间为一个停电区间。

(3)其他变、配电所高压馈出线路及所带设备检修作业比照上述原则。

8. 高速铁路电力变、配电所检修作业,应从电源、负荷侧全部停电。负荷侧应断开可能来电方向的线路开关,检修非电源母线及所带设备时,可断开电源进线开关,检修电源母线及所带设备时,应断开电源外线线路开关。

9. 运行中的高压设备其中性点接地系统的中性点应视作带电体,在运行中若必须进行中性点接地点断开的工作时,应先建立有效的旁路接地后方可进行。

第四节　停电、验电、接挂(拆除)地线和邻近带电作业人身安全规定

保证电气作业安全的制度包括工作票制度,工作许可制度,工作监护制度,工作间断、转移和终结制度。这些是供电专业设备检修、检测、故障处理的重要技术措施,也是保障作业人员人身安全的重要环节。

一、接触网作业相关规定

接触网担负着把从牵引变电所获得的电能直接输送给电力机车使用的重要任务,接触网的作业质量和工作状态直接影响着电气化铁路的运输能力。接触网作业中的作业安全防护、作业流程安全措施、安全技术措施是保证接触网工人身安全的重要前提。

1. 接触网作业必须严格执行工作票制度。工作票是进行接触网作业的书面依据,事故抢修和遇有危及人身或设备安全的紧急情况,作业时可以不签发工作票,但必须有供电调度批准的作业命令,并由抢修负责人布置安全、防护措施。

2. 每个作业组停电作业前,由工作领导人指定一名安全等级不低于三级的作业组成员作为要令人员,向供电调度员申请停电命令,并说明停电作业的范围、内容、时间、安全和防护措施等。几个作业组同时作业时,每一个作业组必须分别设置安全防护措施,分别向供电调度申请停电命令。

3. 供电调度员发布停电作业命令时,受令人应认真复诵,经确认无误后,方可给命令编号和批准时间。在发、受停电命令时,发令人将命令内容进行记录,受令人要填写“接触网停电作业命令票”。

4. 作业组在接到停电作业命令后须先验电接地,然后方可进行作业。禁止使用抛线验电法验电。

5. 使用验电器验电须遵守如下规定:

(1)必须使用同等电压等级的验电器验电,验电器的电压等级为25 kV。

(2)验电器具有自检和抗干扰功能,自检时具有声、光等信号显示。

(3)验电前自检良好后,现场检查确认声、光信号显示正常(有条件的,可在同等电压等级有电设备检查其性能),然后在停电设备上验电。

(4)在运输和使用过程中,应确保验电器状态良好。

6. 接地线应使用截面积不小于25 mm^2的裸铜绞线制成并有透明护套保护。接地线不得有断股、散股和接头。接地线应可靠接在同一侧钢轨上,且不应跨接在钢轨绝缘两侧、道岔尖轨处。必须跨接在钢轨绝缘两侧时,应封锁线路。地线穿越或跨越股道时,必须采取绝缘防护措施。

7. 当验明确已停电后,须立即在作业地点的两端和与作业地点相连、可能来电的停电设备上装设接地线。如作业区段附近有其他带电设备时,按接触网安全规则规定,在需要停电的设备上也装设接地线。

8. 在装设接地线时，先将接地线的一端接地，再将另一端与被停电的导体相连。拆除接地线时，其顺序相反。接地线要连接牢固，接触良好。

9. 装设接地线时，人体不得触及接地线，接好的接地线不得侵入未封锁线路的限界。作业范围内加挂的接地线不得影响正常作业。装设或拆除接地线时，操作人要借助绝缘杆进行。绝缘杆要保持清洁、干燥。

10. 当作业内容不涉及正馈线、回流线（保护线），及其他停电线路及设备时，对这些不涉及的线路和设备可不装设接地线，但要按照有电对待，保持规定的安全距离。

11. 停电天窗时间内，使用接触网作业车或专用车辆进行接触网巡视或检测作业，可不装设接地线。未装设接地线时，禁止攀登平台、车顶和支柱。

12. 验电和装设、拆除接地线必须由两人进行，一人操作，一人监护。

13. 接地线位置应处在停电范围之内，作业地点范围之外。在停电作业的接触网附近有平行带电的高压电力线路或接触网时，为防止感应电压，除按规定装设接地线外，还应增设接地线。

14. 接触网作业人员必须始终处于地线保护范围之内，作业车梯应采用滑动接地线（铁车梯、作业车）或等位线（绝缘车梯）作为辅助保护。

15. 地线一般选择在中间柱，绝缘锚段关节内不得安排接地点，在供电线上网点处应加挂接地线。

16. 遇有雨、雪、雾、风力在五级及以上恶劣天气时，一般不进行 V 形天窗作业，若事故抢修等必须进行 V 形天窗作业的区段，两接地线间距超过 500 m 时应增设接地线。

17. 在多条铁路接触网平行处所及铁路接触网与地方电力架空线路平行设置等处所实施停电检修作业时，必须增设接地线，防止发生感应电伤害。

18. 加设短接线的要求。为消除感应电压伤害，在进行锚段关节电连接、线岔电连接、分段绝缘器、回流线对向落锚、供电线上网引线、避雷器引线、接地线引线等拆装线夹和分相、中性区、隔离开关、绝缘锚段关节检修时，要在相应的处所增设短接线，避免检修电气断口时钢轨中穿越电流引起的伤害事故。

19. 地线接挂后不得侵入限界，应对地线采取稳固措施，防止邻线车辆与地线或地线杆刮碰。

20. 关节式分相检修时，除在作业区两端装设接地线外，还应在中性区上增设地线，并将断口进行可靠等位短接。

21. 作业任务完成，清点全部作业人员、机具、材料并撤至安全地带后，由工作领导人宣布结束作业，通知要令人向供电调度员申请消除间接带电作业命令。几个作业组同时作业时，要分别向供电调度申请消除间接带电作业命令。

二、牵引变电作业相关规定

牵引变电作业人员需经过专门的培训和考核，具备相关的技能和经验。作业时除需必备的安全工器具外，还要确保作业人员佩戴相关的安全防护用品，如安全帽、安全鞋、防护眼镜等。

1. 牵引变电作业前由值守人员向供电调度申请停电。供电调度员审查无误后发布停电作业命令。对停电作业的设备，必须从可能来电的各方向切断电源，并有明显的断开点。

2. 高压设备验电及装设或拆除接地线时，必须一人操作，一人监护。操作人和监护人须穿绝缘靴、戴安全帽，操作人还要戴绝缘手套。验电前，要将验电器在有电的设备上试验，确认良好方准使用。验电时，对被检验设备的所有引入、引出线均须检验。

3. 无法直接验电的设备，通过设备的机械指示位置、电气指示、带电装置、仪表及各种遥测、遥信等指示信号的变化来确认。确认时，应有两个及以上的指示信号，且所有指示信号均已同时发生对应变化，才能确认该设备已无电。

若表示设备断开和允许进入间隔的信号或常设的电压表、带电显示器等指示有电，则禁止在该设备上工作，应立即查明原因。

4. 牵引变电所全所停电时，在可能来电的各路进出线均要分别验电和装设接地线或合上接地闸刀。

当部分设备停电时，若作业地点分布在电气上互不相连的几个部分时（如在以断路器或隔离开关分段的两段母线上作业），则各作业地点应分别验电接地。

当变压器、电压互感器、断路器、室内配电装置单独停电作业时，应按下列要求执行：变压器和电压互感器的高、低压侧，以及变压器的中性点均要分别验电接地；断路器进、出线侧要分别验电接地；母线两端均要装设接地线。

采用 GIS 开关柜的牵引变电所，在对馈线上网隔离开关、供电线及电缆进行检修作业时，作业现场无法进行常规接挂地线的情况下，应操作 GIS 开关柜三工位开关及断路器对该线路进行接地。其开关位置状态由值守人员进行复核。

5. 在室内配电装置上，接地线应装在该装置导电部分的规定地点，这些地点的油漆应刮去并标出记号。配电装置的接地端子要与接地网相连通，其接地电阻须符合规定。

6. 对于可能送电至停电作业设备上的有关部分均要装设接地线或合上接地刀闸。在停电作业的设备上如可能产生感应电压且危及人身安全时应增设接地线。所装的接地线与带电部分应保持规定的安全距离，并应装在作业人员可见到的地方。

7. 验明设备确已停电要及时装设接地线。装设接地线的顺序是先接接地端，再将其另一端通过接地杆接在停电设备裸露的导电部分上（此时人体不得接触接地线）；拆除接地线时，其顺序与装设时相反。接地线须用专用的线夹，连接牢固，接触良好，严禁缠绕。

当进行需拆除接地线的作业时，必须设专人监护，作业人员安全等级不低于二级，监护人不低于三级。

8. 若接触网和电线路上有人作业，牵引变电所当地操作时，要在有关断路器和隔离开关操作手柄上悬挂“有人工作，禁止合闸”的标示牌。在结束作业之前，任何人不得拆除或移动防护栅、警示带和标示牌。

9. 根据作业需要（如测量绝缘电阻等）必须拆除接地线时，经工作领导人同意，停止相关作业，可以将妨碍工作的接地线短时拆除，该作业完毕要立即恢复。拆除和恢复接地线由值守人员进行。当进行需拆除接地线的作业时，必须设专人监护，作业人员安全等级不低于二级，监护人不低于三级。

10. 每组接地线均要编号并放在固定的地点。装设接地线时要做好记录，交接班时要将接地线的数目、号码和装设地点逐一交接清楚。接地线要采用截面积不小于25 mm^2 的裸铜软绞线，且不得有断股、散股和接头。

11. 在工作票中填写的已经断开的所有断路器的隔离开关操作手柄上，均要悬挂“有人工作，禁止合闸”的标示牌。

三、电力作业相关规定

电力工作从业人员经常接触和接近高、低压电力设备，存在触电、感应电伤害、高处坠落、车辆伤害、物体打击的危险。作业人员必须遵守工作票制度、工作许可制度、工作监护制度、工作间断制度，以及工作终结和恢复送电制度。

1. 在不经变配电所停电的线路上作业时，由工作执行人指定工作许可人完成安全措施后方可开始工作。

2. 凡经变、配电所停电的作业，工作许可人（值班员）应审查工作票所列安全措施是否完备，是否符合现场条件，完成所内停电、检电、接地封线等安全措施。

3. 严禁约定时间停电、送电。

4. 完成工作许可手续后，工作执行人（监护人）应向工作组员交代带电部位、已采取的安全措施和其他注意事项。

5. 在作业过程中，工作监护人和工作执行人都应在现场认真监护工作组员的安全。工作组员应服从工作执行人和监护人的指挥。

6. 全部停电作业和邻近带电作业必须完成停电、检电，接地封线，悬挂标示牌及装设防护物等安全措施。

7. 检修设备停电，应把各方面的电源完全断开（任何运行中的星形接线设备的中性点，应视为带电设备）。禁止在只经断路器（开关）断开电源的设备上工作。应拉开隔离开关（刀闸），手车开关应拉至试验或检修位置，应使各方面有一个明显的断开点，若无法观察到停电设备的断开点时，应有能够反映设备运行状态的电气和机械等指示。与停电设备有关的变压器和电压互感器，应将设备各侧断开，防止向停电检修设备反送电。

8. 电力线路作业时，必须停电的设备如下：

（1）作业的线路，即断开发电所（车），变、配电所向作业线路送电的断路器，隔离开关，或断开作业线路各端的柱上断路器、隔离开关或熔断器。

（2）断开有可能将低压电反送到高压侧的开关。

（3）工作人员的正常活动范围与带电设备之间必须保持不小于《铁路电力安全工作规程》规定的安全距离。

（4）与接触网合架的高压电力线路必须利用接触网停电天窗时间作业。

9. 对于低压停电作业，应从各方面断开电源，将配电箱加锁。没有配电箱时应取下熔断器。在多回路的设备上进行部分停电作业时，应核对停电的回路与检修的设备，严防误停电或停电不彻底。

10. 高速铁路贯通线及所带设备（包括箱式变电站）状态维修与保养作业，设备所属的一级、综合贯通供电臂应全部停电。

11. 特殊情况下，整个供电臂或一级、综合两条贯通线不能同时全部停电时，应经过供电调度批准,按照特殊作业办理。但应保证停电范围比作业范围向两方向各扩大延伸一个停电区间,并保证每个可能来电方向有两组及以上高压开关处于断开位置。

12. 停电、检电、接地封线工作必须由两人进行(一人操作,一人监护)。操作人员应戴绝缘手套,穿绝缘鞋(靴),戴护目镜,用绝缘杆操作(机械传动的开关除外)。人体与带电体之间应保持不小于《铁路电力安全工作规程》规定的安全距离。如在室内高压设备上检电,还需穿绝缘靴或站在绝缘台上。

13. 检电工作应在停电以后进行。检电时应使用电压等级合适的检电器,并先在其他带电设备上试验,确认良好后进行。变、配电设备的检电工作,应在所有断开的线端进行。对断路器或隔离开关应在进出线上进行。电力线路的检电应逐相进行。同杆架设的多层电力线路,应先验低压,后验高压,先验下层,后验上层。对架空线路局部作业,应在工作区段两端装接地线处进行。对低压设备的检电,除使用检电笔外,还可使用携带式电压表进行。用电压表检电时,应在各相之间及每相对地之间进行检验。

14. 表示开关设备断开的指示信号、经常接入的电压表,不能作为设备无电的依据。但如果指示有电,则未经采取安全措施,禁止在设备上工作。

15. 对无法进行直接验电的设备,可以进行间接验电,即检查隔离开关(刀闸)的机械指示位置、电气指示、仪表及带电显示装置指示的变化,且至少应有两个及以上指示已同时发生对应变化。若进行遥控操作,则应同时检查隔离开关(刀闸)的状态指示、遥测、遥信信号及带电显示装置的指示进行间接验电。

16. 架空线路停电作业时,经验明无电后,应立即将已接地的接地线对已停电的设备进行三相短路封线。短路封线的安装位置如下:

(1)施工区段两端邻近断路的电杆;

(2)有可能反送电到作业线路的分歧线和有关开关;

(3)从其他方面无来电可能时,可仅在电源侧接地封线;

(4)施工场所距断路器及接地封线处较远,且联系不便时,应加挂接地封线;

(5)有感应电压反应的停电线路应加挂接地封线。

17. 在线路上装设接地线所用的接地棒(接地极)应打入地下,其深度不得少于0.6 m。

18. 装设接地线应接触良好,必须先接接地端,后接导体端。同杆架设的多层电力线路同时挂接地线时,应先挂低压后挂高压,先挂下层后挂上层。拆除接地线的顺序与此相反。在导线上装拆接地线时,应使用绝缘棒并戴绝缘手套。

19. 严禁工作人员未经许可擅自移动或拆除临时遮栏和标示牌。

20. 完工后工作组应清理工具、材料,工作执行人详细检查工作质量,工作人员全部由作业设备上撤离后,按程序恢复送电,送电后,工作执行人应检查设备运行情况,正常后方可离开现场。

第五节 高处作业人身安全规定

高处作业人员除穿戴合格的安全帽、安全带等必备的个人防护用具并应按规定正确佩戴和使用外，现场还需有其他坠落防护措施为作业人员提供保护。

一、高处作业人员规定

凡从事高处作业的人员必须身体健康且无禁忌证，并必须定期进行体格检查，严禁患有高血压、心脏病、严重贫血、癫痫病、精神障碍和其他不适于高处作业的人从事高处作业。

二、高处作业安全规定

凡从事高处作业的人员必须经高处作业上岗前安全技术培训，熟知现场环境和施工安全要求，经培训考试合格并取得资格证书后，方可上岗作业。

1. 高处作业必须采取防滑、防坠、防坍塌等措施，正确佩戴安全帽，正确使用安全带（绳），安全带要高挂低用，且必须系在安全牢固的位置；在作业范围内的地面作业人员也必须戴好安全帽。

2. 禁止在大雾、大雨（雪）、雷电密集、扬沙及六级以上大风等恶劣天气时露天高处作业。

3. 登高作业时，应对登高后需站立的位置、平台等站立或扶持处进行安全确认，不能正常站立时，应采取必要的措施，确保有稳固的站立条件。

4. 高处作业且作业区域超出平台（作业车平台和车梯平台）的防护栅外作业人员在作业过程中需移动体位可能失去安全保险时（如接触网杆顶、硬横梁、软横跨、隧道壁、吊柱上，AF 线、供电线离开支柱 1 m 以外的作业），作业人员作业前必须选择使用全身式安全带，将安全带后备保护绳系在安全牢固的构件上，整个作业过程不得失去后备保护。

5. 高处作业使用的小型工具、材料应放置在工具材料袋（箱）内。作业中应使用专门的用具传递工具、零部件和材料，不得抛掷传递。

6. 高处作业需设置专人监护。间接带电作业时，每个作业地点都要设专人监护，其安全等级不低于四级；停电作业时，每个监护人的监护范围不超过 2 个跨距，在同一组软（硬）横跨上作业时不超过 4 条股道，在相邻线路同时作业时，要分别设监护人各自监护，监护人员的安全等级不低于三级；作业人员及所携带的物件、作业工器具等与接触网带电部分距离小于 3 m 的远离作业，每个作业地点都要设专人监护，其安全等级不低于四级。

7. 高处作业人员作业时必须系安全带，安全带须系在安全牢靠的地方。高处作业时，人员不宜位于线索受力方向的反侧，并采取防止线索滑脱措施；在曲线区段调整接触网悬挂时，要采取防止线索滑移后备保护措施。

8. 实施登高砍伐或修剪树枝作业时，梯子必须有专人扶持，不应攀抓脆弱和枯死的树枝，应站在坚固的树干上，在牢固处所系好安全带。在砍伐较粗或较脆的树枝和树梢时，应事先在被修（砍）树枝的上部系上拉绳，当砍或修剪至将断未断之前，修（砍）人员可下到地面安全处，将树枝（梢）拉断。不宜在高处试图用强力将其推（折、掰）断，防止反弹力或突然断裂造成高处坠落。

9. 在接触网上作业时，当车梯放在道床、路肩上或作业人员超出工作台范围作业时，作业人员要将安全带系在接触网上，不得系在工作台框架上。车梯在地面上推动时，工作平台上不得有人停留。

10. 登梯前作业人员要先检查梯子是否牢靠，梯脚要放稳固，严防滑移；梯子上只能有一人作业。使用人字梯时，必须有限制开度的措施。

11. 严禁两人同时在梯上作业，严禁上下双层同时进行垂直作业。人在梯子上工作时，严禁移动梯子。上下梯子时，必须面向梯子，且不得手持器物。

三、登杆作业安全规定

登杆作业是指对电力、接触网杆塔进行维修、安装、检测等工作，这是高处作业中一项危险和高难度的操作，因此在进行登杆作业之前，应掌握一定的技能和安全要求，以确保作业的安全性和高效性。

1. 作业前必须对脚扣、安全带等登高用具进行检查，确保其性能完好，对发现存在的缺陷未整改前不得使用。

2. 登高作业之前，应检查确认登高辅助设备完整良好，设有防滑、固定等装置，并采取有效防护措施。

3. 攀登支柱前要检查支柱状态，观察支柱上有无其他设备，选好攀登方向和条件。作业时，不得高空跨越。

4. 登杆（支柱、梯）时，手把牢靠、脚踏稳准，严禁单手扶持和携带器材上杆，尽量避开设备并与带电设备保持规定的安全距离；用脚扣攀登时，要卡牢系紧，严防滑落。严禁不借助登高用具，从杆上滑下或跳下。

5. 攀登新立电杆（支柱）时，检查电杆（支柱）埋设深度是否符合标准，是否完好无破损，回填土是否夯实。杆上作业检查横担锈蚀情况，严禁攀登锈蚀超限的横担。

6. 转角杆不准从内角侧上下电杆。正在紧线时不准从紧线侧上下电杆。在拆除旧线时，应先将旧线用紧线机拉住后，在紧线之间处剪断，再慢慢放松被紧的线，防止突然剪断后的反弹力将作业人员甩出摔伤或发生断杆伤人。

7. 杆上作业所用工具、材料应装在工具袋内，用绳子传递。严禁上下抛扔工具和材料。地上人员应与作业电杆保持安全距离，杆上、地上人员均应戴安全帽。

第六节　轨道作业车、作业平台、作业机具使用维修人身安全规定

在使用机具设备过程中，操作者的不安全行为、机具设备的不安全状态等，往往容易引发各种机械伤害事故，影响生产正常进行，严重的将造成人员伤亡。因此，为了防止和减少事故的发生，应采取安全防护措施，预防作业机械伤害事故的发生。

一、作业机具使用安全规定

各种机械(具)必须有切合实际的安全操作规程,并张挂在机械(具)放置处,操作人员须经培训,考试合格后,方可持证上岗。使用各类机械时,按规定穿戴防护用品,严格执行机具操作规程及使用说明书要求。

1. 生产场所的工位器具、工具、模具、夹具要放在指定的部位,工件、物料应摆放平稳,堆码整齐,不得超高、超重,不得放在临边、缝隙、洞口等附近,不得妨碍通行;滚动物件设置垫块牢固,堆垛支撑稳妥、间距合理,防止坠落和倒塌伤人。

2. 使用的各种锤、铲、锉、冲、斧等手动工具应状态良好。活动扳手、管子钳不准随意加装套管,扳手不准咬合使用或代替手锤,应规范使用。使用锤子时禁止戴手套。锤头前方不得站人。击打脆性材料和物体时,操作者和监护者必须戴好防护眼镜。

3. 防止机械(具)伤害应做到"一禁、二必须、三定、四不准":

(1)不懂电器和机械的人员严禁使用和摆弄机电设备;

(2)机电设备应完好,必须有可靠有效的安全防护装置;

(3)机电设备长时间不用时,必须使机器各部件设定归零位,并切断电源;

(4)机电设备应做到定人操作,定人保养、检查;

(5)机电设备应做到定机管理、定期保养;

(6)机电设备应做到定岗位、定岗位职责;

(7)机电设备不准带病运转;

(8)机电设备不准超负荷运转;

(9)机电设备不准在运转时维修保养;

(10)机电设备运行时,操作人员不准将头、手、身伸入运转的机械行程范围内。

4. 机械(具)设备安装后按规定办理验收手续,检测合格方可使用。投入使用的机械设备必须完好,安全防护措施齐全。各种机械设备转动的外露部分均需设有安全防护装置,做到"有轮必有罩,有轴必有套"。设备的危险处所、部位,需设置安全警示标识。

5. 新购及主要部件更换或检修后的受力工具使用前,必须经检测合格并贴相应检测标签,未经检测的受力工具严禁使用。

6. 机械(具)设备应指定专人负责,定期维护保养、检查,确保技术状态良好,安全防护装置、设施齐全,严禁切除、屏蔽保护性装置。机械设备维护保养时,必须停机并切断电源。

7. 移动式机具使用时必须设置防护,严禁闲杂人员靠近作业场所。在钳工台两边的操作台上,中间必须设有防护栅。

二、轨道作业车作业安全规定

轨道作业车主要用于电气化铁路接触网施工维修作业,在日常使用过程中应严格落实相关规定,严防车辆伤害、高处坠落、触电伤害等事故发生。

1. 轨道作业车出车前,司机应认真检查车辆和行车安全装备、防护备品齐全良好,并与作业人员检查通信工具,确保联络畅通。

2. 作业前轨道作业车司机应掌握作业范围和内容并进行安全预想,作业和运行过程中应注意力集中。

3. 使用轨道作业车作业时,应指定作业平台操作负责人,作业平台不得超载。工作领导人必须确认地线接好后,方可允许作业人员登上轨道作业车的作业平台。作业车平台应设置随车等位线,在完成作业平台和工作对象设备等位措施后,方可触及和进行作业。

4. 人员上下作业平台应征得作业平台操作负责人的同意。轨道作业车移动或作业平台升降、转向时,严禁人员上下。

5. V 形停电作业时,所有人员禁止从未封锁线路侧上下作业车辆。作业平台应具有平台转向限位装置,作业前应将限位装置打至正确位置,作业平台严禁向未封锁的线路侧旋转。

6. 轨道作业车作业平台防护门关闭时应有闭锁装置。作业中须锁闭好作业平台的防护门,作业结束平台操作人员须将平台及平台上的装置复位并将施工料具及时清理,与司机共同确认后方可动车。

7. 外轨超高大于等于 125 mm 区段人员需在作业平台上作业时,作业平台应具有自动调平装置并开启调平功能。

8. 作业车上方的接触网设备未停电并办理安全防护措施前,禁止任何人员攀登到车顶或车辆装载的货物上;作业车司机未接到施工负责人接触网停电、接地线设置完成的通知,严禁打开平台电源控制开关。

9. 作业人员的重心超出作业平台防护栏范围作业时,须将安全带系在牢固可靠的部位。

10. 作业平台上的所有人员在车辆移动中应注意防止接触网设备碰刮伤人;作业平台上有人作业时,作业车移动的速度不得超过 10 km/h,且不得急剧起、停车。

11. 作业车移动或作业平台升降、转向时,严禁人员上下。作业中,作业车的移动应听从作业平台操作负责人的指挥。平台操作负责人与司机之间的信息传递应及时、准确、清楚,并呼唤应答。

12. 在电气化区段运行的作业车可以攀登到车顶或作业平台的梯子、天窗等处所,均应有“电气化区段　严禁攀登”的警告标志。

13. 在冰、雪、霜、雨等天气时,轨道作业车的爬梯和平台应采取防滑措施。

三、车梯和梯子使用安全规定

车梯和梯子主要用于供电专业高处作业登高使用,在使用过程中必须严格落实相关规定,严防高处坠落、触电伤害等事故发生。

1. 接触网作业用的车梯和梯子必须符合下列要求:

(1)结实、轻便、稳固。

(2)车梯的三个车轮采取可靠的绝缘措施。

(3)按规定进行试验(表 4-8-1)。

表 4-8-1 车梯及梯子试验规定

设备	部 位	试验周期/月	额定负荷/kg	试验负荷/kg	试验时间/min	合格标准
车梯	(1)工作台 (2)工作台栏杆 (3)每一级梯凳	12	200 100 100	300 200 200	5 5 5	无裂损和永久变形
梯子	每一级梯凳	12	100	200	5	无裂损和永久变形

2. 使用车梯进行作业时,应指定车梯负责人,工作台上的人员不得超过两名。所有零件、工具等均不得放置在工作台的台面上,防止物体掉落伤人。

3. 作业中推动车梯应服从工作台上人员的指挥。当车梯工作台面上有人时,推动车梯的速度不得超过 5 km/h,并不得发生冲击和急剧起、停。工作台上人员和车梯负责人应呼唤应答,配合妥当。

4. 车梯负责人和推车梯人员,应时刻注意和保持车梯的稳定状态。当车梯在曲线上或遇大风时,对车梯要采取防止倾倒的措施;当外轨超高大于等于 125 mm 或风力五级以上时,未采取固定措施禁止登车梯作业;当车梯在大坡道上时,应采取防止滑移的措施;当车梯放在道床、路肩上或作业人员的重心超出工作台范围作业时,作业人员应将安全带系在接触网上;车梯在地面上推动时,工作台上不得有人停留。

5. 为避让列车需将车梯暂时移至建筑限界以外时,要采取防止车梯倾倒的措施。当作业结束,车梯需要就地存放时,须稳固在建筑限界以外不影响瞭望信号的地方,并加锁或派人看守。当用梯子作业时,梯子放置的位置要保证梯子各部分与带电部分之间保持足够的安全距离,且有专人扶梯。

6. 当用梯子作业时,作业人员应先检查梯子是否牢靠;要有专人扶梯,梯子支挂点稳固,严防滑移;梯子上只准有一人作业。

7. 在冰、雪、霜、雨等天气时,接触网作业用的车梯、梯子应采取防滑措施。

四、绝缘工具使用规定

基本绝缘安全工器具是指能直接操作带电设备、接触或可能接触带电体的工器具,如电容型验电器、绝缘杆、绝缘隔板、绝缘罩、携带型短路接地线、个人保安接地线、核相器等。辅助绝缘安全工器具是指绝缘强度不能承受设备或线路的额定工作电压,仅用于加强基本绝缘安全工器具的保安作用,用以防止接触电压、跨步电压、泄漏电流电弧对操作人员的伤害的工器具。不能用辅助绝缘安全工器具直接接触高压设备带电部分,属于这一类的安全工器具包括绝缘手套、绝缘靴、绝缘胶垫(台)等。

1. 绝缘工具要有合格证并定期进行试验,试验合格后方准使用。禁止使用未经试验或试验不合格或超过试验期的绝缘工具。

2. 绝缘工具应具有良好的绝缘性、绝缘稳定性和足够的机械强度，轻便灵活，便于搬运。

3. 绝缘工具应按下列要求进行试验：

（1）新购、制作（或大修）后，在第一次投入使用前进行机械和电气强度试验。绝缘工具的电气强度试验一般在机械强度试验合格后进行。机械强度试验应在组装状态下进行。

（2）使用中的绝缘工具要定期进行试验。

（3）绝缘工具的机、电性能发生损伤或对其怀疑时，应中断使用并及时进行相应的试验。

4. 绝缘工具材质的电气强度不得小于 3 kV/cm，间接带电作业的绝缘杆等其有效长度应大于 1 000 mm。

5. 绝缘工具每次使用前，须认真检查有无损坏，并用清洁干燥的抹布擦拭有效绝缘部分后，再用 2 500 V 兆欧表分段测量（电极宽 2 cm，极间距 2 cm）有效绝缘部分的绝缘电阻，不得低于 100 MΩ，或测量整个有效绝缘部分的绝缘电阻不低于 10 000 MΩ。

6. 绝缘工具应存放在室内，室内要保持清洁、干燥、通风良好，并采取防潮措施。

7. 绝缘工具在运输和使用中要经常保持清洁干燥，切勿损伤。使用管材制作的绝缘工具，其管口要密封。

第七节　有限空间作业人身安全规定

有限空间易造成有毒有害、易燃易爆物质积聚或氧含量不足，有限空间作业风险大，事故致死率较高，对作业人员可能会造成缺氧窒息、溺水、机械伤害、触电等伤害。

一、供电系统有限空间作业范围

供电系统有限空间主要包括电缆间（夹层）、电力箱变电缆井，电缆井、沟，集水井、集油井、蓄水池、地下管廊等。供电系统有限空间作业指作业人员进入各类有限空间进行巡查、检修、施工、应急处置等行为，以下作业纳入有限空间作业管理：

1. 作业人员进入有限空间进行作业，作业过程可能存在释放有毒有害气体、易燃易爆物质积聚或者氧含量不足风险的作业。

2. 作业人员进入不具备良好采光、照明、通风设备和新风量条件的牵引所（亭）、电力变配电所电缆间（夹层）的作业。

二、现场作业人员主要职责

1. 作业前接受安全交底，针对分工任务进行安全预想。

2. 遵守有限空间作业安全操作规程，正确使用有限空间作业安全设施和个人防护用品。

3. 应与监护人员进行有效的作业进展情况、报警、撤离等信息沟通。

4. 作业前应检查作业场所安全措施是否符合要求。

5. 熟悉应急预案，掌握报警联络方式，出现异常时立即中断作业，撤离有限空间。

三、安全操作规程

有限空间作业必须配备必要的安全防护设施设备，主要包括但不限于气体检测报警设备、呼吸防护用品、坠落防护用品、通信设备及通风、照明设备等。

1. 进入有限空间作业前，应遵循“先通风、再检测、后作业”的原则，必须现场测定其氧气含量，有害气体、易燃易爆物质(可燃性气体、爆炸性粉尘)浓度，符合国家相关标准或者行业标准后，方可进入。未经通风和检测合格，任何人不得进入有限空间作业，检测时间不得早于作业开始前 30 min。

2. 检测人员进行检测时，应记录检测的时间、地点、气体种类、浓度等信息，并签字存档。检测人员应当落实相应的安全防护措施，防止中毒窒息等事故发生。

3. 在作业环境条件可能发生变化时，应对作业场所中危害因素进行持续或定时检测。有限空间作业时，每隔 30 min 必须进行检测分析。有限空间作业危害因素检测可由各单位自行检测，若单位缺乏必备检测条件时，应聘请专业检测机构进行检测。

4. 有限空间作业初始气体检测不合格的，必须再次对有限空间进行强制通风。强制通风一段时间后，应再次进行气体检测。检测结果合格后方可作业；检测结果不合格的，不得进入有限空间作业。作业过程中，如检测气体有不合格指标的，应立即停止作业并撤离作业人员，经现场处理并经检测符合安全作业要求后方可继续作业。

5. 作业时要保持空气流通，必要时强制通风，严禁使用纯氧进行通风换气。有限空间作业场所具备固定通风设备的，作业过程应时刻保持运转状态，发现通风设备停止运转，应立即停止作业并撤离作业人员。相应信息应及时汇报段调度。

6. 作业人员进入具备良好采光、照明、通风设备和新风量条件的牵引所(亭)、电力变配电所电缆夹层，应提前通风 15 min 后再进入，作业期间保持照明和通风设备开启，如发生设备故障应及时停止作业并撤离。

7. 作业中断的，作业人员再次进入有限空间作业前，应当重新通风，检测合格后方可进入。

8. 气体检测结果合格后，作业人员在进入有限空间前还应根据作业环境选择并佩戴符合要求的个人防护用品与安全防护设备，主要有安全帽、全身式安全带、安全绳、气体检测仪、照明灯和对讲机等。

9. 存在可燃性气体、粉尘的有限空间场所，应按规定设置灭火器材，严禁将火种或可燃物带入有限空间场所。

10. 其他有限空间作业要求参见第二篇第七章“预防中毒和窒息”相关内容。

第八节　典型事故案例

【案例一】违规解锁接带电作业触电身亡

一、事故概况

2024 年 3 月 11 日，甲局乙段丙车间丁工区在 ××线戊牵引变电所（新建未使用）进行设备调试及核对数据作业过程中，一名电力工擅自撤除安全警示带，打开带电的负荷开关柜柜门，触碰柜内带电设备发生触电，经抢救无效死亡。

二、事故原因

乙段丙车间电力工擅自撤除带电的负荷开关柜安全警示带，违规解锁打开柜门，拍照时触碰柜内带电设备发生触电，违反《牵引变电所安全工作规程》“禁止任何人在高压分间或防护栅栏内单独停留和作业”和“在结束作业之前，任何人不得拆除或移动防护栅和标示牌”之规定，是造成这起触电事故的直接原因。

三、事故教训

1. 吸取事故教训不力。2022 年以来，全路供电系统人身伤害事故多发，国铁集团多次进行通报。但是，甲局供电系统未能认真吸取事故教训，风险排查工作开展不彻底，职工违章作业行为没有得到有效控制，导致同类事故重复发生。

2. 职工违章行为突出。该电力工在进行设备调试及核对数据作业过程中，明知设备带电，并且已经设置警示标识，仍然违规解锁打开柜门，触碰带电设备，安全意识极为淡漠，暴露出单位安全教育不到位，“两违”整治流于形式。

3. 提前介入工作不认真。乙段对设备提前介入调试工作不重视，作业前没有与施工单位共同研究组织方案，确定安全事项。对施工单位存在的现场安全警示标识不全、开关柜钥匙管理混乱等问题没有提出整改要求，管理存在“盲区”。

4. 现场作业组织混乱。工区作业前，没有执行工作票制度，没有组织相关人员进行安全预想，没有制定安全防护措施，也没有明确作业范围和人员具体分工。车间跟班干部现场督导检查不到位，没有及时发现并制止作业人员违章行为。

【案例二】现场确认不到位，错误登杆被电伤

一、事故概况

2021 年 8 月 6 日，甲局乙段丙车间按照计划在丁铁路戊贯通线 A 站至 B 站间进行停电检修作业，一名电力线路工在作业过程中误登并行（水平相距 11 m）的给水线 002 号带电电杆（地方 10 kV 线路），触电受伤。诊断为右上肢、双下肢电烧伤 12%，经医院手术治

疗，右臂肘关节以上截肢，构成铁路交通一般B类（B2）事故。

二、事故原因

1. 电力线路工违反《铁路电力安全工作规程》登杆作业前应"确认作业范围，防止误登带电杆塔"之规定，在登杆前未检查确认作业范围和杆号，是造成此次事故的直接原因。

2. 乙段丙车间没有设置专人监护，也没有在杆塔下面做好标志，违反《铁路电力安全工作规程》"停电检修线路走廊或径路附近与另一回杆塔结构相同的线路平行接近时，各杆塔下面作好标志，设专人监护，以防误登杆塔"之规定，是造成此次事故的又一原因。

三、事故教训

1. 维修计划安排随意。乙段丙车间将事发当日和次日两天的检修计划任务随意合并为一天完成，工作量大，没有合理调配施工维修人员，参与维修作业的人员少(2个作业组，12名职工，其中包括工作负责人和监护人员，需检修244根电杆)，作业人员维修任务翻倍，急于完成工作任务，顾此失彼，忽视人身安全。

2. 现场安全监护缺失。乙段丙车间没有针对当日作业范围大、存在带电线路并行区段、多组作业人员同时作业的实际情况，合理安排足够的现场监护人员，认真监护工作组员的安全。当日作业分两个作业组，仅设一名监护人员，检修线路有相同的线路平行接近，作业时没有安排专人监护，作业人员在没有有效的安全监护下作业，危及人身安全的违章行为得不到及时制止，现场作业人身安全失管失控。

3. 安全预想流于形式。乙段丙车间班前会预想效果差，针对性不强，明知带电线路与检修线路并行有风险，思想麻痹大意，没有安排专人监护，也没有预想到需要在杆塔加设安全标志。该车间自成立以来首次对戊贯通线进行检修，预想会没有针对作业人员对戊贯通线线路走向、地形地貌、设备分布等不熟悉的实际情况进行风险研判，制定有针对性的管控措施，预想会风险研判流于形式。

【案例三】安全带使用不当高处坠落致死

一、事故概况

2021年10月13日，甲局乙段丙车间丁工区一名电力线路工完成隔离开关保养作业准备下杆，在转换位置过程中，违章解开腰带安全绳及防坠安全绳后，右脚脚扣突然脱落（左脚未戴脚扣），身体失去重心，从7.5 m左右高位置坠落至水泥地面，经抢救无效死亡，构成铁路交通一般B类事故。

二、事故原因

该电力线路工违反《铁路电力安全工作规程》杆上作业"工作人员必须系好安全腰带。作业时安全腰带应系在电杆或牢固的构架上"和《关于公布供电专业安全红线保障措施的通知》"高空作业人员移位或高空转位作业时，应使用双安全绳，当高空作业人员移位时，两条安全绳交替使用，使作业人员始终在确保安全情况下移动"的规定，在转换位置过程中,违章解开腰带安全绳及防坠安全绳,身体失去重心造成高处坠落。

三、事故教训

1. 班前劳动安全预想不到位。抽听丁工区事发前一日录音笔班前预想会内容,没有防止高处坠落的相关注意事项。

2. 班前分工不明确。检查丁工区工作日志和班前布置会,没有明确登高作业、地面配合、作业防护等作业人员的具体分工。

3. 安全自控能力低。班组"三控"落实不严,现场作业职工和带班人员在作业过程中,未做到安全"自控、互控、他控",在作业过程中未提醒上岗作业人员高处作业必须挂设好安全带的注意事项。

【案例四】擅自扩大作业范围,违章处理带电设备故障

一、事故概况

2022 年 4 月 26 日,甲局乙供电段丙车间丁工区按照当日电力维修作业计划,在戊线自闭线 A 站至 B 站 004 号至 072 号杆进行停电检修作业。7 时 25 分,工作领导人丙车间副主任违规脱离维修作业现场,打开戊线贯通线 A 站至 B 站间 038 号至 039 号杆间电缆接头箱锁具对箱内设备运行状况进行检查时,不慎触及电缆接头箱内带电运行的电缆接头,被电击昏迷,经抢救无效死亡,构成铁路交通一般 B 类(B1)事故。

二、事故原因

该副主任违规将未停电的戊线贯通线 A 站至 B 站间 038 号至 039 号间高压电缆接头箱锁具和箱盖打开,蹲下对箱内设备进行检查时,重心不稳,失去平衡后,右手不慎触碰电缆接头箱内带电设备,同时右侧膝盖触碰电缆接头箱箱体,电流经由右手流入身体后,经右侧膝盖处在电缆接头箱体上放电导致触电死亡,是此事故发生的直接原因。

三、事故教训

1. 管理人员安全责任意识淡薄。现场作业工作领导人,同时又是车间管理干部,漠视基本作业制度和作业纪律,在既有停电作业计划执行过程中,随意改变作业内容、作业范围,明知戊贯通线 038 号至 039 号杆间电缆接头箱内设备带电(10 kV),无视电缆接头箱"高压危险"的警示标志,违规打开电缆接头箱锁具进行作业,最终酿成事故。

2. 电力设备隐患长期存在。自 2017 年 10 月,戊贯通线 038 号至 039 号杆间电缆接头箱因放电导致箱体烧损,截至事故发生时,乙供电段仍未组织进行更换,段、车间既未针对该隐患制定整治期限,也没有明确具体的检查确认周期和方式,日常只是不定期由丙车间管理人员对破损的箱体进行开锁检查。

3. 电力设备锁具管理存在严重漏洞。乙供电段目前对管内电力线路隔离开关、箱变、电缆接头箱等设备采用"通号锁"加锁,所有锁具都可用同一把钥匙打开,且段没有制定钥匙使用管理相关规章制度,车间管理人员基本人手一把通用钥匙,可随意打开隔离开关、

配电箱等电力设备的锁具。

4. 专业管理存在偏差。甲局供电部在 2021 年发生过触电事故，但没有针对电力作业现场安全管控加大现场检查指导力度，对电力专业管理存在弱化现象。自 2021 年事故以来，供电部对乙供电段丙车间仅考核了一个"未按规定对隐患灯桥定期巡视并拍照"的问题，反映出供电部和乙供电段在专业管理方面存在重供电、轻电力的问题，导致时隔 8 个月再次发生作业人员触电的严重事故。乙供电段管理人员共计检查考核 961 个问题，其中考核水电专业问题 179 个，占比 19.7%，考核牵引供电专业和接触网作业车专业问题占比 80.3%，且考核丙车间的问题中没有电力专业现场劳动安全违章问题。

【案例五】接地线拆除顺序错误，接触网工触电身亡

一、事故概况

2022 年 6 月 30 日，甲局乙段丙车间接触网工班根据维修计划，在丁站检修分段绝缘器、检调线岔作业。18 时 32 分，对 30 号至 32 号道岔间的接触网分段绝缘器检修作业完毕后，一名接触网工在拆除接地线的过程中，被感应电电击倒地，经抢救无效死亡。

二、事故原因

1. 接地线操作人员违反《普速铁路接触网安全工作规则》规定的操作流程，在拆除接地线时，未先拆除接地线与接触网导体相连的上端部分，而是擅自先拆除接地线与钢轨相连的下端部分，导致受到感应电电击，是造成事故的直接原因和主要原因。

2. 接地线操作监护人员未认真履行监护职责，在接地线操作人员违反操作流程拆除地线时，未及时制止其违章作业，是造成事故的重要原因。

三、事故教训

1. 未落实劳动防护用品使用管理规定。按照乙段劳动防护用品使用管理规定及当日作业分工单要求，接挂地线作业时，验电和接挂地线作业人员应穿戴绝缘手套和绝缘靴，但查阅当日接触网作业车南北头监控视频，发现相关作业人员未落实穿戴绝缘手套和绝缘靴的规定，仅穿戴普通帆布手套和普通绝缘鞋。

2. 作业指导书编制有漏洞。乙段制定的《接触网验电接地操作作业指导书》无作业指导书编号、编制人、审核人及执行日期，没有将《普速铁路接触网安全工作规则》规定的"在装设接地线时，先将接地线的一端接地，再将另一端与被停电的导体相连；拆除接地线时，其顺序相反""装设接地线时，人体不得触及接地线，接好的接地线不得侵入未封锁线路的限界"等关键内容纳入作业指导书。

3. 车间带班干部对本次事故现场作业中存在的生产组织混乱、违章违规作业问题失管失察。当日维修作业使用轨道车，按乙段规定，车间管理人员应跟随轨道车到作业现场进行带班作业，当日安排应由车间主任负责现场带班，实际上车间主任没有跟车到作业现场。

4. 同类事故教训吸取不到位。乙段在 2016 年发生感应电职工伤亡事故之后，同一单

位再次发生因不按规定使用接地线感应电致人死亡事故。在落实局供电部要求开展为期4个月的“三反一对标”活动中，乙段检查发现违反防止感应电和触电方面安全措施的问题仅3件；接触网工班传达学习供电段职工感应电死亡事故案例有6人未参加，后期没有采取补传达措施。同类事故教训吸取不到位，日常检查督促不力，安全压力未能层层传递到一线，不按标准作业的问题没有得到根本解决。

【案例六】感应电隐患整治不到位，现场安全措施存在漏洞

一、事故概况

2023年4月18日，甲局乙段丙车间按照维修日计划对丁自闭线进行停电检修作业，13时35分左右，第一组作业人员在对342号耐张杆进行检修过程中，一名电力线路工发生触电，经医院抢救无效死亡。

二、事故原因

电力线路工在杆上作业时，翻越导线过程中双腿跨于拉线上时右手抓C相导线，此时附近铁路线路有3列电力机车牵引的列车，在A站至B站间运行，导致感应电动势增大，感应电自该线路工右手流入经胯下流出，通过拉线与大地形成回路，发生触电，是发生事故的直接原因。

发生事故的342号杆位于331号杆封线至384号杆封线间，间距达3.9 km，此间未加挂任何接地线，违反《电气化铁路有关人员电气安全规则》“电气化铁路区段进行架空电力线路维修、施工作业时，在与铁路长距离平行作业区段内至少每隔1 km加装1组接地线”的规定，感应电安全防范措施存在漏洞，是发生事故的主要原因。

三、事故教训

1. 检测要求不明确。各级专业管理部门及乙段没有明确测试感应电的具体方法，也没有感应电检测的相关仪器，造成现场作业时只能依靠作业安全措施制定人的经验进行判断。

2. 安全意识不强，对前期电力停电检修作业过程中职工出现手麻等感应电反应没有重视，未开展感应电测试工作，以经验代替规章，盲目认为电力线路距离接触网线路远，不会产生感应电，致使感应电风险长期存在。

3. 风险研判不到位。没有针对A站至B站区间戈壁砂石土质接地电阻高的问题进行研判，在惯性思维作用下，认为采取接地封线措施，安全工作就是到位的。现场作业接地封线采用普通的钢钎接地，接地电阻值依然很高，对降低感应电压的效果不明显，现场没有采取等电位、加装固定接地极等措施抑制感应电压。

4. 工作票审核流于形式。工作票虽然经签发人、工作执行人及段专业调度逐级进行了审核，但均未提出当时两组地线距离超过3.9 km的问题，岗位职责履行不到位，对安全技术措施审核不认真，工作票逐级审查机制流于形式。

【案例七】设备标识错误，作业防护不当

一、事故概况

2023 年 12 月 8 日，供电公司 10 kV 配电所电源二（A 线）出线间隔柜跳闸，造成铁路 10 kV 配电所电源二失压。10 时 19 分，甲局乙段丙车间丁工区一名电力线路工在应急处置过程中，未采取可靠安全措施，打开 10 kV A 线 3 号分接箱（因分接箱标识错误，实为带电的 B 线 6 号分接箱）拆卸电缆头绝缘塞时触碰带电设备发生触电，经抢救无效死亡，构成铁路交通一般 B 类（B1）事故。

二、事故原因

该电力线路工在故障应急处置过程中，违反《铁路电力安全工作规程补充规定》《甲局电力安全工作规程补充规定实施细则》的相关条款规定，未确认带电显示装置指示，未穿戴绝缘手套和绝缘靴，即使用一字螺丝刀插入 A 线 3 号分接箱（实际为带电的 B 线）中相电缆头绝缘套和绝缘塞之间间隙，箱内电缆头金属导体通过螺丝刀对当事人放电，致其触电死亡，是造成事故的直接原因。

现场编号标识为 A 线 3 号分接箱，实际为 B 线 6 号分接箱。分接箱名称标识错误为事故的发生埋下了隐患，致使当事人主观认为打开的标识为 A 线 3 号分接箱，即已经停电的设备，是造成事故的间接原因。

三、事故教训

1. 作业防护未执行。丁工区在组织故障排查过程中，安排了 5 人作业组，但未按要求指定现场监护人。当事人在对高压电缆分接箱操作时未采取安全保护措施，未穿戴绝缘手套和绝缘靴，未使用专用拆卸工具，盲干图快，安全意识不强。

2. 应急处置基本要求不落实。丁工区现场故障排查过程中，作业组负责人向段调度汇报需对 10 kV 配电所进线电源故障电缆进行故障测距操作，段调度提醒作业负责人须向甲局供电调度进行要令及采取安全措施，但之后未主动与现场联系，未及时询问现场故障排查作业进度，对现场抢修情况不了解、不掌握。作业组负责人在没有汇报甲局供电调度取得同意的情况下即开展故障排查作业。

3. 设备排查不认真。《乙段电力设备命名编号及标识管理实施细则》明确要求每年四季度负责组织开展一次管辖范围内电力设备编号命名及标识检查及整治工作，但丙车间丁工区 2022 年没有按要求开展年度电力设备编号命名及标识检查整治工作；2023 年丙车间排查工作仅发现 3 处标识缺失问题，没有标识错误的排查问题。实际上自事发点至 10 kV 配电所，公路区段电缆路径上共有 8 个电缆井，其中 6 处电缆标识牌缺失，车间工区排查工作中无此缺陷记录。

4. 设备履历错误。乙段电力设备履历中，此处电缆分接箱厂家与现场实际产品铭牌厂家不一致，历年设备秋季鉴定没有发现履历错误问题。

5. 作业标准缺失。乙段没有高压电缆分接箱作业指导书，未规范该设备维护保养要求及标准、验电作业程序及相应的安全风险提示。

6. 乙段未对高压电缆分接箱的带电显示装置功能进行现场技术指导，现场职工均不知晓A线3号分接箱、B线6号分接箱装有带电显示装置指示。

复习思考题

1. 绝缘工具应按什么要求进行试验？

2. 验明设备确已停电后装设（拆除）接地线的顺序和基本要求是什么？

3. 上道作业必须严格落实哪些制度？

4. 上道作业时作业人员避车安全规定有哪些？

5. 接触网设备上的作业分为哪三种类型？

6. 停电作业时，不同电压等级下作业人员（包括所持的机具、材料、零部件等）与周围带电设备的安全距离分别为多少？

7. 在带电的电压互感器二次回路上作业时应注意哪些事项？

8. 电力线路作业时，必须停电的设备有哪些？

9. 实施登高砍伐或修剪树枝作业时，有哪些作业安全规定？

第九章 房建劳动安全

房建系统主要承担铁路房建设备管理与维修，给水设备运行维护，公寓、单身宿舍、地区食堂管理及服务任务，主要涉及机车车辆伤害、高处坠落、触电、起重伤害、机械伤害、物体打击、爆炸及中毒窒息等各类伤害。严格执行房建专业劳动安全制度有关规定，熟练掌握相关人身安全知识，提高作业防护和安全避险技能，规范从业人员作业行为，是确保房建（含公寓、给水）作业人员安全生产的重要前提。

第一节 房建作业人身安全通用规定

针对房建作业人员岗位作业特点，作业人员在巡检、有毒物品使用、可燃气体设备使用、开挖沟槽、野外施工、营业线施工等生产活动中，必须严格遵守下列房建专业劳动安全有关规定，落实作业防护措施，避免造成伤害。

1. 遵守劳动纪律。从业人员应严格遵守劳动纪律和作业纪律，班前、班中禁止饮酒，严禁脱岗、串岗、私自替班或换班，不得做与工作无关的事。

2. 规范作业防护。班中按规定着装，正确使用劳动防护用品。作业场所禁止穿着高跟鞋、拖鞋、露趾凉鞋、硬底等易滑鞋；禁止戴未设耳孔的双耳帽，禁止将双耳包裹；衣服穿戴整齐、鞋绳系扣牢靠，防止刮、擦、碰、挤、摔。

3. 熟知警示标志。要熟知在站台端部、雨棚爬梯、上人孔、有限空间、配电箱、电气控制柜、阀门井、水处理设施、地下式（半）泵房、起重机械、上人台阶、临空部位、客房卫生间等易发伤害处所设置的各类安全警示标志。

4. 熟知作业环境。作业人员应熟知作业环境、行走径路及相关设备设施，熟知岗位作业标准（作业指导书）和风险控制措施。

5. 注意行走安全。在上下楼梯、行走及现场作业时，要注意脚下有无障碍物或坑、沟等，防止跌倒、绊倒或踩空摔伤。冬季作业人员行走的露天通道及场所要及时清除积水、积雪，防止结冰，必要时应加铺防滑垫，保持平整，防止滑倒摔伤。作业人员在列车通过避车时，必须面向列车，站立在安全位置，并注意机车车辆动态及货物装载等状态，防止被落物击伤。

6. 有毒物品使用的安全规定。白蚁防治药品等有毒物品的运输、装卸、储存，必须严格按照铁路危险货物管理相关规定执行。使用有毒物品的场所，作业前必须采取通风、隔离等措施,作业人员应做好个人卫生保健,避免皮肤、眼睛及身体裸露部位与有毒物品直接接触。

7. 易燃、易爆气体、粉尘场所和危险品存放仓库,应设置警示标志,按规定配备有效的消防器材;电气设备必须安装防爆装置,正确敷设电气线路,保持场所良好通风。严禁携带其他易燃品、火种进入。

8. 可燃气体设备使用应遵守以下安全规定:

(1)公寓食堂(含地区食堂、伙食团)在使用钢瓶燃气时,每次更换气瓶必须将连接减压阀与燃气灶具之间的软管两端连接紧密。装卸减压阀时,要仔细检查减压阀前端的密封胶圈,以防老化漏气。安装减压阀时,应先拧紧钢瓶角阀手轮,后打开钢瓶角阀检查各接口是否漏气。在使用管道燃气时,要检查燃气管道、阀门是否密封,接头是否牢固,灶具是否漏气。

(2)点火前,如发现室内已有可燃气体泄漏,应立即关闭钢瓶角阀,疏散人员,打开门窗加强通风,严禁使用易产生火花的电灯、电话、排风扇等电器以及明火等。待室内气味消失、燃气浓度降低后,方可点火使用。点火时,必须执行"先点火后开气阀"的原则,点燃灶具等燃烧器。

(3)当燃气发生泄漏引发火灾时,应立即切断气源,并立即使用防火毯或湿棉被、湿布、石棉毡或黏土等封住着火口,隔绝空气,使火熄灭。若火势较大,应立即疏散人员,并迅速向本单位调度指挥中心(安全生产指挥中心)、消防部门及燃气公司报警,请求排险。

(4)已安装燃气报警装置的场所,使用单位每季度须对设备功能进行一次全面检查,确保设备报警、风机联动、电磁阀联动、气体探测器、量值、电源和接地等功能正常。如在使用中出现报警,应及时关闭燃气阀门,由专业人员核实检测,按应急处置流程规范处置,排除燃气泄漏风险后,及时进行复位操作。

9. 高温设备、设施旁需张贴防止烫伤的警示标志。发热部件有较高温度时,切勿身体裸露部位直接接触,防止灼伤。餐饮作业人员从高温蒸汽蒸饭箱拿取食物时需戴隔热手套、使用夹具等。炉灶烧煮、油炸食物时,要规范操作,不得离人,正确控制油温油量,防止烫伤。

10. 房建、给水作业人员在开挖沟、槽时,必须采取按比例放坡等防塌方措施,不得一人单独作业,严禁在沟槽内坐卧休息。

11. 夏季野外作业时应检查作业场所屋檐、设备、树木等处蜂窝情况,发现蜂窝及时采取安全防护措施。夏季野外作业应携带蛇药,进入杂草、灌木丛等既往有蛇区域应着长袖上衣、长裤,扎紧裤腿、袖口,必要时持棍棒在前方左右拨草驱蛇。

12. 房建、给水、公寓作业人员在作业中,涉及物体打击、起重伤害及有限空间作业等,按第二篇相关章节规定执行。

第二节 上道作业和防护人身安全规定

房建、给水作业人员上道作业是指携带作业机械、工具、仪器(统称机工具)的人员,上道进行施工、维修、检查(站台限界测量、雨棚检修、给水设备巡检)等的作业。上道作业必须严格落实上道作业计划审批、安全预想、作业防护、通道门管理、上下道清点等制度,严禁无计划、随意变更计划、超范围上道作业,确保上道作业安全。

1. 作业人员在铁路站场行走及上道施工、维修、检查、测量、应急处置等作业时,作业人员必须穿铁路高可视性警示服(3级)。

2. 上道必须得到所属铁路局集团公司调度所同意施工(维修)作业的调度命令后方可作业。

3. 防护员必须由经培训考试合格的人员担任,持证上岗,并按规定携带防护用品。参加作业前的安全预想,应掌握作业地点、内容、机具分布及相关设备情况。

4. 防护员应根据作业现场地形条件、列车运行特点、作业人员和机具布置等情况确定站位及移动路径,并做好自身防护。现场防护员应以瞭望防护为主,并掌握驻站联络员通报的信息,保持适时联系;垂直天窗、V形天窗点内无作业车辆时,防护员应加强瞭望,保持通信畅通,严禁擅自离岗或从事与防护无关工作。

5. 各类作业前必须按规定登销记。驻站联络员应携带工作计划到达车站行车室提前40 min完成登记,并负责与车站值班员办理施工(维修)登销记手续;向施工(维修)负责人、现场防护员传达调度命令;向现场防护员通报列车运行情况。

6. 如防护联系中断,驻站联络员应向车站值班员报告,请求拦停列车;现场防护员应立即通知施工(维修)负责人停止作业;施工(维修)负责人应立即采取防护措施,并组织人员、机具、材料撤离至安全地点。

7. 作业人员进入铁路两侧封闭设施、站内线路、侵入站台安全线进行施工,设备巡查、测量、维修、应急处置和利用列车间隔检查、取水、抄表、点外(普速铁路)等作业,都必须按规定设置驻站联络员、现场防护员进行防护。

8. 现场防护人员与作业人员必须同去同归同转场。驻站联络员必须得到现场防护员关于所有作业人员、机工具及材料已撤离线路或返回安全地点的报告后,方可结束驻站防护作业。

9. 作业人员步行上下工时,不得在道床范围内行走,注意前后瞭望;通过站内平过道或横越线路时,应与驻站联络员联控确认,做到"一站、二看、三通过",组织人员上道快速通过,严禁来车时抢越。必须走道心时,应设置专人防护。

10. 进入通道门必须按规定设置防护,即作业人员进入作业通道门(无封闭设施为路肩、桥面或隧道范围内)前,必须得到现场防护员与驻站联络员联系确认防护人员已到位并在岗履责后方可进入。

11. 需上道检查处置设备故障或其他突发情况,都必须先按规定程序报告,本单位调度指挥中心(安全生产指挥中心)必须有应急值守或指定的胜任人员依据相关应急预案、作业指导书要求,对现场作业人员进行指导,并对处置过程进行全程把关盯控。

12. 作业人员必须按防护方案和班前预想会布置的作业通道进出封闭设施。作业通道门钥匙及开、关通道门,必须由专人负责管理。开门前,必须经现场防护员进门前安全防护后,方可打开通道门指挥作业人员进入。指定专人对进出通道门人员、机工具及材料等进行检查、清点、确认并做好记录。需在天窗点前从作业通道将作业人员、机工具及材料转移至作业地点的，应根据转移距离，合理确定进出门时间，纳入防护方案和班前安全预想。

13. 在营业线站(场)内进行站房、雨棚施工(维修)作业，需在站(场)内过轨运送机工具及材料的，必须服从站(场)管理，按规定办理手续并设置防护。

14. 应急处理突发设备故障、限界临时超限和影响安全的紧急抢修作业，必须按规定在《行车设备检查登记簿》内登记，按规定程序申请临时要点，并按规定设置防护。遇有大雾、暴雨、雾霾等恶劣天气影响瞭望时，应停止上道作业。

15. 凡影响行车的施工(维修)作业，都必须纳入天窗，不得利用列车间隔进行。

16. 参加上道作业的劳务工必须按规定由具备带班资格(具有营业线施工安全培训合格证)的正式铁路职工带领，严格执行同去同归同转场制度，不准劳务工单独上道作业。劳务工不得担任营业线施工的安全防护员及带班人员等工作，不准单独使用各类作业车辆。

17. 房建、给水作业人员下道避车时，应遵守预防机车车辆伤害相关规定，具体参见第二篇第一章“预防机车车辆伤害”相关内容。

第三节　机具设备使用人身安全规定

房建专业常用的机具设备包括切割机、发电机、各类炊事机具、压力容器及高处作业平台(车)等。作业人员必须熟练掌握机具设备使用技能及安全防护措施，按要求做好防护工作，保障人身安全。

一、机具设备使用人身安全基本要求

作业人员必须掌握机具设备操作规程，加强对机具设备的管理，定期检查养护，做好劳动防护要求，确保人身安全。

1. 各种机具设备须有切合实际的安全操作规程，在使用各类机具时，按规定穿戴劳动防护用品，严格执行安全操作规程及使用说明书要求。

2. 机具设备安装后经检测合格方可使用。投入使用的机具设备必须完好，安全防护措施齐全。各种机具设备转动的外露部分均须设有安全防护装置，做到“有轮必有罩、有轴必有套”。设备的危险处所、部位，须设置安全警示标志。

3. 机具设备须定期维护保养、检查，确保技术状态良好。机具设备维护保养时，必须停机并切断电源(风源、气源)，做好安全防护并派专人防护；需手动转动皮带轮、齿轮给油等作业时，应避免用力过猛挤伤手指。

4. 严禁机具设备带病或超负荷运转。机具设备开机前，操作人员应认真检查设备状态、安全保护装置良好，防止机器零部件、工件、夹具等飞出伤人。有压设备拆装、检修时，必须切断压力来源，排净余压，严禁锤击各类承压设备。

5. 设备运行中，禁止身体任何部位靠近、接触设备转动部件，工作物必须夹紧、卡牢，禁止进入设备动程范围。禁止伸手越过转动的部位或工件进行取件、传递物品。严禁从

无防护设施的机具设备上方翻越。中断或停止作业时要切断电源或关闭风门,防止误碰按钮或开关。两人及以上作业时,应明确分工,呼唤应答。

6. 使用砂轮机时,操作者必须佩戴防护眼镜,身体应站立在侧面,并待砂轮转速稳定后方可开始工作;不得使用砂轮侧面磨削,不得两人同时使用一台砂轮机;大型工件不得用固定式砂轮磨削,过小工件必须使用专用工具操作。

7. 接触各类锋利刀具、锐器时要精力集中,避免划伤、割伤或刺伤,必要时应佩戴防切割手套。

8. 各种作业机具使用人必须按规定穿戴劳动防护用品,动力机具使用人员必须经过专业技术培训合格。电动机械、工具电压在 50 V 以上的,要采取保护性接地或接零措施,使用手持电动工具时必须安装漏电保护装置。配备到个人的移动照明灯具电压不得超过 36 V,灯泡应有防护罩。夜间施工、维修作业应配有足够的照明设备,并制定人身安全防控措施。

二、锅炉、压力容器和压力管道作业人身安全规定

锅炉、压力容器和压力管道是装有气体或液体并具有一定压力的密闭设备,具有易破裂、爆炸的危险性,作业人员必须按规定持特种设备操作证上岗,掌握锅炉、压力容器和压力管道使用、维修的具体要求,严防事故发生。

1. 压力容器和压力管道必须严格按有关规定进行作业和储存,并定期检查试漏。作业人员按规定持证操作,严禁混岗。

2. 严禁使用超过检验有效使用期的气瓶。气瓶使用时不准离人,不准超量储存,有防倾倒措施。搬运、装卸易燃易爆气瓶的机械、工具,应具有防爆、消除静电或避免产生火花的措施。装卸气瓶应轻装轻卸,避免气瓶相互碰撞或与其他坚硬的物体碰撞,不得用抛、滚、滑、摔、碰等方式装卸气瓶。氧气瓶与乙炔瓶必须按规定存放,严禁混放,间隔距离不得少于 5 m;气瓶严禁靠近明火或在阳光下暴晒,距明火不得少于 10 m。

3. 无压设备、设施严禁有压运行。

4. 严禁锅炉、压力容器和压力管道未经审查擅自安装、未办理注册登记擅自使用。锅炉、压力容器和压力管道安全附件须确保状态良好。对锅炉的安全阀、低水位报警和联锁装置须定期进行检查和功能试验,按规定校验安全阀、化验水质。

三、高空作业平台(车)使用规定

蜘蛛式、单桅杆式、双桅杆式、曲臂式、剪叉式,以及伸缩臂式、折叠臂式、混合臂式、垂直升降式等高空作业平台(车)是房建设备检修常见的高空作业设备,必须严格落实“一车一人操作一人防护”的要求,必须遵守各项安全管理规章制度,服从项目的统一指挥管理,未经允许禁止随意在施工区域运行作业。

1. 操作人员(无禁忌证)必须接受专业培训并持有相关资质证书,了解高空作业车上所有标志的含义,熟练掌握高空作业车的性能和操作方法。

2. 操作现场须配备安全监护人员,负责与操作人员进行联系,随时观察作业环境,且

安全监护人员必须会操作高空作业平台(车)。在作业现场,应根据需要设置明显的警示标志和警示线,以防止他人接近危险区域。

3. 在操作高空作业平台(车)之前,必须做好充足的准备工作,包括但不限于以下内容:确认液压油、燃油、冷却液是否充足、有无泄漏现象;检查车辆接地装置是否完好,确保车辆具有良好的接地性能;检查安全防护装置是否完好,如安全带、安全绳、防坠器等;检查操作手柄、控制按钮是否灵敏可靠;检查各项功能是否正常,如升降、伸缩、旋转等。如发现异常情况,应立即报告维修或更换相应部件。

4. 作业前,操作人员必须按规定穿戴和使用好安全带、安全帽、劳保鞋等劳动防护用品,并有权拒绝不按规定穿戴防护用品的其他人员登车作业。观察周围环境情况,确保地面坚固、平整,且地面倾斜度必须在设备允许范围内,必须检查作业场地是否存在障碍物,辨识安全风险,确保高空作业车有足够的作业活动范围。

5. 操作人员进入高空作业车作业平台内作业时,要关好安全门,系好安全带,戴好安全帽并系好帽带,安全带不能系在作业平台以外的其他构件上。然后再发动车,操作要平稳,不得猛起猛停或急剧换向。高空作业车在行驶、移动和升降过程中,应注意观察工作区域上下和周围间隙,保持与建(构)筑物、设施设备和电线电缆等足够的安全距离。高空作业车在作业中出现异常声响、液压系统漏油、缸泵阀功能故障时,应马上停止作业;平台内有人时,不得进行检修,应采取措施将平台内人员运下后,再进行检修,待异常消除后方可继续作业。如遇紧急情况或操作按钮失灵时,应在做好自我保护的前提下,及时按下紧急停止按钮。

6. 操作人员应遵守操作手册,确保准确执行各项操作,包括移动、举升、旋转、停止等。不得超过作业平台(车)额定载荷,并避免进行超出容忍限度的操作。

7. 高空作业平台(车)运行移动时,应按施工方案确定的运行路线和区域移动。天桥底部和地道口至站台边缘的区域范围内不得起臂操作,通过天桥底部和地道口至站台边缘的区域时,伸降臂、支腿必须回收到位,谨慎移动通过。高空作业平台(车)移动和作业时,其轮胎及承重支点不得进入站台帽悬挑部分。

8. 高空作业平台(车)运行移动时,严禁作业人员在作业平台斗内。作业平台斗内不准架设梯子或放置垫物加高作业,不允许用长板等物伸出斗外增加幅度,以防倾翻。

9. 高空作业平台(车)必须在水平倾斜度不超过5°的平整坚实地面上工作。车体回转或作业时臂杆下不准站人。

10. 高空作业平台(车)在作业时,工作平台斗必须与接触网保持规定的安全距离。

11. 高空作业平台(车)作业禁止性事项如下:

(1)严禁饮酒及患有恐高症、高血压、心脏病、癫痫等人员担任高空作业人员并操作设备。

(2)严禁未经过操作培训人员、未取证人员操作设备。

(3)严禁在设备操作过程中从事接打电话、使用手机等无关行为。

(4)严禁在作业平台内随意放置工具、零件、材料。

(5)严禁作业人员在平台护栏上坐立、攀爬、抛掷物品或从高空作业车的臂杆上爬下来。

(6)严禁超员、超额定载荷作业或利用作业平台载人、载物,用于推、拉、吊其他物件;臂杆或作业平台严禁与任何物件碰撞。

(7)严禁高空作业车在陡坡上作业。

(8)严禁作业区域内上下交叉作业。

(9)严禁将高空作业车用于电焊等带电作业的接地线。

(10)严禁非专业维修人员擅自拆除报警器或改动控制线路。

(11)严禁在密闭空间内作业。

(12)严禁在五级以上大风及暴雨、雷电、大雾等恶劣天气条件下,使用高空作业平台(车)。

第四节　防触电人身安全规定

房建、公寓、给水岗位作业人员上岗前,要防范电力设备和电气化区段的触电伤害风险,应做到精力充沛,班前不得饮酒,按规定佩戴使用劳动防护用品,严格服从作业计划,并按要求设置好警示防护措施,严防触电伤害,确保人身安全。

1. 作业人员(房建巡检维修工、电工、电焊工、电机钳工)必须持证上岗,定期进行复证培训,正确佩戴、使用、保管和定期检测绝缘防护用品(具)。

2. 电气设备的接插件、电线等,必须保持完整和绝缘性能良好。电气设备的金属外壳必须接地,接地线要符合标准,有电设备不准断开外壳接地线。严禁使用未安装触电保护器的各种手持式电动工具和移动设备。

3. 不准私接电源、乱拉电线。电气设备或线路拆除后,裸露的线头必须采取绝缘包扎措施。机械动力设备电气线路应按规定接地,不许缠在铁丝、金属管、金属栏(扶)杆等导体上,以防漏电触电。电气部分发生故障时,要立即断开电源。

4. 严格执行停电检修、挂牌和监护等制度。电力设备作业前,必须检查工具、测量仪表、防护用具是否完好。作业时按规定执行工作票和监护制度,挂"禁止合闸,有人作业"牌。作业临时中断后恢复前,须重新检查确认电源是否断开。送电前,应确认所有作业人员已停止作业并在安全位置。

5. 现场使用照明、发电机等设备,应具备防雨防水功能,杜绝漏电造成触电伤害。

6. 作业人员及所携带的物件、作业工器具等须与牵引供电设备高压带电部分保持 2 m 以上的距离,与回流线、架空地线、保护线保持 1 m 以上距离,距离不足时,牵引供电设备须停电。

7. 严禁向接触网上抛挂绳索等物体,禁止在接触网支柱上搭挂衣物、攀登支柱或在支柱旁休息。禁止在吸流变压器下、支柱、铁塔下避雨。在雷雨天气巡视设备时,不准靠近避雷针、避雷器。雨天作业时,必须远离接触网支柱、接地线、回流线等设备。

8. 发现人员触电,在没有断电且采取安全措施前,不得用手或手持非绝缘物品直接接触触电者身体。

9. 建筑物维修拆除时,必须确认该建筑物上敷设的电线路断电后进行作业。维修上、下水管(镀锌、铸铁)及闸阀、水表前先检查确认作业单元是否有违章用电,防止"一火一地"接入上、下水管。

10. 屋面处理作业前必须将散落在屋面及上方的电源线(确认断电后)架起,并设立"注意安全""当心触电"等警示标志。

11. 建筑物维修时,先勘查该建筑物距高压线距离,并设立封闭式防护。高压电线安全距离见表4-9-1。

表4-9-1　高压电线安全距离

线路电压/kV	安全距离/m	线路电压/kV	安全距离/m
10以下	1.5	110	4
35	3	220	5

12. 施工现场临时用电严禁使用破损电缆、铜丝代替熔丝、电线直插插座孔、塑料代替绝缘胶布、使用负荷不匹配的空气开关及漏电保护开关等,临时用电必须专人管理。

13. 在维护跨越电气化铁路的雨棚、通廊、站房及附属设备前,必须与供电设备管理单位签订施工安全协议,按相关规定联系妥当后,方可作业。

14. 在修建靠近接触网的建筑物、构筑物或设备时,禁止借助接触网支柱搭脚手架或借助铁塔支柱上下;必须借助接触网支柱登高时,应有供电专业人员现场监护。

15. 施工中使用发电机、空压机、搅拌机、切割机等机电设备时,要有良好的接地装置;在可能带电的部位要设置"高压危险"等明显的警示标志并采取有效的防护措施。

16. 各类电气设备操作开关应有明显的标志,电线路不得私拉乱接,配电柜应上锁并专人负责。在擦拭、搬动电器前,应切断电源,严禁用湿手插拔插头、扯拽电缆电线,或用水冲刷电器。公寓(单身宿舍)房间内,严禁使用大功率电器。

17. 给水作业人员在电气化铁路区段站场进行抢修、开口、客车上水栓巡检试水等作业时,必须先停水再实施作业,严禁带水作业。客车上水栓试水过程严禁将管口朝上向接触网喷射。

18. 野外作业中遇有雷雨恶劣天气时,必须停止作业,作业人员应放下手中的金属器具,迅速到安全处所躲避。严禁在大树下、接触网支柱、铁塔旁和涵洞内躲避。必须在雷雨天巡查设备时,作业人员应远离接触网支柱、综合接地及其引接线,防止电击或触电伤害。

第五节　水质检验、污水处理人身安全规定

水质检验及污水处理主要涉及化学药品、试剂使用及危险废物处置。作业人员必须明确各类化学药品、试剂的安全使用规定、危险废物处置流程等作业危险性因素,正确穿戴工作服和防护用品,规范操作,严防人身伤害事故发生。

一、水质检验人身安全规定

水质检验员必须熟知作业环境、药品、试剂等化学特性、应急处置措施等，严格遵守水质检验操作流程及药品使用管理规定。

1. 要熟悉水质检测使用药品、样品、试剂和溶液对人身健康安全的危害性，以及各类化验检测设备的安全操作规程。

2. 进行水质检测时，必须按规定穿戴劳动防护用品，身体裸露部位严禁与危险化学品接触，登上水池取样必须注意防滑防摔。

3. 水质检测所使用的药品、样品、试剂和溶液必须有标签标明，不得在容器内盛入与标签不相符的其他物品。

4. 有毒、有刺激性气味的水质检测操作要在通风橱内进行。加热蒸发 HCl、HNO_3、H_2SO_4、H_3PO_4或开瓶使用此类浓酸时，必须在通风橱内进行。需要借助嗅觉判别少量气体时，严禁将鼻子直接对着瓶口或管口，而应当用手将少量气体轻轻扇向自己的鼻孔。取下正在沸腾的溶液时，应先用瓶夹轻摇后再取下，注意避免烫伤。

5. 移动、开启大瓶液体时，应避免直接将其放在水泥地板上，应用橡皮垫或草垫垫好；若是用石膏包装的瓶子，应用水泡软后再打开，严禁用锤敲、砸。

6. 不得在有毒物、化学物品区域存放食物及饮料。作业人员应做好个人卫生保健，避免皮肤及眼睛与危险化学品直接接触。当接触危险化学品时，不得吸烟、喝水及饮食。危险化学品区的劳动防护用品应单独存放。

二、污水处理人身安全规定

污水处理工在作业时，必须熟知污水处理后废物类别、作业危险性因素，严格按规定穿戴作业服、手套及防毒面具等防护用品，按要求做好化学药品使用、危险废物处置工作。

1. 污水处理所使用的化学物品，要根据污水的特点和处理工艺选择合适的药剂种类和用量；严格按照药剂使用说明书使用，避免超量使用或混用不同种类的药剂；使用药剂过程中须佩戴防护用品，以避免接触药剂造成危害。

2. 危险废物储存场所应按规范设置环境保护警示标志，专人负责管理，不得存放其他物资、器材等。危险废物不得混入生活垃圾等非危险废物中。

3. 从事危险废物的收集、储存、运送、接收和处置的工作人员和管理人员，应当接受相关法律、专业技术、安全防护及应急处理等知识的培训。

4. 危险废物在收集、运送、储存和处置过程中发生污染事故或者其他突发性污染事故时，应当立即采取防止或减轻污染危害的措施，同时向本单位及事故发生所在地的环保部门报告。

5. 在巡查各类水池、塔体，或在栈桥上行走时，要抓稳扶牢，严防滑倒摔伤、高处坠落。

6. 需要在污水处理池等自然通风不良，易造成有毒有害、易燃易爆物质积聚或者氧含量不足的有限空间作业时，应严格执行有限空间作业审批制度，按审批权限报批后实施。委外作业必须选定有资质单位，依法依规签订合同和安全协议。

第六节　高处作业人身安全规定

进行高处作业时，作业人员必须正确使用安全带（绳、网）等劳动防护用品，落实安全防护各项规定，规范高处作业行为，严禁在恶劣天气条件下露天高处作业，确保劳动作业安全。

1. 高处作业前，应检查确认登高辅助设备完整良好，必须采取防滑、防坠、防坍塌等措施，正确佩戴安全帽、使用安全带（绳、网），严格执行专人防护制度；严禁单人单岗从事屋面巡检作业；严禁患有禁忌证人员高处作业，禁止作业中接打使用手机。

2. 高处作业时，不得探身过远或高空跨越。升降台在上下升降或左右移动前，必须瞭望确认具备条件后方可开动。

3. 在作业过程中，严禁踩踏简易彩钢瓦、石棉瓦、玻璃钢瓦、阳光板等轻质型材。登高扫、抹、擦、吊、架设、堆物、检修设备时，作业面下要采取防护隔离措施，防止物品坠落伤人。

4. 登高作业使用的扶梯、人字梯、车梯必须结实、稳固，不能缺档，不得垫高、叠放使用；梯子底部须有防滑措施；使用时应有人扶护（监护）。严禁使用拉绳不牢固或无安全挂钩、顶部铰链不坚固的人字梯。

5. 使用脚手架等作业平台必须按规定搭设，作业前必须确认坚固、牢靠。临边作业须设置防护围栏或安全网，悬空作业须设置可靠的安全防护设施。

6. 浓雾、雷电密集、沙尘暴、六级及以上强风等恶劣天气时，严禁露天高处作业。

7. 使用吊篮高处作业时，吊篮内作业人员不应超过两人，并正确佩戴安全帽、系安全带，并应将安全锁扣正确挂置在独立设置的安全绳上。吊篮升降运行时，工作台两端高差不得超过 150 mm。如遇有五级及以上大风天气，应立即停止作业。

8. 桥涵上行走、施工或休息时，不得倚靠桥梁护栏。非检修人员禁止进入“不上人屋面”。站台上作业过程中，非作业需要不得侵入安全白（标）线。

9. 在屋面及高处作业场所作业前，必须先把易使人滑倒的雪、霜、露、青苔、杂物等清扫干净。坡屋面作业时，应侧身斜走，弯腰慢行。石棉瓦屋面作业时，必须铺设脚手板，脚手板稳固铺在檩条上。

10. 进入吊顶内作业时，必须配备照明灯，两脚要在吊顶内检修马道上行走，前脚要先试探，后脚慢步跟进，同时用手攀扶结构物体；在无检修马道的吊顶内检查需要编制专项方案，借助脚手架或登高作业车完成。

11. 在高架车站的轨道梁与站台间隙处所，桥梁步行板，桥梁接缝、拼缝等处所作业时，必须检查间隙情况，确认安全后方可作业或通行。

第七节 典型事故案例

【案例一】房建有限空间作业安全措施不落实致多人伤害

一、事故概况

2013 年 8 月 5 日，甲局乙房建段丙工区进行污水泵房检修作业时，因池内有毒气体超标，致三名职工中毒窒息死亡，构成铁路交通较大事故。

二、事故原因

1. 检修作业人员对有限空间存在的危害认知不够，在未采取任何安全措施的情况下，违章进入高浓度有害气体环境，施救人员在未采取任何安全措施，未佩戴任何防护用具的情况下，盲目施救，吸入高浓度有害气体，致短时间内中毒死亡，是事故发生的主要原因。

2. 该房建段对封闭或部分封闭，与外界相对隔离，出入口较为狭窄，作业人员不能长时间在内工作，自然通风不良，易造成有毒有害、易燃易爆物质积聚或者含氧量不足的空间，如化粪池、污水池等产生的有害气体，在特定条件下对人体伤害的隐患认知不足，导致此方面安全风险识别、研判不够，尤其对有限空间作业相关制度、作业流程、应急处置、劳动防护用品的配置等诸多环节存在疏漏，是造成此次事故的另一重要原因。

三、事故教训

1. 作业组织无序，现场安全防护缺失。该工区未结合作业内容、人员状况有针对性地安排、布置工作。当日，该工区接到“地区污水泵不抽水了”的故障信息，赴现场判明故障原因后，未根据故障原因制定维修方案，也未填写派工单，直接安排电工杜某、司炉工王某处理自动浮球阀门故障，安排工作存在疏漏，作业人员操作技能不达标，为事故的发生埋下隐患。

2. 班组基础管理薄弱。该工区人员考勤管理混乱，班组现有职工 23 人，实际每月出勤职工 14 人，剩余 9 人因各种原因长期未上班，班组长期处于缺员状态，作业人员身兼数职现象普遍存在。该工区未建立设备检修工作记录，用一本“工长日志”替代工作记录，无法查询每日生产任务安排、开展及完成情况，工作缺少可追溯性。

3. 专业管理认知不足。该房建段对有限空间作业中人身安全隐患长期认识不足，在部分职工向段及车间多次反映“化粪池、污水泵房中作业存在胸闷、气短等身体不适现象”的情况下，管理层仍未足够重视，导致此方面安全风险识别、研判不够，没有按照国家有限空间作业相关规定，明确现场相关人员的安全职责、作业流程、应急措施，未配备必需的劳动防护用品，诸多环节存在缺失。虽然在当年安全风险管理体系构建中，该房建段在《安全生产过程控制体系》《一班、一次作业流程及作业标准》等文件中制定了下水管道，污水池、沟及坑作业控制措施，但未制定有害、可燃气体检测办法和有限空间安全操作规程，制定的《职业危害应急救援预案》未对施救人员的安全注意事项进行规定，现场作业缺少必备的作业指导书。

4. 安全监测用具、劳动防护用品配发不到位。该房建段对安全投入不足，未给现场作业车间、班组配备检测有害气体的必备设备，致使现场作业人员凭感觉、凭经验判断作业现场的有害气体。所属车间关于污水池、泵房安全防护规定中，没有作业人员必须穿戴防护用具用品的具体规定，作业班组也未配备生产、应急救援所必需的检测器具、防毒面具等防护用品。

【案例二】站房高处作业不采取安全措施导致一人坠落身亡

一、事故概况

2022 年 10 月 9 日，甲公司承揽乙局丙站建筑消防设施维修保养服务项目，一名维保人员在站房吊顶内部检查消防设备作业过程中，在未采取登高保护措施的情况下，冒险沿站房挑檐吊顶内侧方钢龙骨行走，踩空后从站房顶部西南角挑檐铝质吊顶板处跌落至 1 号站台连廊顶部平台，经医院急救人员现场抢救无效死亡，构成铁路交通一般 B 类（B1）事故。

二、事故原因

当事作业人员违反《建筑施工高处作业安全技术规范》安全技术措施和人身防护用品相关规定，在未佩戴劳动安全防护用品、采取安全防护措施的情况下，违章冒险进行高处作业，踩空后从高处坠落死亡，是造成本起事故的直接原因。

三、事故教训

1. 高处作业管理失控。甲公司违反《建筑施工高处作业安全技术规范》，未制定高处检查作业安全技术措施；对作业人员安全教育不到位，致使作业人员安全意识淡薄，未佩戴劳动防护用品冒险进行高处作业。

2. 对业务外包单位作业安全监管不力。发包单位丁公司对业务外包单位消防设施隐蔽工程维保作业书面联系制度执行不到位；负责现场作业的监管人员不清楚作业监管的具体内容和要求，对外包单位作业人员高处作业不携带劳动防护用品的违章行为不检查、不制止，致使外包作业人员现场作业严重违章违纪行为长期存在。

3. 隐患排查治理流于形式。发包单位丁公司未组织对站房吊顶内部的消防设备设施检修作业环境的专项排查，未针对站房吊顶内部分消防设备设施远离检修马道的隐患组织专项整治，未针对此类特殊作业场景研究制定行之有效的高处作业安全风险管控措施。

【案例三】违规单人作业无防护措施致人摔死

一、事故概况

2019 年 10 月 25 日，甲局乙房建公寓段丙公寓班组一名电工在公寓 12 楼电梯厅进行更换吊顶照明灯作业时，从电梯厅北面窗口坠下，经医院急救人员现场确认死亡。

二、事故原因

该电工在公寓 12 楼电梯厅进行更换吊顶照明灯作业时，忽视自身安全防范，违章作业。一是进行更换吊顶照明灯作业为其单独一人完成，违反《甲局房建公寓系统劳动安全管理办法》“作业时必须两人或两人以上进行作业，一人作业一人监护，禁止单人作业”的规定；二是更换吊顶照明灯作业需要登高时，不是使用安全性能稳定的人字梯等工具，而是借助垃圾桶登高进行作业，违反该房建公寓段《岗位作业指导书》“维修作业要注意人身安全，注意地面湿滑，做好安全保护措施，登高作业时必须使用绝缘良好、安全性能稳定的人字梯等工具，小心滑落跌伤”的规定；三是在更换吊顶照明灯作业地点距电梯厅北面打开的窗户只有 0.4 m，存在坠落风险的情况下，没有采取相应安全防范措施，导致作业中从 12 楼电梯厅北面窗口坠落死亡，是造成事故的直接原因。

三、事故教训

1. 人身安全意识淡薄。该电工在进行更换吊顶照明灯作业时，人身安全意识淡薄。一是未穿着工作服、工作鞋，未戴工作帽，而是穿着短袖便服和运动鞋作业。二是没有携带更换灯管作业必备的电工工具和登高使用的人字梯，仅是携带一个新节能灯管就单独一人前往作业地点。三是在无人监护，且 12 楼窗户打开，从窗口到地面有 39.45 m 高度的情况下，在距窗口仅 0.4 m 的位置，完全无视坠落风险，借助垃圾桶登高作业。反映出该作业人员日常作业行为养成缺少自律和约束，随意违章成为习惯，以致最终酿成惨剧。

2. 班组管理松散。一是当日电工当班作业，该公寓班组没有按规定召开交班会，没有对当天工作进行布置，没有交代电工作业安全注意事项，没有对电工作业准备情况进行检查。二是工长在得知关于公寓楼内有一个灯不亮，准备进行维修更换的报告后，没有及时发现和纠正该电工不按规定着装、未携带电工工具和人字梯等问题，也没有按规定安排监护人员。三是工长明知该电工准备进行更换灯管作业，仍擅自同意监护人员请假，且在其前往作业地点时没有停止其作业。事发当月该公寓班组应组织电工召开 22 次交班会，实际都没有召开，没有对作业进行布置安排。同时，该班组对公寓楼电气设备设施故障情况不掌握，不清楚电工现场作业情况，管理相当松散。

3. 车间管理不到位。该公寓车间没有把电工作业作为车间劳动安全关键进行管控。一是未研判电工作业劳动安全风险。该公寓车间“2019 年安全风险问题库”中，缺少电工作业触电伤害、高处坠落或登高跌落风险及防控措施。二是未对电工作业计划安排进行管理。车间既不掌握管辖的行车公寓楼、职工公寓楼电气设备设施故障情况，也不掌握电工作业计划安排情况，更没有对设备设施维修工作进行安排。三是对电工作业过程缺少管理和监督。一方面车间从未发现该公寓班组经常不组织电工召开交班会，不对电工作业进行布置安排的问题，另一方面车间对电工作业过程的检查考核极少，事发前 8 个月，车间共发牌 24 个，其中对电工的考核仅有 1 次，且问题描述笼统，不清楚违章的具体情况。四是电工日常安全教育培训薄弱。2019 年以来，车间下达给班组的月度业务学习计划中，仅在 3 月要求组织电工岗位作业规程学习，而制定的岗位练兵计划中，没有电工岗位练兵科目。

复习思考题

1. 水质检验员工作有哪些人身安全规定？

2. 可燃气体设备使用有哪些人身安全规定？

3. 如防护联系中断，驻站联络员、现场防护员及施工（维修）负责人应如何做好安全防护工作？

4. 对参加上道作业的劳务工有哪些人身安全规定？

5. 使用机具设备有哪些人身安全基本要求？

6. 高空作业平台（车）使用有哪些人身安全规定？

7. 污水处理有哪些人身安全规定？

8. 在屋面及高处作业场所如何进行安全作业？

第五篇

事故处置

第一章 伤亡事故应急处置

铁路工种多,作业环境多样,可能面对的伤害情况也各不相同。从业人员有必要掌握伤亡事故的基本知识,了解伤亡事故类别、伤害方式、严重程度等,提高伤亡事故应急处置能力,快速、高效地开展事故抢险工作,及时有效地控制和减少人员伤亡、财产损失和对公共安全的影响。

第一节 伤亡事故基本知识

一、伤亡事故的定义

伤亡事故是指在生产劳动过程中发生的违反劳动者意愿的人身伤害、急性中毒。

二、伤亡事故的类别

《企业职工伤亡事故分类》(GB 6441)将企业职工伤亡事故分为20类,包括物体打击、车辆伤害、机械伤害、起重伤害、触电、淹溺、灼烫、火灾、高处坠落、坍塌、冒顶片帮、透水、放炮、火药爆炸、瓦斯爆炸、锅炉爆炸、容器爆炸、其他爆炸、中毒和窒息,以及其他伤害。

三、伤亡事故的伤害方式

伤亡事故的伤害方式包括碰撞、撞击、坠落、跌倒、坍塌、淹溺、灼烫、火灾、辐射、爆炸、中毒、触电、掩埋、倾覆等。

四、伤亡事故的严重程度

1. 特别重大事故,是指造成30人以上死亡,或者100人以上重伤(包括急性工业中毒,下同)。
2. 重大事故,是指造成10人以上30人以下死亡,或者50人以上100人以下重伤。
3. 较大事故,是指造成3人以上10人以下死亡,或者10人以上50人以下重伤。
4. 一般事故,是指造成3人以下死亡,或者10人以下重伤。

五、伤亡事故的致因

（一）人的不安全行为

1. 操作失误、忽视安全、忽视警告。如开动、关停机器时未给信号，开关未锁紧造成意外转动、通电或泄漏，忽视警告标志、警告信号，机械超速运转，违章驾驶机动车，酒后作业等。

2. 错误操作造成安全装置失效。如擅自拆除或错误调整造成安全装置失效等。

3. 使用不安全设备。如临时使用不牢固的设施，使用无安全装置的设备等。

4. 手工代替工具操作。如用手清除切屑，徒手拿工件进行机械加工等。

5. 物体放置不当。如成品、半成品、材料、工具、切屑和生产用品人为放置不当等。

6. 攀、坐不安全位置。如攀、坐在桥梁护栏、汽车挡板、吊车吊钩等。

7. 在起吊物下作业、停留。

8. 机器运转时违规作业。如机器运转时进行加油、修理、检查、调整、焊扫、清扫等工作。

9. 有分散注意力的行为。如驾驶机动车接打电话等。

10. 必须使用个人防护用品用具的作业或场合中未使用。如未戴护目镜或面罩，未戴防护手套，未穿安全鞋，未戴安全帽，未佩戴呼吸护具，未佩戴安全带等。

11. 未按规定使用和穿戴劳动防护用品。如在有旋转零部件的设备旁作业穿肥大服装，操纵带有旋转零部件的设备时戴手套等。

12. 对易燃、易爆危险品处理错误。如氧气瓶与乙炔瓶未按规定存放。

（二）物的不安全状态

1. 防护、保险、信号等装置缺乏或有缺陷。如无防护、无防护罩、无安全保险装置、无报警装置、无安全标志等。

2. 设备、设施、工具、附件有缺陷。如设施机械强度不够、绝缘强度不够，制动装置有欠缺，安全间距不够，起吊重物的绳索不符合安全要求，设备在非正常状态下运行，设备带“病”运转、超负荷运转等。

3. 个人防护用品用具等缺少或有缺陷。如无个人防护用品、用具，所用的防护用品、用具不符合安全要求。

4. 生产（施工）场地环境不良。如照明光线不良，作业场地烟雾尘弥漫、视物不清，通风不良或无通风，作业场所狭窄，工具、制品、材料堆放不安全，地面有其他易滑物等。

第二节　伤亡事故应急处置

一、伤亡事故应急处置原则及要求

（一）应急处置原则

1. 先排险后施救。在现场救护前先评估现场环境，排险后再施救。

2. 先重伤后轻伤。优先抢救危重患者，后抢救伤情较轻者。

3. 先复苏后固定。遇有呼吸心搏骤停又有骨折者，应先进行心肺复苏术，直至呼吸、心跳恢复后，再进行固定骨折。

4. 先止血后包扎。大出血合并有伤口者，首先应采取指压法、止血带止血法等进行止血，再消毒伤口进行包扎。

5. 先急救后转运。对垂危重伤病员，先进行现场的初步处理后，才可在医疗监护下转运至医院，途中不要停止抢救措施，继续观察病情变化，少颠簸，注意保暖，快速平安抵达目的地。

6. 急救与呼救并重。有多人在现场或遇有成批伤病员时，救护与呼救同时进行。只有一人在场的情况下，应先施救，后在短时间内进行电话呼救。

（二）应急处置要求

1. 迅速控制危险源，组织抢救遇险人员。

2. 根据事故危害程度，组织现场人员撤离或者采取可能的应急措施后撤离。

3. 及时通知可能受到事故影响的单位和人员。

4. 采取必要措施，防止事故危害扩大和次生、衍生灾害发生。

5. 根据需要请求邻近的应急救援队伍参加救援，并向参加救援的应急救援队伍提供相关技术资料、信息和处置方法。

6. 维护事故现场秩序，保护事故现场和相关证据。

7. 采取法律、法规规定的其他应急救援措施。

二、伤亡事故应急处置流程

（一）发现者处理及汇报

1. 处置方式

（1）岗位监护、巡检发现人员出现伤害状况或接到他人安全报警求救（如肢体伤害、中毒、窒息等意外状况的伤害）。

（2）确认人身伤害事故后，发现者要在确认安全后，立即断开伤害源，阻止伤害继续。无法断开伤害源的，要立即通知有关部门联系断开伤害源并采取安全可行的阻止伤害措施。

（3）组织相邻岗位人员实施救援并将人身伤害信息汇报，管理部门接到汇报后须立即组织救援。

2. 注意事项

断开伤害源要在确认安全后进行，防止对发现者和受伤者造成伤害。

（二）确认伤害因素

1. 处置方式

发现人员勿立即靠近施救，应根据现场情况及伤害状况查找造成事故伤害的原因，并分析是否会对现场抢救人员造成危害。

2. 注意事项

发现受伤者后其伤害原因不清不能盲目靠近施救，避免事故进一步扩大。

（三）脱离伤害状态

1. 处置方式

(1)如果受伤者伤害原因不能继续对现场抢救人员造成危害的，抢救人员可立即靠近受伤者进行现场处理，使其尽快脱离现有的伤害源。

(2)如果受伤者伤害原因能对现场抢救人员造成危害，抢救人员必须采取相应的安全措施，消除对现场抢救人员的隐患后，采取合理的方法使受伤者脱离危险状态。

2. 注意事项

(1)现场处置伤害源过程中要注意方式方法，确保自身及他人人身安全。

(2)脱离伤害状态前要确认伤者能否被移动，不能移动时，要在消除安全隐患后，开展现场抢救措施，等待医护人员到场后指导施救。

（四）确认伤害程度及处理方法

1. 处置方式

(1)受伤者脱离危险状态后，首先目测其伤害位置及伤害严重程度。

(2)如果受伤者伤害程度较轻，精神、意识正常，个人能够自行行走，则安排专人送至医院进行检查治疗。

(3)如果受伤者伤害程度较重，精神迷糊、意识不清，或出现无意识、无心跳、无呼吸等严重情况，施救人员要立即拨打急救中心电话。报警完毕后立即安排专人进行接应，接到救护人员后带至现场进行现场抢救，并护送至医院救治。

2. 注意事项

(1)观察受伤者伤害位置及伤害严重程度要全面、详细。

(2)如果受伤者觉得没事也必须去医院进行必要的检查，避免身体内部器官出现损伤。

(3)现场报警要简要、详细、具体，现场接应引导安排到位。

(4)根据受伤者身体状况立即采取相应的现场救护措施。

三、伤亡事故报告流程

（一）处置原则

1. 事故发生后，铁路运输企业和其他有关单位应当积极开展应急救援工作，减少人员伤亡和财产损失，尽快恢复铁路正常行车。

2. 事发所在车间、班组及人员应当立即向邻近铁路车站、列车调度员、公安机关或者相关单位负责人报告。有关单位和人员接到报告后,应立即将事故情况向企业负责人和事故发生地安全监察值班人员报告,安全监察值班人员按规定向安监室负责人报告,并根据事态发展和处置情况及时续报。

(二)报告程序

1. 事故发生后,事故现场负责人或有关人员应当负责事故现场的保护工作,立即将事故发生的单位、时间、地点、伤亡者姓名及事故发生的简要经过向所在单位上级汇报。

2. 发生作业人员当班突发疾病死亡时,要立即向当地县级以上医院或"120"急救中心请求救治,并立即向所在地铁路公安派出所、铁路公安处指挥中心报告。同时,向所在单位上级汇报。

3. 发生作业人员工作中的道路交通事故(包括上下工途中),除立即向所在地公安交警部门报告外,还要向所在单位上级汇报。

(三)汇报内容

1. 事故发生的时间、地点、区间(线名、公里、米)、线路条件、事故相关单位和人员。
2. 发生事故的列车种类、车次、机车型号、部位、牵引辆数、吨数、计长及运行速度。
3. 旅客人数,伤亡人数、性别、年龄及救助情况,是否涉及境外人员伤亡。
4. 货物品名、装载情况,易燃、易爆等危险货物情况。
5. 机车车辆脱轨辆数、线路设备损坏程度等情况。
6. 对铁路行车的影响情况。
7. 事故原因的初步判断,事故发生后采取的措施及事故控制情况。
8. 应当立即报告的其他情况。

(四)信息收集

事故单位和有关人员应做好事故现场保护,为抢救人员或恢复生产必须移动现场物件时,应做好标记,采取摄像、摄影、录音、绘图等方法记录事故现场原貌,妥善保存重要痕迹、物证等。

复习思考题

1. 伤亡事故的伤害方式有哪些?
2. 简述伤亡事故应急处置原则及要求。
3. 简述伤亡事故发现者的处置流程。
4. 简述伤亡事故确认伤害程度的注意事项。
5. 简述伤亡事故汇报内容。

第二章 伤员急救

生命健康是人类社会一切文明进步的基础和前提。但是,各种意外伤害和突发疾病却时刻威胁着人们的生命健康。通过有效地传播和普及应急救护知识和技能,可以使铁路职工成为生命守护者,最大限度地保护他人生命健康。

第一节　现场急救的基本概念

现场急救是指在急症、创伤患者到达医院前急救人员对其开展的现场或转运途中的医疗救治,也称院前急救。

一、现场急救的主要任务

现场急救的主要任务是抢救生命、减少伤员痛苦、减少和预防加重伤情和并发症,正确而迅速地把伤病员转送到医院。

二、现场急救的原则

现场急救的原则为“先抢后救”,即在灾难环境中,强调先使伤员脱离危险环境,再进行必要的急救。

三、现场急救的基本程序

(一)现场评估与呼救

1. 现场评估

(1)评估造成事故、伤害及发病的原因,是否存在对救护者、伤员和围观者造成伤害的危险环境。

(2)评估危重病情,包括对意识、气道、呼吸、循环等方面的评估。

2. 紧急呼救

(1)救护启动:这是被国际上列为抢救危重伤员的“生存链”中的第一步,即早期呼救。启动急救系统,急救信息中枢根据伤员病情和所处位置发出指令。

(2)电话呼救:“120”是我国统一实施的医疗急救电话号码,打电话求救时要保持平静,如实告知接线员患者的基本情况、所处位置(街道或路名、办公室名称、房室号等)。

(二)伤员急救

针对伤情采取合适措施。

第二节 伤员急救方法*

熟悉日常生活中常见急症的特点,掌握其急救方法,并在创伤发生的早期及时采取有效的措施,对挽救生命和减轻伤害十分重要。

一、心搏骤停

在日常生活中,心脏急症是发生心搏骤停最常见的原因,许多意外伤害如电击、淹溺、中毒及严重创伤等都可导致呼吸、心搏骤停。一旦发现发生心搏骤停者,必须争分夺秒,采取现场心肺复苏等措施,才有可能挽救心搏骤停者生命。

(一)基本生命支持

基本生命支持是一系列复苏操作,包括对心跳、呼吸停止的判断,启动急救系统,实施基本的循环、呼吸支持和电除颤等措施。心肺复苏可以概括为 A、B、C、D,分别指开放气道、人工呼吸、胸外按压、电除颤。

现场救护员首先对患者有无反应、意识和呼吸做出基本判断。只要发现无意识、无呼吸(或叹息样呼吸),立即启动急救系统,开始心肺复苏。如果有两名以上救护员在场,其中一人立即实施心肺复苏,另有一人启动急救系统。

1. 识别判断

如果识别判断患者无意识、无呼吸(或叹息样呼吸),应立即将患者置于心肺复苏体位(仰卧位),按 C—A—B 顺序做心肺复苏。准确判断患者心跳、呼吸停止需要救护员有迅速反应的能力,判断必须迅速。

(1)意识判断:救护员在患者身旁快速判断其有无损伤和反应,判断成人意识可轻拍患者双肩,并大声呼唤:“你怎么了?”患者无动作或无应声,即判断为无意识,如图 5-2-1 所示。

(2)呼吸判断:如果患者无意识,应立即检查患者有无呼吸。如果患者为俯卧位,先将其翻转为仰卧位再检查呼吸。保持患者呼吸道通畅,采用“听、看、感觉”的方法判断呼吸,检查时间约 10 s,如图 5-2-2 所示。

2. 呼叫、求救

发现患者无意识、无呼吸(或叹息样呼吸),若只有一人在现场,要首先启动急救系统,

---

* 本部分配有教学视频,供学习参考,请扫描封底二维码获取。

目的是求助专业急救人员，并快速携带自动体外除颤器（AED）到现场。如有两人以上时，一人打电话向“120”求救，另有一人马上实施心肺复苏。

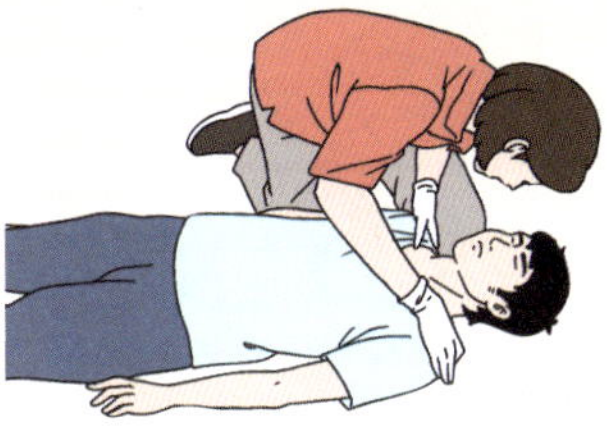

图 5-2-1 意识判断

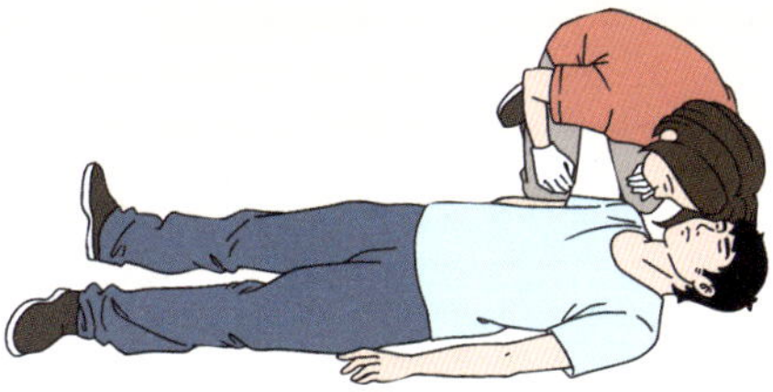

图 5-2-2 呼吸判断

（二）心肺复苏的操作技术

1. 循环支持

（1）检查脉搏

非专业急救人员无须根据脉搏检查结果来确定是否需要胸外按压或电除颤，如果发现无意识、无呼吸（或叹息样呼吸）即可实施胸外按压。如果需要检查脉搏，应与检查呼吸同时进行，时间约 10 s，不能确定有无脉搏，则立即进行心肺复苏。

检查颈动脉的方法：患者仰头后，救护员一手按住前额，用另一手的食指、中指并拢找到喉结，两指下滑，到气管与颈侧肌肉之间沟内即可触及颈动脉，同时把面颊贴近伤员鼻部，眼光看胸部是否起伏。

（2）胸外按压

胸外按压是通过增加胸腔内压或直接按压心脏驱动血流，有效的胸外按压能产生 60 ~ 80 mmHg 动脉压。按压部位在胸骨中下 1/3 交界处，或两乳头连线与胸骨中线交界处，如图 5-2-3、图 5-2-4 所示。一只手掌根紧贴患者胸壁，双手十指相扣，掌根重叠，掌心翘起。肘关节伸直，上肢呈一直线，双肩位于手上方，以保证每次按压的方向与胸骨垂直，如图 5-2-5 所示。

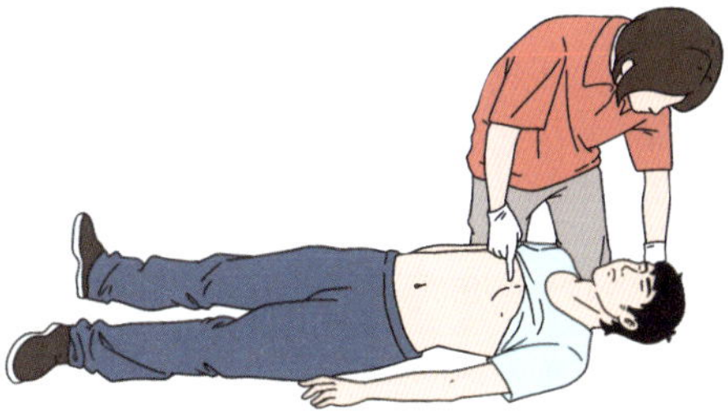

图 5-2-3 胸部正中、两乳头连线水平

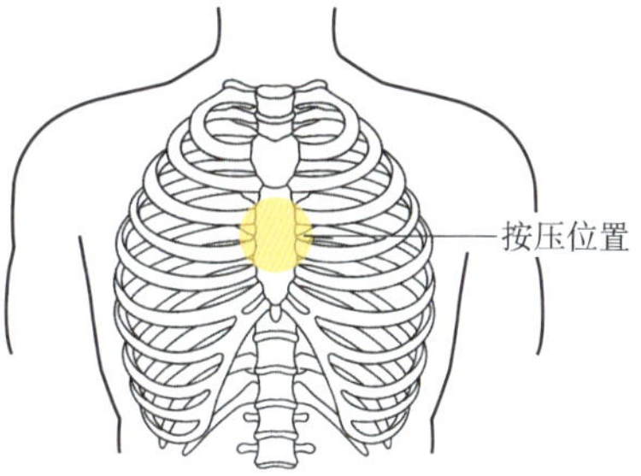

图 5-2-4 胸外按压位置

按压胸壁的下陷幅度为 5 ~ 6 cm；为达到有效的按压，可根据患者体型大小增加或减小按压幅度；按压频率为 100 ~ 120 次/min；应保证用力、快速地连续按压，每次按压后胸廓完全恢复原状，按压与放松时间相同，按压时手掌不能倚靠胸壁；放松时，掌根不要离开胸壁。连续按压 30 次，按压应保持双手位置固定，也可减少直接压力对胸骨的冲击，以免发生骨折。

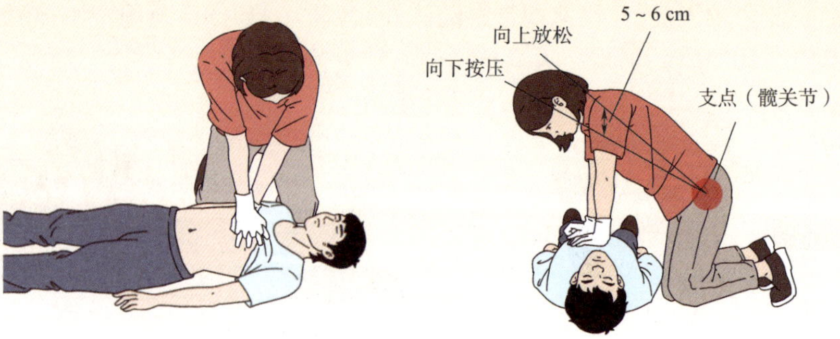

图5-2-5　胸外按压方法

2. 开放气道与人工呼吸

开放气道前须清理伤病员口腔异物。开放气道常用的方法有仰头举颏法和双手托颌法两种。无颈部损伤者以仰头举颏法开放气道，伴有颈部损伤者以双手托颌法开放气道。

（1）仰头举颏法：救护员用一手的小鱼际（手掌外侧缘）部位置于伤病员的前额，把额头用力向后推，使头部向后仰；另一手食指、中指置于下颌将下颌骨上提，使下颌角与耳垂的连线和地面垂直，如图5-2-6所示。

（2）双手托颌法：救护员将手放置在伤病员头部两侧，肘部支撑在患者躺卧平面上，握紧下颌角，用力向上托下颌，如伤病员紧闭双唇，可用拇指把口唇分开，如图5-2-7所示。

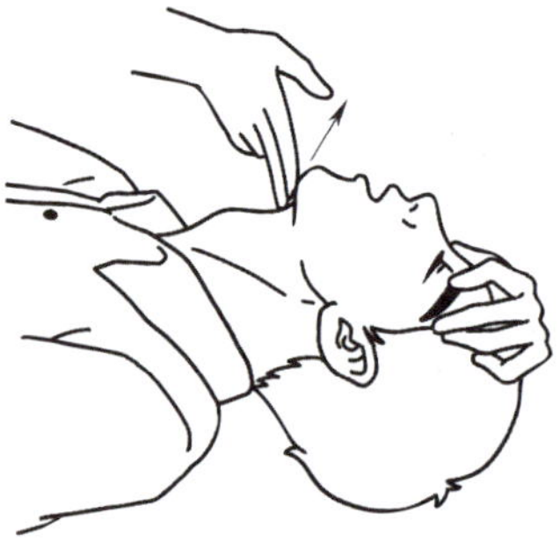

图5-2-6　仰头举颏法

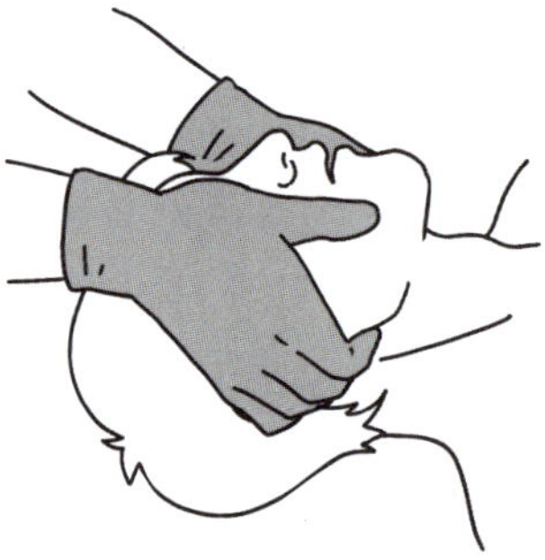

图5-2-7　双手托颌法

开放气道后，实施口对口人工呼吸。实施口对口人工呼吸时，要确保患者气道开放通畅。救护员用手捏住患者鼻孔，防止漏气，用口把患者口完全罩住，呈密封状，缓慢吹气，每次吹气应持续1 s以上，确保通气时可见胸廓隆起。每次吹毕即将口移开，患者凭借胸部弹性收缩被动完成呼气。吹气量以能看见患者胸廓起伏即可，按照30∶2的按压通气比交替进行，每个周期为5组30∶2的心肺复苏，时间大约2 min。每5组心肺复苏评估一次效果，持续按压，直到专业急救人员到达现场或患者恢复心搏和自主呼吸。

（三）电除颤

尽早电除颤是“生存链”环节中的重要一环，对提高心搏骤停者的生存机会起到关键作用。在人口稠密的社区和人员活动多的场所配备AED供现场救护员使用，对挽救心搏骤停者的生命意义重大。

1. AED 操作步骤

(1)打开电源开关,按语音提示操作。

(2)安放电极片:电极片安放关系到除颤的效果,一片电极安放在左乳头外侧(左腋前线之后第五肋间处),另一片电极安放在胸骨右缘、锁骨之下,如图 5-2-8 所示。

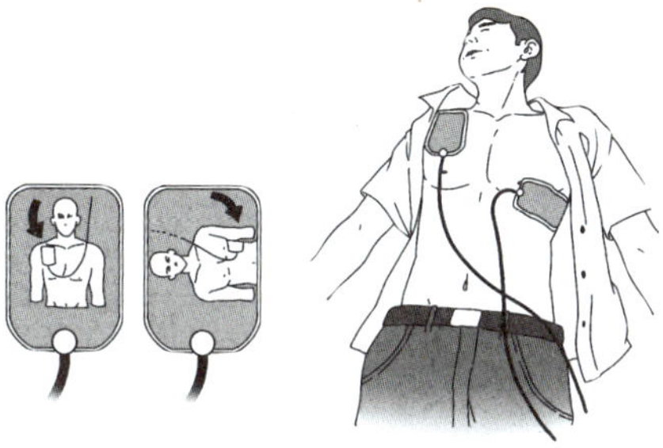

图 5-2-8　AED 电极片安放位置

(3)救护员示意周围人不要接触患者,等待 AED 分析心律,判断是否需要电除颤。

(4)救护员得到除颤信息后,等待 AED 充电,确定所有人员未接触患者后,准备除颤。

(5)按下电击按钮进行电击除颤。

(6)除颤后继续实施心肺复苏 2 min,AED 再次自动分析心律。

(7)如果 AED 提示不需要电击除颤,应立即实施心肺复苏。

(8)如此反复操作,直至患者恢复心搏和自主呼吸,或者专业急救人员到达现场。

AED 操作步骤如图 5-2-9 所示。

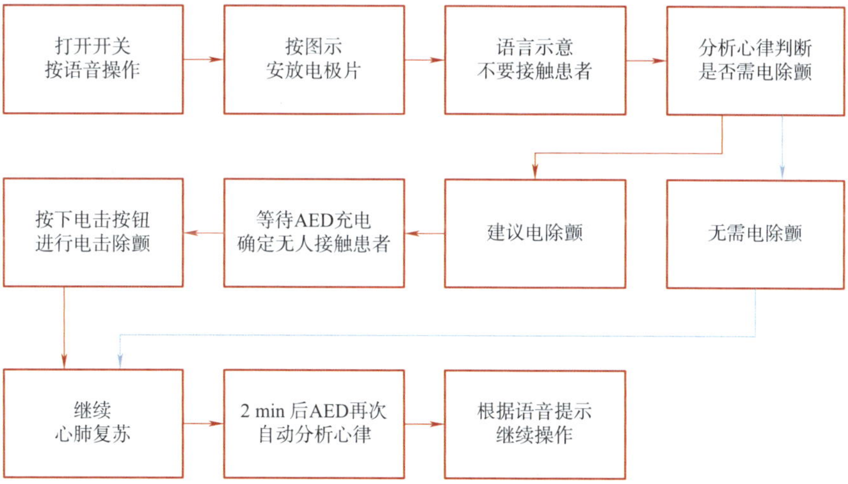

图 5-2-9　AED 使用操作步骤

2. AED 使用注意事项

(1)贴电极片前,应先清除患者过多的胸毛。

(2)迅速擦干患者胸部过多的水分或汗液,再贴电极片。

(3)不能在水中或金属等导电物体表面使用 AED。如果患者躺在水中,要先将患者抬出，并擦干胸部再使用 AED。

(4)避免将电极片贴在患者植入式除颤器、起搏器和药物贴片上。

(5)按照说明放置好电极片，如果电极片贴反，不用取下重贴。

二、创伤出血与止血

严重的创伤常引起大量出血而危及伤员的生命，在现场及时、有效地为伤员止血是挽救生命必须采取的措施。在医务人员到来之前为伤员止血要根据现场条件，选择可行的止血措施，同时还要避免或尽量减少止血措施给伤员带来不必要的伤害。

根据失血的表现可初步判断失血量。当失血量达全身血量的 20% 时，则出现休克症状，如脸色苍白、口唇青紫、出冷汗、四肢发凉、烦躁不安或表情淡漠、反应迟钝、呼吸急促、心慌气短、脉搏细弱或摸不到、血压下降或测不到。

（一）出血类型

出血按其出血部位可分为外出血和内出血。血管破裂后，血液流出体外称为外出血；血液流入组织、脏器或体腔内，称为内出血。急性创伤性大量出血是伤后早期死亡的主要原因之一。因此，必须迅速采取有效的止血措施。

根据出血的血管类型，出血可分动脉出血、静脉出血、毛细血管出血三种：

1. 动脉出血：血色鲜红，血液由伤口向体外喷射，危险性大。需采用加压伤口包扎，指压止血。

2. 静脉出血：血色暗红，血液不停地流出。需采用加压伤口包扎，填塞止血。

3. 毛细血管出血：血色鲜红，血液从整个创面渗出，危险性小。需采用加压伤口包扎，填塞止血。

（二）止血方法

常用的止血方法包括压迫止血法和止血带止血法。

1. 压迫止血法

压迫止血是最常用的止血方法。常用的方法有直接压迫、指压止血、加压包扎止血和屈肢加垫压迫止血。

(1)直接压迫

小伤口出血，可直接压迫出血部位，即可达到应急止血的目的，然后再视情况和条件做进一步处理。

(2)指压止血

抢救者用手指把出血部位近端的动脉血管压在骨骼上，使血管闭塞，血流中断而达到止血目的。常见部位的指压止血如下。

①面部出血

a. 耳屏前压迫颞浅动脉止血，可止住头侧颞部出血（图 5-2-10）。

b. 在下颌骨下缘、咬肌前压迫面动脉止血，可制止同侧颜面部出血（图 5-2-11）。

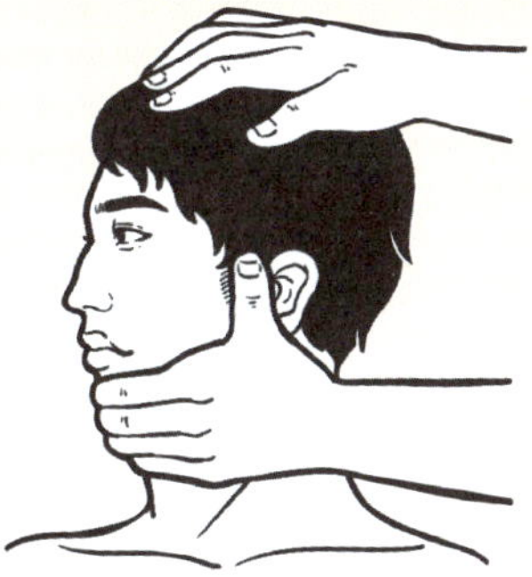

图 5-2-10　压迫颞浅动脉

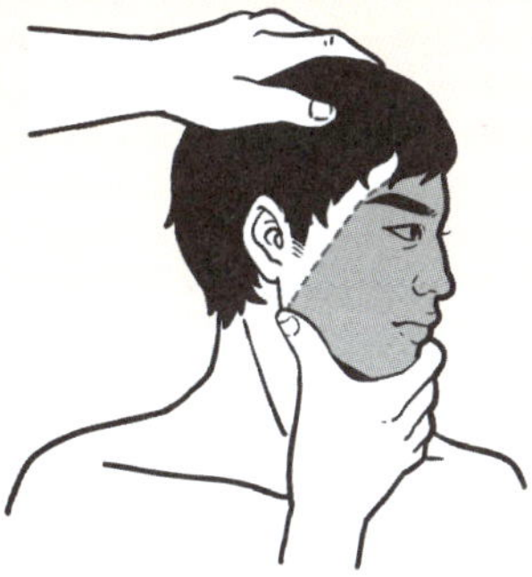

图 5-2-11　压迫面动脉

②头部出血

单用拇指或 2、3、4 指同时在同侧胸锁乳突肌前缘中点向后将颈动脉压向第六颈椎棘突，对头皮和颈部出血有效（图 5-2-12）。

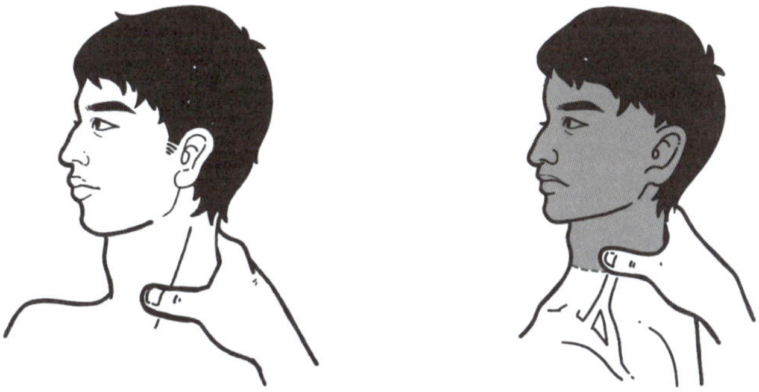

图 5-2-12　压迫颈动脉

③上肢出血

a. 肩部、腋窝、上臂出血：在同侧锁骨上窝中部锁骨下动脉搏动明显处向下压向第一肋骨进行止血（图 5-2-13）。

b. 上臂出血：上肢外展用四指压迫上臂内侧肱动脉血管（图 5-2-14）。

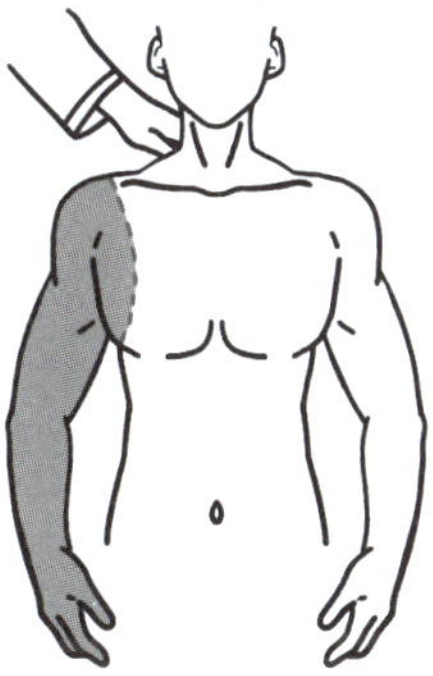

图 5-2-13　压迫锁骨下动脉

图 5-2-14　上臂出血压迫肱动脉

c. 前臂出血：在肘关节上方肱二头肌内侧沟中部止血（图 5-2-15）。

d. 手部出血：于腕横纹上方用双手拇指分别压迫尺、桡动脉止血（图 5-2-16）。

图 5-2-15　前臂出血压迫肱动脉

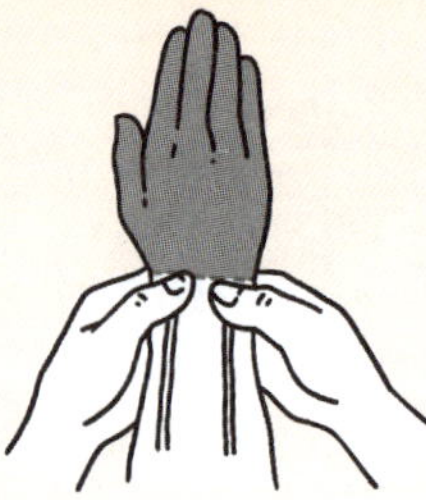

图 5-2-16　压迫尺、桡动脉

④下肢出血

a. 大腿及以下的动脉出血：在腹股沟韧带中点下方的卵圆窝处用力压迫股动脉止血(图 5-2-17)。

b. 足部出血：根据出血范围可以分别或同时压迫胫前动脉、胫后动脉止血(图 5-2-18)。

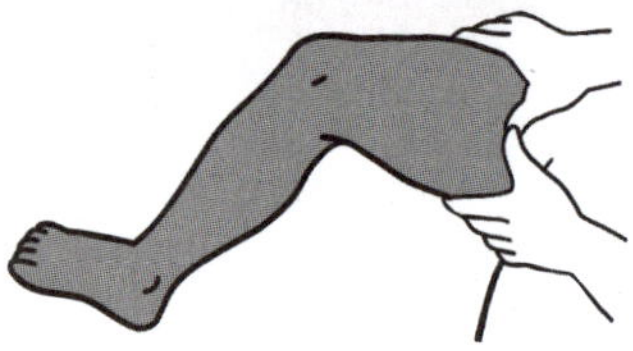

图 5-2-17　压迫股动脉

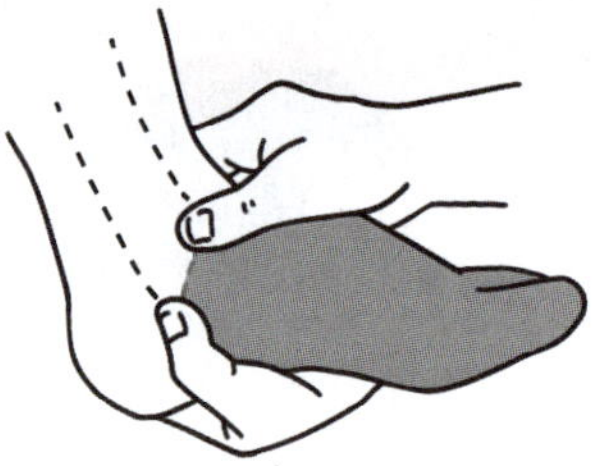

图 5-2-18　压迫胫动脉

(3)加压包扎止血

在出血处放置敷料或伤口内填塞敷料后，用绷带加压包扎，适用于出血量小的毛细血管或静脉出血(图 5-2-19)。

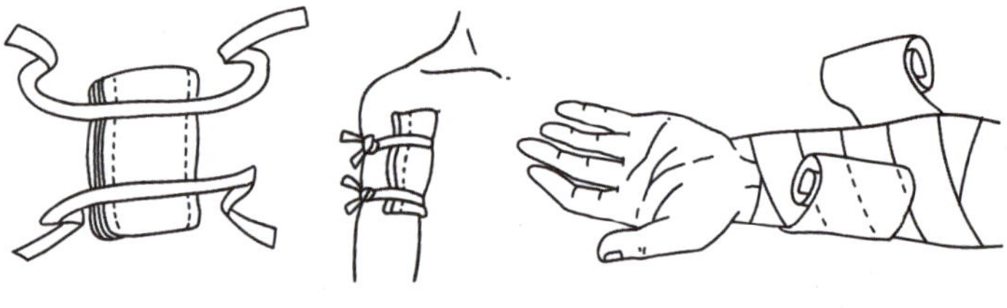

图 5-2-19　加压包扎止血

(4)屈肢加垫压迫止血

用厚敷料折叠或绷带卷做垫置于关节处，屈曲关节垫子压迫通过关节处动脉，达到止血目的(图 5-2-20)。

图 5-2-20　屈肢加垫压迫止血

2. 止血带止血法

止血带止血法适用于四肢出血的止血。

(1)制式止血带法

制式止血带法，即乳胶管制备的止血带止血，一般在距出血部位 5 ~ 10 cm 的近心端缠绕止血带，上止血带的方法如图 5-2-21 所示。

(2)布带绞紧止血法

用宽度大于 3 cm、长度大于要止血部位肢体周径 10 cm 的布带两条,直径大于 1 cm、长度 10 cm 左右的木棍(笔杆也可)一根。止血时先用一条布带在止血部位绕肢体一周后打一死结,然后插入木棍,提起木棍旋转施压,直到出血停止,再用另一条布带将木棍打死结固定于肢体(图 5-2-22)。

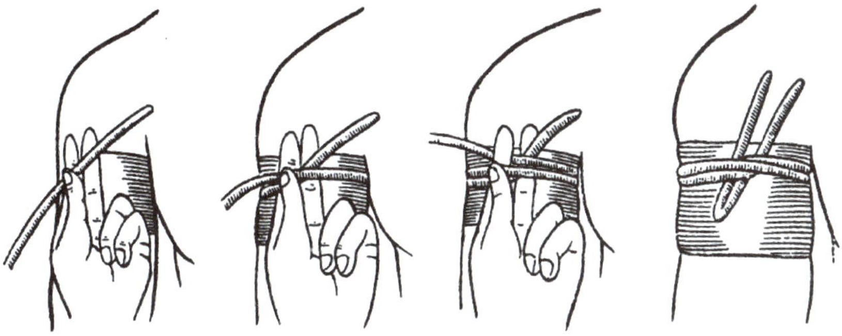

图 5-2-21 止血带止血法

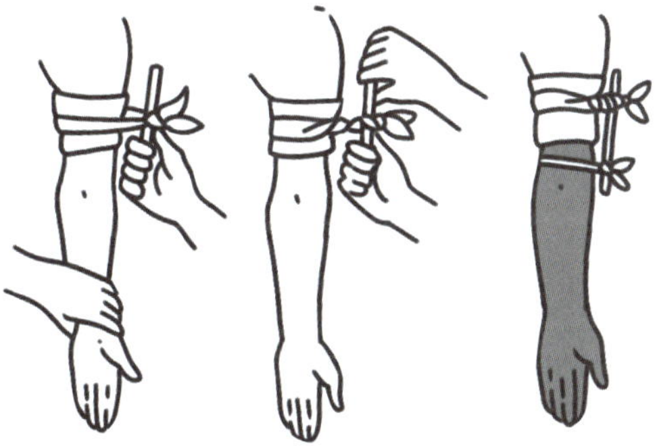

图 5-2-22 布带绞紧止血法

(3)注意事项

①上止血带前,皮肤与止血带之间应加一层布垫。

②上止血带要松紧适宜,以能止住出血为度。

③上止血带的部位要尽可能靠近伤口。一般情况上肢出血扎在上臂的上 1/3 处(中 1/3 处容易损伤桡神经),下肢出血扎在大腿中、上 1/3 交界处。

④上止血带过久,容易引起肢体坏死,因此每隔 40 ~ 50 min 应放松一次,每次放松 2 ~ 3 min。必须注意,放松止血带时要在伤口处加压,以防止血带放松后引起猛烈出血。

⑤运送伤员时,要有明显标志,并注明上止血带与放松止血带的时间。

三、骨 折

骨折是指骨的完整性或连续性完全或部分中断。现场处理不当常可致血管、神经损伤等并发症。

急救方法:对于骨折和怀疑存在骨折患者,应做好固定,防止骨折端移动,避免骨折端损伤血管、神经；固定骨折前，应首先完成基本生命支持等救命措施；对外露的骨折端不应送回伤口，对畸形的伤肢不必复位；固定范围应超过骨折上下相邻的两个关节；疑脊柱骨折固定后搬运，搬运时托住伤员头、肩、臀和下肢，保持躯体呈一直线，防止脊椎弯曲或扭转，严禁分别抬胸、抬腿。

（一）不同部位骨折基本固定方法

1. 锁骨骨折固定（图 5-2-23）

锁骨骨折固定采用绷带“8”字固定法。

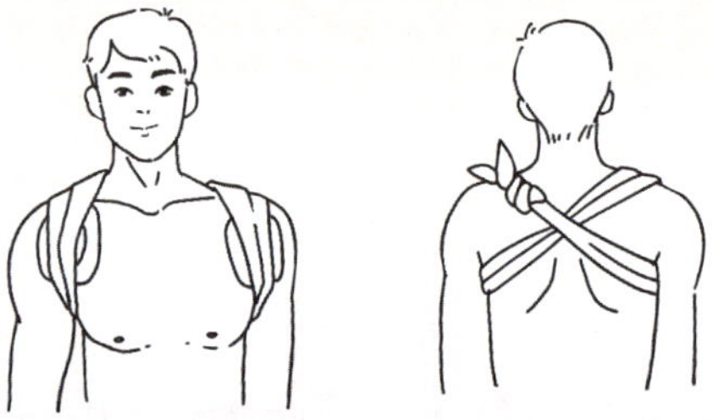

图 5-2-23 锁骨骨折固定

2. 上臂骨折固定（图 5-2-24）

病人手臂屈肘 90°，用两块夹板固定伤处，一块放在上臂内侧，另一块放在外侧，然后用绷带固定。固定好后，用绷带或三角巾悬吊伤肢。

3. 前臂骨折固定（图 5-2-25）

（1）病人手臂屈肘 90°，用两块夹板固定伤处，分别放在前臂内外侧，再用绷带缠绕固定。

（2）固定好后，用绷带或三角巾悬吊伤肢。

（3）如果没有夹板，可利用三角巾加以固定。三角巾上放杂志或书本，前臂置于书本上即可。

图 5-2-24 上臂骨折固定

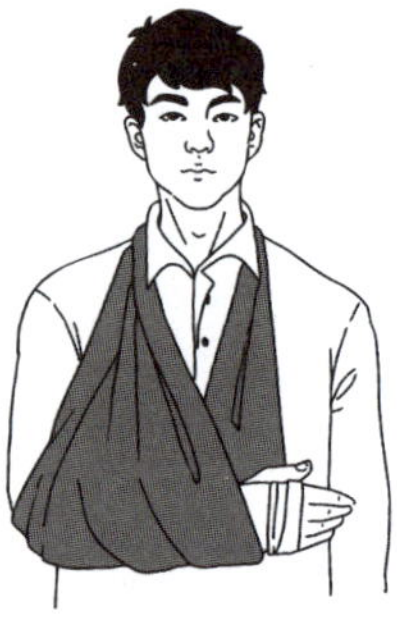

图 5-2-25 前臂骨折固定

4. 大腿骨折固定（图 5-2-26）

（1）将伤腿伸直，夹板长度上至腋窝，下过足跟，两块夹板分别放在大腿内外侧，再用绷带或三角巾固定。

（2）如无夹板，可利用另一未受伤的下肢进行固定。

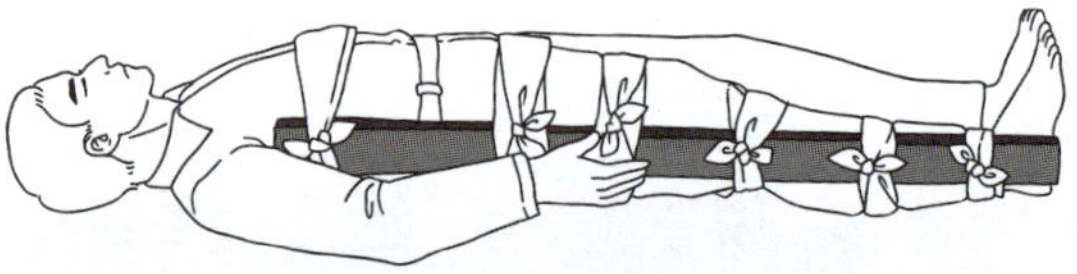

图 5-2-26 大腿骨折固定

5. 小腿骨折固定(图 5-2-27)

(1)将伤腿伸直,夹板长度上过膝关节,下过足跟,两块夹板分别放在小腿内外侧,再用绷带或三角巾固定。

(2)如无夹板,可利用另一未受伤的下肢进行固定。

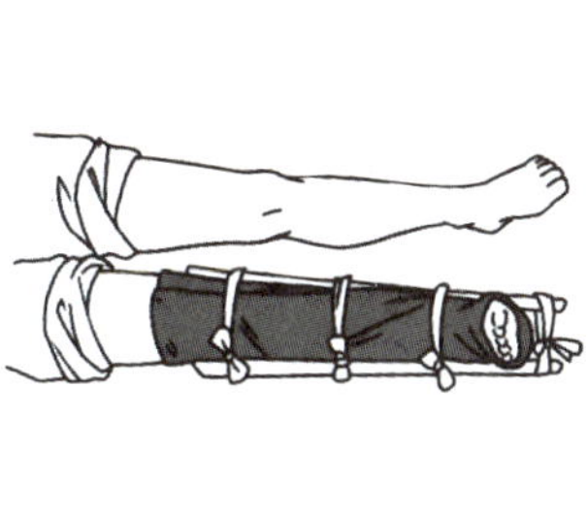

图 5-2-27　小腿骨折固定

6. 骨盆骨折固定(图 5-2-28)

将一条带状三角巾的中段放于腰骶部,绕髋前至小腹部打结固定,再用另一条带状三角巾中段放于小腹正中,绕髋后至腰骶部打结固定。

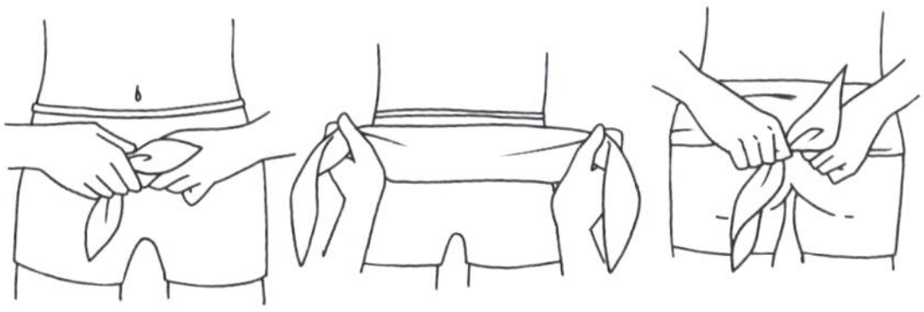

图 5-2-28　骨盆骨折固定

7. 颈椎骨折固定(图 5-2-29)

伤员仰卧,在头枕部垫一薄枕,使头部呈正中位,头部不要前屈或后仰,再在头的两侧各垫枕头或衣服卷,最后用一条带子通过伤员额部固定头部,限制头部前后左右晃动。

图 5-2-29　颈椎骨折固定

8. 胸椎、腰椎骨折固定(图 5-2-30)

使伤员平直仰卧在硬质木板或其他板上,在伤处垫一薄枕,使脊柱稍向上突,然后用几条带子把伤员固定,使伤员不能左右转动。

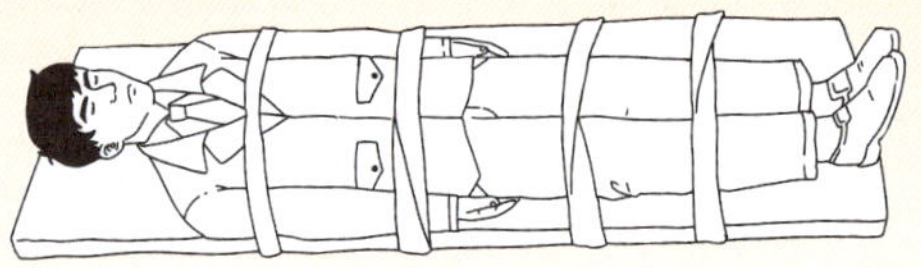

图 5-2-30　胸椎、腰椎骨折固定

(二)骨折固定的注意事项

1. 有开放性的伤口应先止血、包扎,然后固定。如有危及生命的严重情况先抢救,病情稳定后再固定。

2. 怀疑脊椎骨折、大腿或小腿骨折,应就地固定,切忌随便移动伤员。

3. 固定应力求稳定牢固,固定材料的长度应超过固定两端的上下两个关节。小腿固定,固定材料长度超过踝关节和膝关节;大腿固定,长度应超过膝关节和髋关节;前臂固定,长度超过腕关节和肘关节;上臂固定,长度应超过肘关节和肩关节。

4. 夹板和代替夹板的器材不要直接接触皮肤,应先用棉花、碎布、毛巾等软物垫在夹板与皮肤之间,尤其在肢体弯曲处等间隙较大的地方,要适当加厚垫衬。

5. 松紧适宜,不因固定而影响远端的血液循环;四肢末梢未受伤时要暴露以便于观察血液循环情况。

四、肢体离断

肢体离断即强大暴力使人体组织被广泛而严重地破坏并离断者。常见于爆炸、高处坠落、建筑物倒塌或车辆碾轧等所致的复合性损伤。离断发生时患者常剧烈疼痛、大量失血、精神紧张,处理不及时可引起休克、肢体失活。肢体离断急救方法如下。

1. 止血和全身支持治疗

离断伤出血多,应迅速采取止血措施。

2. 做好离体肢(指)体的处理

(1)不完全离断的肢体应使用夹板固定,以避免转运时进一步损伤组织。

(2)完全离断的肢体离断的近端应用清洁敷料加压包扎,最好不用止血带。对必须使用止血带者,应每小时放松止血带 1 次。完全离断肢体的远端,应使用无菌敷料或用清洁的布料、毛巾等包裹。如现场离医院较远,转运时间较长或在炎热季节,为了减慢离断组织代谢和细菌繁殖,肢体应保存在低温环境中,方法是将离断肢体用清洁布料包裹后,再用塑料袋或橡皮袋包裹,扎紧袋口后放置于盛有冰块的冷水中,然后迅速转运送医院。但不能直接浸泡在冰水中,也不要让冰块直接接触皮肤,更不要用消毒液、盐水直接浸泡断肢。

3. 给病人以心理支持

肢(指)体断离病人,多有伤口出血、疼痛和突然受到刺激而产生的恐惧、紧张不安的心理。急救者应敏捷、沉着、冷静、情绪稳定,做到有条不紊地处理各种复杂情况。一面用温和的语言安慰病人,不要让病人直视伤口,一面迅速止血、固定、包扎。

五、中　　毒

中毒是指有毒化学物质进入人体后，达到中毒量而产生的全身性损害。引起中毒的化学物质称为毒物。根据来源和用途不同，可将毒物分为工业性毒物、药物、农药、有毒动植物等。中毒分为急性中毒和慢性中毒两大类。急性中毒是指短时间内吸收大量毒物所致，起病急骤，症状严重，病情变化迅速，如不及时治疗常危及生命。

急救方法如下：

(1)立即脱离中毒现场，终止与毒物继续接触。

(2)检查并稳定生命体征。

(3)迅速清除体内毒物。尚未吸收的毒物，采用催吐、洗胃、导泻、灌肠等措施排毒；已被吸收的毒物，采用利尿、供氧、血液净化等措施排毒。

(4)现场处理后，尽快送医急诊。

六、烧 烫 伤

烧烫伤指各种热源、光电、放射线等因素所致的人体组织损伤，本质是蛋白质变性。热源包括热水、热液、热蒸气、热固体和火焰等。烧烫伤是常见的急诊意外损伤，轻微的烧烫伤一般预后良好，大面积烧伤者，病情危重，需紧急救治。

急救方法如下：

(1)立即脱离热源，对烧烫伤部位进行物理降温。

(2)立即用冷的自来水(15～25 ℃)持续冲洗伤处降温或浸泡在冷水中，直至疼痛缓解；避免用冰块直接冷敷，特别是烧伤面积较大时(20%以上)。同时紧急呼救，立即送医。

(3)迅速剪开取下伤处的衣裤、鞋袜，切不可强行剥脱；取下受伤处的饰物。

(4)轻度烧烫伤可涂外用烧烫伤药膏，一般3～7日治愈。如果出现水疱，不要刺破，更不能在创面上涂任何油脂或药膏。冷水冲洗降温后，用清洁的纱布、毛巾覆盖伤处，以保护创面，防止感染，并立即就近送医治疗。

(5)严重口渴者，可口服少量淡盐水或淡盐茶水。条件许可时，可服用烧伤饮料。

(6)窒息者应进行心肺复苏，伴有外伤大出血者应予以止血，骨折者应做临时固定。

七、气道异物梗阻

气道异物梗阻是一种急症，如不及时治疗，数分钟内即可导致窒息甚至死亡。气道异物梗阻的识别是抢救成功的关键，异物可以引起气道部分或完全梗阻。患者表现为突然的剧烈呛咳、反射性呕吐、声音嘶哑、呼吸困难、发绀，常常不由自主地以一手呈V形紧贴于颈前喉部，如图5-2-31所示。对于意识不清或已无意识的患者，救护员需支撑住患者，小心地平放在地上；立即启动急救系统，并进行心肺复苏。

如遇气道异物梗阻患者，首先要询问意识清醒的患者："你被卡(呛)了吗？"患者会点头示意，同意实施救治，如图5-2-32所示。救护员立即实施救治，同时尽快呼叫，寻求帮助，拨打急救电话。

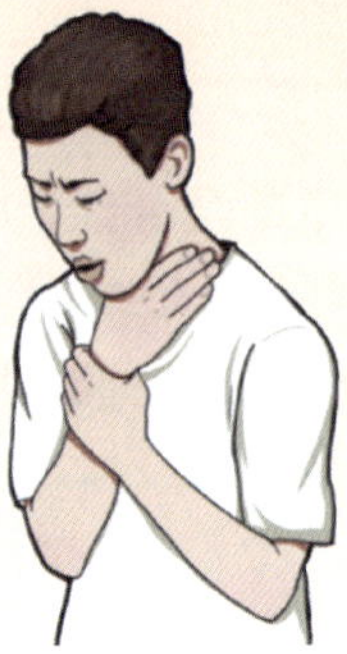

图5-2-31 V形手势

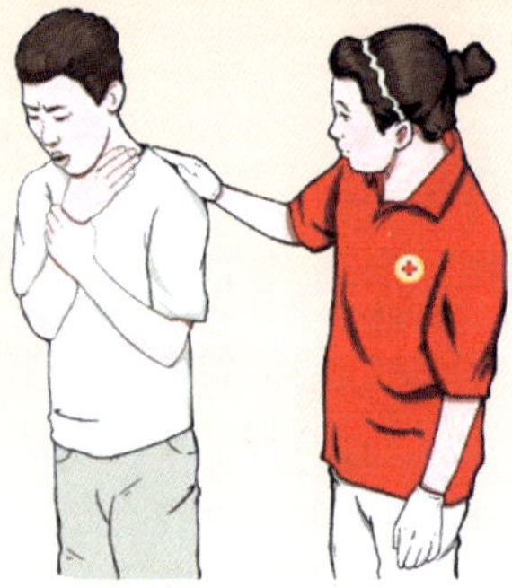

图5-2-32 询问患者

轻度梗阻患者，应鼓励其用力咳嗽。严重梗阻患者，如意识清醒，可采用背部叩击、腹部冲击等方法施救，如图5-2-33所示。

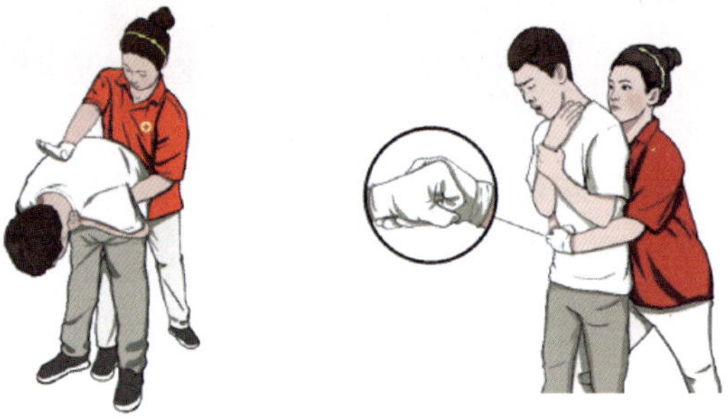

(a)背部叩击　(b)腹部冲击

图5-2-33 气道异物梗阻施救方法

(一)背部叩击法

背部叩击法适用于意识清醒、有严重气道梗阻症状患者，实施方法如下：

(1)救护员站到患者一边，稍靠近患者身后。

(2)用一只手支撑胸部，排除异物时让患者前倾，使异物能从口中出来，而不是顺呼吸道下滑。

(3)用另一只手的掌根部在两肩胛骨之间进行5次大力叩击。背部叩击法最多进行5次，如果通过叩击减轻梗阻，可不必叩击5次。

(二)腹部冲击法

腹部冲击法适用于意识清醒且具有一定救护知识、技能的不完全气道梗阻患者自救，如图5-2-34所示。互救腹部冲击法(海姆立克腹部冲击法)适用于意识清醒，伴有严重气道梗阻症状，5次背部叩击法不能解除气道梗阻的患者。互救腹部冲击法实施方法如下：

(1)患者立位或坐位。

(2)救护员站在患者身后，双臂环绕患者腰部，让患者弯腰，头部前倾。

(3)救护员一手握空心拳，握拳手的拇指侧紧抵患者脐上两横指处。

(4)另一手握紧此拳头,用力快速向内、向上冲击5次。

如果梗阻没有解除,继续交替进行5次背部叩击和5次腹部冲击。

图5-2-34 自救腹部冲击法

八、休　克

休克是各种强烈致病因素作用于机体(如严重创伤、失血等),使循环功能急剧减退,组织器官微循环灌流严重不足,导致重要的生命器官缺血缺氧,以致重要生命器官代谢障碍,细胞受损,组织坏死。

(一)休克的识别

早期患者出现皮肤苍白、四肢发冷、心跳呼吸加快、尿量减少等症状。但如果不能及时有效处理,休克会进一步发展,患者将出现血压进行性下降,少尿甚至无尿,心搏无力,神志淡漠甚至转入昏迷。

(二)急救方法

1. 提供安静、舒适的环境,安置患者平卧位或头和躯干抬高20°~30°、下肢抬高15°~20°卧位,以利于呼吸和静脉血回流。

2. 保持呼吸道通畅,吸氧,昏迷者头偏向一侧,以防呕吐物和分泌物误吸入呼吸道。

3. 多数患者体温偏低,应采取保暖措施,但禁忌体表加温(如使用热水袋保暖),以防血管扩张加重休克。

4. 对症处理,因创伤骨折所致的休克给予止痛,骨折固定;烦躁不安者可给予适当的镇静剂。

5. 现场处理后,尽快送医院急诊。

九、晕　厥

晕厥是因为多种原因所致突发性、短暂性、一过性的意识丧失而昏倒,系因多种因素导致一时性、广泛性脑缺血、缺氧引起,并在短时间内自然恢复。常见原因可分为心源性晕厥、非心源性晕厥和不明原因性晕厥。

急救方法:出现先兆症状或已瘫倒在地,立即扶病人平卧在空气流通处,将其双腿抬高，解开领口、腰带、胸衣，片刻后病人常可自行清醒。如病因已查明，应尽早进行病因治疗，这是根治晕厥的最有效措施，如有明确诱因者应尽量避免。

复习思考题

1. 简述心肺复苏胸外按压的部位。
2. 对于心搏骤停的伤员，如何用仰头举颏法开放气道？
3. 简述 AED 的操作步骤及注意事项。
4. 如何对烧烫伤患者进行急救处理？
5. 简述肢（指）体离断的现场急救处理方法。
6. 对于气道异物梗阻的患者，如何使用海姆立克腹部冲击法对其进行施救？

第六篇
劳动防护用品与职业健康

第一章 劳动防护用品配备与使用

劳动防护用品是劳动安全工作的重要组成部分。当技术尚不能消除生产过程中的风险和有害因素,或难以进行技术改造时,穿戴劳动防护用品就成为既能完成任务又能保证劳动者健康的手段之一,也是保护劳动者安全的最后一道防线。

第一节 劳动防护用品基本知识

一、劳动防护用品的概念

劳动防护用品是指为劳动者配备的,保护劳动者在劳动过程中免遭或者减轻事故伤害及职业病危害的个体防护装备和用品。

二、劳动防护用品的分类

劳动防护用品通常分为 10 大类。

1. 头部防护用品

头部防护用品是用于保护头部,防撞击、挤压伤害的护具,能有效防止和减轻作业人员在生产工作中遭受坠落物体或自己坠落时对头部的伤害。常用的头部防护用品有普通(一般)防护帽、防尘帽、防寒帽、安全帽、防静电帽和其他头部防护用品。

2. 呼吸防护用品

呼吸防护用品是预防尘肺和职业病的重要护品,防御缺氧(空气)及尘毒等有害物质吸入呼吸道的护具。呼吸防护用品按用途分为防尘、防毒、供氧三类,按作用原理分为过滤式、隔绝式两类。常用的呼吸防护用品有防尘口罩、防毒面罩(面具)、空气呼吸器、医用口罩等。

3. 眼面部防护用品

眼面部防护用品是为防御眼面部受烟雾、尘粒、金属火花和飞屑、热、电磁辐射、激光、化学飞溅物等伤害而配备的个人防护用品。常用的眼面部防护用品有防护眼镜、激光护目镜、焊接护目镜、防毒面罩、防高温面罩、防尘眼罩、防化学眼罩等。

4. 耳部防护用品

耳部防护用品是为防御噪声侵入耳道，预防噪声对人身产生不良影响而配备的个人防护用品。常用的耳部防护用品有防水耳塞、防寒耳塞、防噪声耳塞（罩）等。

5. 手部防护用品

手部防护用品是为防御手部受外来物体打击和其他危险而配备的个人防护用品。常用的手部防护用品有耐酸碱手套、电工绝缘手套、电焊手套、防静电手套、防化手套、劳保手套等。

6. 足部防护用品

足部防护用品是为防御足部受外来物理打击和其他危险而配备的个人防护用品。常用的足部防护用品有防砸鞋、绝缘鞋、耐酸碱鞋、耐油鞋、防滑鞋等。

7. 躯干防护用品

躯干防护用品是为防御躯干受外来物体打击和其他危险而配备的个人防护用品。常用的躯干防护用品有防水服、防寒服、防静电服、防高温服、防电磁辐射服、防酸碱服、防油服等。

8. 护肤用品

护肤用品用于防止皮肤（主要是手、面等外露皮肤）受化学、物理等有害因素的危害。常用的护肤用品有护肤膏和洗涤剂。

9. 坠落防护用品

坠落防护用品是保护高处作业者不受高处坠落威胁或在发生坠落后保护高处作业者不受进一步伤害的护具。常用的坠落防护用品有安全带、安全绳和安全网等。

10. 其他劳动防护用品

其他劳动防护用品是指其他防御危险、有害因素的劳动防护用品。

第二节　劳动防护用品配备与使用方法

一、劳动防护用品配备条件

用人单位应结合劳动者作业方式和工作条件，并考虑其个人特点及劳动强度，选择防护功能和效果适用的劳动防护用品，常用劳动防护用品配备适用范围见表 6-1-1。

表 6-1-1　常用劳动防护用品配备适用范围

类　别	产品标准号	防护用品说明	参考适用范围
绝缘手套	GB/T 17622	具有良好的绝缘和耐高压功能	适用于交流 35 kV 及以下电压等级的电气设备上的带电作业
安全鞋	GB 21148	具有保护足趾、防穿刺、防静电、防导电、耐油、耐热、防滑等一种或多种功能	适用于存在足部伤害风险的作业场所

续上表

类　别	产品标准号	防护用品说明	参考适用范围
安全带	GB 6095	在高处作业、攀登及悬吊作业中，将作业人员绑定在固定构造物附近、限制作业人员活动范围或在发生坠落时将作业人员安全悬挂	适用于存在坠落风险的作业场所
安全绳	GB 24543	通过约束佩戴者活动范围、缓解冲击能量，实现对作业人员的防护功能	适用于存在坠落风险的作业场所
焊接服	GB 8965.2	用于防护焊接过程中的熔融金属飞溅及其热伤害	适用于焊接作业场所
高可视性警示服	GB 20653	利用荧光材料和反光材料进行特殊设计制作，以增强穿着者在可见性较差的高风险环境中的可视性并起警示作用的服装	适用于需要提高可视性以保障个人安全的场所

1. 接触粉尘、有毒、有害物质的劳动者应当根据不同粉尘种类、粉尘浓度、游离二氧化硅含量和毒物的种类、浓度配备相应的呼吸器、防护服装、防护手套和防护鞋等。具体可参照《呼吸防护　自吸过滤式防颗粒物呼吸器》(GB 2626)、《呼吸防护用品的选择、使用与维护》(GB/T 18664)、《防护服装　化学防护服的选择、使用和维护》(GB/T 24536)、《手部防护　防护手套的选择、使用和维护指南》(GB/T 29512)和《个体防护装备　足部防护鞋(靴)的选择、使用和维护指南》(GB/T 28409)等标准。

2. 接触噪声的劳动者，当暴露于 $80\ \mathrm{dB} \leqslant L_{\mathrm{EX,8\,h}} < 85\ \mathrm{dB}$ 的工作场所时，用人单位应当根据劳动者需求为其配备适用的护听器；当暴露于 $L_{\mathrm{EX,8\,h}} \geqslant 85\ \mathrm{dB}$ 的工作场所时，用人单位必须为劳动者配备适用的护听器，并指导劳动者正确佩戴和使用。具体可参照《护听器的选择指南》(GB/T 23466)。

3. 从事存在物体坠落、碎屑飞溅、转动机械和锋利器具等作业的劳动者，用人单位可参照《头部防护　安全帽选用规范》(GB/T 30041)和《坠落防护装备安全使用规范》(GB/T 23468)等标准，为劳动者配备适用的劳动防护用品。

4. 各单位应按照劳动防护用品配备程序、劳动防护用品配备原则，结合工作场所中存在的危险、有害因素种类及危害程度、劳动环境条件、作业方式、劳动强度、劳动防护用品有效使用时间等因素，选择防护功能和效果适用的劳动防护用品，并制定适合本单位各工种的劳动防护用品配备标准。具体执行《个体防护装备配备规范》(GB 39800)、《铁路一般劳动防护服》(TB/T 1913)等规定。

5. 凡从事多工种作业或在多种环境中作业的劳动者，应按其主要作业工种或劳动环境配备劳动防护用品，补充发放其他工作所需的劳动防护用品，并考虑其相互兼容性。

6. 劳动防护用品的选择还应考虑其佩戴的合适性和基本舒适性，根据个人特点和需求选择适合型号、式样。

7. 各单位应在可能发生急性职业损伤的有毒、有害工作场所配备应急劳动防护用品，放置于现场邻近位置并有醒目标识，并纳入日常维护与检查；应为巡检等流动性作业的劳动者配备随身携带的个人应急防护用品。

二、常用劳动防护用品*

(一)安全帽

1. 安全帽的定义

安全帽是对使用者头部受坠落物或小型飞溅物体等其他特定因素引起的伤害起防护作用的帽，一般由帽壳、帽衬及配件等组成，如图 6-1-1 所示。

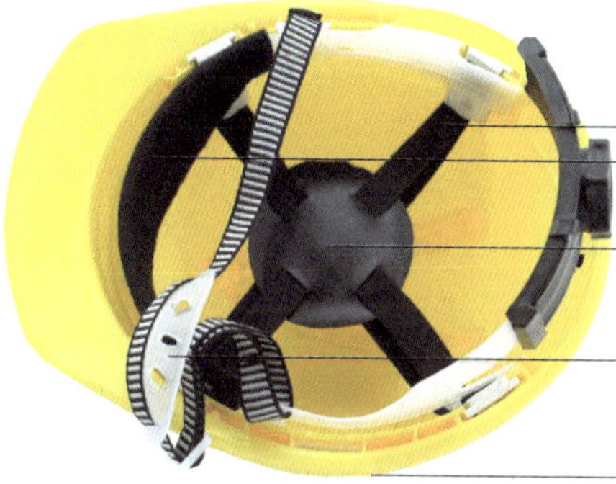

图 6-1-1 安全帽

2. 安全帽的分类

安全帽按性能分为普通型(P)和特殊型(T)。普通型安全帽用于一般作业场所，具备基本防护性能；特殊型安全帽是除具备基本防护性能外，还具备一项或多项特殊性能的安全帽，适用于与其性能相应的特殊作业场所。

3. 安全帽的使用要求

(1)使用前应检查安全帽的外观是否有裂纹、碰伤痕迹、凸凹不平、磨损，帽衬是否完整，帽衬的结构是否处于正常状态。

(2)使用者不得随意在安全帽上拆卸或添加附件，不能私自在安全帽上打孔，随意碰撞安全帽，以免影响其原有的防护性能。

(3)使用者不得随意调节帽衬的尺寸，否则会直接影响安全帽的防护性能，落物冲击一旦发生，安全帽会因佩戴不牢脱出或因冲击后触顶直接伤害使用者。

(4)使用者在佩戴安全帽时要戴正、戴牢，不能晃动，要系紧下颏带，调节好帽箍，以防安全帽脱落。

(5)根据不同性质和环境选择具备一项或多项功能的安全帽。

4. 安全帽使用注意事项

(1)戴安全帽前应将帽后调整带按自己头型调整到适合的位置，然后将帽内弹性带系牢。

(2)安全帽的下颏带必须扣在颏下并系牢，松紧要适度。

(3)检查安全帽有没有龟裂、下凹、裂痕和磨损等情况，发现异常立即更换，不得继续使用。

---

* 本部分配有教学视频，供学习参考，请扫描封底二维码获取。

(4)严禁使用帽内无缓冲层的安全帽。

(5)在现场作业中,不得将安全帽脱下搁置一旁,或当作坐垫使用。

(6)应使用在有效期内的安全帽,超过有效期的安全帽应报废处理。

(二)安 全 带

1. 安全带的定义

安全带是指在高处作业、攀登及悬吊作业中固定人员位置、防止作业人员发生坠落或发生坠落后将作业人员安全悬挂的个体坠落防护装备的系统。

2. 安全带的分类

高处作业用安全带按作业类别主要分为区域限制用安全带、围杆作业用安全带、坠落悬挂用安全带。

(1)区域限制用安全带。通过限制作业人员的活动范围,避免其到达可能坠落区域的个体坠落防护系统,如图 6-1-2 所示。

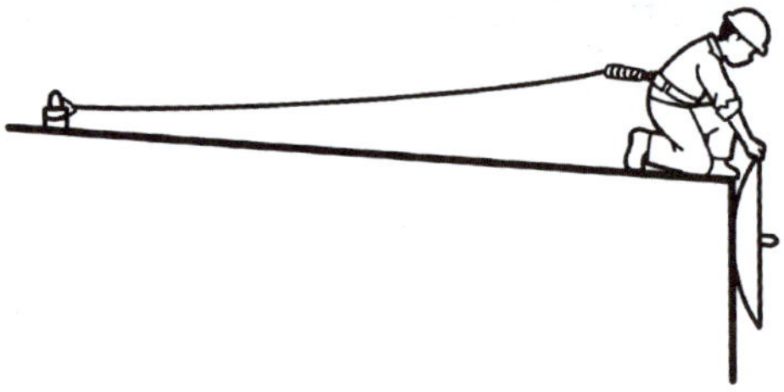

图 6-1-2　区域限制用安全带

(2)围杆作业用安全带。通过围绕在固定构造物上的绳或带将人体绑定在固定构造物附近,防止人员滑落,使作业人员的双手可以进行其他操作的个体坠落防护系统,如图 6-1-3 所示。

图 6-1-3　围杆作业用安全带

(3)坠落悬挂用安全带。当作业人员发生坠落时,通过制动作用将作业人员安全悬挂的个体坠落防护系统,如图 6-1-4 所示。

3. 安全带的使用要求

(1)使用前要检查各部位是否完好无损。

(2)高挂低用。将安全带挂在高处、人在下面工作称为高挂低用。一旦坠落事故发

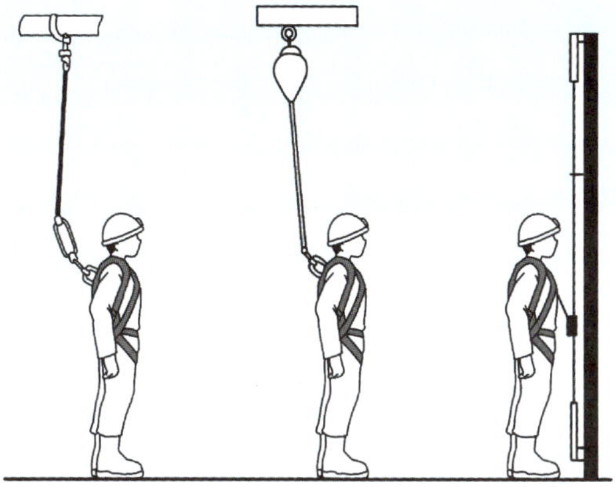

图 6-1-4 坠落悬挂用安全带

生,安全带可将人员拉住,使实际冲击距离减小或使之不坠落掉下。

(3)安全带要拴挂在牢固的构件或物体上,防止摆动或碰撞,绳子不能打结使用,钩子要挂在连接环上。

(4)高处作业如无固定挂处,应采用适当强度的钢丝绳或采取其他方法悬挂。禁止挂在移动或带尖锐棱角或不牢固的物件上。

(5)安全带在使用后,要注意维护和保管。要经常检查安全带缝制部分和挂钩部分,必须仔细检查捻线是否发生裂断或破损等。

(6)安全带不使用时要妥善保管,不可接触高温、明火、强酸、强碱或尖锐物体,不得存放在潮湿的仓库中保管。

4. 安全带使用注意事项

(1)国标安全带使用期一般为 3 ~5 年,发现异常应提前报废。

(2)安全带的腰带和保险带、绳应有足够的机械强度,材质应有耐磨性,卡环(钩)应具有保险装置。保险带、绳使用长度在 3 m 以上的应加缓冲器。

(3)使用安全带前应进行外观检查:组件完整、无短缺、无伤残破损,绳索、编带无脆裂、断股或扭结,金属配件无裂纹、焊接无缺陷、无严重锈蚀,挂钩的钩舌咬口平整不错位,保险装置完整可靠。

(4)安全带应系在牢固的物体上,禁止系挂在移动或不牢固的物件上。不得系在棱角锋利处。

(5)安全带在使用后应按要求抽检,每年至少进行一次全面检查,以确保安全带的性能和安全。频繁使用应经常进行外观检查,发现异常必须立即更换。定期或抽样试验用过的安全带,不准再继续使用。

(三)安 全 绳

1. 安全绳的定义

安全绳是在安全带中连接系带与挂点的绳(带、钢丝绳等),一般与缓冲器配合使用,起扩大或限制佩戴者活动范围、缓解冲击能量的作用,如图 6-1-5 所示。

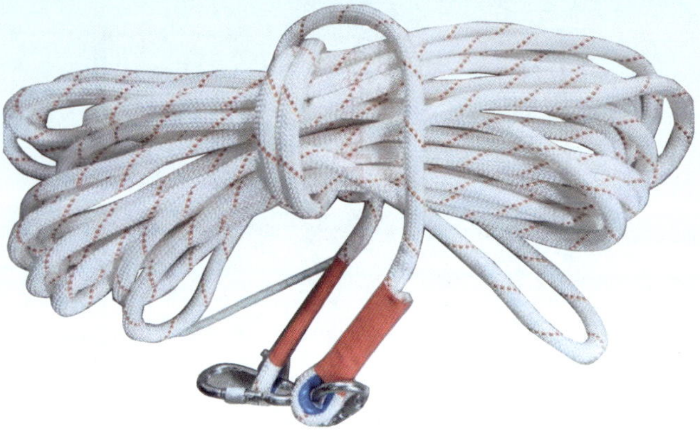

图 6-1-5 安全绳

2. 安全绳的分类

安全绳按作业类别分为区域限制用安全绳、围杆作业用安全绳、坠落悬挂用安全绳。

3. 安全绳的使用要求

（1）每次使用安全绳前，必须做一次外观检查，在使用过程中，发现有破损老化情况及时反映并停止使用，以确保安全。

（2）使用时要束紧腰带，腰扣组件必须系紧系正。

（3）利用安全绳进行悬挂作业时，不得将挂钩直接勾在安全绳上，应勾在安全带挂环上。

（4）禁止将安全绳挂在不牢固或带尖锐棱角的构件上。

（5）安全绳挂绳长度，在保证操作活动的前提下，要限制在最短范围内。

4. 安全绳使用注意事项

（1）安全绳必须有足够的强度来承受人体掉落时的冲击力。

（2）使用安全绳不得过长，应能够防止人体坠落致伤。

（3）使用同类型安全绳，各部件不能擅自更换。

（4）安全绳应保持清洁，用完后妥善存放，弄脏后可用温水或肥皂水清洗后晾干，不得用热水浸泡或日晒火烧。可以使用绳索袋或类似设备进行悬挂存储，避免绳子扭曲或受压。

（四）绝 缘 鞋

1. 绝缘鞋的定义

绝缘鞋是一种用于电气绝缘保护的安全鞋，如图 6-1-6 所示。

2. 绝缘鞋的分类

按使用时适用电压等级，绝缘鞋分为 0、1、2 级。

按鞋面材质，绝缘鞋分为布面绝缘鞋、皮面绝缘鞋和胶面绝缘鞋。

3. 绝缘鞋的使用要求

(1)检查绝缘鞋有无受潮现象,受潮后严禁使用;一旦受潮,须放在通风透气阴凉处自然风干后再使用。

(2)检查绝缘鞋是否有破损、漏洞,当鞋底被异物刺穿后,严禁继续使用。

图 6-1-6　绝缘鞋

4. 绝缘鞋使用注意事项

(1)绝缘鞋在运输、存放、使用过程中,应保持干燥、清洁,防止鞋底与有害化学物质接触,并严防受到热、刺、割等物理损伤。

(2)绝缘鞋不宜在雨天使用,更不宜水洗,否则容易发生断线、脱胶、脱色、泛盐霜等现象。

(3)绝缘鞋不得与油类、酸性、碱性及尖锐物质接触,以防腐蚀、变形、受损。

(4)使用绝缘鞋时应注意检查鞋底的破损、磨损情况。若磨损严重,应及时更换。

(5)为确保使用安全,应定期根据标准检测绝缘鞋,每半年至少一次。

(五)绝缘类防护手套

1. 绝缘类防护手套的定义

绝缘类防护手套是一种用橡胶制成的手套,主要用于电工作业,具有保护手和人体的作用,如图 6-1-7 所示。

2. 绝缘类防护手套的分类

绝缘手套按照其绝缘电压等级可分为四种:A 类、B 类、C 类和 D 类。其中,A 类和 B 类属于低压绝缘手套,C 类和 D 类属于中高压绝缘手套。

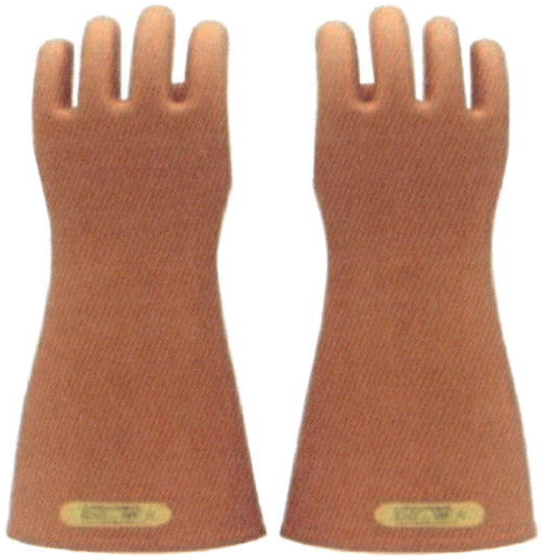

图 6-1-7　绝缘类防护手套

(1) A 类绝缘手套:绝缘电压等级为 500 V,适用于工作电压不超过 250 V 的低压电力设备操作和维护。

(2)B 类绝缘手套:绝缘电压等级为 1 kV,适用于工作电压不超过 500 V 的低压电力设备操作和维护。

(3)C 类绝缘手套:绝缘电压等级为 10 kV,适用于 10 kV 及以下中、低压电力设备操作和维护。

(4)D 类绝缘手套:绝缘电压等级为 20 kV,适用于 20 kV 及以下中、高压电力设备操作和维护。

3. 绝缘类防护手套的使用要求

(1)使用前,应进行外观检查,用干毛巾擦净绝缘手套表面污垢和灰尘,检查绝缘手套外表有无划伤,检查绝缘橡胶有无老化黏合,如发现有发黏、裂纹、破口(漏气)、气泡、发脆等损坏时,禁止使用。

(2)佩戴时,对绝缘手套进行气密性检查,具体方法为:将手套从开口处朝手指方向卷曲时，稍用力将空间压到手掌及指头部分，检查上述部位有无漏气，如有，则禁止使用。如有条件，可用专用绝缘手套充气检查设备进行气密性试验。

（3）绝缘手套佩戴在工作人员双手上，手指与手套指孔应吻合牢固，衣服袖口不得暴露覆盖于绝缘手套之外。

4. 绝缘类防护手套使用注意事项

（1）绝缘手套应远离热源，避开酸、碱、油类等腐蚀品，并避免阳光直射，以防胶质老化，降低绝缘性能。

（2）脏污的手套可采用肥皂和不超过 65 ℃的清水洗涤。有类似焦油、油漆等物质残留在手套上的，未清除前不宜使用。清洗时应采用专用的清洁剂，不得采用橡胶水、汽油等进行去污，否则将损坏手套的绝缘性能。

（3）使用中受潮或清洗后受潮的手套，应充分晾干，并涂抹滑石粉后予以保存。

（4）对已使用的绝缘手套进行定期检测试验。

（5）绝缘手套使用后必须擦拭干净，充分晾干，成双定置放置。绝缘手套不得与油类或腐蚀性物质混放，放置时要与其他工器具分开，以免损伤绝缘手套。

（六）高可视性警示服

1. 高可视性警示服的定义

高可视性警示服是利用荧光材料和反光材料进行特殊设计制作，以增强穿着者在可见性较差的高风险环境中的可视性并起警示作用的服装，如图 6-1-8 所示。

图 6-1-8　高可视性警示服

2. 高可视性警示服的分类

高可视性警示服根据基底材料、反光材料、组合性能材料等可视性材料的面积分为三个级别：1 级警示服、2 级警示服和 3 级警示服。

3. 高可视性警示服的使用要求

（1）适应作业时肢体活动，便于穿脱。

（2）在不影响设计强度的前提下，应轻便舒适。

（3）高可视性警示服的设计宜考虑与其他系列防护服或装备的兼容性和配套性。

（4）高可视性警示服应采用适当方式使防护服能适应穿戴者体型。

4. 高可视性警示服使用注意事项

（1）检查反光材料。确认高可视性警示服上的反光条（反光带）完好无损，无脱落、断裂或遮挡。

（2）做好清洁保养。定期清洗高可视性警示服，注意保护反光材料，避免使用腐蚀性强的清洗剂或刷子，以免影响反光效果。

（3）定期检查。每次使用高可视性警示服应检查是否有磨损、破损或反光材料失效的情况。一旦发现防护服损坏或反光效果减弱，应立即停止使用。

第三节 典型事故案例

【案例一】安全带使用不规范致高处坠落死亡

一、事故概况

2015 年 7 月 20 日，甲局乙工务段丙车间丁工区一名工长在 A 站—B 站间 K323 + 824 小桥进行点外梁体补修作业时，从作业吊架上坠落，经抢救无效死亡，构成铁路交通一般 B 类事故。

二、事故原因

1. 该工长严重违反《普速铁路工务安全规则》①“在地面 2 m 以上的高处及陡坡上作业，必须戴好安全帽、系好安全带或安全绳”的规定，使用安全带不规范，安全带挂钩未拴挂稳固，其坠落时安全带未能发挥应有的保护作用，是造成事故的直接原因。

2. 工长在进行登高作业前，对安全带的拴挂效果未进行确认，施工负责人及现场其他作业人员也未对其高处作业安全进行提醒，“双确认”执行不到位，是造成事故的主要原因。

三、事故教训

1. 作业方式不当。A 站—B 站间 K323 + 824 小桥梁体底部至排导槽沟底垂直距离仅 4.3 m，梁体修补作业可以采取搭设升降一字梯由单人登高的方式进行，而搭设吊架平台两人骑坐同时进行作业的方式虽然能够节省时间和减少作业量，但增加了安全风险。

2. 作业分工不具体、现场卡控不到位。工区班前作业分工不细，未对作业人员分工做出具体安排，对直接参与高处圬工梁体修补的人员，以及梁体修补的辅助人员，未能在作业日计划和日志上体现。现场互控责任人未能对高处作业人员安全带拴挂牢固确认到位。

3. 标准化作业指导书不完善。甲局《工务标准化作业指导书》中作业项目不齐全、不完善，桥隧作业部分没有圬工梁体修补整治的相关内容，并且未按照分级管理规定，对一级高处作业（高度 2 ~5 m）制定相应的作业标准和流程，安全卡控措施缺失。

【案例二】未穿戴绝缘防护用品作业致触电伤亡

一、事故概况

2024 年 9 月 3 日，甲局乙供电段丙电力车间丁电力工区按计划开展戊站、己站电力设

---

① 该版本为铁总运〔2014〕272 号文件，现行规章为《普速铁路工务安全规则》（铁工电〔2023〕54 号）。

备技表巡视，同步进行设备爬藤处理作业时，一名电力线路工违章使用可伸缩高空锯处理已站杆架式变压器立杆带电部位爬藤时，触碰带电设备发生触电，经抢救无效死亡，构成铁路交通一般 B 类（B1）事故。

二、事故原因

该电力线路工在作业过程中，违反《铁路电力安全工作规程》第 35 条、第 80 条规定，在没有采取任何安全措施的情况下，违章使用金属材质的可伸缩高空锯处理已站杆架式变压器立杆爬藤，变压器立杆上的避雷器上端头高压带电部分通过可伸缩高空锯对当事人放电，致使其触电死亡，是该起事故发生的直接原因。

三、事故教训

1. 严重违章作业问题突出。2023 年乙供电段发生过类似触电死亡事故，该起事故的直接原因仍然是当事人违章使用非绝缘可伸缩高空锯，不穿戴绝缘防护用品，不确认安全距离。职工违章作业屡禁不止、习以为常。

2. 工作不落实情况严重。丁电力工区未落实《乙供电段加强现场作业执标控制及音视频管理实施细则》，日常作业不按规定录制口头命令传达、工器具进出库等关键作业环节。

3. 作业计划管理有漏洞。乙供电段允许工区在批准的作业计划之外，以“安全工作命令”的形式安排作业项目，为工区超计划、超范围作业打开了方便之门。事故变压器立杆爬藤已生长至横担高压设备，按《铁路电力安全工作规程》规定，禁止在巡检过程中处理，应签发“停电作业工作票”，工区在巡检计划外超范围作业导致了事故发生。

复习思考题

1. 劳动防护用品的概念是什么？
2. 安全帽的使用要求是什么？
3. 安全带的使用要求是什么？
4. 安全绳的使用要求是什么？
5. 如何对绝缘手套进行气密性检查？

第二章 职业健康

铁路职工应掌握职业病概念和类型、铁路常见职业病及危害因素、职业病预防、心理卫生健康等方面的知识。

第一节 职业病概念和类型

一、职业病的概念

《中华人民共和国职业病防治法》明确规定，职业病是指企业、事业单位和个体经济组织等用人单位的劳动者在职业活动中，因接触粉尘、放射性物质和其他有毒、有害因素而引起的疾病。

二、职业病的分类

《职业病分类和目录》由国务院卫生行政部门会同国务院劳动保障行政部门制定、调整并公布。

2025 年 8 月 1 日起实施的《职业病分类和目录》包括 12 大类 135 种职业病（含 4 项开放性条目），包括职业性尘肺病及其他呼吸系统疾病 19 种，职业性皮肤病 9 种，职业性眼病 3 种，职业性耳鼻喉口腔疾病 4 种，职业性化学中毒 59 种，物理因素所致职业病 7 种，职业性放射性疾病 13 种，职业性传染病 5 种，职业性肿瘤 11 种，职业性肌肉骨骼疾病 2 种，职业性精神和行为障碍 1 种，其他职业病 2 种。

1. 职业性尘肺病及其他呼吸系统疾病

尘肺病：矽肺、煤工尘肺、石墨尘肺、炭黑尘肺、石棉肺、滑石尘肺、水泥尘肺、云母尘肺、陶工尘肺、铝尘肺、电焊工尘肺、铸工尘肺、根据《尘肺病诊断标准》和《尘肺病理诊断标准》可以诊断的其他尘肺病。其他呼吸系统疾病：过敏性肺炎、棉尘病、哮喘、金属及其化合物粉尘肺沉着病（锡、铁、锑、钡及其化合物等）、刺激性化学物所致慢性阻塞性肺疾病、硬金属肺病。

2. 职业性皮肤病

接触性皮炎、光接触性皮炎、电光性皮炎、黑变病、痤疮、溃疡、化学性皮肤灼伤、白斑、根据《职业性皮肤病的诊断总则》可以诊断的其他职业性皮肤病。

3. 职业性眼病

化学性眼部灼伤、电光性眼炎、白内障(含三硝基甲苯白内障)。

4. 职业性耳鼻喉口腔疾病

噪声聋、铬鼻病、牙酸蚀病、爆震聋。

5. 职业性化学中毒

铅及其化合物中毒(不包括四乙基铅),汞及其化合物中毒,锰及其化合物中毒,镉及其化合物中毒,铍病,铊及其化合物中毒,钡及其化合物中毒,钒及其化合物中毒,磷及其化合物中毒,砷及其化合物中毒,砷化氢中毒,氯气中毒,二氧化硫中毒,光气中毒,氨中毒,偏二甲基肼中毒,氮氧化合物中毒,一氧化碳中毒,二硫化碳中毒,硫化氢中毒,磷化氢、磷化锌、磷化铝中毒,氟及其无机化合物中毒,氰及腈类化合物中毒,四乙基铅中毒,有机锡中毒,羰基镍中毒,苯中毒,甲苯中毒,二甲苯中毒,正己烷中毒,汽油中毒,一甲胺中毒,有机氟聚合物单体及其热裂解物中毒,二氯乙烷中毒,四氯化碳中毒,氯乙烯中毒,三氯乙烯中毒,氯丙烯中毒,氯丁二烯中毒,苯的氨基及硝基化合物(不包括三硝基甲苯)中毒,三硝基甲苯中毒,甲醇中毒,酚中毒,五氯酚(钠)中毒,甲醛中毒,硫酸二甲酯中毒,丙烯酰胺中毒,二甲基甲酰胺中毒,有机磷中毒,氨基甲酸酯类中毒,杀虫脒中毒,溴甲烷中毒,拟除虫菊酯类中毒,铟及其化合物中毒,溴丙烷中毒,碘甲烷中毒,氯乙酸中毒,环氧乙烷中毒,上述条目未提及的与职业有害因素接触之间存在直接因果联系的其他化学中毒。

6. 物理因素所致职业病

中暑、减压病、高原病、航空病、手臂振动病、激光所致眼(角膜、晶状体、视网膜)损伤、冻伤。

7. 职业性放射性疾病

外照射急性放射病、外照射亚急性放射病、外照射慢性放射病、内照射放射病、放射性皮肤疾病、放射性肿瘤(含矿工高氡暴露所致肺癌)、放射性骨损伤、放射性甲状腺疾病、放射性性腺疾病、放射复合伤、放射性白内障、铀及其化合物中毒、根据《职业性放射性疾病诊断标准(总则)》可以诊断的其他放射性损伤。

8. 职业性传染病

炭疽、森林脑炎、布鲁氏菌病、艾滋病(限于医疗卫生人员及人民警察)、莱姆病。

9. 职业性肿瘤

石棉所致肺癌、间皮瘤,联苯胺所致膀胱癌,苯所致白血病,氯甲醚、双氯甲醚所致肺癌,砷及其化合物所致肺癌、皮肤癌,氯乙烯所致肝血管肉瘤,焦炉逸散物所致肺癌,六价铬化合物所致肺癌,毛沸石所致肺癌、胸膜间皮瘤,煤焦油、煤焦油沥青、石油沥青所致皮肤癌,β-萘胺所致膀胱癌。

10. 职业性肌肉骨骼疾病

腕管综合征(限于长时间腕部重复作业或用力作业的制造业工人)、滑囊炎(限于井下工人)。

11. 职业性精神和行为障碍

创伤后应激障碍(限于参与突发事件处置的人民警察、医疗卫生人员、消防救援等应急救援人员)。

12. 其他职业病

金属烟热，股静脉血栓综合征、股动脉闭塞症或淋巴管闭塞症（限于刮研作业人员）。

第二节　铁路常见职业病及危害因素

职工通过学习职业病危害因素在生产活动中可能存在的环节、常见的职业病危害因素识别方法及铁路常见职业病，能够了解日常生产活动中可能存在的职业病危害因素及可能导致的职业病。

一、职业病危害因素的概念

职业病危害因素是指在职业活动中产生和（或）存在的，可能对职业人群健康、安全和作业能力造成不良影响的因素或条件，包括化学、物理、生物等因素。

二、职业病危害因素的分类

工作场所中的职业病危害因素按其来源可分为以下三类。

（一）生产工艺过程中的有害因素

1. 化学因素

在生产工艺中接触的原料、中间产品、成品和生产过程中的废气、废水、废渣中的化学毒物可对健康产生损害。化学性毒物以粉尘、烟尘、雾、蒸气或气体的形态散布于工作场所空气中，主要经呼吸道进入体内，还可以经皮肤、消化道进入体内。常见的化学性有害因素包括：

（1）生产性毒物：如车辆及动车组等检维修时刷漆、补漆作业产生的有机化学毒物，工务作业使用内燃机械产生的氮氧化物、一氧化碳等。

（2）生产性粉尘：如铁路有砟轨道道砟捣固及清筛作业存在的矽尘，机车、车辆及动车组检维修电焊作业产生的电焊烟尘，打磨及抛光作业产生的砂轮磨尘等。

2. 物理因素

物理因素是生产环境中的构成要素。不良的物理因素，如噪声、振动、非电离辐射（如工频电磁场、紫外线、红外线、射频辐射、激光等）、电离辐射（如 X 射线、γ 射线等）等可对人体产生危害。

3. 生物因素

生物因素指生产原料和作业环境中存在的致病微生物或寄生虫，如炭疽杆菌、真菌孢子、森林脑炎病毒等。

（二）劳动过程中的有害因素

劳动过程是指生产中为完成某项生产任务的各种操作的总和，主要涉及劳动强度、劳动组织及其方式等。常见的劳动过程中有害因素包括：

(1)劳动组织和制度不合理、劳动作息制度不合理等，如长时间加班作业、长时间夜班作业等。

(2)职业性精神(心理)紧张，如动车组、机车驾驶。

(3)劳动强度过大或生产定额不当，如安排的作业与劳动者生理状况不相适应等。

(4)个别器官或系统过度紧张，如动车组、机车司机及各站信号楼运转室视屏操作人员视力紧张等。

(5)长时间处于不良体位、姿势或使用不合理的工具等，如桥梁、接触网及电务等检维修时高处作业或作业场所空间狭小导致体位受限等。

(三)生产环境中的有害因素

生产环境是指职业活动从事者操作、观察、管理生产活动所处的外环境，涉及与作业场所建筑布局、卫生防护、安全条件和设施有关的因素。常见的生产环境中有害因素包括：

(1)自然环境中的因素，如炎热季节的太阳辐射、高原环境的低气压、高温高湿等。

(2)作业场所建筑或布局不合理，不符合职业卫生标准，如通风不良、采光照明不足、有毒与无毒工段安排在一个作业区域等。

(3)由不合理生产过程或不当管理所致环境污染。

在实际生产场所内和劳动过程中，往往同时存在多种有害因素，对职业人群的健康产生联合作用，加剧了对职业活动从事者的健康损害。

三、职业病危害因素的识别

职业病危害因素识别是职业卫生工作的基础，预防和控制作业场所中职业病危害因素的前提是对职业活动中存在的或可能存在的职业性有害因素进行识别。

职业病危害因素识别的方法有很多，常用的有类比法，对照、经验法，系统工程分析法和检测、检验法等。

(一)类 比 法

类比法是利用与拟建项目类型相同的现有项目的职业病危害因素资料进行类推的识别方法。

1. 工程一般特征的相似性，包括项目地理位置、工艺设备、生产方法、原辅材料、产品结构、作业规模等。

2. 职业卫生防护设施的相似性，包括有害因素产生途径、浓度(强度)与防护措施等。

3. 环境特征的相似性，主要包括气象条件、地理条件等。

(二)对照、经验法

对照、经验法是依据掌握的相关专业知识和实际工作经验，对照职业卫生有关法律、法规、标准等，借助自身经验和判断能力对过程中存在的职业病危害因素进行识别、分析。

（三）系统工程分析法

系统工程分析法是采用工程分析的思路和方法，全面、系统地分析生产过程中产生的职业病危害因素。通过分析用人单位的概况、选址、建（构）筑物、总平面图、生产原辅材料、中间品、产品、主要生产工艺、生产设备及其布局，以及所采取的职业病危害防护设施等，对可能产生的职业病危害因素进行系统、全面地分析和判断。

（四）检测、检验法

检测、检验法是采用仪器对工作场所可能存在的职业病危害因素进行采样分析的方法。

四、铁路常见职业病

铁路技术工种分工详细，部分工种由于工作中使用的原辅材料、作业环境或生产工艺等各方面因素和特点，可能存在各种类型的职业病危害，具体见表6-2-1。

表6-2-1　铁路常见职业病及重点涉及岗位一览

类别	主要职业病危害因素	重点涉及岗位	可能导致的职业病
粉尘	矽尘	上砂工，机车、客运车辆、动车组空调滤网拆卸清理工，铁路线路工（工务捣固、清筛等），大机司机及看护（工务机械清筛机械车、配砟整形机械车、捣固机械、卸砟工），有砟轨道隧道内作业人员	矽肺
	水泥粉尘	混凝土工、钢筋混凝土工	水泥尘肺
	煤尘	装卸煤机司机、外勤货运员、锅炉工（燃煤锅炉）、运煤线路隧道内作业人员	煤工尘肺
	电焊烟尘	铁路线路工（钢轨焊接）、维修电焊工（机车、车辆、动车组检维修）、熔接工（机车、车辆、动车组检维修电、气焊合一）	电焊工尘肺
	砂轮磨尘	铁路线路工（钢轨打磨）、打磨工（机车、车辆、动车组检维修打磨）	其他尘肺
	氧化铝粉尘	铁路线路工（铝热焊）	其他尘肺
	其他粉尘	铁路线路工（钢轨切割、标识除锈打磨）、抛丸工（机车、车辆、动车组检维修）	其他尘肺
化学毒物	锰及其化合物	铁路线路工（钢轨焊接）、维修电焊工（机车、车辆、动车组检维修）、熔接工（机车、车辆、动车组检维修电、气焊合一）	职业性慢性锰中毒
	氮氧化物	铁路线路工（钢轨焊接）、维修电焊工（机车、车辆、动车组检维修）、熔接工（机车、车辆、动车组检维修电、气焊合一）、锅炉工、隧道内使用内燃机械作业人员	职业性刺激性化学物致慢性阻塞性肺疾病、职业性急性氮氧化物中毒
	一氧化碳	铁路线路工（钢轨焊接）、维修电焊工（机车、车辆、动车组检维修）、熔接工（机车、车辆、动车组检维修电、气焊合一）、锅炉工、隧道内使用内燃机械作业人员、有限空间作业人员	职业性急性一氧化碳中毒

续上表

类别	主要职业病危害因素	重点涉及岗位	可能导致的职业病
化学毒物	硫化氢	管道工(给排水清淤)、污水处理工、有限空间作业人员	职业性急性硫化氢中毒
	苯、甲苯、二甲苯	铁路桥隧工(刷漆)、油漆工(包括机车、车辆、动车组检维修时的脱漆及刷漆)、罐车洗罐工	职业性慢性苯中毒、职业性急性苯中毒
物理因素	高温	检修工(内燃机车入库)、洗涤工(动车组和客运车辆卧具清洗)、高温天气室外作业人员	职业性中暑
	噪声	驼峰调车作业员、打风司机、空压机司机、抛丸除锈工、内燃机车及电力机车司机、铁路线路工、铁路桥隧工、轨道车司机、锻工、捣固车司机及看护员、打磨车司机、机械司机、铁路信号工(驼峰编组站电务设备维护)、铆工、钳工、动车组随车机械师、发电车乘务员、采石工	职业性噪声聋
	手传振动	铁路线路工(道砟捣固、扣件螺栓紧固)、锻工、铆工、钳工	职业性手臂振动病
	非电离辐射(紫外辐射)	铁路线路工(钢轨焊接)、维修电焊工(机车、车辆、动车组检维修)、探伤工(机车、车辆、动车组检维修)	职业性电光性皮炎、职业性白内障
	电离辐射(X 射线)	安检员(“三品”检查)	职业性放射性疾病

第三节　职业病预防

我国职业病防治工作遵循“预防为主,防治结合”的方针,建立用人单位负责、行政机关监督、行业自律、职工参与和社会监督的机制,实行分类管理、综合治理。其基本准则应按照三级预防加以控制,以保护和促进职业人群的健康。

一、职业病三级预防

(一)一级预防

一级预防又称病因预防,是从根本上消除或控制职业病危害因素对人体作用和损害,即改进生产工艺和生产设备,合理利用防护设施及个人防护用品,以减少或消除作业人员接触危害因素的机会。主要可从以下几方面进行预防:

(1)改进生产工艺和生产设备,使其符合我国工业企业设计卫生标准。如以无毒或低毒物质代替有毒或高毒物质,以低噪声设备代替高噪声设备等。生产过程实现机械化、自动化。

(2)采取通风、排毒、降噪、隔离等技术性措施降低或消除职业病危害因素。

(3)对新建、改建、扩建和技术改造项目、技术引进项目进行“三同时”审查,确保项目完成后有害因素的浓度或强度符合国家相关标准。

(4)加强生产设备的管理,防止毒物跑、冒、滴、漏污染环境。

(5)制定并严格遵守安全操作规程,防止发生意外事故。

(6)合理安排休息制度,注意营养,增强机体对有害物质的抵抗能力。

(7)为作业人员提供配套的个人防护设施,监督其佩戴个人防护用品。

(二)二级预防

二级预防是早期检测和诊断人体受到职业病危害因素所致的健康损害并予以早期治疗、干预。其主要手段是定期进行职业病危害因素的监测,对接触者进行定期体检,以早期发现健康损害和诊断疾病,及时预防、处理。

(三)三级预防

三级预防是指在患病以后,给予积极治疗和促进康复的措施。主要包括:

(1)对已经产生健康损害的接触者应调离原有工作岗位,并结合合理的治疗。

(2)根据接触者受到健康损害的原因,对生产环境和生产工艺进行改进。

(3)积极进行临床治疗,促进病人康复,预防并发症的发生和发展。

二、铁路职业病预防措施

铁路系统存在的主要职业病危害及预防措施见表6-2-2。

表6-2-2 铁路系统存在的主要职业病危害预防措施一览

危害因素	重点涉及岗位	一级预防措施	二级预防措施
粉尘(固定或集中式作业场所)	上砂工,机车、客运车辆、动车组空调滤网拆卸清理工,维修电焊工,熔接工,打磨工,抛丸工	(1)作业场所设置固定或可移动式除尘器,设置轴流风机等机械通风装置; (2)制定有效的操作规程和个人防护制度; (3)职工入职前进行岗前职业健康检查; (4)配备合格的防颗粒物呼吸器等防护用品	(1)定期进行在岗期间职业健康检查; (2)定期检查岗位通风除尘设施的运行情况,确保有效运转; (3)定期对岗位产生的有害物质浓度进行检测及评价
粉尘(室外或移动式作业场所)	铁路线路工、大机司机及看护、隧道内作业人员、混凝土工、钢筋混凝土工、装卸煤机司机、外勤货运员	(1)应充分利用自然通风,作业人员应处于作业点的上风向; (2)制定有效的操作规程和个人防护制度; (3)职工入职前进行岗前职业健康检查; (4)配备合格的防颗粒物呼吸器等防护用品	(1)定期进行在岗期间职业健康检查; (2)定期对岗位产生的有害物质浓度进行检测及评价
化学毒物(固定或集中式作业场所)	维修电焊工(机车、车辆、动车组检维修)、熔接工(机车、车辆、动车组检维修电、气焊合一)、锅炉工、油漆工(包括机车、车辆、动车组检维修时的脱漆及刷漆)、罐车洗罐工、污水处理工	(1)作业场所设置固定或可移动式化学毒物收集装置,设置轴流风机等机械通风装置; (2)可造成急性职业病危害事故的化学毒物应设置有效的报警装置、事故通风和呼吸防护用品等,可造成皮肤和眼睛灼伤的应设置紧急喷淋洗眼装置,现场配备急救药品等; (3)制定有效的操作规程和个人防护制度; (4)职工入职前进行岗前职业健康检查; (5)配备合格的防毒面具等防护用品	(1)定期进行在岗期间职业健康检查; (2)定期检查岗位通风排毒设施的运行情况,确保有效运转; (3)定期对岗位产生的有害物质浓度进行检测及评价

续上表

危害因素	重点涉及岗位	一级预防措施	二级预防措施
化学毒物（室外或移动式作业场所）	铁路线路工、铁路桥隧工、管道工（给排水清淤）	(1)充分利用自然通风，作业人员应处于作业点的上风向； (2)可造成急性职业病危害事故的化学毒物应设置有效的便携式报警装置和呼吸防护用品等，可造成皮肤和眼睛灼伤的应设置便携式紧急喷淋洗眼装置，现场配备急救药品等； (3)制定有效的操作规程和个人防护制度； (4)职工入职前进行岗前职业健康检查； (5)配备合格的防毒面具等防护用品	(1)定期进行在岗期间职业健康检查； (2)定期对岗位产生的有害物质浓度进行检测及评价
有限空间	有限空间作业人员	(1)严格落实“先通风、再检测、后作业”的原则和联络监护制度； (2)可造成急性职业病危害事故的化学毒物应设置有效的便携式报警装置和正压式空气呼吸器等，可造成皮肤和眼睛灼伤的应设置便携式紧急喷淋洗眼装置，现场配备急救药品等； (3)制定有效的操作规程和个人防护制度； (4)职工入职前进行岗前职业健康检查； (5)配备合格的防毒面具等防护用品	(1)定期进行在岗期间职业健康检查； (2)作业期间应实时监测与持续通风，遇到异常情况紧急撤离有限空间
高温（固定或集中式作业场所）	检修工（内燃机车入库）、洗涤工（动车组和客运车辆卧具清洗）	(1)作业场所设置空调或风扇，设置轴流风机等机械通风装置； (2)作业现场配备防暑降温饮品及急救药品； (3)制定有效的操作规程和个人防护制度； (4)职工入职前进行岗前职业健康检查	(1)定期进行在岗期间职业健康检查； (2)定期检查岗位通风设施的运行情况，确保有效运转； (3)定期对岗位 WBGT 指数（湿球黑球温度）进行检测及评价
高温（室外或移动式作业场所）	高温天气室外作业人员	(1)避开高温时段； (2)作业现场配备防暑降温饮品及急救药品； (3)制定有效的操作规程和个人防护制度； (4)职工入职前进行岗前职业健康检查	(1)定期进行在岗期间职业健康检查； (2)夏季高温季节定期对岗位 WBGT 指数（湿球黑球温度）进行检测及评价
噪声	驼峰调车作业员、打风司机、空压机司机、抛丸除锈工、内燃机车及电力机车司机、铁路线路工、铁路桥隧工、轨道车司机、锻工、捣固车司机及看护员、打磨车司机、机械司机、铁路信号工（驼峰编组站电务设备维护）、铆工、钳工、动车组随车机械师、发电车乘务员、采石工	(1)产生噪声设备设施设置减振措施，或独立隔离布置； (2)制定有效的操作规程和个人防护制度； (3)职工入职前进行岗前职业健康检查； (4)配备合格的防护耳器等防护用品	(1)定期进行在岗期间职业健康检查； (2)定期检查岗位防噪减振设施的运行情况，确保有效运转； (3)定期对岗位产生的噪声强度进行检测及评价

续上表

危害因素	重点涉及岗位	一级预防措施	二级预防措施
手传振动	铁路线路工(道砟捣固、扣件螺栓紧固)、锻工、铆工、钳工	(1)采用轮班制,减少人员接触时间; (2)制定有效的操作规程和个人防护制度; (3)职工入职前进行岗前职业健康检查; (4)配备合格的防振手套等防护用品	(1)定期进行在岗期间职业健康检查; (2)定期对岗位产生的手传振动强度进行检测及评价
非电离辐射(紫外辐射)	铁路线路工(钢轨焊接)、维修电焊工(机车、车辆、动车组检维修)、探伤工(机车、车辆、动车组检维修)	(1)采用轮班制,减少人员接触时间; (2)制定有效的操作规程和个人防护制度; (3)职工入职前进行岗前职业健康检查; (4)配备合格的护目镜等防护用品	(1)定期进行在岗期间职业健康检查; (2)定期对岗位产生的紫外辐射强度进行检测及评价
电离辐射(X射线)	安检员("三品"检查)	(1)安检设备自带铅板或铅帘; (2)制定有效的操作规程和个人防护制度; (3)职工入职前进行岗前职业健康检查; (4)配备合格的个人剂量监测仪器	(1)定期进行在岗期间职业健康检查; (2)定期检查岗位电离辐射防护设施的运行情况,确保有效运转; (3)定期对岗位产生的电离辐射强度进行检测及评价

第四节 心理卫生健康基本知识

铁路职工的心理健康是保证铁路运输通畅和行业良性发展的必要条件。随着铁路提速、装备现代化及铁路管理的深刻变革,铁路职工面临的心理压力和职业紧张程度也发生变化。了解职工常见心理健康危害因素和主要心理问题的表现,对化解职工心理问题、疏导负面情绪具有重要意义。

一、产生心理异常的原因

(一)劳动自身的因素

1. 简单、重复操作容易引起抑郁和疲劳,因为它违背了人追求新颖、寻求刺激的基本需要。

2. 变动频繁、无章可循的工作,造成生活节律紊乱,容易引起睡眠障碍、精神不安、食欲不振等症状。昼夜倒班者要经过较长时间的调节适应。

3. 工作无计划、没有心理准备,全凭上级的临时指挥,难以发挥主动精神,容易引起疲劳和厌倦。

4. 紧张、危险的工作,注意力持续高度集中,心理过度紧张,责任感压力过重,易罹患神经症、哮喘、指震颤和痉挛、消化不良、消化性溃疡和慢性皮肤病。

5. 在隔离和孤独的环境(高山、单仪表观察等)生活寂寞、单调,容易导致疲劳和厌倦。

6. 环境污染(如噪声、振动、粉尘、异味、高温、冷冻、潮湿等理化刺激的延续)会影响人的生理和心理状态,改变人的情绪和行动。例如,噪声会影响人对信息的感知和情绪,改变一个人的智能和操作反应能力，导致失误。突然来临的噪声对人的干扰更为严重。

（二）生理疲劳和心理疲劳

生理因素和心理因素是交互作用的，心理上的疲劳往往会加重生理上的疲劳。强体力劳动，如高温环境的工种，如果业余生活只用于恢复生理疲劳，而没有足够的文体活动，便会加重心理疲劳。某些药物对消除疲劳和调节厌倦情绪有积极效应，但不能解决根本问题，甚至会使人产生对药物的依赖性。心理上的不满、烦恼，可增加易疲劳感，并使厌倦情绪加重。

（三）人与工作的相互适应

人与工作的相互适应包含两方面，一方面是工作特点对从事这种工作的人员的要求，一个人如果长期不能满足和适应工作的要求，如不能胜任某一岗位职务，就会产生强烈的持久的心理应激，严重时亦可与其他因素共同作用使人患病；另一方面是作为具有某种个性心理特征的人对工作是否满意，人的需要是多方面、多层次的，不单只是为了谋求物质资料而工作，还有更多、更高的社会和精神需要。

二、常见负面情绪

（一）职业紧张

紧张是指当客观需求与主观反应能力之间不平衡时，由于需求得不到满足，可能产生的（可察觉的）功能性紊乱。职业紧张反应通过生理、心理、认知、行为四个方面来表现，当个体不能承受这些紧张反应时，就有可能造成劳动者的协调、劳动、工作等能力下降，与工作相关的疾病患病率增加。

职业紧张程度如果能够被个体所接受，个体会通过自我调节、自我缓解适应紧张，并且能够将适度的工作压力转化为工作的动力。但如果职业紧张感存在的时间长，强度比较高，就会导致职业人群工作紧张感增加、工作积极性不高、工作倦怠、工作能力降低等一系列的连锁反应，逐渐影响到职业人群的身心健康，更会引发紧张相关性疾病，如神经衰弱综合征、应激性消化系统溃疡、高血压、冠心病及心理性疾病等。

（二）职业倦怠

职业倦怠是指由于长期高工作负荷和职业压力引发的身心疲劳和耗竭的状态，对工作失去动力和兴趣造成工作态度消极悲观，表现为在特定的工作环境中，从业者在情绪、态度和工作主动性方面的一种消极、极端的状态。

职业倦怠具体表现为个体成就感的不断下降、去个性化及个体情感的日益耗竭。职业倦怠出现于一些特定的职业领域，这些领域有一个共同的特点，即服务对象为人。相比于个体成就感和去个性化，个体情感的日益耗竭表现得更为显著，也是职业倦怠中最为核心的内容。三个维度可进一步划分为：低职业效能感维度，以消极的方式来评价自己社会性或非社会性的职业；讥诮态度维度，时常以消极的态度来对待自己的工作；衰竭维度，情感资源逐渐消耗殆尽。

三、避免心理异常发生的方法

（一）建立健康的生活习惯

1. 规律作息：确保每天有足够的睡眠时间，保持作息规律有助于维持良好的精神状态。

2. 均衡饮食：摄入多样化的食物，保证营养均衡，避免过多摄入高糖、高脂肪食物。

3. 适量运动：利用业余时间参与体育活动，如健身、瑜伽或团队运动，有助于释放工作压力，增强体质。

（二）学会管理压力

1. 时间管理：合理规划工作和休息时间，避免过度负荷。

2. 放松技巧：学习冥想、深呼吸等放松技巧，有助于缓解工作中的紧张情绪。

3. 积极应对：面对工作挑战时，采取积极的态度，寻找解决问题的方法。

（三）培养良好的人际关系

1. 有效沟通：与同事、上级和下属保持开放和诚实的沟通，分享工作中的感受和困扰。

2. 社交活动：参与单位或社区的社交活动，扩大社交圈，增强社会支持。

（四）发展个人兴趣和爱好

1. 兴趣培养：利用业余时间探索并培养个人兴趣，如音乐、艺术、阅读等，丰富精神生活。

2. 终身学习：保持好奇心，不断学习新知识和技能，提升自我价值感。

（五）心理调适

1. 正面思考：培养乐观的生活态度，关注积极的事物，避免过度消极的自我评价。

2. 情绪表达：学会识别和表达自己的情绪，避免情绪积压，寻求适当的方式释放情绪。

（六）寻求帮助

1. 心理咨询：当感到心理压力过大时，主动寻求单位提供的心理咨询服务（如心理热线、心理小屋等）或外部专业机构的帮助。

2. 专业支持：如果出现心理异常症状，及时向专业心理医生或精神科医生寻求帮助。

通过上述方法，铁路职工可以有效地预防心理异常的发生，维护心理健康。同时，职工所在单位可以提供必要的支持和理解，如提供心理健康教育、心理热线和咨询服务等，共同营造一个有利于职工心理健康的工作环境。

复习思考题

1. 职业病的定义是什么？

2. 我国职业病有几类共多少种？

3. 什么是职业病危害因素?
4. 职业病危害因素的识别方法有哪些?
5. 职业病的三级预防分别是什么?
6. 避免心理异常发生的方法有哪些?

参考文献

[1] 贾利民. 铁路运输安全工程[M]. 北京: 中国铁道出版社,2013.
[2] 中国安全生产科学研究院. 安全生产管理:2024 版[M]. 北京: 应急管理出版社,2024.
[3] 傅贵. 安全管理学:事故预防的行为控制方法[M]. 北京: 科学出版社,2013.
[4] 林伯泉,张景林. 安全系统工程[M]. 北京: 中国劳动社会保障出版社,2021.
[5] 姜伟,佟瑞鹏,傅贵. 安全科学与工程导论[M]. 北京: 中国劳动社会保障出版社,2016.
[6]《铁路职场劳动保护安全知识读本》编委会. 铁路职场劳动保护安全知识读本[M]. 北京:中国铁道出版社有限公司,2019.
[7]《铁路职工劳动安全》编委会. 铁路职工劳动安全[M]. 北京:中国铁道出版社有限公司,2021.
[8]《铁路职工消防安全培训教程》编委会. 铁路职工消防安全培训教程[M]. 2 版. 北京:中国铁道出版社有限公司,2024.
[9] 郑武雄, 郭成富. 铁路工务防洪管理[M]. 北京:中国铁道出版社,2014.
[10] 中国铁路总公司防洪指挥部办公室. 铁路防洪工作指南[M]. 北京:中国铁道出版社,2017.
[11] 中国红十字会总会. 救护师资教程(二):心肺复苏与创伤救护[M]. 北京:人民卫生出版社,2015.
[12] 沈洪,刘中民. 急诊与灾难医学[M]. 3 版. 北京:人民卫生出版社,2018.
[13] 邬堂春. 职业卫生与职业医学[M]. 8 版. 北京:人民卫生出版社,2017.
[14] 胡翔. 铁路员工不良心理的原因分析及缓解对策[J]. 交通企业管理,2017,32(2):52-55.
[15] 康立. 郑州铁路局机车乘务员职业紧张现状及对睡眠质量的影响[D]. 郑州:郑州大学, 2014.
[16] 赵森. 铁路乘务员工作压力与职业倦怠及心理健康的关系[D]. 郑州:河南大学,2016.

相关法律法规和企业规章

[1] 中华人民共和国刑法

[2] 中华人民共和国安全生产法

[3] 中华人民共和国劳动法

[4] 中华人民共和国道路交通安全法

[5] 中华人民共和国职业病防治法

[6] 铁路安全管理条例(中华人民共和国国务院令第639号)

[7] 铁路交通事故应急救援和调查处理条例(中华人民共和国国务院令第501号)

[8] 工伤保险条例(中华人民共和国国务院令第586号)

[9] 铁路技术管理规程(铁总科技〔2014〕172号,TG/01—2014)、(铁总科技〔2017〕221号,TG/01A—2017)、(铁科信〔2023〕28号,TG/01B—2023)

[10] 电气化铁路有关人员电气安全规则(铁运〔2013〕60号)(TG/GD 105—2013)

[11] 铁路车站行车作业人身安全规定(铁运〔2020〕135号)(TG/CW 224—2020)

[12] 铁路货物装卸安全技术规则(铁总运〔2015〕244号)(TG/HY 108—2015)

[13] 中国国家铁路集团有限公司客运安全管理规则(铁客〔2024〕7号)

[14] 高速铁路工务安全规则(试行)(铁总运〔2014〕170号)(TG/GW 121—2014)

[15] 普速铁路工务安全规则(铁工电〔2023〕54号)(TG/GW 101—2023)

[16] 铁路电务安全规则(铁总运〔2015〕26号)(TG/XH 103—2015)

[17] 铁路车辆安全管理规则(铁总运〔2015〕304号)(TG/CL 101—2015)

[18] 高速铁路接触网安全工作规则(铁总运〔2014〕221号)(TG/GD 108—2014)

[19] 普速铁路接触网安全工作规则(铁总运〔2017〕25号)(TG/GD 115—2017)

[20] 高速铁路牵引变电所安全工作规则(铁工电〔2023〕123号)(TG/GD 121—2023)

[21] 牵引变电所安全工作规程(铁运〔1999〕101号)(TG/JW 113—1999)

[22] 铁路电力安全工作规程(铁运〔1999〕103号)(TG/JW 111—1999)

[23] 铁路电力安全工作规程补充规定(铁总运〔2015〕51号)(TG/GD 111A—2015)

[24] 国铁集团铁路营业线施工管理办法(铁调〔2021〕160号)(TG/QT 102—2021)

[25] 铁路运输企业从业人员安全培训管理办法(铁安监〔2020〕29号)